FOM Hochschule

Schriftenreihe für Recht und Wirtschaft

D1730826

KI und Recht

Herausgegeben von

Prof. Dr. Hans-Jörg Fischer,
FOM Hochschule Mannheim

Prof. Dr. Esther Bollhöfer,
FOM Hochschule Mannheim

Prof. Dr. habil. Matthias Amort,
FOM Hochschule Düsseldorf

Bearbeitet von
Prof. Dr. habil. Matthias Amort;
Prof. Dr. Stefan Arnold, LL.M. (Cambridge);
Prof. Dr. Esther Bollhöfer; Prof. Dr. Franz-Alois Fischer;
Prof. Dr. Hans-Jörg Fischer; Marcel Supernok-Kolbe, LL.M.;
Prof. Dr. Dr. h.c. Martin Waßmer

Fachmedien Recht und Wirtschaft | dfv Mediengruppe | Frankfurt am Main

Alle im Buch verwendeten Begriffe verstehen sich geschlechterneutral. Aus Gründen der besseren Lesbarkeit wird teilweise auf eine geschlechtsspezifische Differenzierung verzichtet – entsprechende Begriffe gelten im Sinne der Gleichbehandlung grundsätzlich für alle Geschlechter. Die verkürzte Sprachform hat lediglich redaktionelle Gründe und beinhaltet keine Wertung.

Bibliografische Information Der Deutschen Nationalbibliothek

Die Deutsche Nationalbibliothek verzeichnet diese Publikation in der Deutschen Nationalbibliografie; detaillierte bibliografische Daten sind im Internet über http://dnb.de abrufbar.

ISBN 978-3-8005-1930-9

dfv Mediengruppe

© 2024 Deutscher Fachverlag GmbH, Fachmedien Recht und Wirtschaft, Mainzer Landstr. 251, 60326 Frankfurt am Main, buchverlag@ruw.de

www.ruw.de

Druck: Beltz Grafische Betriebe GmbH, 99947 Bad Langensalza

Printed in Germany

Vorwort der Herausgeber

Die Integration von Künstlicher Intelligenz (KI) in verschiedene Bereiche unseres Lebens hat in den letzten Jahren eine rasante Entwicklung erfahren. Von der Automatisierung in der Industrie bis hin zur Anwendung in der Medizin und im Finanzsektor – KI ist allgegenwärtig. Eine gleichermaßen gestaltende wie regulierende Rolle zwischen der Technologie und der Anwendung durch Privatpersonen wie Unternehmen spielt der rechtliche Rahmen. Da sich weder KI noch das Internet durch Landesgrenzen gebunden sehen, hat die EU frühzeitig das Ruder übernommen und strebt an, einen einheitlichen Rechtsrahmen, zumindest für den Marktplatz EU, zu schaffen. Damit geht sie weltweit voran, denn die Frage, wie KI und Recht miteinander interagieren, ist von zentraler Bedeutung für jegliche Innovationstätigkeit in Unternehmen.

Es würde dem Thema nicht gerecht, wenn wir nicht proaktiv KI in das Konzept dieses Bandes eingebunden und somit gefragt hätten, was denn gängige KI-Modelle, wie z. B. Perplexity, als Mehrwert dieses Werkes ausweisen:

> *Prompt: Ein neues Buch soll unter dem Titel „KI und Recht" in einem juristischen Fachverlag erscheinen und das Spannungsfeld zwischen Recht und künstlicher Intelligenz aus juristischer Perspektive und aus unterschiedlichen Blickwinkeln betrachten. Was ist als Ergebnis zu erwarten? Fasse dieses in 4 Sätzen zusammen.*

> *Antwort: Ein Buch mit dem Titel „KI und Recht" würde eine umfassende Analyse der Schnittstellen zwischen Recht und künstlicher Intelligenz (KI) bieten. Es würde rechtliche Herausforderungen, Anwendungsfelder und ethische Fragen diskutieren und zukünftige Perspektiven für die Integration von KI im Recht beleuchten. Das Buch könnte auch die potenziellen Anwendungsfelder von KI beleuchten, wie z. B. in der Rechtsberatung und Rechtsdurchsetzung. Es würde auch auf die ethische Dimension des Einsatzes von KI im Recht eingehen, einschließlich Fragen der Verantwortung und Transparenz.*

Genau das präsentieren wir heute: Die Autoren von Band 3 der Schriftenreihe für Recht und Wirtschaft mit dem Generalthema „KI und Recht" bieten eine umfassende Einführung in die aktuellen Debatten und Herausforderungen, die sich aus rechtlicher Perspektive bei der Anwendung von KI ergeben. Es ist das Ziel dieses Bandes, Leserinnen und Lesern einen Überblick über die vielfältigen Aspekte der Interaktion zwischen KI und Recht zu geben: Im Umfeld von europäischen Verordnungen, Haftung und Zurechnung, Compliance und Aufsichtsrecht, Einsatz von KI-Tools in Unternehmen, Ethik und Grundrechten, den Bedrohungen durch missbräuchliche Nutzung im Rahmen der Cyberkriminalität sowie den rechtlichen Herausforderungen einer Entwicklung zu einer starken KI werden Impulse für

Unternehmen, für die Rechtsberatung und für Studierende gleichermaßen präsentiert.

Zukünftig wird es entscheidend sein, klare Regelungen für den Einsatz von KI zu haben, die Innovationen nicht behindern, aber gleichzeitig den Schutz von Individuen und die Einhaltung ethischer Prinzipien sicherstellen.

Wir hoffen, dass dieses Buch einen Beitrag zur Diskussion über die Zukunft von KI und Recht leisten und dabei helfen kann, die Chancen und Risiken, die sich aus der Anwendung von KI ergeben, besser zu verstehen.

Wir freuen uns sehr, dass wir für den vorliegenden Band 3 neben dem bewährten Autorenteam des KcW KompetenzCentrum für Wirtschaftsrecht der FOM Hochschule auch *Stefan Arnold*, Universität Münster, und *Martin Waßmer*, Universität zu Köln, als Autoren gewinnen konnten.

Wir danken sämtlichen Autoren für Ihr Engagement bei der Erstellung ihrer Beiträge.

Mannheim/Düsseldorf, im Oktober 2024

Die Herausgeber

Hans-Jörg Fischer   *Esther Bollhöfer*   *Matthias Amort*

Bearbeiterverzeichnis

Prof. Dr. habil. Matthias Amort	Professor für Wirtschaftsrecht, FOM Hochschule Düsseldorf
Prof. Dr. Stefan Arnold, LL.M. (Cambridge)	Universität Münster, Lehrstuhl für Bürgerliches Recht, Rechtsphilosophie und Internationales Privatrecht
Prof. Dr. Esther Bollhöfer	Professorin für Wirtschaftsrecht, insbesondere IT-Recht, FOM Hochschule Mannheim; Wissenschaftltliche Leiterin des KompetenzCentrum für Technologie- und Innovationsmanagement (KCT)
Prof. Dr. Franz-Alois Fischer	Professor für Öffentliches Recht, FOM Hochschule München. Rechtsanwalt in München, Dozent für Rechtsphilosophie an der Ludwig-Maximilians-Universität München
Prof. Dr. Hans-Jörg Fischer	Professor für Wirtschafts- und Steuerrecht, FOM Hochschule Mannheim; Wissenschaftlicher Leiter des KompetenzCentrum für Wirtschaftsrecht (KCW). Rechtsanwalt, Steuerberater, Fachanwalt für Handels- und Gesellschaftsrecht und Fachanwalt für Steuerrecht in München und Mannheim; Mitherausgeber des *Fischer/Pellmann/Schoch*, Kommentar zum Hinweisgeberschutzgesetz
Marcel Supernok-Kolbe, LL.M. (Essen)	Vereinigung Baden-Württembergische Wertpapierbörse e.V., Stuttgart, Lehrbeauftragter FOM Hochschule Stuttgart
Prof. Dr. Dr. h. c. Martin Waßmer	Universität zu Köln, Lehrstuhl für Strafrecht und Strafprozessrecht – deutsches, europäisches und internationales Wirtschafts-, Steuer- und Medizinstrafrecht

Inhaltsverzeichnis

Kapitel 1
Einleitung – Verständnis von Künstlicher Intelligenz (KI)

Kapitel 2
Haftung für Schäden durch Künstliche Intelligenz (KI)

Kapitel 3
Künstliche Intelligenz (KI), Verschulden und Zurechnung:
Autonome KI-Systeme als Erfüllungsgehilfen?

Kapitel 4
Der AI-Act – Implikationen für den Einsatz von Künstlicher
Intelligenz (KI) in Unternehmen

Kapitel 5
Grundrechte in der KI-Verordnung

Kapitel 6
Die Fischer/Reeck'sche Schwelle zur „elektronischen Person" – eine Untersuchung zu Kriterien und Messbarkeit einer starken Künstlichen Intelligenz (KI)

Kapitel 7
**Künstliche Intelligenz (KI) und Finanzunternehmen – eine Unter-
suchung der aufsichtsrechtlichen Prinzipien zur risikoorientierten
Anwendung von KI**

Kapitel 8
Künstliche Intelligenz (KI) und Strafrecht

Abkürzungsverzeichnis

a. A.	anderer Ansicht
a. a. O.	am angegebenen Ort
a. E.	am Ende
a. F.	alte Fassung
ABl.	Amtsblatt
Abs.	Absatz
AcP	Archiv für die civilistische Praxis (Zeitschrift)
AEUV	Vertrag über die Arbeitsweise der Europäischen Union
AG	Die Aktiengesellschaft (Zeitschrift)
AGI	Artificial General Intelligence
AI	Artificial Intelligence
AktG	Aktiengesetz
AMG	Arzneimittelgesetz
Anm.	Anmerkung
Art.	Artikel
Aufl.	Auflage
Az.	Aktenzeichen
BaFin	Bundesanstalt für Finanzdienstleistungsaufsicht
BB	Betriebs-Berater (Zeitschrift)
Bd.	Band
BDSG	Bundesdatenschutzgesetz
BeckOGK	Gsell/Krüger/Lorenz/Reymann (Hrsg.), beck-online.GROSS-KOMMENTAR zum Zivilrecht, Stand 1.3.2024
BeckOK ZPO	*Vorwerk/Wolf* (Hrsg.), Beck'scher Online-Kommentar ZPO, 53. Edition, Stand: 1.7.2024
BGB	Bürgerliches Gesetzbuch
BGBl.	Bundesgesetzblatt
BKR	Zeitschrift für Bank- und Kapitalmarktrecht
BSI	Bundesamt für Sicherheit in der Informationstechnik
BSIG	Gesetz über das Bundesamt für Sicherheit in der Informationstechnik
BT-Drs.	Bundestags-Drucksache
BVerfG	Bundesverfassungsgericht

BVerfGE	Entscheidungen des Bundesverfassungsgerichts
bzw.	beziehungsweise
CAI	Committee on Artificial Intelligence (
CEFR	Common European Framework of Reference for Languages (Gemeinsamer europäischer Referenzrahmen für Sprachen)
CMS	Compliance-Management-System
CPS	Cyber Physical Systems
CR	Computer und Recht (Zeitschrift)
d. h.	das heißt
DB	Der Betrieb (Zeitschrift)
DCGK	Deutsche Corporate Governance Kodex
ders.	derselbe
DesignG	Designgesetz
DFKI	Deutsche Forschungszentrum für Künstliche Intelligenz GmbH
dies.	dieselbe/n
DL	Deep Learning
DMA	Digital Market Act
DO	Decision Optimization
DORA	Digital Operational Resilience Act
DRiG	Deutsches Richtergesetz
DSA	Digital Services Act
DSGVO	Datenschutz-Grundverordnung
DSRITB	Deutsche Stiftung für Recht und Informatik (Tagungsband)
e.V.	eingetragener Verein
ebd.	ebenda
EBS	Evidence-Based Sentencing
Ed.	Edition
EG	Europäische Gemeinschaften
EMRK	Europäische Menschenrechtskonvention
engl.	englisch
ErwG	Erwägungsgrund
et al.	et alii; und andere
etc.	et cetera
EU	Europäische Union

EuGH	Europäischer Gerichtshof
EUGrCh	Charta der Grundrechte der Europäischen Union
EUR	Euro
EUV	Vertrag über die Europäische Union
EuZW	Europäische Zeitschrift für Wirtschaftsrecht
EWSA	Europäischen
	Wirtschafts- und Sozialausschusses
f./ff.	folgende
FAZ	Frankfurter Allgemeine Zeitung
FLOPs	Floating Point Operations
FR online	Frankfurter Rundschau online (Zeitschrift)
FS	Festschrift
GebrMG	Gebrauchsmustergesetz
gem.	gemäß
GES	Gesichtserkennungssystem
GeschGehG	Gesetz zum Schutz von Geschäftsgeheimnissen
GesR	GesundheitsRecht (Zeitschrift)
GG	Grundgesetz
ggf.	gegebenenfalls
GmbHG	Gesetz betreffend die Gesellschaften mit beschränkter Haftung
GPAI	General Purpose AI
GPR	Zeitschrift für das Privatrecht der Europäischen Union
GPT	Generative Pre-trained Transformers)
GPU	Graphics Processing Unit; Grafikprozessor
GSZ	Zeitschrift für das Gesamte Sicherheitsrecht
h. M.	herrschende Meinung
h.c.	Honoris causa
HalblSchG	Halbleiterschutzgesetz
HmbPolDVG	Hamburgischen Gesetzes über die Datenverarbeitung der Polizei
Hrsg.	Herausgeber
HSOG	Hessischen Gesetzes über die öffentliche Sicherheit und Ordnung
i. d. F.	in der Fassung

Abkürzungsverzeichnis

i. d. R.	in der Regel
i. S. d.	im Sinne des/der
i. S. e.	im Sinne eines/einer
i. S. v.	im Sinne von
i. V. m.	in Verbindung mit
ICIJ	International Consortium of Investigative Journalists
IKS	Internes Kontrollsystem
IoT	Internet of Things
IP	Internetprotokoll
IPRB	IP-Rechtsberater (Zeitschrift)
IRBA	Internal Ratings Based Approach
IT	Informationstechnik
IT-SiG	IT-Sicherheitsgesetz
IWP	Information – Wissenschaft und Praxis (Zeitschrift)
JGG	Jugendgerichtsgesetz
JZ	Juristenzeitung
Kap.	Kapitel
KI	Künstliche Intelligenz
KNN	Künstlichen Neuronalen Netzen
KriPoZ	Kriminalpolitische Zeitschrift
KRITIS	Kritische Infrastrukturen
KunstUrhG	Gesetz betreffend das Urheberrecht an Werken der bildenden Künste und der Photographie
KVP	Kontinuierlicher Verbesserungsprozess
KWG	Kreditwesengesetz
LG	Landgericht
lit.	litera
LLM	Large Language Model
m. w. N.	mit weiteren Nachweisen
MaRisk	Mindestanforderungen an das Risikomanagement
MarkenG	Markengesetz
Mio.	Millionen
ML	Maschinelles Lernen
MMR	Zeitschrift für IT-Recht und Recht der Digitalisierung
Mrd.	Milliarde

MüKo AktG	*Goette/Habersack/Kalss* (Hrsg.), Münchener Kommentar zum Aktiengesetz, 9. Aufl. 2023
MüKo BGB	*Säcker/Rixecker/Oetker/Limperg* (Hrsg.), Münchener Kommentar zum Bürgerlichen Gesetzbuch, 9. Aufl. 2024
MüKo StPO	Knauer/Kudlich/Schneider, Münchener Kommentar zur StPO, Band 2, 2. Aufl. 2024
n.F.	neue Fassung
NCSC	National Cyber Security Centre
NJW	Neue Juristische Wochenschrift
NLP	Neuro-Linguistisches Programmieren
Nr.	Nummer
NZG	Neue Zeitschrift für Gesellschaftsrecht
NZKart	Neue Zeitschrift für Kartellrecht
NZSTh	Neue Zeitschrift für Systematische Theologie und Religionsphilosophie
o. V.	ohne Verfasser
o.D.	ohne Datum
PatG	Patentgesetz
ProdHaftG	Produkthaftungsgesetz
ProdSG	Produktsicherheitsgesetz
QRM	Quantitative Risikomodellierung
RDi	Recht Digital (Zeitschrift)
RL	Richtlinie
Rn.	Randnummer
RPA	Robotic Process Automation
RW	Rechtswissenschaft (Zeitschrift)
S.	Seite
s.	siehe
s. o.	siehe oben
sog.	sogenannt
StGB	Strafgesetzbuch
StVG	Straßenverkehrsgesetz
TMG	Telemediengesetz
TTDSG	Telekommunikation-Digitale-Dienste-Datenschutz-Gesetz
u. a.	unter anderem/und andere

u. U.	unter Umständen
UK	United Kingdom
UMAG	Gesetz zur Unternehmensintegrität und Modernisierung des Anfechtungsrechts
UNESCO	United Nations Educational, Scientific and Cultural Organization
UrhG	Urheberrechtsgesetz
Urt.	Urteil
US	United States
usw.	und so weiter
v.	vom/von
vgl.	vergleiche
Vol.	Volume
WgHG	Wertpapierhandelsgesetz
WM	Zeitschrift für Wirtschafts- und Bankrecht
z. B.	zum Beispiel
z. T.	zum Teil
ZD	Zeitschrift für Datenschutz
ZEuP	Zeitschrift für Europäisches Privatrecht
ZfDR	Zeitschrift für Digitalisierung und Recht
ZfPW	Zeitschrift für die gesamte Privatrechtswissenschaft
ZG	Zeitschrift für Gesetzgebung
ZGR	Zeitschrift für Unternehmens- und Gesellschaftsrecht
ZHR	Zeitschrift für das gesamte Handelsrecht und Wirtschaftsrecht
Ziff.	Ziffer
ZIP	Zeitschrift für Wirtschaftsrecht
ZPO	Zivilprozessordnung
ZStW	Zeitschrift für die gesamte Strafrechtswissenschaft

Kapitel 1
Einleitung – Verständnis von Künstlicher Intelligenz (KI)

Übersicht

A. Bedeutung von KI heute

Künstliche Intelligenz (KI) ist schon heute aus dem Alltag nicht mehr weg- **1** zudenken, jeden Tag begegnet es uns in der Fachpresse – unabhängig von der Disziplin.[1] Manchmal ist es negativ assoziiert, dann spiegeln sich Befürchtungen, ob KI dem Menschen seine Verstandeskraft streitig machen wird, ob es gelingt, Intelligenz zu algorithmisieren[2] und damit menschliche Wahrnehmungs- und Verstandesleistungen maschinell nachzubilden und darüber hinaus zu optimieren. Meist blitzt aber die Hoffnung auf etwas Disruptives, Besseres, Problemlösendes durch und damit der positive Blick nach vorne.

Dieses erste Kapitel soll das dem gesamten Band zugrunde liegende Ver- **2** ständnis von KI darlegen. Die einzelnen Beiträge beschäftigen sich dann mit speziellen Anwendungsfällen im rechtlichen Kontext.

KI hat sich in den letzten Jahren zu einer bedeutenden wissenschaftlichen **3** Disziplin entwickelt[3] und umfasst eine Vielzahl von Fachgebieten. KI zielt darauf ab, Maschinen zu entwickeln, die menschliche Intelligenz nachahmen können. Diese Disziplin hat ihren Ursprung in verschiedenen Wissenschaften wie Philosophie, Psychologie und Linguistik, und integriert deren

---

1 *Pagel*, in: Bodemann/Fellner/Just, Zukunftsfähigkeit durch Innovation, Digitalisierung und Technologien.
2 *Hartmann*, KI & Recht kompakt.
3 *Siekmann*, in: Krämer, Geist – Gehirn – künstliche Intelligenz.

Erkenntnisse unter einer neuen technologischen Perspektive.[4] Die ersten programmatischen Äußerungen zur Künstlichen Intelligenz gehen auf den englischen Mathematiker *Alan M. Turing* zurück, der 1950 die provokative Frage stellte: „Können Maschinen denken?".[5] Diese Frage bildet die Grundlage für viele der heutigen Forschungen und Entwicklungen im Bereich der KI. Der technologische Fortschritt, insbesondere in den Bereichen Rechenleistung und Datenverfügbarkeit, hat die Entwicklung und Integration von KI in nahezu alle Lebensbereiche revolutioniert.[6]

4 Ein zentrales Thema in der Diskussion um KI ist das Verständnis ihrer Funktionsweise und Grenzen. In der Vergangenheit wurde KI oft als „dumm" bezeichnet, was verdeutlicht, dass sie ohne menschliche Anleitung keine intelligenten Entscheidungen treffen könne.[7] Aktuell hat das Thema jedoch so stark an Geschwindigkeit zugenommen, dass das Thema menschliche Anleitung immer mehr an Bedeutung verliert. Für die Nutzung von einfachen Tools zur Textgenerierung reicht es inzwischen aus, das Ziel in 2–3 ausformulierten Sätzen (sog. Prompts) zu beschreiben, um eine ausführliche und sprachlich korrekte Zusammenfassung zu erhalten. Dies führt zu der Frage, inwieweit wir wollen, dass wir KI als menschenähnlich wahrnehmen oder uns stets bewusst bleiben, dass wir es mit Maschinen zu tun haben.[8] Dieses Verständnis ist entscheidend, um die richtige Balance zwischen der Nutzung von KI und der Kontrolle durch den Menschen zu finden.

5 Inzwischen haben zahlreiche Unternehmen und öffentliche Institutionen begonnen, KI in ihre Strukturen zu integrieren, um Arbeitsprozesse zu optimieren und Entscheidungen zu unterstützen. Diese Entwicklung geht einher mit einer Veränderung der Arbeitswelt, was sowohl neue Chancen als auch Herausforderungen mit sich bringt. Beispielsweise können KI-Systeme zu Arbeitsverdichtung führen oder die Notwendigkeit erhöhter Qualifizierung des Personals nach sich ziehen.[9]

6 Die Diskussion um KI ist nicht nur wissenschaftlich und technisch, sondern auch gesellschaftlich relevant. Die Einführung und Anwendung von KI in verschiedenen Bereichen der Gesellschaft bringt zahlreiche ethische und rechtliche Fragen mit sich.[10] Während die Vorteile klar erkennbar sind, gibt es auch gewichtige Bedenken hinsichtlich Datensicherheit, Datenschutz und

---

4 *Schneider*, JuR 1987, 274, 279.
5 *Schneider*, JuR 1987, 274.
6 *Puppe*, in: Beck/Kusche/Valerius (Hrsg.), Digitalisierung, Automatisierung, KI und Recht, S. 124.
7 *Ockenfeld*, IWP 2019, 284, 290.
8 *Ockenfeld*, IWP 2019, 284, 287.
9 *Stowasser* et al., Führung im Wandel; *André/Bauer*, Arbeit, Qualifizierung und Mensch-Maschine-Interaktion; *Pusch* et al., Wirtschaftsdienst 2024, 104(5), 358.
10 *Altenburger*, in: Altenburger/Schmidpeter, CSR und Künstliche Intelligenz.

der Erklärbarkeit von KI-Systemen.[11] Nicht zuletzt werfen diese Technologien Fragen auf, die sich um rechtliche Rahmenbedingungen und insbesondere um die Verantwortung drehen. Dieses wollen die folgenden Beiträge leisten.

B. Geschichte der KI

Die Geschichte der KI ist reich an bedeutenden Meilensteinen und kontinu- 7
ierlichem Fortschritt, der von einem kleinen Kreis enthusiastischer Forscher zu einem globalen Phänomen gewachsen ist. Ihren Anfang nahm die moderne KI-Forschung in den 1950er Jahren, als die Dartmouth-Konferenz von 1956 als Geburtsstunde der KI betrachtet wurde.[12] Hier trafen sich Pioniere wie *John McCarthy*, *Marvin Minsky* und *Claude Shannon*, um das Potenzial „intelligenter" Maschinen zu diskutieren und den Begriff der KI zu prägen. Diese frühen Bemühungen konzentrierten sich hauptsächlich auf maschinelle Übersetzung, Suche als Problemlösungsstrategie und erste Experimente in mikroskopischen Welten, die jedoch durch die technologischen Limitierungen der damaligen Zeit beschränkt waren.[13]

In den folgenden Dekaden gab es sowohl Fortschritte als auch Rückschläge. 8
Die 1980er Jahre erlebten eine Wiederbelebung der KI-Forschung mit der Entwicklung von Expertensystemen, die versuchten, das Wissen menschlicher Experten zu formalisieren und auf spezifische Problembereiche anzuwenden. Diese Systeme konnten jedoch die hochgesteckten Erwartungen oft nicht erfüllen, was zu einer neuerlichen Krise in den 1990er Jahren führte.[14] Trotz dieser Rückschläge wurde die Grundlage für die heutige KI gelegt, insbesondere durch Fortschritte in den Bereichen probabilistische Methoden und maschinelles Lernen, was letztlich den Durchbruch in den 2000er Jahren mit dem Aufkommen von Deep Learning ermöglichte.[15]

Mit der kontinuierlichen Steigerung der Rechenleistung von Computern und 9
der Entwicklung spezialisierter Hardware wie GPUs konnte KI sich weiterentwickeln und neue Höhen erreichen. Diese technologischen Fortschritte eröffneten der KI neue Anwendungsfelder, darunter die medizinische Bildauswertung und personalisierte Werbung, welche maßgeblich von neurona-

---

11 *Scheuer*, Akzeptanz von Künstlicher Intelligenz, S. 6.
12 *Puppe*, in: Beck/Kusche/Valerius, Digitalisierung, Automatisierung, KI und Recht.
13 *Puppe*, in: Beck/Kusche/Valerius, Digitalisierung, Automatisierung, KI und Recht, S. 122.
14 *Puppe*, in: Beck/Kusche/Valerius, Digitalisierung, Automatisierung, KI und Recht, S. 123.
15 *Puppe*, in: Beck/Kusche/Valerius, Digitalisierung, Automatisierung, KI und Recht, S. 123.

len Netzwerken und großen, annotierten Datensätzen angetrieben werden.[16] Gleichzeitig entfaltet sich ein spannendes Spannungsfeld zwischen Datenschutz und den Möglichkeiten der KI-Entwicklung, da Daten als neue Ressource für algorithmische Verbesserungen fungieren.[17]

10 Abschließend lässt sich festhalten, dass die Geschichte der KI eine Geschichte von kontinuierlichem Fortschritt und Anpassung ist, die sich durch verschiedene technologische Paradigmen und gesellschaftliche Herausforderungen hindurch entwickelt hat.[18] Von den ambitionierten Anfängen in den 1950er Jahren über die Krisen und Wiederbelebungen in den darauffolgenden Jahrzehnten bis hin zu den heutigen Spitzenleistungen ist die Geschichte der KI ein beeindruckendes Zeugnis menschlichen Erfindergeistes und technologischer Innovation.[19]

C. KI als wissenschaftliche Disziplin

11 Die KI hat sich im Laufe der Jahrzehnte von einem theoretischen Konzept zu einer bedeutenden wissenschaftlichen Disziplin entwickelt.[20] Ihre Anwendungen durchdringen heute verschiedenste Lebensbereiche, von der Medizin und Verkehrstechnik bis hin zu Bildung und Unterhaltung. Doch hinter diesen beeindruckenden Fortschritten steht eine Disziplin, die sich durch eine bemerkenswerte Vielfalt an Ansätzen und theoretischen Fundamenten auszeichnet.

12 Die wissenschaftliche Auseinandersetzung mit KI umfasst nicht nur die Technologie selbst, sondern erfordert eine interdisziplinäre Herangehensweise. Dabei geht es um das Zusammenspiel von Informatik, Mathematik, Philosophie, Psychologie, Linguistik und vielen weiteren Fachbereichen.[21] Diese Vielfalt zeigt sich in den verschiedenen Ansätzen und Zielen, die Forscher verfolgen, um Maschinen zu entwickeln, die entweder menschliches Verhalten imitieren oder eigenständig rationale Entscheidungen treffen.

13 Ein wesentlicher Aspekt der KI als wissenschaftliche Disziplin ist ihre kontinuierliche Entwicklung und Verbesserung, was sowohl theoretische Modelle als auch praktische Anwendungen umfasst. Während frühe Forschungen sich hauptsächlich auf das Verständnis einfacher Entscheidungsstrukturen konzentrierten, erlaubt der heutige technologische Fortschritt die

---

16 *Puppe*, in: Beck/Kusche/Valerius, Digitalisierung, Automatisierung, KI und Recht, S. 125.
17 *Puppe*, in: Beck/Kusche/Valerius, Digitalisierung, Automatisierung, KI und Recht, S. 126.
18 *Schmidt-Schauß/Sabel*, Einführung in die Methoden der künstlichen Intelligenz.
19 *Puppe*, in: Beck/Kusche/Valerius, Digitalisierung, Automatisierung, KI und Recht.
20 *Kaplan*, Künstliche Intelligenz.
21 *Haun*, in: Haun, Cognitive Computing.

Realisierung hochkomplexer Systeme, die in Echtzeit lernen und auf ihre Umgebung reagieren können.[22] Dieser Fortschritt ist jedoch nicht allein den Algorithmen und der Rechenleistung zu verdanken, sondern auch den tiefgehenden theoretischen Arbeiten aus verschiedenen Wissenschaftsbereichen, die den Grundstein für moderne AI-Technologien legten. Z. B. arbeiten Experten aus den Bereichen Mathematik, Informatik, Neurowissenschaften und sogar Ethik zusammen, um die Herausforderungen und Möglichkeiten der KI zu verstehen und zu gestalten. Diese Zusammenarbeit ermöglicht es, komplexe Probleme aus verschiedenen Perspektiven zu betrachten und innovative Lösungen zu entwickeln.

Ein Beispiel für die praktische Anwendung von KI ist die Entwicklung von autonomen Fahrzeugen. Diese Technologie erfordert nicht nur fortschrittliche Algorithmen zur Bilderkennung und Entscheidungsfindung, sondern auch ein tiefes Verständnis der menschlichen Fahrgewohnheiten und Verkehrsregeln. Ebenso spielt die Ethik eine wichtige Rolle, um sicherzustellen, dass diese Systeme sicher und verantwortungsvoll eingesetzt werden. **14**

Das Verständnis von KI ist vielschichtig und reicht von der Nachahmung menschlicher Intelligenz bis hin zur Entwicklung völlig neuer Formen von Intelligenz, die keine direkte Entsprechung in der natürlichen Welt haben.[23] Letztere Vorstellung geht jedoch – zumindest für den hier vorgelegten Sammelband – aus gleich mehreren Gründen zu weit: Erstens ist unser Verständnis von Intelligenz, sowohl menschlicher als auch tierischer, noch immer unvollständig. Die Entwicklung von KI-Systemen basiert auf Modellen und Algorithmen, die von menschlichen Denkprozessen inspiriert sind.[24] Diese Modelle sind jedoch oft stark vereinfacht und können die Komplexität und Vielschichtigkeit natürlicher Intelligenz nicht vollständig erfassen. Daher ist es problematisch, von „völlig neuen Formen von Intelligenz" zu sprechen, solange wir die natürliche Intelligenz nicht vollständig verstehen. Zweitens würden wir ein unkalkulierbares Risiko eingehen, wenn wir Systeme schaffen, die keine direkte Entsprechung in der natürlichen Welt haben und deren Verhalten und Entscheidungen kaum vorhersehbar und kontrollierbar sind. Dies könnte zu Sicherheitsrisiken und einem Verlust des Vertrauens in KI-Technologien führen. **15**

KI-Systeme werden daher als Technologien beschrieben, die ihre Umgebung in Nachahmung menschlicher Fähigkeiten wahrnehmen, Daten interpretieren und auf dieser Basis Entscheidungen treffen.[25] Diese Systeme können entweder symbolische Regeln verwenden oder numerische Modelle erler- **16**

---

22 *Waltl*, in: Mainzer, Philosophisches Handbuch Künstliche Intelligenz.
23 *Funk*, in: Funk, Computer und Gesellschaft.
24 *Wecke*, Wachstum durch den Einsatz Generativer KI.
25 *Ala-Pietlä* et al., Eine Definition der KI, S. 8.

nen, um ihre Aufgaben zu erfüllen. Dies zeigt, wie vielseitig und komplex KI sein kann, und verdeutlicht die Notwendigkeit eines fundierten Verständnisses dieser Technologien. Darüber hinaus stellt sich die Aufgabe, sicherzustellen, dass KI-Systeme transparent und nachvollziehbar bleiben. Dies ist besonders wichtig, um das Vertrauen der Öffentlichkeit in diese Technologien zu erhalten und Missbrauch zu verhindern.

I. Ansätze und Ziele

1. Menschliches Handeln: der Ansatz des Turing-Tests

17   Eines der Ziele von KI ist es, menschliches Handeln nachzuahmen oder zu übertreffen.[26] Der Turing-Test, benannt nach dem britischen Mathematiker *Alan Turing*, ist eine zentrale Methode zur Bewertung menschlichen Handelns durch eine Maschine. Beim Turing-Test geht es darum, ob eine Maschine menschliches Verhalten so gut nachahmen kann, dass ein menschlicher Beobachter nicht mehr zwischen Mensch und Maschine unterscheiden kann.[27] Dieser Ansatz zielt darauf ab, die Fähigkeit von Maschinen zu testen, menschliches Verhalten zu imitieren.

18   Ein großes Ziel der KI-Forschung ist es, Systeme zu entwickeln, die in der Lage sind, eigenständig zu lernen und sich an neue Situationen anzupassen. Dies wird oft durch maschinelles Lernen und neuronale Netze erreicht, die es Maschinen ermöglichen, Muster in großen Datenmengen zu erkennen und daraus zu lernen.[28] Diese Technologien haben in den letzten Jahren erhebliche Fortschritte gemacht und finden Anwendung in Bereichen wie Spracherkennung, Bildverarbeitung und autonomem Fahren.

19   Ein weiterer wichtiger Ansatz in der KI ist die Entwicklung von Expertensystemen, die auf spezifische Wissensdomänen spezialisiert sind. Diese Systeme nutzen umfangreiche Datenbanken und Regelwerke, um komplexe Probleme zu lösen und fundierte Entscheidungen zu treffen.[29] Sie werden häufig in der Medizin, im Finanzwesen und in der industriellen Fertigung eingesetzt.

20   Die Fähigkeit, menschliches Handeln nachzuahmen, eigenständig zu lernen und spezialisierte Aufgaben zu erfüllen, macht KI zu einem mächtigen Werkzeug.

---

26 Deutscher Ethikrat, Mensch und Maschine–Herausforderungen durch Künstliche Intelligenz, 2023.
27 *Ala-Pietlä* et al., Eine Definition der KI, S. 1.
28 *Krauss*, Künstliche Intelligenz und Hirnforschung.
29 *Dengel*, Semantische Technologien: Grundlagen. Konzepte.

2. Menschliches Denken: der Ansatz der kognitiven Modellierung

Ein weiterer bedeutender Ansatz ist die kognitive Modellierung, die dar- **21**
auf abzielt, menschliches Denken durch computergestützte Modelle nachzubilden. Dieses Modell versucht, die inneren kognitiven Prozesse des
Menschen, wie Wahrnehmung, Gedächtnis und Entscheidungsfindung, zu
simulieren.[30] Die kognitive Modellierung integriert Erkenntnisse aus der
Psychologie, Neurowissenschaft, Linguistik, Informatik und Philosophie,
um ein umfassendes Bild der menschlichen Kognition zu zeichnen.[31] Dabei stützen sich die Modelle auf umfangreiche Daten und neuronale Netze,
um den menschlichen Denkprozess nachzuvollziehen und zu replizieren.[32]
Insgesamt spielt die kognitive Modellierung eine zentrale Rolle in der KI-
Forschung, da sie dazu beiträgt, KI-Systeme zu entwickeln, die intelligenter,
anpassungsfähiger und menschlicher sind.

3. Rationales Denken: der Ansatz des logischen Denkens

Der Ansatz des logischen Denkens spielt eine zentrale Rolle in der KI-Ent- **22**
wicklung und -Forschung. Er bezieht sich auf die Anwendung von forma-
len logischen Methoden zur Lösung von Problemen.[33] Dies umfasst unter
anderem die Nutzung von mathematischen Modellen und Algorithmen zur
Entscheidungsfindung und Problemlösung. Die Fokussierung auf logische
Schlussfolgerungen ermöglicht es, Probleme systematisch und rational an-
zugehen. Logisches Denken bezieht sich auf die Fähigkeit, Schlussfolgerungen auf der Grundlage von gegebenen Prämissen und Regeln der Logik
zu ziehen. Es umfasst verschiedene Formen des logischen Schließens, wie
deduktives, induktives und abduktives Schließen.[34] In der KI wird logisches
Denken verwendet, um Systeme zu entwickeln, die in der Lage sind, rationale Entscheidungen zu treffen, Probleme zu lösen und Wissen zu repräsen-
tieren. Dieser Ansatz hat laut der Hochrangigen Expertengruppe der Europäischen Kommission zur KI signifikante Fortschritte in der Verarbeitung von
sensorgestützten Daten und der darauf basierenden Entscheidungsfindung
ermöglicht.[35]

4. Rationales Handeln: der Ansatz des homo oeconomicus

Der Ansatz des rationalen Handelns, oft auch als der homo oeconomicus be- **23**
zeichnet, betrachtet Maschinen als Akteure, die mit einem Ziel agieren und

---

30 *Funke/Spering*, in: Funke, Denken und Problemlösen.
31 *Strohner*, Kognitive Systeme.
32 *Ala-Pietlä* et al., Eine Definition der KI, S. 6.
33 *Roth* et al., Künstliche Intelligenz.
34 *Beierle/Kern-Isberner*, Methoden wissensbasierter Systeme.
35 *Ala-Pietilä* et al., Eine Definition der KI, S. 4.

ihre Handlungen systematisch und effizient darauf ausrichten, um die besten Ergebnisse zu erzielen.[36] Dieser Ansatz betont die Wichtigkeit der Optimierung und Anpassung von Handlungen basierend auf den Auswirkungen früherer Aktionen, wie es auch in der EU-Deklaration zur KI hervorgehoben wird. Hierbei wird großen Wert auf Entscheidungsprozesse gelegt, die sowohl ressourcenintensiv als auch effizient gestaltet sein sollen.[37]

24 Zusammengefasst bietet jeder dieser Ansätze spezifische Perspektiven und Herausforderungen für die KI-Forschung und verfolgt das übergeordnete Ziel, Systeme zu entwickeln, die menschenähnliche Fähigkeiten besitzen und diese anwenden, um komplexe Aufgaben zu bewältigen. Kombiniert tragen diese Methoden zur Weiterentwicklung der KI bei und unterstützen die Forschung in der Erreichung immer anspruchsvollerer Ziele.

II. Beitrag der Philosophie

25 Seit über zwei Jahrtausenden haben Philosophen versucht, das Wesen der menschlichen Intelligenz zu ergründen, und dabei Konzepte entwickelt, die heute auch in der Forschung zur KI relevant sind. Von den frühen Griechen bis zur modernen Philosophie haben Denker kontinuierlich versucht, das Verhältnis zwischen Geist und Materie, Denken und Handeln sowie Erkenntnis und Realität zu verstehen. Schon *Platon*, um 428 v. Chr., stellte Überlegungen zur Natur der menschlichen Erkenntnis an, indem er Ideen wie die Welt der Formen und die Trennung von Körper und Seele entwickelte. Diese dualistischen Ansätze prägten das philosophische Denken über Jahrhunderte und bieten eine Grundlage für die moderne Diskussion über KI.

26 Im Mittelalter versuchte *Thomas von Aquin*, diese Ideen mit der christlichen Theologie zu verbinden, was den Dualismus von Körper und Geist weiter festigte.[38] Diese Thematik ist auch heute von Bedeutung, wenn es darum geht, Fragen des Maschinenbewusstseins und der Autonomie von KI-Systemen zu diskutieren. Die Philosophie der Aufklärung trug ebenfalls wesentlich zur Entwicklung des modernen Verständnisses von rationalem Denken bei, was insbesondere durch die Werke von *René Descartes* sichtbar wird. *Descartes'* methodischer Zweifel und seine Betonung des rationalen Denkens legten den Grundstein für das Experimentieren und das wissenschaftliche Vorgehen,[39] das grundlegend für die Entwicklung von KI ist.

27 Im 20. Jahrhundert nahm die Philosophie der Kognition eine zentrale Rolle ein, mit Denkern wie *Ludwig Wittgenstein* und *Gilbert Ryle*, die sich kritisch

---

36 *Knoll*, in: Engels/Knoll, Wirtschaftliche Rationalität.
37 *Ala-Pietilä* et al., Eine Definition der KI, S. 4–5.
38 *Tetens*, Der Gott der Philosophen.
39 *Jaspers*, Descartes und die Philosophie.

mit den Grundlagen des Denkens und der kognitiven Prozesse auseinandersetzten. Der Beitrag dieser Denker zur KI liegt in der Klärung und Analyse von Begriffen wie Geist, Bewusstsein und Handlung, die zentrale Fragestellungen für die Entwicklung intelligenter Systeme darstellen.[40]

Moderne Philosophen wie *John Searle* und *Hubert Dreyfus* haben expli- **28** zit die Grenzen und Möglichkeiten von KI diskutiert.[41] *Searles* „Chinese Room"-Argument und *Dreyfus'* Kritik an der symbolischen KI verdeutlichen die theoretischen Herausforderungen, denen sich die Forscher in diesem Gebiet stellen müssen. Sie hinterfragen grundlegende Annahmen über die Möglichkeit der Nachbildung menschlicher Intelligenz und betonen die Komplexität, die im menschlichen Bewusstsein und im kognitiven Prozess liegt.[42]

Zusammenfassend lässt sich sagen, dass die Philosophie grundlegende Be- **29** griffe und Methoden bereitstellt, die die wissenschaftliche Disziplin der KI im Wesentlichen formen. Von den antiken Überlegungen zur Natur der Erkenntnis über die rationalen Methoden der Aufklärung bis hin zu den modernen Diskussionen über Bewusstsein und kognitive Prozesse – jeder dieser Beiträge hebt die Bedeutung und die Komplexität der philosophischen Grundlagen zur Entwicklung und zum Verständnis von KI hervor. So bieten philosophische Fragestellungen nicht nur historische Einsichten, sondern auch gegenwärtige Erkenntnisse, die die Weiterentwicklung dieser dynamischen wissenschaftlichen Disziplin beeinflussen. Um ein vollumfängliches Verständnis von KI zu gewährleisten, müssen also auch die historischen und gegenwärtigen philosophischen Ansätze berücksichtigt und in die technologische Entwicklung integriert werden.[43]

III. Beitrag der Mathematik

Der Beitrag der Mathematik zur KI reicht weit zurück und hat wesentlich zur **30** Entwicklung moderner KI-Technologien beigetragen. Bereits im Jahr 800 legten Mathematiker wie *Al-Chwarizmi* die Grundlagen für Algorithmen und Berechnungsmethoden, die heute in der Informatik und KI-Forschung von zentraler Bedeutung sind. Seine Arbeiten zur indischen Mathematik, insbesondere die Einführung algebraischer und numerischer Techniken, bildeten die Basis für spätere Entwicklungen in der mathematischen Grundlagenforschung.[44]

---

40 *Funk*, in: Funk, Computer und Gesellschaft.
41 *Krüger*, Deutsche Zeitschrift für Philosophie 2017, 969.
42 *Funk*, in: Funk, Computer und Gesellschaft, S. 21.
43 *Funk*, in: Funk, Computer und Gesellschaft, S. 21.
44 *Styczynski* et al., Einführung in Expertensysteme.

31 Ein bedeutender Meilenstein war die Einführung der linearen Algebra und der Matrizenrechnung, die essenziell für viele moderne KI-Anwendungen ist. In der heutigen Bildungslandschaft wird die Bedeutung dieser mathematischen Konzepte immer wieder hervorgehoben, besonders in Bezug auf maschinelles Lernen und KI. So sind Matrizenoperationen und Optimierungsprobleme zentrale Elemente, die Schüler im Mathematikunterricht erlernen, um grundlegende Modelle des maschinellen Lernens zu verstehen.[45]

32 Die Arbeit mit Funktionen und die Lösung von Differentialgleichungen sind weitere mathematische Konzepte, die zentral für das Verständnis von KI-Modellen sind. Mathematiker wie *Isaac Newton* und *Gottfried Wilhelm Leibniz* trugen im 17. Jahrhundert zur Entwicklung dieser Konzepte bei. Diese Methoden finden Anwendung in der Entwicklung von neuronalen Netzwerken, die das Rückpropagationsverfahren zur Optimierung von Gewichten verwenden.[46]

33 Mit dem Aufkommen des 20. Jahrhunderts und der Arbeit von *David Hilbert* und *John von Neumann* erlangten die Grundlagen der mathematischen Logik und die Theorie der Automatentheorie eine größere Bedeutung. Diese Arbeiten legten die theoretischen Grundlagen für die erste Welle der KI-Forschung in den 1950er Jahren, die von symbolischer KI geprägt war.[47]

34 Im 21. Jahrhundert ist die Mathematik untrennbar mit der Weiterentwicklung der KI verknüpft. Optimierungsverfahren wie das Stochastic Gradient Descent und die Regularisierungstechniken tragen dazu bei, dass Modelle robust und effizient trainiert werden können.[48] Diese mathematischen Methoden sind unabdingbar für den Fortschritt im maschinellen Lernen und ermöglichen die Entwicklung von Algorithmen, die in der Praxis effektiv und zuverlässig funktionieren.[49]

35 Zusammenfassend lässt sich sagen, dass die Mathematik seit Jahrhunderten eine Schlüsselrolle in der Entwicklung und dem Verständnis von Künstlicher Intelligenz spielt. Von den ersten algorithmischen Konzepten über die Entwicklung der linearen Algebra bis hin zu fortschrittlichen Optimierungstechniken hat sie die theoretischen und praktischen Grundlagen geschaffen, die moderne KI-Anwendungen ermöglichen. Diese enge Verbindung wird in Zukunft weiter bestehen und die KI-Entwicklung maßgeblich prägen.

---

45 *Schönbrodt/Camminady/Frank*, Mathematische Grundlagen der Künstlichen Intelligenz im Schulunterricht, S. 1–3.
46 *Schönbrodt/Camminady/Frank*, Mathematische Grundlagen der Künstlichen Intelligenz im Schulunterricht, S. 10.
47 *Funk*, in: Funk, Computer und Gesellschaft, S. 16–18.
48 *Schönbrodt/Camminady/Frank*, Mathematische Grundlagen der Künstlichen Intelligenz im Schulunterricht, S. 19–20.
49 *Funk*, in: Funk, Computer und Gesellschaft , S. 23.

IV. Beitrag der Psychologie

Seit der Gründung des ersten psychologischen Labors durch *Wilhelm Wundt*   36
im Jahr 1879 hat sich die Psychologie als unverzichtbare Disziplin etabliert, die maßgeblich zur Erforschung kognitiver Prozesse und menschlicher
Intelligenz beiträgt. Diese Erkenntnisse bilden eine grundlegende Basis für
die Entwicklung von KI-Systemen, die menschliches Denken und Verhalten
nachahmen sollen.[50]

Ein zentraler Beitrag der Psychologie zur KI-Forschung ist die o. g. kogni-   37
tive Modellierung, bei der menschliche Denkprozesse modelliert und simuliert werden. Durch Experimente und Studien zu Wahrnehmung, Gedächtnis
und Entscheidungsverhalten gewinnen Psychologen tiefgehende Einsichten,
die zur Konstruktion von KI-Systemen genutzt werden können. So tragen
psychologische Theorien und Modelle, etwa aus der Kognitionspsycholo-
gie, zur Entwicklung von Algorithmen bei, die menschenähnliches Denken
ermöglichen.

Darüber hinaus spielt die Psychologie eine entscheidende Rolle beim Ver-   38
ständnis von Lernen und Anpassung. Konzepte des menschlichen Lernens,
wie das Beobachtungslernen und das Lernen durch Verstärkung, haben direkte Parallelen zu Verfahren des maschinellen Lernens.[51] KI-Systeme, die
auf neuronalen Netzen basieren, sind oft von biologischen Modellen inspiriert, die aus der Neuropsychologie stammen. Diese Ansätze reflektieren die
Erkenntnisse über neuronale Mechanismen und synaptische Plastizität und
haben zur Entwicklung effektiver Lernalgorithmen beigetragen.[52]

Ein weiteres bedeutendes Forschungsfeld ist die Emotionstheorie. Das Ver-   39
stehen und Modellieren menschlicher Emotionen ist wichtig für die Schaffung von KI-Systemen, die in sozialen Interaktionen glaubwürdig und effektiv agieren können. Emotionale Intelligenz und die Fähigkeit zur Empathie
sind Eigenschaften, die durch psychologische Forschung beschrieben und
teilweise in KI implementiert wurden.[53] Solche Systeme finden Anwendung
in therapeutischen Kontexten, wo Roboter oder Chatbots emotional unterstützende Rollen übernehmen.

Die Interdisziplinarität der Psychologie, wobei Erkenntnisse aus Bereichen   40
wie Pädagogik, Soziologie und Sprachwissenschaft einfließen, erweitert das
Verständnis und die Anwendungsmöglichkeiten von KI. Es zeigt sich, dass
ohne die fundierten Beiträge der Psychologie viele der heutigen Fortschritte
in der KI-Forschung nicht möglich gewesen wären.

---

50 *Strunk*, Systemische Psychologie.
51 *Stricker*, Sprachmodelle verstehen.
52 *Funk*, in: Funk, Computer und Gesellschaft, S. 1–2.
53 *Schmid-Meier*, Künstliche Intelligenz und menschliche Emotionen.

V. Beitrag der Computertechnik

41 Der Beitrag der Computertechnik zur Entwicklung der KI seit 1940 ist enorm und vielfältig. Die kontinuierliche Steigerung der Rechenleistung sowie Fortschritte in der Hardware- und Software-Entwicklung haben die Basis für moderne KI-Technologien gelegt.

42 Bereits in den 1940er Jahren legten Pioniere wie *Alan Turing* mit der Entwicklung des Konzepts der Turing-Maschine den Grundstein für die theoretische Informatik. Diese frühen Vorstellungen waren entscheidend für das Verständnis und die spätere Realisierung von „intelligenten" Maschinen. *Turings* Idee, dass Maschinen durch die Manipulation von Symbolen Intelligenz simulieren könnten, prägte die weitere Forschung und mündete schließlich in den Turing-Test, der überprüft, ob ein Computerverhalten von einem menschlichen Verhalten zu unterscheiden ist.[54]

43 Im Laufe der 1950er Jahre führte die Erfindung von Transistoren und integrierten Schaltkreisen zu einer erheblichen Miniaturisierung und Leistungssteigerung von Computern. Diese Entwicklung machte es möglich, komplexere Rechenaufgaben in kürzeren Zeiträumen zu bewältigen und öffnete Türen für Experimente mit maschinellem Lernen. Die Dartmouth Conference von 1956 wird oft als Geburtsstunde der Künstlichen Intelligenz betrachtet, da hier erstmals der Begriff KI geprägt und die Vision einer intelligenten Maschine vorgestellt wurde.[55]

44 Die Entwicklung der ersten Expertensysteme in den 1970er und frühen 1980er Jahren markierte einen weiteren Meilenstein in der Geschichte der KI. Diese Systeme basierten auf spezialisierten Wissensbasen und waren in der Lage, durch formalisierte Expertenwissen Schlussfolgerungen zu ziehen.[56] Expertensysteme hatten jedoch den Nachteil, dass sie stark auf die manuelle Eingabe von Wissen durch Experten angewiesen waren und nur in eng definierten Bereichen erfolgreich operieren konnten.

45 Mit dem Aufschwung der Computertechnik und den Durchbrüchen im Bereich des maschinellen Lernens in den 2000er Jahren, insbesondere durch die Einführung von neuronalen Netzen und deren Weiterentwicklung zu tiefen neuronalen Netzen (Deep Learning), erlebte die KI eine Renaissance. Diese Neuronalen Netze sind in der Lage, große Datenmengen zu verarbei-

---

54 *Nahrstedt*, Künstliche Intelligenz.
55 *Puppe*, in: Beck/Kusche/Valerius, Digitalisierung, Automatisierung, KI und Recht, S. 122.
56 *Puppe*, in: Beck/Kusche/Valerius, Digitalisierung, Automatisierung, KI und Recht, S. 122.

ten und aus diesen Daten Muster zu erkennen, was insbesondere für Anwendungen in der Bild- und Spracherkennung von Bedeutung ist.[57]

Heutige KI-Systeme profitieren von der enormen Rechenleistung moderner Computer sowie von spezialisierter Hardware wie Grafikprozessoren (GPUs), die das Training tiefer neuronaler Netze erheblich beschleunigen. Großen Internetfirmen ist es durch die Nutzung großer, annotierter Datensätze möglich, personalisierte Dienste und Werbeanzeigen zu erstellen, was die wirtschaftliche Relevanz von KI-Technologien verdeutlicht.[58] **46**

Zusammenfassend haben die Fortschritte in der Computertechnik die Entwicklung der Künstlichen Intelligenz maßgeblich beeinflusst und deren praktische Anwendbarkeit in zahlreichen Bereichen wie Medizin, Verkehr und Kommunikation ermöglicht. Die Leistungssteigerung von Computern und die Entwicklung spezialisierter Hardware haben komplexe KI-Modelle realisierbar gemacht, wodurch ein breites Spektrum an innovativen Lösungen und Anwendungen möglich wurde. **47**

VI. Beitrag der Linguistik

Seit 1957 hat auch die Linguistik einen erheblichen Beitrag zur Entwicklung der KI geleistet. Ein zentraler Fokus lag dabei auf der natürlichen Sprachverarbeitung (NLP), einem Bereich, der für die Übersetzung, Analyse und Synthese menschlicher Sprache durch Maschinen verantwortlich ist. Die linguistischen Ansätze haben das Verständnis und die Modellentwicklung in der KI stark vorangetrieben. Das ist besonders bedeutsam, da Sprache ein wesentlicher Bestandteil der Kommunikation und Interaktion zwischen Mensch und Maschine ist.[59] **48**

Die Gründerjahre der NLP waren von der Entwicklung verschiedener Modelle und Algorithmen geprägt, die auf syntaktischen und semantischen Strukturen der Sprache basierten. Dies beinhaltete die regelbasierte Analyse natürlicher Sprache, wie sie in den frühen Methoden der statistischen maschinellen Übersetzung (SMT) angewendet wurden.[60] Im Laufe der Zeit haben sich diese Ansätze weiterentwickelt, um komplexeren linguistischen Herausforderungen zu begegnen. **49**

In den letzten Jahrzehnten hat die Einführung von Künstlichen Neuronalen Netzen (KNN) und Deep Learning neue Möglichkeiten eröffnet. Diese Technologien ermöglichen es, den Kontext und die Bedeutung von Wörtern **50**

---

57 *Puppe*, in: Beck/Kusche/Valerius, Digitalisierung, Automatisierung, KI und Recht, S. 122.
58 *Puppe*, in: Beck/Kusche/Valerius, Digitalisierung, Automatisierung, KI und Recht, S. 122.
59 *Jäger/Linz*, Medialität und Mentalität.
60 *Funk*, in: Funk, Computer und Gesellschaft, S. 28.

besser zu erfassen. Zu den fortschrittlichen Methoden gehören das Part-of-Speech-Tagging, Word-Sense-Disambiguation und Named-Entity-Recognition, die in der Lage sind, die grammatikalischen und semantischen Strukturen von Texten zu analysieren.[61] Diese Fortschritte haben entscheidend dazu beigetragen, die maschinelle Übersetzung und andere Anwendungen der NLP signifikant zu verbessern.

51 Ein weiterer Meilenstein ist die Entwicklung von KI-basierten Übersetzungssystemen wie DeepL und Google Translate, die auf neuronalen Netzwerken und fortschrittlichen Algorithmen basieren. Diese Systeme haben die Übersetzungs- und Dolmetschbranche revolutioniert und bieten ein hohes Maß an Genauigkeit und Effizienz.[62] Sie zeigen jedoch auch die Grenzen der aktuellen Technologie auf, insbesondere wenn es um kontextabhängige und nuancierte Sprachverarbeitung geht.

52 Ein wesentlicher Aspekt der linguistischen Forschung im Kontext der KI ist auch die ethische und gesellschaftliche Dimension, die mit der Sprache verbunden ist. Fragen der Vertrauenswürdigkeit, der Fairness und der kulturellen Sensibilität sind eng mit der linguistischen Analyse verknüpft.[63] Es ist entscheidend, dass KI-Systeme nicht nur technisch einwandfrei operieren, sondern auch soziale und ethische Standards erfüllen.

53 Zusammenfassend lässt sich festhalten, dass die Linguistik seit 1957 entscheidende Beiträge zur Entwicklung der KI geleistet hat. Dies umfasst sowohl technische Innovationen als auch die Auseinandersetzung mit den ethischen Implikationen der Sprachverarbeitung durch Maschinen.

D. KI in der Anwendung

54 Künstliche Intelligenz hat sich in den letzten Jahrzehnten enorm weiterentwickelt und somit auch die Diskussionen über ihre verschiedenen Formen. Eine zentrale Unterscheidung, die zur Kategorisierung und Diskussion von KI-Systemen dient, ist die zwischen starker und schwacher KI. Diese Unterteilung geht auf verschiedene Ziele und Leistungsvermögen der Systeme ein und bietet eine hilfreiche Grundlage für das Verständnis der aktuellen und zukünftigen Entwicklungen im Bereich der KI.

55 Ein zentraler Aspekt ist die zunehmende Verbreitung von schwacher KI, die spezialisierte Aufgaben wie Bilderkennung oder Sprachverarbeitung effizienter und präziser erledigen kann als Menschen. Diese Entwicklungen ha-

---

61 *Funk*, in: Funk, Computer und Gesellschaft, S. 39.
62 *Schmidhofer*, Vorbereitung auf eine KI-zentrierte Zukunft, S. 24.
63 *Schmidhofer*, Vorbereitung auf eine KI-zentrierte Zukunft, S. 83.

ben zu einem signifikanten Fortschritt in spezialisierten Anwendungen wie medizinischer Bildauswertung und autonomem Fahren geführt.[64]

Schwache KI, auch als Narrow AI bekannt, bezieht sich auf Systeme, die **56** spezifische Aufgaben meistern können, ohne dabei ein tieferes Verständnis oder Bewusstsein der Aufgaben zu besitzen. Diese Systeme sind darauf ausgelegt, in eng abgegrenzten Anwendungsbereichen zu operieren, wie etwa bei der Sprachverarbeitung, der Mustererkennung oder der Bildanalyse. Sie basieren häufig auf maschinellen Lernmethoden und können durch große Datenmengen und erhöhte Rechenleistung ihre Leistungsfähigkeit stetig steigern.[65]

Im Gegensatz dazu verfolgt die starke KI den Ansatz, ein breiteres Spek- **57** trum menschlicher Fähigkeiten nachzubilden. Starke KI, oft auch als General AI oder Super AI bezeichnet, zielt darauf ab, eine Art Bewusstsein zu entwickeln und intellektuelle Fähigkeiten auf ein ähnliches Niveau wie der Mensch zu bringen. Sie soll nicht nur in spezifischen Bereichen operieren können, sondern in der Lage sein, komplexe Probleme in verschiedenen Domänen zu lösen und sich an neue Situationen flexibel anzupassen.[66]

Die Konzepte von schwacher und starker KI spiegeln unterschiedliche **58** Paradigmen und methodische Ansätze wider. Während die Forschung zur schwachen KI bereits viele praktische Anwendungen hervorgebracht hat, steht die Entwicklung einer starken KI noch vor großen theoretischen und technischen Herausforderungen.[67] Die Unterscheidung zwischen diesen beiden KI-Typen ist nicht nur aus technischer Sicht relevant, sondern auch aus ethischer und gesellschaftlicher Perspektive, da sie wichtige Fragen zur Kontrolle, Verantwortung und Nutzung von KI-Systemen aufwirft.[68]

Ein tieferes Verständnis dieser Unterscheidung ermöglicht es, die Potenziale **59** und Risiken der verschiedenen KI-Systeme besser abzuwägen[69] und einen fundierten Rechtsrahmen für unterschiedliche Anwendungen zu schaffen.

E. KI-Einsatz und Recht

Die vorgestellte interdisziplinäre und rasante Entwicklung und der zuneh- **60** mend breite Einsatz von KI spielen heute eine zentrale Rolle in vielen Lebensbereichen, von der Gesundheitsversorgung über das autonome Fahren

---

64 *Pusch* et al., Wirtschaftsdienst 2024, 104(5), 356.
65 *Puppe*, in: Beck/Kusche/Valerius, Digitalisierung, Automatisierung, KI und Recht.
66 *Scheuer*, Akzeptanz von Künstlicher Intelligenz, S. 4–6; *Funk*, in: Funk, Computer und Gesellschaft.
67 *Leible* et al., HMD Praxis der Wirtschaftsinformatik 2024, 344.
68 *Puppe*, in: Beck/Kusche/Valerius, Digitalisierung, Automatisierung, KI und Recht.
69 *Leible* et al., HMD Praxis der Wirtschaftsinformatik 2024, 344.

bis hin zu Finanzdienstleistungen und Gesetzgebung und -Anwendung. Diese Technologien haben nicht nur das Potenzial, Prozesse effizienter und kosteneffektiver zu gestalten, sondern werfen auch eine Vielzahl komplexer rechtlicher Fragen auf. Der Einsatz von KI stellt den Gesetzgeber, Entwickler und Anwender vor neue Herausforderungen und erfordert u. U. eine Anpassung der bisherigen rechtliche Rahmenwerke.

61 Die Regulierung von KI ist ein vielschichtiges Unterfangen, das die Notwendigkeit eines ausgeklügelten Zusammenspiels unterschiedlicher Akteure und Interessen erfordert. Der Gesetzgeber ist dabei gehalten, Regelungen zu schaffen, die einerseits die Innovationskraft nicht behindern, andererseits aber auch grundlegende Rechte und Freiheiten der Bürger schützen. Fragen des Datenschutzes, der Haftung im Schadensfall sowie der Transparenz und Nachvollziehbarkeit der KI-Entscheidungen stehen hier im Mittelpunkt der Diskussionen.[70]

62 Entwickler von KI-Systemen sind nicht nur technisch gefordert, sondern auch rechtlich und ethisch in der Verantwortung. Sie müssen sicherstellen, dass ihre Systeme unter Einhaltung bestehender rechtlicher Standards entworfen und betrieben werden können.[71] Ethical Engineering und Compliance sind Begriffe, die in diesem Kontext an Bedeutung gewonnen haben.

63 Anwender schließlich – also sowohl Privatpersonen als auch Unternehmen und staatliche Stellen, die KI nutzen – müssen sich der Funktionsweise und möglichen Risiken der eingesetzten Systeme bewusst sein. Sie tragen die Verantwortung für eine adäquate Implementierung und Nutzung und müssen sicherstellen, dass sie die Systeme in einem rechtlich und ethisch einwandfreien Rahmen betreiben.[72]

64 Diese Konstellation führt zu einer komplexen Interdependenz von rechtlichen Normen, ethischen Maßstäben und technischen Möglichkeiten, die eine umfassende Betrachtung des Themas unabdingbar macht. Verständlich wird, dass der KI-Einsatz in einem rechtlichen Kontext multifaktorielle Beteiligungen und eine interdisziplinäre Herangehensweise erfordert, die in den nachfolgenden Kapiteln detailliert untersucht werden.

F. Zusammenfassung

65 Die Künstliche Intelligenz durchdringt heute nahezu alle Bereiche des menschlichen Lebens und bestimmt maßgeblich gesellschaftliche, wirtschaftliche und technische Entwicklungen.[73] Die historische Betrachtung

---

70 *Beck*, Künstliche Intelligenz – ethische und rechtliche Herausforderungen.
71 *Hüsch* et al., Einsatzmöglichkeiten von GPT in Finance, Compliance und Audit.
72 *Beck*, Künstliche Intelligenz – ethische und rechtliche Herausforderungen.
73 *Ala-Pietilä* et al., Eine Definition der KI.

zeigt, dass die Wurzeln der KI-Forschung tief in die Jahrhunderte zurückreichen und verschiedene Disziplinen wie Philosophie, Mathematik und Psychologie maßgeblich zum Fortschritt beigetragen haben.[74]

Die rechtlichen Fragen zur Nutzung von KI sind zentraler Bestandteil dieses **66** Sammelbands. Hierbei wird auf die Aufgaben der Gesetzgeber, Entwickler und Anwender eingegangen, um sicherzustellen, dass KI-Systeme verantwortungsvoll und transparent eingesetzt werden.

Literaturverzeichnis

Alle Internetquellen wurden zuletzt abgerufen am 12.8.2024

Ala-Pietilä, P./Bauer, W. et al.	Eine Definition der KI: Wichtigste Fähigkeiten und Wissenschaftsgebiete; erarbeitet von einer unabhängigen hochrangigen Expertengruppe für Künstliche Intelligenz, eingesetzt von der Europäischen Kommission im Juni 2018, veröffentlicht 2019
Altenburger, R.	Künstliche Intelligenz im Spannungsfeld Innovation, Effizienz und gesellschaftliche Verantwortung, in: Altenburger/Schmidpeter (Hrsg.), CSR und Künstliche Intelligenz, 2021, S.1–13
André, E./Bauer, W. et al.	Arbeit, Qualifizierung und Mensch-Maschine-Interaktion, Whitepaper hrsg. v. Lernende Systeme – Die Plattform für Künstliche Intelligenz, 2019, https://www.isf-muenchen.de/wp-content/uploads/2019/08/AG2_Whitepaper_210619.pdf
Beck, S.	Künstliche Intelligenz – ethische und rechtliche Herausforderungen, 2020
Beierle, C./Kern-Isberner, G.	Methoden wissensbasierter Systeme, 2008
Dengel, A.	Semantische Technologien: Grundlagen. Konzepte. Anwendungen, 2011
Deutscher Ethikrat	Mensch und Maschine–Herausforderungen durch Künstliche Intelligenz, 2023, https://www.ethikrat.org/fileadmin/Publikationen/Stellungnahmen/deutsch/stellungnahme-mensch-und-maschine-kurzfassung.pdf

---

74 *Ala-Pietilä* et al., Eine Definition der KI, S.2–4.

Funk, M.	Was ist künstliche Intelligenz?, in: Funk (Hrsg.), Computer und Gesellschaft, 2023
Funke, J./Spering, M.	Methoden der Denk- und Problemlöseforschung, in: Funke (Hrsg.), Denken und Problemlösen (=Enzyklopädie der Psychologie, Themenbereich C: Theorie und Forschung, Serie II: Kognition, Band 8: Denken und Problemlösen), 2004
Hüsch, A./Distelrath, D./ Hüsch, T.	Einsatzmöglichkeiten von GPT in Finance, Compliance und Audit, 2023
Hartmann, M.	KI & Recht kompakt, 2020
Haun, M.	Prolog als Motivation, in: Haun (Hrsg.), Cognitive Computing, 2014
Jäger, L./Linz, E.	Medialität und Mentalität: theoretische und empirische Studien zum Verhältnis von Sprache, Subjektivität und Kognition, 2004
Jaspers, K.	Descartes und die Philosophie, 2019
Kaplan, J.	Künstliche Intelligenz: Eine Einführung, 2017
Knoll, L.	Wirtschaftliche Rationalitäten, in: Engels/Knoll (Hrsg.), Wirtschaftliche Rationalität, S. 47–65
Krüger, H.-P.	Nachruf auf Hubert Dreyfus, Deutsche Zeitschrift für Philosophie 2017, 65(5), 969
Krauss, P.	Künstliche Intelligenz und Hirnforschung, 2023
Leible, S./Gücük, G./Simic, D./Brackel-Schmidt, C./ Lewandowski, T.	Zwischen Forschung und Praxis: Fähigkeiten und Limitationen generativer KI sowie ihre wachsende Bedeutung in der Zukunft, HMD Praxis der Wirtschaftsinformatik 2024, Vol. 61, 344
Nahrstedt, H.	Künstliche Intelligenz, 2018
Ockenfeld, M.	Lernplattformen, Roboter und KI, IWP 2019, 70 (5–6), 284
Pagel, T.	Wege zur künstlichen Intelligenz im IT betrieblichen Alltag, in: Bodemann/Fellner/Just (Hrsg.), Zukunftsfähigkeit durch Innovation, Digitalisierung und Technologien, 2021, S. 253–259

Puppe, F.	Künstliche Intelligenz. Überblick und gesellschaftlicher Ausblick, in: Beck/Kusche/Valerius (Hrsg.), Digitalisierung, Automatisierung, KI und Recht, 2020, S. 121–132.
Pusch, T./Kudic, M./Gerbracht, M./Hochhaus, J.	Transformation der Arbeit durch die Einführung neuer digitaler Technologien, Wirtschaftsdienst 2024, 104(5), 356
Roth, G./Tuggener, L./Roth, F.	Künstliche Intelligenz, 2024
Scheuer, D.	Akzeptanz von Künstlicher Intelligenz, 2023
Schmid-Meier, C.	Künstliche Intelligenz und menschliche Emotionen, 2023
Schmidhofer, A.	Vorbereitung auf eine KI-zentrierte Zukunft: Eine Untersuchung aktueller Ausbildungsmethoden, 2024, https://diglib.uibk.ac.at/download/pdf/9142272.pdf
Schmidt-Schauß, M./Sabel, D.	Einführung in die Methoden der künstlichen Intelligenz, 2013
Schneider, M.	Künstliche Intelligenz und Wissenschaftspraxis, JuR 1987, 274
Schönbrodt, S./Camminady, T./Frank, M.	Mathematische Grundlagen der Künstlichen Intelligenz im Schulunterricht – Chancen für eine Bereicherung des Unterrichts in linearer Algebra, 2021, https://link.springer.com/content/pdf/10.1007/s00591-021-00310-x.pdf.
Siekmann, J.	Künstliche Intelligenz, in: Krämer (Hrsg.), Geist – Gehirn – künstliche Intelligenz. Zeitgenössische Modelle des Denkens. Ringvorlesung an der Freien Universität Berlin, 1994
Stowasser, S./Neuburger, R. et al.	Führung im Wandel: Herausforderungen und Chancen durch Künstliche Intelligenz, Whitepaper hrsg. v. Lernende Systeme – Die Plattform für Künstliche Intelligenz, 2019, https://www.isf-muenchen.de/wp-content/uploads/2022/05/22_WP_Fu%CC%88hrung_im_Wandel_28042022.pdf
Stricker, H.	Sprachmodelle verstehen: Chatbots und generative künstliche Intelligenz im Zusammenhang, 2024

Strohner, H.	Kognitive Systeme: Eine Einführung in die Kognitionswissenschaft, 2013
Strunk, G.	Systemische Psychologie: Grundlagen einer allgemeinen Systemtheorie der Psychologie, 2024
Styczynski, Z./Rudion, K./ Naumann, A.	Einführung in Expertensysteme: Grundlagen, Anwendungen und Beispiele aus der elektrischen Energieversorgung, 2017
Tetens, H.	Der Gott der Philosophen. Überlegungen zur natürlichen Theologie, 2015
Waltl, B.	Erklärbarkeit und Transparenz im Machine Learning, in: Mainzer (Hrsg.), Philosophisches Handbuch Künstliche Intelligenz, 2019
Wecke, B.	Wachstum durch den Einsatz Generativer KI, 2024

Kapitel 2
Haftung für Schäden durch Künstliche Intelligenz (KI)

Übersicht

A. Einführung

1   Der vorliegende Beitrag untersucht exemplarisch praxisrelevante Problemfelder der Haftung für Schäden durch KI. Im Kern wird der Frage nachgegangen, wer haftet, wenn nicht mehr ein Mensch, sondern ein KI-System Entscheidungen hervorbringt, die zu Schäden führen. Hierzu nähert sich der Beitrag zunächst dem Begriff eines KI-Systems. Sodann wird der Terminus der Haftung geklärt. Auf der so geschaffenen Grundlage behandelt und diskutiert der Beitrag zwei Praxisfälle. Zum einen geht es um eine KI-gesteuerte Reinigungsmaschine, die einen Menschen verletzt, und zum anderen um eine KI-Unterstützung bei einer unternehmerischen Entscheidung, die zu einem Schaden für das Unternehmen führt.

B. KI-System: Definitionsversuche

2   Obgleich KI[1] zu den Technologien, gehört, die das 21. Jahrhundert prägen werden,[2] lässt sich über die Frage, was KI ist, streiten. Im Grunde gilt auch heute noch die Erläuterung, die *John McCarthy* geprägt hat (der Begründer des Begriffs „Künstliche Intelligenz"[3]): KI „is the science and engineering of making intelligent machines, especially intelligent computer programs.

---

1   Umfassend *Ertel*, Grundkurs Künstliche Intelligenz.
2   *Gless/Janal*, in: Hilgendorf/Roth-Isigkeit, Die neue Verordnung der EU zur Künstlichen Intelligenz, § 2 Rn. 9.
3   https://www.britannica.com/biography/John-McCarthy (zuletzt abgerufen am 21.9.2024).

It is related to the similar task of using computers to understand human intelligence, but AI [Artificial Intelligence, KI] does not have to confine itself to methods that are biologically observable."[4] Gleichwohl werden mit dem Begriff „Intelligenz" in der Regel Fähigkeiten beschrieben, die traditionell Menschen zugeordnet werden, wie etwa strategisches Entscheiden, Sprachkompetenzen oder auf einem Lernvorgang beruhende Selbstoptimierung. In jüngerer Zeit werden in KI-Definitionen häufig auch Elemente der Autonomie bzw. des selbsttätigen Lernens einbezogen, beispielsweise in dem Definitionsvorschlag von *Virginia Dignum*: „AI is about the autonomy (or better automation) to decide on how to act, the adaptability to learn from the changes and aims of other agents in that environment, and decide when to cooperate or to compete."[5] Oftmals wird bei der Umschreibung von KI zudem unterschieden zwischen sogenannter schwacher KI (kann nur eine Aufgabe erledigen) und sogenannter starker KI (übernimmt holistische Aufgaben). Solche anthropozentrischen Begrifflichkeiten und Umschreibungen sind freilich wenig geeignet, um eine rechtssichere Erfassung automatisierter Entscheidungssysteme zu fördern.[6]

Die Einsatzmöglichkeiten von KI reichen von der industriellen Produktion, der Mobilität und der Medizin über Kommunikation, Unterhaltung und Sport bis hin zur Aufrechterhaltung der Infrastruktur, staatlicher Verwaltung, Rechtsanwendung und Strafverfolgung. Grundsätzlich scheint es keinen Bereich menschlicher Tätigkeit zu geben, der nicht von der Entwicklung von KI beeinflusst werden könnte. Es handelt sich damit um eine potenziell disruptive Universaltechnologie, deren gesellschaftliche Folgen derzeit noch kaum abzuschätzen sind. Es liegt auf der Hand, dass eine so mächtige Technologie auch Probleme aufwirft. Zu denken ist zunächst an Fehlfunktionen, etwa den Ausfall KI-gesteuerter Infrastruktur (zum Beispiel der Wasser- oder Energieversorgung), unzutreffende medizinische Diagnosen oder unvorhergesehene gefährliche Fahrmanöver eines autonomen Fahrzeugs oder eines autonom gesteuerten Flugzeugs.[7] Derartige Fehlleistungen können auf Programmierfehlern beruhen, sie können aber auch ohne erkennbaren Fehler im Programm auftreten. Ein weiteres viel diskutiertes Problem stellen ungerechtfertigte Vorurteile („Bias") von KI-Systemen dar, wie sie etwa im Zusammenhang mit Prognosesoftware für Rückfallwahrscheinlichkeiten diskutiert wurden.[8] Die damit aufgeworfenen Probleme werden in der

3

---

4 *McCarthy*, What is Artificial Intelligence, S. 2.

5 *Muller/Dignum*, Artificial Intelligence, S. 9; für eine ausführliche Erläuterung siehe *Dignum*, Responsible Artificial Intelligence, S. 9 ff.

6 *Gless/Janal*, in: Hilgendorf/Roth-Isigkeit, Die neue Verordnung der EU zur Künstlichen Intelligenz, § 2 Rn. 9.

7 Speziell zum autonomen Fahren *Reschka*, in: Maurer/Gerdes/Lenz/Winner, Autonomes Fahren – Technische, rechtliche und gesellschaftliche Aspekte, S. 488.

8 *Hilgendorf*, in: Piallat, Der Wert der Digitalisierung, S. 223, 241.

rechtswissenschaftlichen Grundlagenforschung[9] und in der Ethik[10] seit Jahren diskutiert.[11]

4 Um im Rahmen des vorliegenden Beitrags Fragen der Haftung für Schäden durch KI[12] nachgehen zu können, genügt es nicht, sich mit dem Begriff der KI zu beschäftigen. Vielmehr ist der Blick auf KI-Systeme zu lenken. Wie bereits aufgezeigt wurde, ist schon der Begriff der KI schwer zu fassen. Daher gestaltet es sich nicht wesentlich einfacher KI-Systeme zu definieren. Um eine Begriffsklärung als Grundlage der weiteren Ausführungen vornehmen zu können, geht dieser Beitrag von der Definition in der EU-Verordnung über Künstliche Intelligenz[13] aus. Nach deren Art. 3 Nr. 1 ist ein KI-System ein maschinengestütztes System, das für einen in unterschiedlichem Grade autonomen Betrieb ausgelegt ist und das nach seiner Betriebsaufnahme anpassungsfähig sein kann und das aus den erhaltenen Eingaben für explizite oder implizite Ziele ableitet, wie Ausgaben wie etwa Vorhersagen, Inhalte, Empfehlungen oder Entscheidungen erstellt werden, die physische oder virtuelle Umgebungen beeinflussen können. Im Kern ist ein KI-System also ein System, das autonom entscheiden kann und keine oder nur geringe menschliche Steuerung erfährt.

C. Haftung: Begriffsklärung und Eingrenzung

5 Der vorliegende Beitrag behandelt Fragen der Haftung für Schäden durch KI. Zu definieren ist damit neben dem KI-System der Begriff der Haftung, der nicht legaldefiniert ist. Transparent und praxistauglich ist die Definition, die unter Haftung die Verpflichtung zur Begleichung einer Verbindlichkeit versteht, die aus einem vertraglichen oder gesetzlichen Schuldverhältnis

---

9 *Beck/Kusche/Valerius*, Digitalisierung, Automatisierung, KI und Recht; *Hilgendorf*, in: Lutter/Stimpel/Wiedemann, Festschrift für Fischer, S. 99; *Hornung*, Rechtsfragen der Industrie 4.0, S. 119; rechtspolitisch: *Schallbruch*, Schwacher Staat im Netz; *Nemitz/Pfeffer*, Prinzip Mensch.

10 *Anderson/Anderson*, Machine Ethics; *Bendel*, Handbuch Maschinenethik; *Coeckelbergh*, AI Ethics; Dignum, Responsible Artificial Intelligence; Hengstschläger, Digital Transformation and Ethics; *Hilgendorf*, in: Joerden/Hilgendorf/Thiele, Menschenwürde und Medizin, S. 1047; *Misselhorn*, Grundfragen der Maschinenethik.

11 *Hilgendorf*, in: Hilgendorf/Roth-Isigkeit, Die neue Verordnung der EU zur Künstlichen Intelligenz, § 1 Rn. 1, 2, 5.

12 Ausführlich *Dötsch*, Außervertragliche Haftung für Künstliche Intelligenz am Beispiel von autonomen Systemen; *Sommer*, Haftung für autonome Systeme.

13 Verordnung (EU) 2024/1689 des Europäischen Parlaments und des Rates vom 13.6.2024 zur Festlegung harmonisierter Vorschriften für künstliche Intelligenz und zur Änderung der Verordnungen (EG) Nr. 300/2008, (EU) Nr. 167/2013, (EU) Nr. 168/2013, (EU) 2018/858, (EU) 2018/1139 und (EU) 2019/2144 sowie der Richtlinien 2014/90/EU, (EU) 2016/797 und (EU) 2020/1828, ABl. Nr. L vom 12.7.2024, S. 1; im Folgenden: KI-Verordnung..

resultiert. Im spezifischeren Sinn bezieht sich Haftung auf die Inanspruchnahme des Schuldvermögens durch den Gläubiger. Das Vermögen des Schuldners steht dabei für die Befriedigung eines Anspruchs ein, der rechtlich geltend gemacht werden kann, sofern er einklagbar ist.[14] Der Terminus „Haftung" bezieht sich nicht nur auf zu ersetzende Schäden, sondern umfasst alle denkbaren Anspruchsbegehren. Im Folgenden geht es jedoch um den möglichen Ausgleich von Schäden, die von KI-Systemen hervorgerufen werden.[15]

D. Praxisfall 1: Die Reinigungsmaschine

I. Sachverhalt

A entwickelt fehlerfrei ein KI-System für eine Reinigungsmaschine. Das KI-System entspricht den technischen Standards. B kauft eine solche Maschine. C wartet gerade im Gebäude des B auf seinen Termin. Das KI-System lenkt die Reinigungsmaschine aufgrund autonomer Entscheidung auf C, der dadurch verletzt wird. Es entstehen Heilbehandlungskosten in Höhe von 10.000 EUR. Haftet A für diese Heilbehandlungskosten? **6**

II. Risiken von KI-Systemen

1. Überblick

So wie andere Technologien können KI-Systeme (zum Beispiel zur autonomen Steuerung einer Reinigungsmaschine wie im Praxisfall 1) Schäden verursachen. Im Gegensatz zu sonstigen Technologien geht von KI-Systemen jedoch ein Risiko von autonom verursachten Schäden (Autonomierisiko) und Schäden, deren Ursachen sich schwer ergründen lassen (Opazitätsrisiko), aus.[16] Die Zuordnung dieser Risiken ist Kern der schwierigen haftungsrechtlichen Fragen im Zusammenhang mit Schäden, die durch KI-Systeme hervorgerufen werden.[17] **7**

2. Autonomierisiko

KI-Systeme können autonome Entscheidungen treffen und somit auch selbständig Fehlentscheidungen fällen, durch die Schäden entstehen. Diese Schäden sind aus Sicht des Geschädigten und sämtlicher Akteure, die mit dem KI-System in Berührung kommen, zufällig, das heißt, sie beruhen auf **8**

---

14 *Groh/Schmidt*, Weber kompakt, Haftung.
15 Zur Haftung siehe auch *Wendt/Wendt*, Das neue Recht der Künstlichen Intelligenz, § 14.
16 Ausführlich zu den unterschiedlichen von KI-Systemen ausgehenden Risiken *Zech*, Gutachten A zum 73. Deutschen Juristentag, A 41-44.
17 *Burchardi*, EuZW 2022, 685, 685.

niemandes Verschulden. Diese Gefahr von autonomen Fehlentscheidungen wird als Autonomierisiko[18] oder als Intelligenzrisiko[19] bezeichnet. Im Folgenden wird der Begriff des Autonomierisikos gewählt, da diese Wortwahl die Frage offenlässt, ob und nach welcher Definition KI-Systeme tatsächlich „intelligent" sind. Die Verwirklichung des Autonomierisiko muss streng von solchen Fällen abgegrenzt werden, in denen sich die Sorgfaltspflichtverletzung eines Menschen im Schaden verwirklicht. So kann ein KI-System beispielsweise auch unzureichend programmiert, trainiert, überwacht oder falsch verwendet werden und gerade aufgrund dessen ein Schaden entstehen.[20] Die Frage, wem das Autonomierisiko haftungsrechtlich zuzuordnen ist, stellt sich vor dem Hintergrund, dass das KI-System nach derzeitiger Rechtslage selbst keine Rechtspersönlichkeit hat und damit nicht haften kann.[21] Selbst wenn man künstlich intelligenten Systemen künftig eine Rechtspersönlichkeit zuspräche, wäre damit noch nicht viel gewonnen: Ein KI-System kann nur dann für Schäden, die es verursacht, aufkommen, wenn es über eine Haftungsmasse verfügt.[22] Daher müsste auch dann geklärt werden, welcher Akteur zumindest die finanzielle Verantwortung für Schäden durch das KI-System zu tragen hat.[23]

9 Zusammenfassend ist unter dem Autonomierisiko das Risiko von autonom verursachten Schäden zu verstehen. Das zentrale haftungsrechtliche Problem liegt darin, dass nach geltendem deutschen Recht durch ein KI-System verursachte Schäden auf niemandes Verschulden beruhen. Denn Verschulden (grundsätzlich Vorsatz und Fahrlässigkeit, § 276 Abs. 1 Satz 1 BGB) kann nur eine natürliche verschuldensfähige Person treffen. Ein KI-System ist bereits keine natürliche Person, sodass das System kein Verschulden treffen kann.

3. Opazitätsrisiko

10 KI-Systeme sind – je nach technischen Verfahren – oftmals durch ein hohes Maß an Opazität gekennzeichnet.[24] Das heißt, dass die Entscheidungswege, die künstlich intelligente Systeme gehen, um eine Entscheidung zu treffen,

---

18 *Wagner*, ZEuP 2021, 545, 559; *Wöbbeking*, in: Kaulartz/Braegelmann, Rechtshandbuch Artificial Intelligence und Machine Learning, Kapitel 4.2 Rn. 5; *Zech*, ZfPW 2019, 198, 209.

19 *Krügel/Steinrötter/Eichelberger*, in: Ebers/Heinze, Künstliche Intelligenz und Robotik, § 5 Rn. 5.

20 *Burchardi*, EuZW 2022, 685, 685.

21 Zur Schaffung von digitalen Rechtssubjekten ausführlich *Teubner*, AcP 2018, 155; siehe auch *Schirmer*, JZ 2016, 660, 666.

22 *Denga*, CR 2018, 69, 77.

23 *Krügel/Steinrötter*, in: Ebers/Heinze, Künstliche Intelligenz und Robotik, § 3 Rn. 78.

24 Siehe hierzu *Käde/von Maltzan*, CR 2020, 66, 72.

technisch teilweise schwer nachvollziehbar sind.[25] Hierdurch ist es oftmals schwierig – oder sogar unmöglich –, zu ergründen, ob ein Schaden durch eine Sorgfaltspflichtverletzung des Anspruchsgegners oder einer anderen Person verursacht worden ist oder auf der autonomen Entscheidung des KI-Systems beruht.[26] Diese Problematik wird durch die Vernetzung verschiedener KI-Systeme miteinander noch verschärft.[27] Das Opazitätsrisiko kommt rechtlich zum Tragen, wenn es darum geht, die Kausalität zwischen einer etwaigen Pflichtverletzung des Anspruchsgegners und einer Rechtsgutverletzung oder einem Schaden aufseiten des Geschädigten zu beweisen.[28] Dieses Risiko trägt derjenige, der darlegen und beweisen muss, weshalb ein KI-System einen bestimmten, letztlich schädigenden Output generiert hat.[29]

Das Opazitätsrisiko ist also das Risiko, das durch schwer nachvollziehbare Entscheidungswege des KI-Systems entsteht. Daher kann man kaum herausfinden, ob ein Schaden durch eine Sorgfaltspflichtverletzung eines Menschen oder durch eine autonome Entscheidung des KI-Systems verursacht wurde. **11**

III. Zuordnung des Autonomierisikos

1. Überblick

Im geltenden deutschen Recht trägt das Autonomierisiko für KI-Systeme der Geschädigte, sofern das Gesetz keine Haftung für durch das KI-System autonom hervorgerufene Schäden vorsieht. Zu unterscheiden sind die vertragliche und die außervertragliche Verschuldenshaftung, der die verschuldensunabhängige Haftung gegenüberzustellen ist.[30] **12**

2. Grundsatz: Risikotragung durch Geschädigten

a) Vertragliche Haftung (§ 280 Abs. 1 BGB)

Die vertragliche Haftung setzt voraus, dass dem Anspruchsgegner eine Sorgfaltspflichtverletzung zur Last fällt. Eine vertragliche Haftung greift in der Regel nur, wenn der Anspruchsgegner seine Pflichtverletzung zu vertreten hat (§ 280 Abs. 1 Satz 2 BGB), also vorsätzlich oder fahrlässig ge- **13**

---

25 *Käde/von Maltzan*, CR 2020, 66, 71; *Bünau*, in: von Breidenbach/Glatz, Rechtshandbuch Legal Tech, § 3 Rn. 21.

26 Vgl. *Käde/von Maltzan*, CR 2020, 66, 71; *Wöbbeking*, in: Kaulartz/Braegelmann, Rechtshandbuch, Artificial Intelligence und Machine Learning, Kapitel 4.2 Rn. 6.

27 Siehe hierzu *Zech*, Gutachten A zum 73. Deutschen Juristentag, A 48.

28 *Zech*, in: Lohsse/Schulze/Staudenmayer, Liability for Artificial Intelligence and the Internet of Things, S. 187, 193; ausführlich *Weingart*, Vertragliche und außervertragliche Haftung für den Einsatz von Softwareagenten, S. 184 ff.

29 *Burchardi*, EuZW 2022, 685, 686.

30 *Burchardi*, EuZW 2022, 685, 686.

handelt hat (§ 276 Abs. 1 Satz 1 BGB). Lässt man Fälle des Vorsatzes außer Betracht, geht es also um die Frage, ob der Anspruchsgegner die im Verkehr erforderliche Sorgfalt außer Acht gelassen hat (§ 276 Abs. 2 BGB). Sorgfaltspflichtverletzungen können darin liegen, dass das System nicht den technischen Standards entspricht oder fehlerhaft programmiert, trainiert oder überwacht wurde. Auch eine fehlerhafte Nutzung kommt in Betracht. Wenn sich aber gerade das Autonomierisiko in einer fehlerhaften Entscheidung verwirklicht, dann lässt sich der Schaden gerade nicht auf eine solche Sorgfaltspflichtverletzung zurückführen. Damit scheidet eine Verschuldenshaftung grundsätzlich aus.[31]

14   Im Praxisfall 1 besteht schon kein Vertrag zwischen C und A, sodass bereits deshalb eine vertragliche Haftung (§ 280 Abs. 1 BGB) ausscheidet. Darüber hinaus kann dem Entwickler A kein Verschulden zur Last gelegt werden, da er das KI-System fehlerfrei entwickelt hat. Für ein Nichteinhalten technischer Standards, fehlendes Training oder fehlende Überwachung bestehen keine Anhaltspunkte.

15   Zu einem anderen Ergebnis kann man kommen, wenn man es für sorgfaltswidrig hält, dass Hersteller, Anbieter oder Nutzer ein KI-System überhaupt herstellen, auf den Markt bringen oder einsetzen und so eine Gefahr von zufälligen, nicht durch Menschen beherrschbaren Fehlentscheidungen schaffen.[32] Insoweit würde dem Geschädigten das Autonomierisiko des KI-Systems abgenommen. Die bloße Möglichkeit von autonomen Fehlentscheidungen kann jedoch nicht stets dazu führen, den Einsatz von KI-Systemen als sorgfaltswidrig zu bewerten. Immerhin ist der Einsatz von KI-Systemen angesichts der hohen Fehleranfälligkeit menschlichen Verhaltens häufig insgesamt weniger riskant als rein menschliches Handeln.[33] Hinsichtlich der Haftung des Herstellers wird daher richtigerweise vorgeschlagen, zu vergleichen, ob die KI durchschnittlich schlechtere Ergebnisse als der Mensch erzielt und insofern der Einsatz des KI-Systems das Risiko damit insgesamt erhöht.[34] Zusätzlich muss das eingesetzte System den technischen Standards entsprechen.[35] Für weniger kundige Nutzer und Anbieter von KI-Systemen kann dieser Sorgfaltsmaßstab nicht höher liegen. Der Einsatz eines KI-Systems, das technischen Standards entspricht und das generelle Risiko von Schäden nicht erhöht, ist mithin nie sorgfaltswidrig. Insoweit verbleibt das

---

31 *Burchardi*, EuZW 2022, 685, 686.
32 So zum Hersteller *Wagner*, AcP 2017, 707, 734; vgl. zum Anwender *Eichelberger*, in: Ebers/Heinze, Künstliche Intelligenz und Robotik, § 5 Rn. 53.
33 *Wagner*, AcP 2017, 707, 709.
34 *Wagner* bezeichnet dies als den „anthropozentrische(n) Sorgfaltsmaßstab", *Wagner*, AcP 2017, 707, 734.
35 Zu der komplexen Bestimmung des technischen Standards siehe *Wagner*, AcP 2017, 707, 735 ff.

Autonomierisiko beim Geschädigten.[36] Das Risiko lässt sich auch nicht über eine analoge Anwendung des § 278 BGB verlagern. Eine solche Anwendung scheitert daran, dass KI-Systeme die im Verkehr erforderliche Sorgfalt nicht außer Acht lassen können. Sie sind als künstliches, auf Algorithmen basierendes System nicht fähig, schuldhaft zu handeln.[37] Das KI-System kann demnach kein Verschuldensvorwurf treffen, sodass ein solches Verschulden auch nicht dem Anspruchsgegner zugerechnet werden kann.[38]

b) Deliktische Haftung gemäß § 823 Abs. 1 BGB

Auch die deliktsrechtliche Generalklausel des § 823 Abs. 1 BGB setzt Vorsatz oder Fahrlässigkeit voraus. Eine analoge Anwendung des § 831 Abs. 1 BGB lässt sich zwar erwägen.[39] Über die Norm wird kein Verschulden zugerechnet, sondern einer „typisierten Verkehrssicherungspflichtverletzung" des Anspruchsgegners selbst Rechnung getragen.[40] Eine vergleichbare Interessenlage ließe sich darin erkennen, dass nicht ein Mensch für den Anspruchsgegner als Verrichtungsgehilfe handelt, sondern ein KI-System in ähnlicher Funktion. Die hinter dem KI-System stehende Person könnte sich exkulpieren, wenn sie kein Auswahl- oder Überwachungsverschulden träfe. Dies würfe dann aber wieder die gleiche Frage auf, die sich für die Verschuldenshaftung allgemein stellt: Wann ist es sorgfaltswidrig, ein KI-System zur Verrichtung einer Aufgabe auszuwählen? Die Analogie über § 831 BGB führt insofern zu derselben Problematik wie die direkte Anwendung von § 823 Abs. 1 BGB.[41] Der Maßstab kann hier kein anderer sein. Der Anspruchsgegner handelt jedenfalls nicht sorgfaltswidrig, wenn er ein KI-System einsetzt, das technischen Standards entspricht und das generelle Risiko von Schäden nicht erhöht.[42]

16

Im Praxisfall 1 hat A das KI-System fehlerfrei entwickelt, sodass ihn kein Verschulden trifft. Eine Haftung nach § 823 Abs. 1 BGB scheidet somit aus. Für eine analoge Anwendung des § 831 Abs. 1 Satz 1 BGB ist kein Raum, da das KI-System den technischen Standards entspricht. Selbst wenn man § 831 Abs. 1 Satz 1 BGB analog anwandte, könnte sich A nach § 831 Abs. 1 Satz 2

17

---

36 *Burchardi*, EuZW 2022, 685, 687.
37 Vgl. *Grundmann*, in: MüKo BGB, 9. Aufl., § 278 Rn. 46; *Wendehorst/Grinzinger*, in: Ebers/Heinze, Künstliche Intelligenz und Robotik, § 4 Rn. 85; *Zech*, ZfPW 2019, 198, 211.
38 *Burchardi*, EuZW 2022, 685, 687.
39 *Denga*, CR 2018, 69, 74 ff.
40 *Zech*, ZfPW 2019, 198, 211; ähnlich auch *Eichelberger*, in: Ebers/Heinze, Künstliche Intelligenz und Robotik, § 5 Rn. 57.
41 Vgl. *Eichelberger*, in: Ebers/Heinze, Künstliche Intelligenz und Robotik, § 5 Rn. 57 f.
42 *Burchardi*, EuZW 2022, 685, 687.

BGB exkulpieren, da er die im Verkehr erforderliche Sorgfalt beachtet hat. Zudem hat das KI-System das generelle Risiko von Schäden nicht erhöht.

3. Ausnahme: Gefährdungshaftung

a) Einordnung

18 Im geltenden deutschen Recht gibt es keinen verschuldensunabhängigen Haftungstatbestand, der die Gefahr für zufällige durch KI-Systeme hervorgerufene Schäden vom Geschädigten zu demjenigen verlagert, der das System kontrolliert oder einen Nutzen aus diesem zieht. Eine Gefährdungshaftung greift insofern nur, wenn KI-Systeme in Bereichen zum Einsatz kommen, in denen eine verschuldensunabhängige Haftung aus anderen Gründen besteht.[43]

b) § 7 Abs. 1 StVG

19 So haftet der Halter eines Personenkraftwagens verschuldensunabhängig nach § 7 Abs. 1 StVG, wenn das Kraftfahrzeug aufgrund eines Fehlers eines KI-Systems einen Unfall verursacht.[44] Gemäß § 1a Abs. 1 StVG ist der Betrieb eines Kraftfahrzeugs mittels hoch- oder vollautomatisierter Fahrfunktion zulässig, wenn die Funktion bestimmungsgemäß verwendet wird. A ist jedoch kein Halter eines Kraftfahrzeugs, sodass eine Haftung nach § 7 Abs. 1 StVG ausscheidet.

c) § 1 Abs. 1 Satz 1 ProdHaftG

20 Eine weitreichende Bedeutung für eine verschuldensunabhängige Haftung des Herstellers hätte die Anwendbarkeit von § 1 Abs. 1 Satz 1 ProdHaftG. Hinsichtlich eines möglichen Schadensersatzes nach § 1 Abs. 1 Satz 1 ProdHaftG ist strittig, ob der Produktbegriff des § 2 ProdHaftG auch nichtkörperliche Produkte umfasst.[45] Ob die verschuldensunabhängige Produkthaftung das Autonomierisiko auf den Hersteller verlagert, ist außerdem aufgrund des Erfordernisses eines Produktfehlers zweifelhaft. Ein solcher Fehler liegt nach § 3 Abs. 1 ProdHaftG vor, wenn die berechtigten Sicherheitserwartungen an das Produkt nicht erfüllt werden. Auch hier muss bestimmt werden, welche Sicherheitserwartungen an ein KI-System zu stellen sind. Die Un-

---

43 *Burchardi*, EuZW 2022, 685, 687.

44 Zur Anwendbarkeit von § 7 StVG beim autonomen Fahren *Zech*, Gutachten A zum 73. Deutschen Juristentag, A 61 f.

45 Siehe hierzu *Weingart*, Vertragliche und außervertragliche Haftung für den Einsatz von Softwareagenten, S. 211 ff.; *Reusch*, in: Kaulartz/Braegelmann, Rechtshandbuch Artificial Intelligence und Machine Learning, Kapitel 4.1 Rn. 173 ff.; *Wagner*, AcP 2017, 707, 713 ff.

beherrschbarkeit eines KI-Systems begründet keinen Konstruktionsfehler, wenn durch den Einsatz eines KI-Systems insgesamt das Risiko von Schäden verringert wird.[46] Daneben sollte sich die Frage, ob ein KI-System fehlerhaft ist, auch an den technischen Standards für KI-Systeme orientieren. Das Vorliegen eines Konstruktionsfehlers ist somit parallel zu den oben aufgezeigten Sorgfaltsmaßstäben zu bewerten. Über die Produkthaftung nach dem Produkthaftungsgesetz lässt sich insofern keine Haftung für zufällige durch KI-Systeme entstehende Schäden erreichen.[47] Da das KI-System zur Steuerung der Reinigungsmaschine keine bewegliche Sache ist, scheidet eine Haftung des A nach § 1 Abs. 1 Satz 1 ProdHaftG aus.

d) § 833 Satz 1 BGB analog bzw. § 836 Abs. 1 Satz 1 BGB analog

In der Literatur finden sich Überlegungen, die Gefährdungshaftung für Lu- **21** xustiere nach § 833 Satz 1 BGB auf den Einsatz von KI-Systemen zu übertragen.[48] Bei der Anordnung einer Gefährdungshaftung handelt es sich im deutschen Recht jedoch um eine Ausnahme, die Regel ist die Verschuldenshaftung. Mit jedem der Gefährdungshaftungstatbestände trägt der Gesetzgeber einer spezifischen Gefahrenlage Rechnung. Das spricht dagegen, eine andere Gefahr über eine Analogie unter den Haftungstatbestand zu fassen.[49] Die Ausdehnung der Gefährdungshaftung auf neue Gefahren muss vom Gesetzgeber entschieden werden.[50] Es fehlt insofern schon an der für eine Analogie erforderlichen planwidrigen Regelungslücke. Insofern kann auch die von einem KI-System ausgehende Gefahr nicht zu einer Haftung nach § 833 Satz 1 BGB analog führen.[51] Davon abgesehen würde sich auch die Frage stellen, wer der „Halter" eines KI-Systems sein soll.[52] Mangels planwidriger Regelungslücke scheidet auch eine Haftung nach § 836 Abs. 1 Satz 1 BGB (Haftung des Grundstücksbesitzers) aus.

---

46 *Zech*, ZfPW 2019, 198, 213; *Zech*, in: Lohsse/Schulze/Staudenmayer, Liability for Artificial Intelligence and the Internet of Things, S. 187, 197.

47 *Burchardi*, EuZW 2022, 685, 687.

48 *Zech*, in: Lohsse/Schulze/Staudenmayer, Liability for Artificial Intelligence and the Internet of Things, S. 187, 197 f.

49 BGHZ 55, 229, 234 = BGH NJW 1971, 607, 608 f.; BGHZ 63, 234, 237 = BGH NJW 1975, 117, 118; *Wagner*, in: MüKo BGB, 8. Aufl., § 823 Rn. 26.

50 BGHZ 55, 229, 234 = BGH NJW 1971, 607, 609.

51 *Weingart*, Vertragliche und außervertragliche Haftung für den Einsatz von Softwareagenten, S. 326 f.

52 *Weingart*, Vertragliche und außervertragliche Haftung für den Einsatz von Softwareagenten, S. 328; *Burchardi*, EuZW 2022, 685, 687.

e) Gesamtanalogie zu den bestehenden Gefährdungshaftungs-tatbeständen

22 Denkbar ist eine Gesamtanalogie zu den bestehenden Gefährdungshaftungs-tatbeständen.[53] Diese Lösung erscheint interessant, setzte jedoch einen entsprechenden rechtspolitischen Gestaltungswillen der Rechtsprechung voraus. Im Wege der Gesamtanalogie ließe sich eine Haftung für alle Quellen erhöhten Risikos schaffen, insbesondere auch für solche Risiken, die durch den Einsatz neuartiger Technologien entstehen, wie Automatisierungs-, Vernetzungs-, Autonomie- und Probabilistikrisiken. De lege ferenda führte eine Haftung für Technikanwendung bzw. für Risiken neuartiger Technologien zu ähnlichen Ergebnissen.[54]

IV. Zuordnung des Opazitätsrisikos

1. Vertragliche Haftung

23 Das Opazitätsrisiko ist demjenigen zugeordnet, der die Beweislast dafür trägt, dass gerade eine Sorgfaltspflichtverletzung des Anspruchsgegners eine Rechtsgutsverletzung oder einen Schaden begründet hat. Bei der vertraglichen Schadensersatzhaftung, die in Betracht kommt, wenn zwischen Geschädigtem und Anspruchsgegner ein Vertragsverhältnis vorliegt, muss zwar der Anspruchsgegner beweisen, dass er seine Pflichtverletzung nicht zu vertreten hat (§ 280 Abs. 1 Satz 2 BGB). Die Pflichtverletzung selbst und auch die Ursächlichkeit der zu vertretenden Pflichtverletzung für den Schaden muss jedoch der Geschädigte beweisen. Für den Geschädigten kann es hier bereits schwer sein, zu beweisen, dass eine Pflicht verletzt wurde. So werden die einem KI-System zugrunde liegenden Quellcodes oftmals für ihn nicht einsehbar sein.[55] Spätestens der Beweis des Kausalzusammenhangs zwischen Sorgfaltspflichtverletzung und Schaden wird jedoch häufig an der Opazität der Systeme scheitern.[56]

2. Deliktische und Produkthaftung

24 Auch im Deliktsrecht muss der Geschädigte beweisen, dass eine Handlung oder pflichtwidrige Unterlassung des Anspruchsgegners zu einer Rechtsgutsverletzung geführt hat. Bei der deliktischen Produzentenhaftung wird zwar das Verschulden vermutet, wenn ein Konstruktions-, Fabrikations-

---

53 *Kütz/Wagner*, Deliktsrecht, Rn. 514.
54 *Zech*, ZfPW 2019, 198, 215.
55 *Wagner*, AcP 2017, 707, 746; *Eichelberger*, in: Ebers/Heinze, Künstliche Intelligenz und Robotik, § 5 Rn. 30.
56 *Burchardi*, EuZW 2022, 685, 688.

oder Instruktionsfehler vorliegt.[57] Das Vorliegen eines solchen Produktfehlers wie auch die Ursächlichkeit des Fehlers für den Schaden muss aber auch hier der Geschädigte beweisen.[58] Entsprechendes gilt für die Produkthaftung nach dem Produkthaftungsgesetz.[59]

V. Zwischenergebnis

1. Schadensverursachung durch (autonomes) KI-System

Es ist nach alledem zu unterscheiden, ob eine Rechtsgutsverletzung oder ein **25** Schaden durch das Autonomierisiko des KI-Systems verursacht wird oder auf einer Sorgfaltspflichtverletzung des Herstellers, Anbieters oder Nutzers beruht. Wenn sich das Autonomierisiko verwirklicht, trägt der Geschädigte seine Schäden regelmäßig selbst. Eine Gefährdungshaftung greift nur in besonderen Fällen, wie zum Beispiel beim Einsatz eines KI-Systems in einem Kraftfahrzeug. Ist dem Hersteller, Betreiber oder Nutzer dagegen eine Sorgfaltspflichtverletzung vorzuwerfen, ist der Geschädigte vor die schwierige Aufgabe gestellt, zu beweisen, dass gerade die Sorgfaltspflichtverletzung kausal für den Schaden war.

Sowohl das Autonomierisiko als auch das Opazitätsrisiko von KI-Systemen **26** liegen somit nach geltendem deutschen Recht oftmals beim Geschädigten.[60] Grundsätzlich trägt also der Geschädigte bei einer Schadensverursachung durch ein (autonomes) KI-System den Schaden selbst. Eine Ausnahme bildet § 7 Abs. 1 StVG, der aber nur im Fall von Kraftfahrzeugen Anwendung findet.

2. Schadensverursachung durch Hersteller, Anbieter oder Nutzer eines KI-Systems

Anders liegt es, wenn der Schaden durch den Hersteller, Anbieter oder Nut- **27** zer eines KI-Systems verursacht wurde. Dann haftet der jeweilige Schädiger, doch kommt auf den Geschädigten eine erhebliche Beweislast zu. Diese ist maßgeblich durch das Autonomie- und das Opazitätsrisiko bedingt. Vor diesem Hintergrund stellt sich die Frage, ob und inwieweit unionale Vor-

---

57 Grundlegend BGHZ 51, 91, 102 = BGH NJW 1969, 269, 2749; *Wagner*, in: MüKo BGB, 8. Aufl., § 823 Rn. 1014.

58 *Wagner*, AcP 2017, 707, 712, 746 f.; Eichelberger, in: Ebers/Heinze, Künstliche Intelligenz und Robotik, § 5 Rn. 30; *Reusch*, in: Kaulartz/Braegelmann, Rechtshandbuch Artificial Intelligence und Machine Learning, Kapitel 4.1 Rn. 224.

59 *Wagner*, AcP 2017, 707, 712, 746 f..

60 So für deliktische Ansprüche auch *Weingart*, Vertragliche und außervertragliche Haftung für den Einsatz von Softwareagenten, S. 257; a. A. wohl *Eichelberger*, der lediglich die Notwendigkeit der Spezifizierung der Sorgfaltspflichten sieht: *Eichelberger*, in: Ebers/Heinze, Künstliche Intelligenz und Robotik, § 5 Rn. 72.

schriften eine Risikoverlagerung vom Geschädigten zum Hersteller, Anbieter oder Nutzer eines KI-Systems herbeiführen sollen.

E. Vorschläge für unionale Rechtsakte

I. Überblick

28 Derzeit existieren zwei Vorschläge für unionale Rechtsakte, die zur angesprochenen Risikoverlagerung führen könnten. Zum einen wurde eine Richtlinie zur Haftung im Zusammenhang mit KI, zum anderen eine neue Produkthaftungsrichtlinie vorgeschlagen. Die beiden Vorschläge sollen im Folgenden in zentralen Punkten vorgestellt und daraufhin untersucht werden, inwieweit sie eine angemessene Risikoverlagerung vom Geschädigten zum Hersteller, Anbieter oder Nutzer erreichen könnten.

II. Geplante unionale KI-Haftungsrichtlinie

1. Überblick

29 Im Entwurfsstadium befindet sich eine unionale KI-Haftungsrichtlinie.[61] Dieser Sekundärrechtsakt soll das verschuldensunabhängige Haftungsregime in den mitgliedstaatlichen Rechtsordnungen um einen zivilrechtlichen Rahmen für Schäden durch KI-Systeme erweitern und dabei alle Schäden durch KI-Systeme erfassen.

2. Erleichterung der Beweisführung des Klägers

30 Wie aufzuzeigen sein wird, greift der Unionsgesetzgeber durch die KI-Haftungsrichtlinie in die zivilprozessuale Stellung insbesondere des Klägers auf Schadensersatz ein.[62] Ausgangspunkt ist die Annahme,[63] es sei für den Geschädigten besonders schwierig, den Fehler in einem KI-System sowie den Verursachungsbeitrag des vermeintlichen Schädigers, im Regelfall des Herstellers des KI-Systems, zu beweisen. Die Richtlinie möchte im Kern die Beweisführung des Klägers in Schadensersatzprozessen im Zusammenhang mit KI-Systemen erleichtern.[64]

---

61 Vorschlag für eine Richtlinie des Europäischen Parlaments und des Rates zur Anpassung der Vorschriften über außervertragliche zivilrechtliche Haftung an künstliche Intelligenz (Richtlinie über KI-Haftung), COM(2022) 496 final.

62 *Reusch*, ZdiW 2022, 429, 430; Blasek, DSB 2022, 299.

63 Executive Summary Impact Assessment, COM(2022) 496 final.

64 *Reusch*, RDi 2023, 152, 154.

3. Kein neuer Haftungstatbestand

Demgegenüber schafft die geplante KI-Haftungsrichtlinie, anders als viel- **31**
fach befürchtet und im Jahr 2020 vom Europäischen Parlament angedacht,[65]
keine verschuldensunabhängige Haftung für den Betrieb von KI-Systemen
und auch keine sonstige KI-Gefährdungshaftung. Außerdem sollen Unions-
oder nationale Vorschriften, in denen festgelegt ist, welche Partei die Beweislast trägt, welcher Grad an Gewissheit hinsichtlich des Beweismaßes
erforderlich ist oder wie Verschulden definiert wird, ausdrücklich[66] nicht
berührt werden. Unternehmen, die KI-Systeme einsetzen, sollten sich aber
nicht zu früh freuen: Art. 5 Abs. 1 des Richtlinienentwurfs verpflichtet die
Europäische Kommission zu einer gezielten Überprüfung fünf Jahre nach
Ablauf der Umsetzungsfrist. Darin ist auch zu bewerten, ob „Vorschriften
über die verschuldensunabhängige Haftung für Ansprüche gegenüber Be-
treibern bestimmter KI-Systeme angemessen sind, soweit sie nicht bereits
durch andere Haftungsvorschriften der Union abgedeckt sind […].“ Damit
könnte künftig eine verschuldensunabhängige KI-Betreiberhaftung entwickelt werden.[67]

4. Deliktische Ansprüche

Gemäß ihrem Art. 1 Abs. 2 soll die KI-Haftungsrichtlinie nur für außerver- **32**
tragliche verschuldensabhängige zivilrechtliche Schadensersatzansprüche in
Bezug auf durch ein KI-System verursachte Schäden gelten. Der Rechtsakt
betrifft also nur das Deliktsrecht, im deutschen Recht insbesondere die Anspruchsgrundlage des § 823 Abs. 1 BGB. Denkbar ist ferner eine Anwendung auf § 831 BGB. Ausdrücklich eingeschlossen möchte die Europäische
Kommission auch § 839 BGB i. V. m. Art. 34 GG (Amtshaftung) sehen.[68]
Die unionalen Vorschriften könnten zudem auf § 823 Abs. 2 BGB angewandt
werden, soweit man die Bestimmungen der KI-Verordnung[69] als Schutzge-
setze auslegt.[70]

---

65 Entschließung des Europäischen Parlaments vom 20.10.2020 mit Empfehlungen an die
   Kommission für eine Regelung der zivilrechtlichen Haftung beim Einsatz künstlicher
   Intelligenz (2020/2014(INL)) (ABl. Nr. C 404 vom 6.10.2021, S. 107), dort Art. 4 (Verschuldensunabhängige Haftung für KI-Systeme mit hohem Risiko).
66 Dazu S. 13 der Begründung zur KI-Haftungsrichtlinie.
67 *Bomhard/Siglmüller*, RDi 2022, 506, 507.
68 S. 13 der Begründung zur KI-Haftungsrichtlinie.
69 Verordnung (EU) 2024/1689.
70 *Bomhard/Siglmüller*, RDi 2022, 506, 507.

5. Wirkungen auf vertragliche Ansprüche

33 Obgleich der Wortlaut des Art. 1 Abs. 2 der geplanten Richtlinie keine Anwendung auf vertragliche Ansprüche vorsieht, kann es zu Wechselwirkungen auf vertragliche Ansprüche kommen: Besteht zwischen Kläger und Beklagtem ein Schuldverhältnis, könnte der Kläger versuchen, die mithilfe von Art. 3 der Richtlinie (Offenlegung von Beweismitteln) gewonnenen Erkenntnisse nicht nur für deliktische Ansprüche, sondern auch für die Durchsetzung von vertraglichen Schadensersatzansprüchen zu nutzen. Er könnte damit die Vorteile der vertraglichen Haftung im Vergleich zur deliktischen nutzen. Diese Vorteile bestehen insbesondere darin, dass im Gegensatz zu § 823 Abs. 1 BGB auch Vermögensschäden ersatzfähig sind. Zudem wird bei vertraglichen Schadensersatzansprüchen nach § 280 Abs. 1 Satz 2 BGB das Verschulden des Schädigers vermutet. Außerdem gibt es bei der vertraglichen Haftung, anders als bei § 831 BGB, keine Exkulpationsmöglichkeit bei Verschulden des Erfüllungsgehilfen (§ 278 BGB).

34 Im Grundsatz verwehrt die Zivilprozessordnung nicht die Verwertung von Beweismitteln für vertragliche Ansprüche. Denkbar ist es, dass sich ein Beklagter gegen die Anordnung einer Beweiserhebung mit dem Argument verteidigt, bei Wahrunterstellung der Tatsache kämen allenfalls vertragliche Ansprüche in Betracht. Dies wäre zum Beispiel der Fall, wenn kein absolutes Recht verletzt und damit § 823 Abs. 1 BGB nicht erfüllt wäre. Auch wenn nur Vermögensschäden behauptet sind, scheidet eine Haftung nach § 823 Abs. 1 BGB aus.[71] Da sich die geplante KI-Haftungsrichtlinie gemäß ihrem Art. 1 Abs. 2 nur auf deliktische Schadensersatzansprüche auswirkt, wäre sie in diesem Fall nicht anwendbar. In der Praxis dürfte eine solche Verteidigung aber schon daran scheitern, dass sich die Möglichkeit einer deliktischen Haftung kaum von vornherein ausschließen lässt. Im Ergebnis droht, dass der Kläger die für deliktische Ansprüche offengelegten Beweismittel zweckwidrig für die Durchsetzung vertraglicher Ansprüche nutzt. Damit nicht Beweisvorteile des Deliktsrechts für vertragliche Ansprüche genutzt werden, sollte Art. 3 der geplanten Richtlinie um ein Beweisverwertungsverbot hinsichtlich vertraglicher Ansprüche ergänzt werden.[72]

6. Auskunftsanspruch bei Hochrisiko-KI-Systemen (Art. 3 Abs. 1 der geplanten KI-Haftungsrichtlinie)

a) Einordnung

35 Gemäß Art. 3 Abs. 1 der KI-Haftungsrichtlinie müssen die Mitgliedstaaten sicherstellen, dass nationale Gerichte befugt sind, auf Antrag eines Klägers

---

71 Eingehend *Bomhard/Merkle*, RDi 2021, 276.
72 So auch *Bomhard/Siglmüller*, RDi 2022, 506, 507.

oder potenziellen Klägers die Offenlegung von Beweismitteln zu einem Hochrisiko-KI-System anzuordnen, das im Verdacht steht, einen Schaden verursacht zu haben. Anders als der Wortlaut des Art. 3 Abs. 1 („[…] dass die nationalen Gerichte befugt sind […]") es prima facie nahelegt, wird man in der Vorschrift keine Pflicht zur Umsetzung eines beweisspezifischen zivilprozessualen Instruments erkennen können. Denn die Möglichkeit zur Auskunft soll auch einem Geschädigten, der noch keine Schadensersatzklage erhoben hat, offenstehen. Insofern unterscheidet sich Art. 3 Abs. 1 der Richtlinie von § 142 ZPO (Anordnung der Urkundenvorlegung) und § 144 ZPO (Augenschein; Sachverständige), die grundsätzlich ein rechtshängiges Verfahren voraussetzen und insofern nicht für nur potenzielle Kläger anwendbar sind. Vielmehr dürfte Art. 3 Abs. 1 der geplanten KI-Haftungsrichtlinie daher (ähnlich wie zum Beispiel Art. 15 DSGVO oder §§ 809 f. BGB) auf die Normierung eines materiellen Auskunftsanspruchs und damit letztlich einer lex specialis zu dem allgemeinen Auskunftsanspruch aus § 242 BGB[73] abzielen.[74]

b) Anspruchsinhalt

Der Inhalt des Anspruchs auf Auskunft ist auf die gerichtliche Anordnung   **36** der Offenlegung oder Sicherung von Beweismitteln bezüglich Hochrisiko-KI-Systemen gerichtet. Anspruchsschuldner sind insbesondere Anbieter und Nutzer von Hochrisiko-KI-Systemen. Richtet sich das Auskunftsverlangen nicht gegen den Beklagten, muss der Kläger zunächst angemessene Anstrengungen unternommen haben, die einschlägigen Beweismittel vom Beklagten zu beschaffen, um seinen Auskunftsanspruch gegenüber Dritten durchsetzen zu können. Inhaltlich ist der Auskunftsanspruch beschränkt auf das, was erforderlich und verhältnismäßig ist, um einen Schadensersatzanspruch eines Klägers oder potenziellen Klägers zu stützen (Art. 3 Abs. 4 UAbs. 1 der geplanten KI-Haftungsrichtlinie). Bei der Prüfung der Verhältnismäßigkeit sind unter anderem die berechtigten Geheimhaltungsinteressen aller Parteien, einschließlich der betroffenen Dritten, zu berücksichtigen (Art. 3 Abs. 4 UAbs. 2 der Richtlinie). Auf hinreichend begründeten Antrag einer Partei sind die zur Wahrung der Vertraulichkeit erforderlichen spezifischen Maßnahmen zu ergreifen, um (mutmaßliche) Geschäftsgeheimnisse zu schützen, die vom Gericht als vertraulich eingestuft wurden (Art. 3 Abs. 4 UAbs. 3 der Richtlinie). Was dies im Einzelnen bedeutet, ist unklar und sollte konkretisiert werden. Der Erwägungsgrund Nr. 20 der geplanten Richtlinie nennt lediglich die Beschränkung des Informationszugangs auf eine begrenzte Zahl von Personen. Die EU-Mitgliedstaaten müssen angemessene Rechtsbehel-

---

73 Vgl. nur BGH NJW 2018, 2629.
74 *Bomhard/Siglmüller*, RDi 2022, 506, 508.

fe gegen die Offenlegungsanordnungen schaffen (Art. 3 Abs. 4 UAbs. 4 der Richtlinie). Insbesondere die Frage, wie die Erforderlichkeit und die Verhältnismäßigkeit gemäß Art. 3 Abs. 4 UAbs. 1 der geplanten KI-Haftungsrichtlinie zu bestimmen sind, wird zwischen Kläger, Beklagtem und Gericht regelmäßig sehr unterschiedlich beurteilt werden.

37   Einerseits wohnt dem Auskunftsanspruch die Gefahr des Verlusts von Geschäftsgeheimnissen und gegebenenfalls sogar von geistigem Eigentum inne. Oftmals werden wohl mit dem Auskunftsanspruch Aufzeichnungen und Datensätze betroffen sein, aus denen sich (mittelbar) vertrauliche betriebswirtschaftliche und technologische Informationen ableiten lassen. Zudem besteht die Gefahr eines (für die Betroffenen schwer erkennbaren) Rechtsmissbrauchs, insbesondere wenn Unternehmen über Strohmänner Auskunftsklagen inszenieren um verdeckt ihre Konkurrenz auszuforschen. Andererseits kann jede Begrenzung der Auskunftsinhalte die Beweiserleichterung des Klägers gefährden. Daher steht zu befürchten, dass die Bedeutung des Geschäftsgeheimnisschutzes im Lichte des in Rede stehenden Schadensfalls mit Blick auf die bedrohten Rechtsgüter und die Ziele der geplanten KI-Haftungsrichtlinie regelmäßig zurücktreten muss. Daher werden wohl mit diesem Auskunftsanspruch vertrauliche Informationen an (potenzielle) Kläger preiszugeben sein. Dies könnte die Innovationsbereitschaft in der Europäischen Union hemmen und damit ein wesentliches Ziel der unionalen KI-Strategie konterkarieren. Im Ergebnis bahnt sich in Art. 3 Abs. 1 der geplanten KI-Haftungsrichtlinie ein ausufernder Auskunftsanspruch an, der sowohl zu Rechtsunsicherheit als auch zu Missbrauch führen könnte. Der Unionsgesetzgeber sollte die Anforderungen des Art. 3 Abs. 1 präzisieren und straffen sowie den Umfang der Auskunftspflicht einschränken. Andernfalls drohen in der Praxis der Verlust von Geschäftsgeheimnissen und der unerwünschte Zugang zu geistigem Eigentum.[75]

c) Vermutung einer Sorgfaltspflichtverletzung (Art. 3 Abs. 5 der geplanten KI-Haftungsrichtlinie)

38   Dass Art. 3 Abs. 1 der geplanten KI-Haftungsrichtlinie eine weitgehende Offenlegung von Informationen vorschreibt, ist angesichts der Rechtsfolge des Art. 3 Abs. 5 der Richtlinie problematisch: Kommt ein Beklagter der Offenlegung der Beweismittel nach Art. 3 Abs. 1 der Richtlinie nicht nach, wird vermutet, dass der Beklagte ebenjene Sorgfaltspflicht verletzt.

39   Nach dem deutschen Zivilprozessrecht muss grundsätzlich der Anspruchsteller eine Sorgfaltspflichtverletzung des Anspruchsgegner beweisen.[76] Die Vermutung des Art. 3 Abs. 5 der Richtlinie greift daher in einen Grundpfeiler

---

75 Ebenso *Bomhard/Sigmüller*, RDi 2022, 506, 509.
76 Vgl. dazu eingehend *Wagner*, in: MüKo BGB, 8. Aufl., § 823 Rn. 89.

des deutschen Zivilprozessrechts ein, nämlich in den Beibringungsgrundsatz des § 284 ZPO. In der Praxis droht diese Vermutung auszuufern und zum Regelfall pervertiert zu werden. Denn die Frage, ob der Beklagte dem Auskunftsanspruch nachkommt, obliegt letztlich einer wertenden Gesamtbetrachtung durch das Gericht. Insbesondere die Frage der Erforderlichkeit und Verhältnismäßigkeit (Art. 3 Abs. 4 der geplanten KI-Haftungsrichtlinie) wird von Kläger, Beklagtem und Gericht regelmäßig unterschiedlich beurteilt werden. Hinzu kommt, dass die Rechtsfolge des Art. 3 Abs. 5 der Richtlinie (Vorliegen einer Sorgfaltspflichtverletzung) zugleich wesentliche Tatbestandsvoraussetzung für die Vermutung des Art. 4 Abs. 1 der Richtlinie ist. Diese Koppelung zweier gesetzlicher Vermutungen kann bedeuten, dass die (nach gerichtlicher Wertung) unvollständige bzw. unterlassene Offenlegung von Beweismitteln automatisch zur Vermutung für das Vorliegen der Kausalität zwischen Verschulden und KI-Ergebnis führt. Damit werden die problematischsten Tatbestandsvoraussetzungen eines deliktischen Anspruchs gesetzlich vermutet.

Die pauschale Vermutung einer Sorgfaltspflichtverletzung schießt über das **40** Ziel dieser Vermutung hinaus: Selbst wenn der Anbieter oder Nutzer eines KI-Systems die Beweismittel hinsichtlich der Wirkungsweise des KI-Systems vorlegt, muss der Kläger die entsprechenden Daten analysieren, um daraus eine Sorgfaltspflichtverletzung abzuleiten. Das wird selbst für spezialisierte Gutachter schwierig werden. Zudem liegt dieses Analyserisiko gemäß Art. 3 Abs. 1 der Richtlinie grundsätzlich beim Kläger. Abweichend davon befreite Art. 3 Abs. 5 der Richtlinie, schon wenn eines von vielen Beweismitteln nicht oder nicht vollständig vorgelegt wurde, den Kläger pauschal vom gesamten Analyserisiko und begünstige ihn damit unverhältnismäßig. Eine solche pauschale Benachteiligung des Beklagten ist unverhältnismäßig. Daher sollte die Vermutung des Art. 3 Abs. 5 der geplanten KI-Haftungsrichtlinie eingeschränkt werden, zum Beispiel auf Fälle willkürlicher Zurückhaltung von Beweismitteln.[77]

d) Möglichkeit zur Sicherung der Beweismittel (Art. 3 Abs. 3 der geplanten KI-Haftungsrichtlinie)

Art. 3 Abs. 3 der geplanten KI-Haftungsrichtlinie ermöglicht auch die Siche- **41** rung von Beweismitteln: „Die Mitgliedstaaten stellen sicher, dass die nationalen Gerichte befugt sind, auf Antrag eines Klägers spezifische Maßnahmen zur Sicherung der in Absatz 1 genannten Beweismittel anzuordnen." In Betracht kommt etwa die einstweilige Verfügung in Form einer Sicherungsanordnung gemäß § 935 ZPO. Art. 3 Abs. 3 der Richtlinie setzt aber die Klägerstellung (siehe Art. 2 Nr. 6 der Richtlinie) voraus. Um in den Genuss

---

77 *Bomhard/Siglmüller*, RDi 2022, 506, 509.

einer Beweismittelsicherung zu kommen, muss also zunächst Klage erhoben werden.[78]

e) Widerlegbare Vermutung der Kausalität zwischen Verschulden und KI-Ergebnis (Art. 4 Abs. 1 der geplanten KI-Haftungsrichtlinie)

aa) Ziel der Vorschrift

42 Die Europäische Kommission sieht eine Gefahr für von KI-Systemen geschädigten Personen darin, dass letztere ihre Schadensersatzansprüche nicht durchsetzen könnten, weil sie die Kausalität zwischen Verschulden des Beklagten und dem KI-Ergebnis nicht darlegen und beweisen könnten.[79] Dieser Gefahr begegnet Art. 4 Abs. 1 der geplanten KI-Haftungsrichtlinie insbesondere damit, dass die Kausalität zwischen Verschulden und KI-Ergebnis widerlegbar vermutet wird.

bb) Erste Voraussetzung: Sorgfaltspflichtverstoß (= Verschulden)

43 Art. 4 Abs. 1 lit. a der Richtlinie setzt voraus, dass der Anspruchsteller nachweist, dass ein Verschulden seitens des Beklagten oder einer Person, für deren Verhalten der Beklagte verantwortlich ist, vorliegt, da gegen eine im Unionsrecht oder im nationalen Recht festgelegte Sorgfaltspflicht, deren unmittelbarer Zweck darin besteht, den eingetretenen Schaden zu verhindern, verstoßen wurde.

44 Diese Anforderung lässt sich auf das Vorliegen einer Sorgfaltspflichtverletzung des Beklagten beschränken, denn eine objektive Sorgfaltspflichtverletzung geht automatisch mit Verschulden einher. Das ergibt sich schon aus dem Wortlaut des Art. 4 Abs. 1 lit. a („Verschulden […] vorliegt, da gegen eine […] Sorgfaltspflicht […] verstoßen wurde; […] .“). Außerdem entspricht dies der heute herrschenden Lehre in Deutschland: Zwischen Fahrlässigkeit und Verkehrswidrigkeit ist mit Aufgabe der Lehre von der inneren Sorgfalt[80] nicht zu differenzieren. Vielmehr ist die Verkehrswidrigkeit mit der Außerachtlassung der im Verkehr erforderlichen Sorgfalt im Sinn des § 276 Abs. 2 BGB gleichzusetzen.[81] Darüber hinaus stellt die Sorgfaltspflichtverletzung auch das relevante Tun oder Unterlassen dar und ist im

---

78 *Bomhard/Siglmüller*, RDi 2022, 506, 510.
79 Begründung des Vorschlags für eine Richtlinie des Europäischen Parlaments und des Rates zur Anpassung der Vorschriften über außervertragliche zivilrechtliche Haftung an künstliche Intelligenz (Richtlinie über KI-Haftung), COM(2022) 496 final, S. 15.
80 *Deutsch*, Allgemeines Haftungsrecht, 1996, Rn. 385, 237.
81 Zur Gleichstellung von Fahrlässigkeit und Sorgfaltspflichtverletzung vgl. *Brügge-meier*, Deliktsrecht, Rn. 114; *Stathopoulos*, in: Canaris, Festschrift für Larenz, S. 631, 633 f.; *Wagner*, in: MüKo BGB, 8. Aufl., § 823 Rn. 447.

Rahmen der Rechtswidrigkeit maßgeblich, weil nach der *Larenz* folgenden heute herrschenden Lehre des Erfolgsunrechts[82] die Indikation der Rechtswidrigkeit nicht für – in aller Regel bei Softwarefehlern einschlägige – mittelbare Schädigungen gilt.[83] In diesem Fall bedarf es ebenso des Nachweises einer Sorgfaltspflichtverletzung.[84] Die Kausalitätsvermutung des Art. 4 Abs. 1 der Richtlinie knüpft im deutschen Recht also an ein rechtswidriges und schuldhaftes Tun in Form der Verkehrssicherungspflichtverletzung an. Hervorzuheben ist, dass die Vermutung im Fall von Hochrisiko-KI-Systemen gemäß Art. 4 Abs. 2 der Richtlinie nur bei ganz bestimmten Verstößen gegen Anforderungen der KI-Verordnung für solche Hochrisiko-KI-Systeme[85] hergeleitet werden kann. Dass Art. 4 Abs. 2 der Richtlinie bewusst[86] einen abschließenden Katalog vorsieht, ist insofern zu begrüßen, als Anbieter und Nutzer von Hochrisiko-KI-Systemen hierdurch hinsichtlich der Reichweite des Art. 4 Abs. 1 der Richtlinie etwas Rechtssicherheit gewinnen. Zur Vermeidung von Wertungswidersprüchen sollte im weiteren Gesetzgebungsverfahren erst recht auch für Nicht-Hochrisiko-KI-Systeme ein abschließender Katalog jener Sorgfaltspflichten festgelegt werden, deren Verstoß zur Vermutung des Art. 4 Abs. 1 der Richtlinie führen kann. Andernfalls hätte ein durch ein Nicht-Hochrisiko-KI-System Geschädigter mehr Möglichkeiten des Beweises einer Sorgfaltspflichtverletzung und damit niedrigere Anforderungen als ein durch ein Hochrisiko-KI-System Geschädigter. Dies entspräche nicht der Wertung des Unionsgesetzgebers, da die geplante EU-KI-Verordnung Hochrisiko-KI-Systeme als besonders gefährlich einstuft.[87]

cc) Zweite Voraussetzung: KI-Ergebnis oder dessen Fehlen

Zudem knüpft Art. 4 Abs. 1 der geplanten KI-Haftungsrichtlinie an ein KI- **45** Ergebnis an. Als KI-Ergebnis wird man den unmittelbaren und nicht weiter verarbeiteten Output eines KI-Systems verstehen müssen, zum Beispiel die Auswertung eines Kamerabilds oder die Erkennung eines Menschen. Werden mehrere KI-Systeme in einem geschlossenen System, zum Beispiel in

---

82 *Larenz*, in: von Caemmerer/Nikisch, Festschrift für Dölle, Band I, S. 169, 193; *Wagner*, in: MüKo BGB, 8. Aufl., § 823 Rn. 5.

83 In diese Richtung zumindest Erwägungsgrund Nr. 3 der KI-Haftungs-Richtlinie, der Verschulden als „eine fahrlässige oder vorsätzliche schädigende Handlung oder Unterlassen" beschreibt.

84 Sogenannte verbotsbezogene Rechtswidrigkeit, vgl. Deutsch, Allgemeines Haftungsrecht, Rn. 236.

85 Zum Begriff siehe Art. 6 der KI-Verordnung; näher *Wendt/Wendt*, Das neue Recht der Künstlichen Intelligenz, § 4 Rn. 21 ff.

86 Die Kommission möchte mit der Vorschrift einen wirtschaftlichen Anreiz zur Einhaltung der Sicherheitsvorschriften schaffen, vgl. S. 3 der Begründung zur KI-Haftungsrichtlinie.

87 *Bomhard/Siglmüller*, RDi 2022, 506, 510 f.

einem Auto verwendet, spricht viel dafür, dass das KI-Ergebnis nur das jeweilige spezifische Ergebnis eines einzelnen KI-Systems ist. Das ist insofern entscheidend, als die Vermutung in Art. 4 Abs. 1 der Richtlinie damit gerade nicht die Wechselwirkung verschiedener KI-Systeme betrifft.[88]

dd) Dritte Voraussetzung: Möglichkeit der Kausalität des Verschuldens für das KI-Ergebnis

46 Außerdem verlangt Art. 4 Abs. 1 lit. b der geplanten KI-Haftungsrichtlinie für die Vermutung, dass auf der Grundlage der Umstände des Falls nach vernünftigem Ermessen davon ausgegangen werden (kann), dass das Verschulden das vom KI-System hervorgebrachte Ergebnis oder die Tatsache, dass das KI-System kein Ergebnis hervorgebracht hat, beeinflusst hat. Damit nach Art. 4 Abs. 1 der Richtlinie die Kausalität zwischen Sorgfaltspflichtverletzung des Beklagten und KI-Ergebnis vermutet wird, muss der Anspruchsteller also die Möglichkeit dieses ursächlichen Zusammenhangs beweisen.

47 Obgleich die Europäische Kommission von einer gesetzlichen Vermutung ausgeht,[89] handelt es sich bei Art. 4 Abs. 1 der Richtlinie eher um eine Beweismaßabsenkung. Anders als bei Art. 4 Abs. 1 der Richtlinie wäre im Fall einer gesetzlichen Vermutung (jedenfalls nach deutscher Dogmatik) kein Vortrag zu der vermuteten Tatsache selbst erforderlich,[90] da die Darlegungslast vollständig auf den Gegner überginge.[91] Im Fall von Art. 4 Abs. 1 der Richtlinie muss die Kausalität aber nicht mehr zur vollen richterlichen Überzeugung nachgewiesen (§ 286 ZPO), sondern nur noch eine Beeinflussung plausibel gemacht werden. Zwar ließe sich dogmatisch gegen die Einstufung als Beweismaßabsenkung einwenden, dass sich der Beweisanknüpfungspunkt ändert, denn Beeinflussung ist nicht mit Kausalität gleichzusetzen. Dennoch führt die in Art. 4 Abs. 1 der Richtlinie verankerte Vermutung dazu, dass der Ursachenzusammenhang zu einem geringeren Maß zu beweisen ist, weil Beeinflussung ein Minus zu Kausalität darstellt. Der Nachweis von Beeinflussung bietet eine gewisse Wahrscheinlichkeit für das Vorliegen von Kausalität. Ähnlich dazu sieht § 252 Satz 2 BGB eine nach allgemeiner Auffassung als Beweismaßabsenkung einzustufende[92] Wahrscheinlichkeitsbetrachtung vor.[93]

---

88 *Bomhard/Siglmüller*, RDi 2022, 506, 511.

89 Begründung des Vorschlags für eine Richtlinie des Europäischen Parlaments und des Rates zur Anpassung der Vorschriften über außervertragliche zivilrechtliche Haftung an künstliche Intelligenz (Richtlinie über KI-Haftung), COM(2022) 496 final, S. 7.

90 BGH NJW 2010, 363 Rn. 13.

91 *Bacher*, in: BeckOK ZPO, § 292 Rn. 9.

92 Bacher, in: BeckOK ZPO, § 286 Rn. 4; *Hutschneider/Stiglitz*, NZKart 2019, 363, 364.

93 *Bomhard/Siglmüller*, RDi 2022, 506, 511.

ee) Vierte Voraussetzung: Nachweis der Kausalität zwischen KI-Ergebnis und Schaden

Als vierte Voraussetzung für die Vermutung verlangt Art. 4 Abs. 1 lit. c der **48** geplanten KI-Haftungsrichtlinie vom Kläger den Beweis, dass das vom KI-System hervorgebrachte Ergebnis oder aber die Tatsache, dass das KI-System kein Ergebnis hervorgebracht hat, zu dem Schaden geführt hat. Dabei handelt es sich um eine sehr ungewöhnliche Anforderung: Erstens wird eine der Vermutung zeitlich nachgelagerte Folgefrage zu einer Voraussetzung der Vermutung erklärt. Ob eine Sorgfaltspflichtverletzung kausal für ein KI-Ergebnis war (Vermutungsfolge), kann schon physikalisch gar nicht davon abhängen, ob jenes KI-Ergebnis später zu einem Schaden geführt hat. Die Anforderung des Art. 4 Abs. 1 lit. c der Richtlinie, also der Beweis eines kausalen Schadens, ist schon logisch zur Begründung der gewünschten Vermutung ungeeignet und damit sachwidrig. Zudem enthält Art. 4 Abs. 1 lit. c der Richtlinie eine Voraussetzung, die das deutsche Deliktsrecht tatbestandlich nicht verlangt. Vielmehr wäre nach § 823 Abs. 1 BGB die haftungsbegründende Kausalität (also die Kausalität zwischen Sorgfaltspflichtverletzung und Rechtsgutsverletzung) sowie die haftungsausfüllende Kausalität (also die Kausalität zwischen Rechtsgutsverletzung und Schaden) zu beweisen. Der zusätzliche Schritt des „KI-Ergebnisses" und dessen Verursachung eines Schadens ist dem fremd. Es ist zumindest nicht auszuschließen, dass der Beweis des von Art. 4 Abs. 1 lit. c der geplanten KI-Haftungsrichtlinie verlangten Kausalzusammenhangs praktisch schwierig wird. Insofern liefe die Vermutung des Art. 4 Abs. 1 der Richtlinie leer.[94]

ff) Besonderheiten bei Nicht-Hochrisiko-KI-Systemen

Art. 4 Abs. 1 der geplanten KI-Haftungsrichtlinie ist sachlich für KI-Systeme **49** sämtlicher Risikokategorien anwendbar. Bei Nicht-Hochrisiko-KI-Systemen muss das Gericht aber nach Art. 4 Abs. 5 der Richtlinie zusätzlich davon überzeugt sein, dass der Nachweis der Kausalität zwischen Verschulden und KI-Ergebnis übermäßig schwierig ist. Diese Anforderung ist zu begrüßen, weil sie das Privileg der gesetzlichen Vermutung auf die sachlich notwendigen Fälle reduziert und damit die Verhältnismäßigkeit wahrt. Im weiteren Gesetzgebungsverfahren sollte dringend erwogen werden, Art. 4 Abs. 5 der Richtlinie auf Hochrisiko-KI-Systeme auszuweiten. Denn auch dort gilt: Nicht jeder Einsatz von KI erfordert generische Maßnahmen zur Erleichterung der Beweislast.[95]

---

94 *Bomhard/Siglmüller*, RDi 2022, 506, 511 f.
95 *Bomhard/Siglmüller*, RDi 2022, 506, 511 f.

gg) Besonderheiten bei nicht-beruflichen KI-Nutzern

50 Den persönlichen Anwendungsbereich lässt Art. 4 der geplanten KI-Haftungsrichtlinie offen und verlagert die Frage nach dem Haftenden auf die mitgliedstaatlichen Haftungsregime. Als Beklagte kommen insbesondere der Anbieter, Produkthersteller, Händler, Einführer und sogar Nutzer eines KI-Systems in Betracht. Wird das KI-System jedoch nicht im Rahmen einer beruflichen Tätigkeit verwendet, gilt die Vermutung des Art. 4 Abs. 1 der Richtlinie nur, wenn der Beklagte die Betriebsbedingungen des KI-Systems wesentlich verändert oder dies pflichtwidrig unterlassen hat (Art. 4 Abs. 6 der Richtlinie).[96]

hh) Rechtsfolge des Art. 4 Abs. 1 der geplanten KI-Haftungsrichtlinie

51 Die Rechtsfolge des Art. 4 Abs. 1 der geplanten KI-Haftungsrichtlinie besteht darin, dass die Kausalität zwischen Verschulden des Beklagten und KI-Ergebnis oder dessen Fehlen vermutet wird. Diese Vermutung ist widerlegbar.[97] Unklar ist bislang, nach welchen Maßstäben der Beklagte die Vermutung widerlegen kann. In der Praxis besteht ein hohes Bedürfnis nach klaren Maßstäben.[98] Bemerkenswert ist es, dass § 823 Abs. 1 BGB kein Tatbestandsmerkmal enthält, dem man ein „KI-Ergebnis" zuordnen könnte. Das KI-Ergebnis entspricht weder einem rechtswidrigen und schuldhaften Tun oder Unterlassen, weil dafür eine menschliche Handlung notwendig ist, noch einer Rechtsgutsverletzung, weil sich (regelmäßig) aus einem bloßen Datum unmittelbar keine solche ergibt. Damit ist das KI-Ergebnis als Teil der Ursachenkette zwischen Tun bzw. Unterlassen und Rechtsgutsverletzung einzuordnen, die die haftungsbegründende Kausalität in zwei Teile aufspaltet: Die Sorgfaltspflichtverletzung als rechtswidrige, schuldhafte Handlung führt zu einem KI-Ergebnis, das wiederum eine Rechtsgutsverletzung auslöst, die zu einem Schaden führt. Die Vermutung des Art. 4 Abs. 1 der Richtlinie betrifft nur das Verhältnis zwischen Handlung und KI-Ergebnis. Sie hilft dem Kläger also weder für den Beweis der Kausalität zwischen KI-Ergebnis und Rechtsgutsverletzung (haftungsbegründende Kausalität) noch für die Kausalität zwischen Rechtsgutsverletzung und Schaden (haftungsausfüllende Kausalität). Im Rahmen von § 823 Abs. 2 BGB ist zu beachten, dass die Rechtsprechung erhöhte Anforderungen an einen Zurechnungszusammenhang zwischen Schutzgesetzverletzung und Schaden stellt.[99] Rele-

---

96 *Bomhard/Siglmüller*, RDi 2022, 506, 511 f.
97 Vgl. Art. 4 Abs. 7 der Richtlinie. Die Widerlegbarkeit einer gesetzlichen Vermutung ist im deutschen Recht der nicht regelungsbedürftige Grundsatz (siehe § 292 Satz 1 ZPO).
98 Vgl. die Bitkom-Stellungnahme vom 28.9.2022, https://beck-link.de/yer5a (zuletzt abgerufen am 12.8.2024).
99 BGH NJW 2005, 3721, 3722.

vant wird § 823 Abs. 2 BGB daher vor allem in Fällen, in denen es an einer (Kausalität der) Verletzung eines absolut geschützten Rechtsguts fehlt. Denn ansonsten wird die Darlegung eines Anspruchs aus § 823 Abs. 1 BGB regelmäßig leichter fallen. Dasselbe gilt für § 826 BGB.[100]

ii) Gleichstellung mit fehlendem KI-Ergebnis

Nicht nachvollziehbar ist, dass Art. 4 Abs. 1 der geplanten KI-Haftungs-   **52** richtlinie die Tatsache, dass das KI-System kein Ergebnis hervorgebracht hat, einem KI-Ergebnis gleichstellt. Wenn also das KI-System überhaupt nicht funktioniert, zum Beispiel wegen eines Strom- oder Serverausfalls, soll vermutet werden, dass dieser Ausfall auf eine Nichteinhaltung der KI-spezifischen Sorgfaltspflichten zurückzuführen ist. Dieser Zusammenhang missachtet zum einen die Tatsache, dass zwischen Fehlfunktion und Nichtfunktion ein grundlegender Unterschied besteht, denn bei letzterem stammt der Grund mit deutlich höherer Wahrscheinlichkeit aus einer externen Quelle, zum Beispiel aus dem Ausfall von Netzwerkinfrastruktur oder einem Stromausfall. Zum anderen wird das regelmäßig fehlende Vertrauen in ein überhaupt nicht startendes System, etwa wenn sich der Autopilot in einem Fahrzeug überhaupt nicht aktivieren lässt (und sich das Fahrzeug daher gar nicht in Bewegung setzt) ignoriert. Solche Zusammenhänge lassen sich grundsätzlich im Rahmen der Kausalität berücksichtigen, die durch Art. 4 Abs. 1 der geplanten KI-Haftungsrichtlinie gerade vermutet wird. Im Ergebnis wird der Beklagte ungerechtfertigt benachteiligt.[101]

7. Kritische Würdigung

Positiv hervorzuheben ist, dass derzeit keine verschuldensunabhängige Haf-   **53** tung für den Betrieb von KI eingeführt werden soll. Vielmehr beschränkt sich der Umfang der geplanten unionalen KI-Haftungsrichtlinie auf beweisbezogene Maßnahmen. Allerdings sollte deren Bedeutung nicht unterschätzt werden. Die Richtlinie fußt auf der These, dass es beim KI-Einsatz quasi genetisch einer Beweiserleichterung potenzieller Geschädigter bedürfe, hierzu fehlen allerdings empirische Belege. Vielmehr besteht die Gefahr, dass KI-Anwendern unklare und übermäßige Pflichten auferlegt werden, die jedoch den KI-Geschädigten nicht in der von der Europäischen Kommission beabsichtigten Weise helfen. Denn Anspruchsteller werden oft nicht in der Lage sein, Datensätze von KI-Systemen sinnvoll auszuwerten. Stattdessen liegt es nahe, dass die geplanten Auskunftsansprüche (Art. 3 der Richtlinie) zu unbefugter Ausforschung und dem Verlust von Geschäftsgeheimnissen und

---

100 BGHZ 57, 137, 142 = BGH NJW 1972, 36, 37; *Bomhard/Siglmüller*, RDi 2022, 506, 511 f.
101 *Bomhard/Siglmüller*, RDi 2022, 506, 512 f.

geistigem Eigentum führen werden. Zudem droht infolge der Vermutungen des Art. 3 Abs. 5 und Art. 4 der Richtlinie eine Beweisnot bei der Abwehr von KI-Haftungsansprüchen und somit ein Verlust der Waffengleichheit im Zivilprozess. Schon heute zählt das Risiko einer KI-Haftung als wichtigstes externes Hindernis, das viele Unternehmen vom Einsatz von KI abhält. Um die Europäische Union als Innovationsstandort nicht zu gefährden, ist es dringend notwendig, die bestehenden Unklarheiten auszuräumen und zugleich die Notwendigkeit sämtlicher Regelungen der KI-Haftungsrichtlinie kritisch zu hinterfragen. Für die Umsetzung der geplanten KI-Haftungsrichtlinie in die nationalen Rechtsordnungen sieht Art. 7 der Richtlinie eine Frist von zwei Jahren vor. Anbieter und Nutzer von KI-Systemen sollten das Gesetzgebungsverfahren im Auge behalten und frühzeitige Maßnahmen zur Haftungsminimierung ergreifen.[102]

III. Geplante neue Produkthaftungsrichtlinie

1. Überblick

54 Neben der geplanten KI-Haftungsrichtlinie hat die Europäische Kommission im Jahr 2022 einen Vorschlag für eine neue Produkthaftungsrichtlinie[103] veröffentlicht. Diese sieht eine verschuldensunabhängige Haftung des Herstellers eines Produkts für Schäden vor, die durch ein fehlerhaftes KI-System verursacht werden.[104] Der Vorschlag soll auf alle Produkte anwendbar sein, die zwölf Monate nach Inkrafttreten der Richtlinie in Verkehr gebracht oder in Betrieb genommen werden (Art. 2 Nr. 1 der Richtlinie). Art. 4 der Richtlinie bestimmt deren Harmonisierungsgrad, nämlich die Vollharmonisierung. Dies bedeutet insbesondere, dass die mitgliedstaatlichen Gesetzgeber keine strengeren oder weniger strengen Vorschriften zur Erreichung eines anderen Verbraucherschutzniveaus erlassen dürfen. Obgleich es sich um eine unionale Richtlinie und nicht um eine Verordnung handelt, ist damit der Umsetzungsspielraum der Mitgliedstaaten stark beschränkt. Ganz im Sinn des Binnenmarkts wird dadurch allerdings der Rechtszersplitterung im Bereich der Produkthaftung wesentlich entgegengewirkt.

2. KI-System als Produkt

55 Eine zentrale Neuerung bei den von der Richtlinie erfassten Produkten findet sich etwas versteckt am Ende des Art. 4 Abs. 1 der geplanten neuen Produkthaftungsrichtlinie. Konkret ist, entgegen der lex lata, insbesondere

---

102 So auch *Bomhard/Siglmüller*, RDi 2022, 506, 513.

103 Vorschlag für eine Richtlinie des Europäischen Parlaments und des Rates über die Haftung für fehlerhafte Produkte, COM(2022) 495 final.

104 Siehe Begründung des Vorschlags COM(2022) 495 final, S. 5.

Software vom Produktbegriff umfasst. Die noch geltende Produkthaftungs-richtlinie aus dem Jahr 1985[105] erfasst jede bewegliche Sache und zudem Elektrizität (Art. 2 der geltenden Richtlinie). Obgleich diese Richtlinie im Jahr 1999 geändert[106] wurde, erfasst ihre aktuelle Fassung nicht Software. Die geltende Richtlinie muss laut der Europäischen Kommission vor dem Hintergrund der Entwicklungen im Zusammenhang mit neuen Technolo-gien, insbesondere mit KI hinsichtlich des Begriffs „Produkt" überarbeitet werden.[107] Unter den Begriff „Software" sollen auch KI-Systeme fallen.[108] Damit wären KI-Systeme Produkte im Sinn der Richtlinie. Aufgrund der vollharmonisierenden Wirkung der Richtlinie (Art. 4) wäre es den mitglied-staatlichen Gesetzgebern verwehrt, Software und damit KI-Systeme in ihren nationalen Rechtsordnungen nicht als Produkt gelten zu lassen. Denn dann etablierten die Mitgliedstaaten einen weniger strengen Verbraucherschutz. Mit der Erstreckung des Produktbegriffs auf Software im Allgemeinen und KI-Systeme im Besonderen setzt die Europäische Kommission ein zentrales Anliegen um, das schon in den Vorarbeiten als Option für eine neue Pro-dukthaftungsrichtlinie erwähnt wurde.[109] Betreffend KI-Systeme hatte das Europäische Parlament ebenfalls die Forderung erhoben, eine verschuldens-unabhängige Haftung einzuführen.[110]

3. Produktfehler

a) Kriterien

Die Kriterien eines Produktfehlers sind im Ausgangspunkt in der geplan-ten neuen Produkthaftungsrichtlinie und in der geltenden Richtlinie gleich. **56** So gilt ein Produkt als fehlerhaft, wenn es nicht die Sicherheit bietet, die die breite Öffentlichkeit unter Berücksichtigung aller Umstände, insbeson-dere der nachfolgenden, erwarten darf: a) der Aufmachung des Produkts, einschließlich der Anweisungen für Installation, Verwendung und Wartung (Art. 6 Nr. 1 lit. a der Richtlinie). Während bei der geltenden Richtlinie un-klar ist, ob die Allgemeinheit oder ein verständiger Verbraucher oder Pro-duktverwender der Maßstab sein soll, stellt der Richtlinienvorschlag (zu-

---

105 Richtlinie des Rates vom 25.7.1985 zur Angleichung der Rechts- und Verwaltungs-vorschriften der Mitgliedstaaten über die Haftung für fehlerhafte Produkte, ABl. Nr. L 210 vom 7.8.1985, S. 29.
106 Siehe ABl. Nr. L 141 vom 4.6.1999, S. 20.
107 Siehe Erwägungsgrund Nr. 3 der geplanten Richtlinie.
108 Siehe Erwägungsgrund Nr. 12 der geplanten Richtlinie.
109 Siehe COM(2018) 246 final, S. 2.
110 Siehe Entschließung des Europäischen Parlaments vom 20.10.2020 mit Empfehlun-gen an die Kommission für eine Regelung der zivilrechtlichen Haftung beim Einsatz künstlicher Intelligenz (2020/2014(INL)), Ziffer 14; *Kapoor/Klindt*, BB 2023, 67.

nächst) auf die Allgemeinheit ab („breite Öffentlichkeit").[111] Art. 6 Nr. 1 lit. b der Richtlinie fährt fort mit der vernünftigerweise vorhersehbaren Nutzung und missbräuchlichen Nutzung des Produkts und weicht diesbezüglich inhaltlich nicht von der geltenden Richtlinie ab.[112] Art. 6 Nr. 1 lit. c der Richtlinie nennt die Auswirkungen auf das Produkt, die sich aus einer etwaigen Fähigkeit, nach Einsatzbeginn weiter zu lernen, ergeben können. Damit greift die Europäische Kommission eine Forderung des Europäischen Parlaments[113] auf und zielt insbesondere auf KI-Systeme ab, die als Software künftig unter den Produktbegriff fallen sollen.[114]

57 Darüber hinaus sollen die Auswirkungen anderer Produkte auf das Produkt, bei denen nach vernünftigem Ermessen davon ausgegangen werden kann, dass sie zusammen mit dem Produkt verwendet werden, berücksichtigt werden (Art. 6 Nr. 1 lit. d der Richtlinie). Damit greift die Europäische Kommission einen Aspekt auf, den sie bereits in der Vergangenheit als problematisch gesehen hat.[115] In Deutschland wurde dies unter dem Begriff des Kombinationsrisikos im Rahmen der deliktischen Produzentenhaftung vom Bundesgerichtshof bereits in der sogenannten Honda-Entscheidung grundlegend beleuchtet[116] und wird unter anderem im allgemeinen Produktsicherheitsrecht (siehe § 3 Abs. 2 Satz 2 Nr. 2 ProdSG) und im Arzneimittelrecht ausdrücklich geregelt, zum Letztgenannten siehe die Pflicht zum Hinweis auf mögliche Wechselwirkungen mit anderen Arzneimitteln in den Gebrauchsinformationen (§ 11 Abs. 1 Satz 1 Nr. 3 lit. c AMG) und Fachinformationen (§ 11a Abs. 1 Satz 2 Nr. 4 lit. e AMG). Zugleich passt die Europäische Kommission die Produkthaftungsrichtlinie an die Warenkauf- und an die Digitale-Inhalte-Richtlinie an, denn dort kann eine fehlende oder unzureichende Interoperabilität einen Sachmangel begründen.[117]

---

111 *Kapoor/Klindt*, BB 2023, 67, 68.
112 Siehe Art. 6 Abs. 1 lit. a der geltenden Produkthaftungsrichtlinie.
113 Entschließung des Europäischen Parlaments vom 20.10.2020 mit Empfehlungen an die Kommission für eine Regelung der zivilrechtlichen Haftung beim Einsatz künstlicher Intelligenz (2020/2014(INL)), P9_TA(2020)0276, Ziffer 6.
114 *Kapoor/Klindt*, BB 2023, 67, 68.
115 Siehe Bericht der Kommission vom 19.2.2020 über die Auswirkungen künstlicher Intelligenz, des Internets der Dinge und der Robotik im Hinblick auf Sicherheit und Haftung, S. 11.
116 BGH BB 1987, 717.
117 Art. 7 lit. a, Art. 8 Abs. 1 Richtlinie (EU) 2019/770 des Europäischen Parlaments und des Rates vom 20.5.2019 über bestimmte vertragsrechtliche Aspekte der Bereitstellung digitaler Inhalte und digitaler Dienstleistungen (Digitale-Inhalte-Richtlinie), ABl Nr. L 136 vom 22.5.2019, Satz 1 bzw. Art. 6 lit. a, Art. 7 Abs. 1 Richtlinie (EU) 2019/771 des Europäischen Parlaments und des Rates vom 20.5.2019 über bestimmte vertragsrechtliche Aspekte des Warenkaufs, zur Änderung der Verordnung (EU) 2017/2394 und der Richtlinie 2009/22/EG sowie zur Aufhebung der Richtlinie 1999/44/EG (Warenkaufrichtlinie), ABl. Nr. L 136 vom 22.5.2019, S. 28.

Art. 6 Nr. 1 lit. f der geplanten neuen Produkthaftungsrichtlinie nennt als wei- **58** teres Kriterium eines Produktfehlers die Sicherheitsanforderungen des Produkts einschließlich sicherheitsrelevanter Cybersicherheitsanforderungen. Der Verweis auf das Produktsicherheitsrecht dürfte nur eine Wiederholung dessen sein, was sich bereits aus der Generalklausel des Art. 6 Abs. 1 der geltenden Produkthaftungsrichtlinie bzw. des Art. 6 der geplanten neuen Richtlinie vor lit. a ergibt. Dass „sicherheitsrelevant(e) Cybersicherheitsanforderungen" Teil der berechtigten Sicherheitserwartungen werden sollen, könnte für die Industrie zu einem unkalkulierbaren Risiko werden. Der erste Grund ist die Sprache: Die englische Fassung spricht von „safety-relevant cybersecurity". Da im Englischen zwischen Safety (das heißt die Gefahr geht vom Produkt aus) und Security (das heißt die Gefahr wirkt auf das Produkt ein) unterschieden wird,[118] wird hier deutlich, dass nicht jedes Versäumnis beim Schutz vor Gefahren zu einem Produktfehler führen soll. Zusätzliche Voraussetzung ist, dass dieser „Abschirmungsfehler" ein vom Produkt ausgehendes Risiko erzeugt. Im Deutschen geht diese Unterscheidung verloren, weil beide Sachverhalte einheitlich unter „Sicherheit" firmieren, sodass jeder „Abschirmungsfehler" in einen Produktfehler mündete. Da die Sprachen in der Europäischen Union gleichwertig sind, ist nicht ausschließen, dass sich die (weitergehende) deutsche Auslegung durchsetzen wird. Sollte es dazu kommen, wäre dies problematisch, denn es drohte eine Vermengung von „Safety" und „Security", sodass grundlegend verschiedene Fälle gleichbehandelt würden. Anders als bei „Safety"-Problemen bedarf es bei „Security"-Problemen immer eines Dritten, der ein „Einfallstor" für kriminelles Handeln nutzt. Es ist unverständlich, einem rechtstreuen Hersteller einen Produktfehler vorzuwerfen, wenn ein ihm unbekannter Dritter den Schaden verursacht hat.[119]

Zudem wird Wirtschaftsakteure beunruhigen, dass die Europäische Union **59** gerade erst dabei ist, die Anforderungen zur Cybersicherheit zu entwickeln: Die NIS-2-Richtlinie[120] verpflichtet die Mitgliedstaaten zum Aufbau nationaler Cybersicherheitsstrategien. Außerdem sehen die geplante Verordnung über Maschinenprodukte[121] sowie die geplante Verordnung über horizon-

---

118 Vgl. die Erklärung von *Springer* auf der Seite des TÜV Nord vom 8.9.2016, https://www.tuev-nord.de/explore/de/erklaert/was-ist-der-unterschied-zwischen-safety-und-security/ (zuletzt abgerufen am 12.8.2024).
119 *Kapoor/Klindt*, BB 2023, 67, 68.
120 Richtlinie (EU) 2022/2555 des Europäischen Parlaments und des Rates vom 14.12.2022 über Maßnahmen für ein hohes gemeinsames Cybersicherheitsniveau in der Union, zur Änderung der Verordnung (EU) Nr. 910/2014 und der Richtlinie (EU) 2018/1972 sowie zur Aufhebung der Richtlinie (EU) 2016/1148, ABl. Nr. L 333 vom 27.12.2022, S. 80.
121 Vgl. Anhang III Ziffer 1.1.9 Abs. 2 des Verordnungsvorschlags vom 21.4.2021 (COM(2021) 202 final) bzw. des Kompromissentwurfs vom 21.6.2022 (2021/0105(COD)).

tale Cybersicherheitsanforderungen für Produkte mit digitalen Elementen („Cyber Resilience Act")[122] Anforderungen an die Cybersicherheit vor. Die Hersteller müssen technische Lösungen entwickeln, ohne auch nur annähernd abschätzen zu können, ob diese Lösungen vor Gericht bestehen werden.[123] Darüber hinaus sollen künftig die spezifischen Erwartungen der Endnutzer, für die das Produkt bestimmt ist, zum Kriterienkatalog gehören (Art. 6 lit. h der geplanten neuen Produkthaftungsrichtlinie). Damit hat die Europäische Kommission die genannte Diskussion über die maßgebliche Perspektive zugunsten der Allgemeinheit und zugleich des Produktnutzers gelöst. Gemäß Art. 6 Nr. 2 der Richtlinie gilt ein Produkt nicht allein deshalb als fehlerhaft, weil ein besseres Produkt, einschließlich Aktualisierungen oder Upgrades, bereits in Verkehr oder in Betrieb ist bzw. künftig in Verkehr gebracht oder in Betrieb genommen wird. Dies entspricht im Wesentlichen der Vorgängerregelung, enthält aber eine wichtige Klarstellung: Gerade preisgünstige Produkte werden häufig nicht mit Konkurrenzprodukten aus dem gleichen Preissegment, sondern mit hochpreisigen (und deshalb in der Regel sichereren) Produkten verglichen. Dass dieser Vergleich unzulässig ist, bringt die geplante neue Produkthaftungsrichtlinie zum Ausdruck, indem ein Verweis (auch) auf bereits in Verkehr gebrachte oder in Betrieb genommene bessere Produkte nicht zur Begründung eines Produktfehles herangezogen werden darf.[124]

b) Maßgeblicher Zeitpunkt

60 Der für einen Produktfehler maßgebliche Zeitpunkt ist zunächst der, in welchem das Produkt in Verkehr gebracht oder in Betrieb genommen wurde, oder, wenn der Hersteller nach diesem Zeitpunkt die Kontrolle über das Produkt behält, der Zeitpunkt, ab dem das Produkt nicht mehr unter Kontrolle des Herstellers steht (Art. 6 Nr. 1 lit. e der geplanten neuen Produkthaftungsrichtlinie). Während Art. 6 Abs. 1 lit. c der geltenden Produkthaftungsrichtlinie das Inverkehrbringen als den allein maßgeblichen Zeitpunkt bestimmt, soll künftig das Inverkehrbringen nur der erste von mehreren maßgeblichen Zeitpunkten sein. Dies ergibt sich klar aus dem Wortlaut „oder" in Art. 6 Nr. 1 lit. e der neuen Richtlinie. Dadurch könnten Fehler, bei denen unklar bleibt, ob sie schon beim Inverkehrbringen vorlagen, einen Produktfehler darstellen. Ob mit Kontrolle auch diejenigen Fälle erfasst sind, in denen der Hersteller in der Lage ist, zum Beispiel durch das Aufspielen von Sicherheitssoftwareupdates auf das Produkt einzuwirken, dürfte wegen des bereits erfolgten Inverkehrbringens fraglich sein. Daneben können auch Eingriffe

---

122 Vgl. Anhang I des Verordnungsvorschlags (COM(2022) 454 final).
123 *Kapoor/Klindt*, BB 2023, 67, 68.
124 *Kapoor/Klindt*, BB 2023, 67, 68 f.

einer Regulierungsbehörde oder eines in Art. 7 der Richtlinie genannten Wirtschaftsakteurs (zum Beispiel des Herstellers des Produkts, Art. 7 Nr. 1 der Richtlinie) im Zusammenhang mit der Produktsicherheit der für einen Produktfehler maßgebliche Zeitpunkt sein (Art. 6 Nr. 1 lit. g der geplanten neuen Produkthaftungsrichtlinie). Hierbei ist zum Beispiel an eine freiwillig durchgeführte oder behördlich angeordnete Korrekturmaßnahme wie beispielsweise einen Produktrückruf zu denken.[125]

c) Schaden

Im Vergleich zur geltenden Produkthaftungsrichtlinie soll künftig insbesondere auch der Verlust oder die Verfälschung von Daten, die nicht ausschließlich für berufliche Zwecke verwendet werden, vom Begriff des Schadens umfasst sein (siehe Art. 4 Abs. 6 lit. c der geplanten neuen Produkthaftungsrichtlinie). Der monetäre Wert solcher privater Daten wird regelmäßig nur schwer zu beziffern sein. Private Daten, beispielsweise in Gestalt von Hochzeits- oder Urlaubsbildern, die durch einen Defekt des Speichers unwiederbringlich verlorengehen, haben für die Betroffenen häufig hohen ideellen, aber kaum messbaren monetären Wert. Möglicherweise wird die Vorschrift auch so zu lesen sein, dass der Verbraucher Ersatz für die Wiederbeschaffung bzw. Wiederherstellung der privaten Daten verlangen kann, also der authentische Datensatz unverändert zur Verfügung gestellt werden muss.[126]

d) Regelungen zum Zivilprozess

aa) Offenlegung von Beweismitteln

Von besonderer praktischer Bedeutung sind die geplanten Regelungen zum Zivilprozess. So stellen nach Art. 8 Nr. 1 der geplanten neuen Produkthaftungsrichtlinie die Mitgliedstaaten sicher, dass die nationalen Gerichte auf Antrag einer geschädigten Person, die Ersatz des durch ein fehlerhaftes Produkt verursachten Schadens verlangt und die Tatsachen und Belege vorgelegt hat, welche die Plausibilität ihres Schadensersatzanspruchs ausreichend stützen, anordnen können, dass der Beklagte in seiner Verfügungsgewalt befindliche relevante Beweismittel offenlegen muss. Diese Eingriffe in die mitgliedstaatlichen Zivilprozessordnungen waren bereits früh von der Europäischen Kommission angedacht.[127] Dadurch kann der Kläger Einblick zum Beispiel in Konstruktionsunterlagen oder in dokumentierte Erkennt-

---

125 *Kapoor/Klindt*, BB 2023, 67, 68 f.
126 *Kapoor/Klindt*, BB 2023, 67, 70.
127 Inception Impact Assessment zur Initiative "Adapting liability rules to the digital age and circular economy" vom 30.6.2021, Ref. Ares(2021)4266516, Abschnitt B Ziffer 2; vgl. zu den zivilprozessrechtlichen Änderungen auch bereits *Klindt*, Die Erste Seite, BB Heft 49/2022.

nisse aus der Produktbeobachtung erhalten, um seine Ansprüche begründen zu können. Bei dieser Befugnis haben die Gerichte einen Ermessensspielraum. So spielen nicht nur die Notwendigkeit und Verhältnismäßigkeit der Offenlegung für die vorgetragene Klage, sondern auch legitime Interessen aller Parteien, insbesondere der Schutz vertraulicher Informationen und Geschäftsgeheimnisse, eine Rolle (Art. 8 Abs. 2 und 3 der Richtlinie). Sofern der Beklagte zur Vorlegung von Unterlagen verpflichtet ist, können die nationalen Gerichte allerdings Maßnahmen zum Schutz der Vertraulichkeit zum Beispiel nach §§ 19 Abs. 1, 20 Abs. 1 GeschGehG anordnen (Art. 8 Abs. 4 der Richtlinie). Kommt der Beklagte einer entsprechenden gerichtlichen Anordnung nicht oder nur unvollständig nach, kann er den Prozess verlieren, weil die Fehlerhaftigkeit des Produkts in diesem Fall gesetzlich vermutet wird (Art. 9 Nr. 2 lit. a der Richtlinie). Eine solche „disclosure of documents" nach anglo-amerikanischem Vorbild kennt der deutsche Zivilprozess – abgesehen von den §§ 142, 144 ZPO – nicht.[128]

bb) Beweiserleichterungen für den Geschädigten

63 Zur Offenlegung von Beweismitteln treten Beweiserleichterungen für den Geschädigten hinzu. So stellen die Mitgliedstaaten zwar nach Art. 9 Nr. 1 der geplanten neuen Produkthaftungsrichtlinie sicher, dass der Kläger verpflichtet ist, die Fehlerhaftigkeit des Produkts, den erlittenen Schaden und den ursächlichen Zusammenhang zwischen der Fehlerhaftigkeit und dem Schaden nachzuweisen, doch sind deutliche Beweiserleichterungen geplant. Denn das Vorliegen eines Produktfehlers wird vermutet, wenn der Beklagte seiner Verpflichtung zur Offenlegung von relevanten Beweismitteln, die sich in seiner Verfügungsgewalt befinden, nach Art. 8 Abs. 1 der Richtlinie nicht nachgekommen ist (Art. 9 Nr. 2 lit. a der Richtlinie). Demgegenüber sieht die geltende Produkthaftungsrichtlinie keine derartige Beweiserleichterung vor (siehe Art. 4 der geltenden Richtlinie), wenngleich die nationalen Rechtsordnungen solche Erleichterungen einführen können.[129] Eine weitere Beweiserleichterung findet sich in Art. 9 Nr. 2 lit. c der geplanten Richtlinie. Danach wird ein Produktfehler vermutet, wenn der Kläger nachweist, dass der Schaden durch eine offensichtliche Funktionsstörung des Produkts bei normaler Verwendung oder unter normalen Umständen verursacht wurde. Ein Beispiel für eine solche Fehlfunktion könnte der Fahrfehler eines automatisierten Fahrzeugs sein, sofern man das „Verhalten" eines KI-Systems unter den Begriff der Fehlfunktion fasst.[130]

---

128 *Kapoor/Klindt*, BB 2023, 67, 70.
129 EuGH EWS 2017, 227.
130 So *Borges*, DB 2022, 2650, 2654.

Neben dem Produktfehler kann auch die Kausalität zwischen Produktfeh- **64**
ler und Schaden vermutet werden. Dies ist dann der Fall, wenn festgestellt
wurde, dass das Produkt fehlerhaft und der entstandene Schaden von der
dem betreffenden Fehler typischerweise entsprechenden Art ist (Art. 9 Nr. 3
der Richtlinie). Art. 9 Nr. 4 der Richtlinie erleichtert zudem die Beweislast
des Klägers: Wenn ein nationales Gericht annimmt, dass es für den Kläger
aufgrund der technischen oder wissenschaftlichen Komplexität übermäßig
schwierig ist, die Fehlerhaftigkeit des Produkts oder den ursächlichen Zusammenhang zwischen dessen Fehlerhaftigkeit und dem Schaden oder bei-
des nachzuweisen, wird von der Fehlerhaftigkeit des Produkts oder einem
ursächlichen Zusammenhang zwischen seiner Fehlerhaftigkeit und dem
Schaden oder beidem ausgegangen, wenn der Kläger auf der Grundlage
hinreichend relevanter Beweise nachgewiesen hat, dass a) das Produkt zum
Schaden beigetragen hat und b) das Produkt wahrscheinlich fehlerhaft war
und/oder seine Fehlerhaftigkeit den Schaden wahrscheinlich verursacht hat.
Der Beklagte kann zwar das Vorliegen übermäßiger Schwierigkeiten oder
die genannte Wahrscheinlichkeit anfechten (siehe Art. 9 Nr. 4 UAbs. 2 der
Richtlinie), doch werden diese Vermutungen wohl zu einer Beweislastumkehr führen, sobald der Verbraucher den Fehler und/oder den Kausalzusam-
menhang schlüssig vortragen kann.[131]

4. Kritische Würdigung

Der Entwurf der neuen Produkthaftungsrichtlinie geht weit über das erklär- **65**
te Ziel der Europäischen Kommission hinaus, die Produkthaftung an den
ökologischen und digitalen Wandel anzupassen. Die Kommission scheint
den Revisionsprozess vielmehr zum Anlass genommen zu haben, den Verbraucherschutz zulasten der Wirtschaftsakteure durch zahlreiche Detailän-
derungen im Vergleich zur aktuellen Rechtslage zu erweitern, ohne dass dies
stets in unmittelbarem Zusammenhang mit dem digitalen Wandel oder mit
Nachhaltigkeitsaspekten steht. Hersteller und Importeure müssen sich darauf einstellen, dass ihr Haftungsrisiko künftig größer wird und die Prämien
für die Versicherung dieses Risikos steigen werden. Unternehmen, die als
Fulfilment-Dienstleister oder als Bevollmächtigte für Hersteller außerhalb
des europäischen Wirtschaftraums agieren und die bislang nicht mit dem
Thema Produkthaftung vertraut sind, werden ihre Geschäftsmodelle hinterfragen müssen, weil die für sie neu eingeführte Produkthaftung vielfach
unkalkulierbare und kaum versicherbare Risiken mit sich bringen wird.[132]

---

131 Ebenso *Kapoor/Klindt*, BB 2023, 67, 71.
132 Ebenso *Kapoor/Klindt*, BB 2023, 67, 71.

F. Gesamtwürdigung

66   Nach dem geltenden Haftungsrecht trägt bei einer Schadensverursachung durch ein autonomes KI-System in der Regel der Geschädigte selbst den Schaden. Wurde demgegenüber der Schaden durch den Anbieter bzw. Nutzer eines KI-Systems verursacht, haftet der Schädiger. Im Rahmen der Verschuldenshaftung kommt für die vertragliche Haftung § 280 Abs. 1 Satz 1 BGB als Anspruchsgrundlage in Betracht, bei deliktischer Haftung insbesondere § 823 Abs. 1 BGB. Als Gefährdungshaftungstatbestand kann im Straßenverkehr § 7 Abs. 1 StVG erfüllt sein. Obgleich das geltende Haftungsrecht grundsätzlich für Ausgleich und Verhütung von Schäden in KI-Fällen taugt, offenbart sich, dass die Risikoallokation zweckwidrig ist. Denn das Autonomie- und Opazitätsrisiko liegt beim Geschädigten statt beim Schädiger. Die geplante unionale Richtlinie zur Haftung für KI und die vorgeschlagene neue Produkthaftungsrichtlinie verlagern teilweise das Autonomie- und Opazitätsrisiko auf den Anbieter von KI-Systemen. Doch steht es zu befürchten, dass KI-Anwendern unklare und übermäßige Pflichten auferlegt werden, die aber den Geschädigten nicht wie beabsichtigt helfen. Denn Anspruchsteller werden oft Datensätze von KI-Systemen nicht sinnvoll auswerten können. Zudem könnten die geplanten Regelungen die Innovationsfähigkeit in der Europäischen Union gefährden und sollten daher kritisch überprüft werden.

G. Praxisfall 2: Die Halbleiter

I. Sachverhalt

67   V ist Alleinvorstand der X-AG, die mit Halbleitern handelt. Er kauft für die Gesellschaft 500.000 Halbleiter des Typs 1. Den Bedarf hat eine Marktanalyse eines KI-Systems ermittelt, das für die Branche angeboten wird. Weitere Bedarfsanalysen hat V nicht erstellen lassen. Es werden nur 10.000 der Halbleiter verkauft, da bereits vor der Erstellung der Marktanalyse der Typ 2 marktüblich war. Der dadurch entstandene Schaden (entgangener Gewinn) wird korrekt mit 120.000 EUR beziffert. Haftet V für den entstandenen Schaden?

II. Anspruch der X-AG gegen V auf Schadensersatz in Höhe von 120.000 EUR gemäß § 93 Abs. 2 Satz 1 AktG

1. § 93 Abs. 1 Satz 1 AktG als spezieller Sorgfaltspflichtenmaßstab

68   Gemäß § 93 Abs. 1 Satz 1 AktG haben die Vorstandsmitglieder bei ihrer Geschäftsführung die Sorgfalt eines ordentlichen und gewissenhaften Geschäftsleiters anzuwenden. Damit wird ein spezieller Sorgfaltspflich-

tenmaßstab normiert, während § 93 Abs. 2 Satz 1 AktG eine Anspruchsgrundlage der Gesellschaft gegen das Vorstandsmitglied verkörpert. Bei
der Erfassung dieses Haftungsmaßstabs ist von der Rechtsstellung des
Vorstands auszugehen, der nach § 76 Abs. 1 AktG die Gesellschaft unter
eigener Verantwortung zu leiten hat. Als dem zur alleinigen Geschäftsführung berufenen Organ ist ihm ein weites Feld für eine freie Gestaltung
eingeräumt worden, um die satzungsgemäßen Ziele zu verwirklichen und
die Rechte und Pflichten der Gesellschaft als Inhaberin des Unternehmens
wahrzunehmen.[133]

2. Die sogenannte Business Judgement Rule (§ 93 Abs. 1 Satz 2 AktG)

a) Unternehmerische Entscheidung versus Legalitätspflicht

Die sogenannte Business Judgement Rule findet sich in § 93 Abs. 1 Satz 2 **69**
AktG. Danach liegt eine Pflichtverletzung nicht vor, wenn das Vorstandsmitglied bei einer unternehmerischen Entscheidung vernünftigerweise an-
nehmen durfte, auf der Grundlage angemessener Information zum Wohle
der Gesellschaft zu handeln.

Dass unternehmerische Entscheidungen in einer Marktwirtschaft einen rich- **70**
terlich nicht zu kontrollierenden Freiraum benötigen, um der Dynamik des
Marktgeschehens Rechnung tragen zu können,[134] ist inzwischen allseits (und
auch international)[135] akzeptiert. Der Gesetzgeber hat diese schon früher im
Rahmen der Sorgfaltspflicht nach § 93 AktG bzw. § 43 GmbHG herausgear-
beitete Business Judgement Rule lediglich in § 93 Abs. 1 Satz 2 AktG kodifi-
ziert.[136] Unternehmerische Entscheidungen sind typischerweise Entscheidungen unter Unsicherheit, denen größtenteils prognostische Elemente zugrunde
liegen und die nicht der ex post eingreifenden gerichtlichen Kontrolle unterliegen sollten (Hindsight Bias).[137] Der Vorstand muss unter Umständen auch

---

133 *Spindler*, in: MüKo AktG, § 93 Rn. 22.
134 Zu den betriebswirtschaftlichen Leitlinien zur Konkretisierung der sogenannten Business Judgement Rule *Scholl*, Vorstandshaftung und Vorstandsermessen, S. 230 ff.
135 Ausführlich zur internationalen Entwicklung mit weiteren Nachweisen *Merkt*, ZGR
2017, 129, 130 ff. und *Gerner-Beuerle/Schuster*, EBOR 15 (2014), 191 ff. mit weiteren
Nachweisen.
136 *Fleischer*, NJW 2009, 2337, 2338; siehe *Schneider*, DB 2005, 707; *Roth*, BB 2004,
1066; zu den – nur geringfügigen – Unterschieden zwischen Richterrecht und dem
neuen § 93 Abs. 1 Satz 2 AktG *Fleischer*, ZIP 2004, 685; siehe ferner *Weiss/Buchner*,
WM 2005, 162; *Schäfer*, ZIP 2005, 1253, 1255; *Paefgen*, NZG 2009, 891; *Schneider*,
DB 2011, 99; *Fischer*, Die Business Judgment Rule als typenübergreifendes Institut,
S. 28 ff.; vgl. auch zur Anwendbarkeit der Business Judgment Rule auf andere Korpo-
rationsformen *Fischer*, Die Business Judgment Rule als typenübergreifendes Institut,
S. 71 ff.
137 Zum Verhältnis rechtlicher Kontrolle und Prognosen *Spindler*, AG 2006, 677; siehe
auch mit weiteren Nachweisen der verhaltenspsychologischen Literatur *Ott/Klein*, AG

mit einem Risiko behaftete Geschäfte vornehmen können, ohne dass bereits in der Vornahme solcher Geschäfte eine unternehmerische Pflichtwidrigkeit oder ein Verschulden zu sehen ist.[138] Ansonsten würde eine dem Unternehmenserfolg wenig zuträgliche risikoaverse Haltung gefördert.[139]

71 Internationales Vorbild der Regelung ist die US-amerikanische Rechtsprechung zur Business Judgement Rule,[140] wie sie auch vom American Law Institute formuliert wurde.[141] Danach ist eine unternehmerische Entscheidung des Managers der gerichtlichen Prüfung anhand des normalerweise geltenden Duty-of-care-Standards entzogen und er haftet nicht, wenn er (1) kein eigenes relevantes Interesse an der Entscheidung (disinterested judgement),[142] (2) sich zur Vorbereitung einer Entscheidung hinreichend informiert (informed judgement)[143] und (3) nachvollziehbar nach seiner Überzeugung im besten Interesse des Unternehmens gehandelt hat (rational belief und good faith).[144] Die Business Judgement Rule führt indes in aller Regel zu mit dem deutschen Recht vergleichbaren Ergebnissen;[145] die deutsche Rechtsanwendung kann jedoch von dem reichhaltigeren Fallm-

---

2017, 209; ferner *Koch*, ZGR 2006, 769, 782; *Schäfer*, ZIP 2005, 1253; *Schneider*, DB 2005, 707, 708 f.; *Koch*, AG 2009, 93, 95; *Redeke*, ZIP 2011, 59, 60; *Fleischer*, NZG 2011, 521, 522; siehe auch *Fleischer*, in: Fuchs, Festschrift für Immenga, S. 575, 579 f.; *Grunewald/Hennrichs*, in: Grunewald, Festschrift für Maier-Reimer, S. 147, 148; *Kindler*, in: Habersack/Hommelhoff, Festschrift für Goette, S. 231, 232; *Fischer*, Die Business Judgment Rule als typenübergreifendes Institut, S. 44 ff.

138 BGHZ 135, 244, 253 = NJW 1997, 1926.

139 Vgl. auch *Fischer*, Die Business Judgment Rule als typenübergreifendes Institut, S. 56 ff.

140 Ausführlich *Block/Barton/Radin*, The Business Judgment Rule, zahlreiche weitere Nachweise bei *Merkt*, US-amerikanisches Gesellschaftsrecht, Rn. 922 ff.; *Merkt*, ZGR 2017, 129, 130 ff.; *Paefgen*, AG 2004, 245, 246; *Kebekus/Zenker*, in: Grunewald, Festschrift für Maier-Reimer, S. 319, 320 ff.; *Fischer*, Die Business Judgment Rule als typenübergreifendes Institut, S. 24 ff.

141 American Law Institute, Corporate Governance Principles, § 4.01 (c).

142 Siehe zum deutschen Recht *Semler*, in: Habersack, Festschrift für Ulmer, S. 627, 637 f.

143 *Merkt*, US-amerikanisches Gesellschaftsrecht, Rn. 938.

144 American Law Institute, Principles of Corporate Governance, Band I (1994), § 4.01 (c); allgemein zur Business Judgement Rule *Block/Barton/Radin*, The Business Judgment Rule; *Abeltshauser*, Leitungshaftung im Kapitalgesellschaftsrecht, S. 130 ff.; *Becker*, Verwaltungskontrolle durch Gesellschafterrechte, S. 263 ff.; *Schaefer/Missling*, NZG 1998, 441, 444; *Lutter*, GmbHR 2000, 301, 308; *Kern*, ZVglRWiss 112 (2013), 70, 71 f.; *Fleischer*, in: Festschrift für Wiedemann, S. 827, 833 ff.; *Merkt*, US-amerikanisches Gesellschaftsrecht, Rn. 949.

145 Siehe auch *Merkt*, ZGR 2017, 129, 146 ff.; *Hopt*, in: Immenga, Festschrift für Mestmäcker, S. 909, 919 ff. zu den Unterschieden vor allem in der Beweislastverteilung: Die US-amerikanische Regel geht von einem rechtmäßigen Managerhandeln aus.

aterial des US-amerikanischen Rechts profitieren,[146] etwa zur Haftung für risikoreiche Geschäfte,[147] zur Haftung wegen Rückkaufs eigener Anteile,[148] zum unternehmerischen Ermessen in der Dividendenpolitik,[149] zur Pflicht zur Wahrung der innergesellschaftlichen Kompetenzordnung,[150] zur Überwachungspflicht in Bezug auf nachgeordnete Leitungsebenen[151] oder zu den Sorgfaltspflichten bei Doppelmandaten.[152] Hierbei sind indes stets die andersartigen Rahmenbedingungen des US-amerikanischen Gesellschaftsrechts genau zu beachten, insbesondere ob es sich um Urteile im Bereich der duty of loyalty oder der duty of care handelt.[153] Allerdings ginge es zu weit, die US-amerikanische Rechtsprechung als maßgeblich für die Auslegung des § 93 Abs. 1 Satz 2 AktG zu bezeichnen, da das Geflecht der unterschiedlichen prozessualen Möglichkeiten, insbesondere der Aktionärsklage, und ihrer Einbettung in die unterschiedlichen Systeme berücksichtigt werden muss.[154]

Einen Beitrag zur Konkretisierung können auch betriebswirtschaftliche **72** Grundsätze ordnungsgemäßer Unternehmensführung leisten.[155] Verallgemeinern lassen sie sich jedoch nicht; erst recht können sie nicht als recht-

---

146 Weiterführend etwa *Paefgen*, Unternehmerische Entscheidungen, S. 171 ff.; a. A. *Semler*, in: Habersack, Festschrift für Ulmer, S. 626, 642; Beispiele aus der US-amerikanischen Rechtsprechung bezüglich der Business Judgement Rule nach den Wirtschaftsskandalen von Erron und Worldcom: Beam ex rel. Martha Stewart Luing Omnimedia, Inc., v. Martha Stewart 833 A 2 d 961 (Del. Ch. 2003); Brondi v. Scrushy 820 A 2 d 1148 (Del. Ch. 2003); In re Health South Corporation Shareholders Litigation, 847 A 2 d 1121, 1156 (Del. 2004); In re The Walt Disney Company Derivative Litigation, 825 A 2 d 275, 278 (Del. Ch. 2003).
147 New Haven Trust Co. v. Dohort 54 A 209 (1903, Darlehensvergabe); Bowertman v. Hamer 250 US 504 (1920, Darlehensvergabe); Van Shaik v. Aron 10 N. Y. Supp. 2 d 550 (Supp. Ct. N. Y. 1938, Darlehensvergabe); Deal v. Johnson 362 So. 2 d. 214 (Supp. Ct. Ala. 1978, Warentermingeschäft).
148 North Hudson Mutual Building & Loan Association v. Childs 82 Wis. 460 = 52 NW 600 (1892); Spiegel v. Beacon Participations 297 Mass. 398 = 8 N. E. 2 d 895 (Supp. Mass. 1937).
149 Dodge v. Ford Motor Co. 204 Mich 459 = 170 N. W. 668 (1919).
150 Morris v. Washington Medical Center Inc. 331 A. 2 d 132 (D. C. App. 1975; Vermögensübertragung); zur Zuständigkeit der Gesellschafterversammlung der Obergesellschaft für einen Beteiligungsverkauf an der Untergesellschaft: Gimpel v. Signal Companies, Inc. 316 A.2 d 599 (Del. Ch. 1974), aff'd per curiam, 316 A.2 d 619 (Del. Sup).
151 Bates v. Dresser 251 U. S. 524 (1929); Graham v. Allis-Chalmers Manufacturing Co. 41 Del. Ch. 78 = 188 A. 2 d 125 (Sup. Ct. Del. 1963).
152 Warshaw v. Calhoun 43 Del. Ch. 148 = 221 A 2 d 487.
153 Siehe auch *Fleischer*, in: Wank, Festschrift für Wiedemann, S. 827, 844 mit weiteren Nachweisen.
154 *Spindler*, in: MüKo AktG, § 93 Rn. 43 f.
155 So vor allem *von Werder*, Organisationsstruktur und Rechtsnorm, S. 98 ff.; *von Werder*, ZGR 1998, 69 ff.; *Grundei/von Werder*, AG 2005, 825, 828 ff.

lich bindende Leitlinie herangezogen werden.[156] Dafür weisen derartige Grundsätze entweder einen zu hohen Abstraktionsgrad auf oder sie können nicht auf alle Unternehmenssituationen übertragen werden. Exemplarisch hierfür ist die Abwägung der mit einer Investition verbundenen Risiken nach betriebswirtschaftlichen Grundsätzen.[157] Dies schließt keineswegs aus, sich die Erkenntnisse etwa der betriebswirtschaftlichen Entscheidungslehre zunutze zu machen, die etwa zu Recht darauf hinweist, dass jeder Entscheidungsprozess eine Vielzahl von Sub-Entscheidungen, etwa über die angemessene Informationsgrundlage impliziert;[158] dies darf jedoch nicht im Sinn rechtlich vorgegebener Maßstäbe verabsolutiert werden, sondern muss auch für Weiterentwicklungen in der betriebswirtschaftlichen Forschung offenbleiben, etwa der Einbeziehung verhaltensökonomischer Erkenntnisse.[159]

73 Abzugrenzen von der unternehmerischen Entscheidung ist die sogenannte Legalitätspflicht, deren Inhalt darin besteht, dass der Vorstand für die Einhaltung von Recht und Gesetz zu sorgen hat. Diese Pflicht wurde auch in Grundsatz 5 des Deutschen Corporate Governance Kodex (DCGK) aufgenommen. Danach ist die Einhaltung der gesetzlichen Bestimmungen und der unternehmensinternen Richtlinien Aufgabe des Vorstands.[160] Der Kern der Sorgfaltspflicht des Geschäftsleiters umfasst eigene Regeltreue und Sorge für regelkonformes Verhalten der Aktiengesellschaft.[161] Die Sorge für regelkonformes Verhalten anderer wurde mittlerweile zu eigenständiger Legalitätskontrollpflicht begrifflich verselbständigt, was sinnvoll ist, da das insofern geltende Pflichtenprogramm deutlich geringer ist als bei Vorgabe eigener Regeltreue.[162] Da die Einhaltung von Recht und Gesetz verpflichtend ist, ist keine Entscheidung in diesem Rahmen eine unternehmerische. Denn die Rechtsordnung lässt hier keinen Spielraum zu.

---

156 Wie hier auch von *Schenck*, NZG 2002, 64, 66; *Ott*, ZGR 2017, 149, 162 f.; siehe auch *von Werder*, in: Kremer u. a., Deutscher Corporate Governance Kodex, Rn. 602 mit weiteren Nachweisen.

157 *Baums*, ZGR 2011, 218, 235.

158 Eingehend *Graumann*, ZGR 2011, 293.

159 Siehe zur Rolle der Intuition *Hamann*, ZGR 2012, 817; zum Ganzen: *Spindler*, in: MüKo AktG, § 93 Rn. 44.

160 *Hölters*, in: Hölters/Weber, AktG, § 93 Rn. 53.

161 BGHSt 55, 266 Rn. 29 = NJW 2010, 3458; BGH NJW 2011, 88 Rn. 37; BGHZ 194, 26 Rn. 22 = NJW 2012, 3439; OLG Düsseldorf NZG 2023, 1279 Rn. 70; *Habersack*, in: Burgard, Festschrift für Schneider, S. 429 ff.; siehe zur GmbH auch BGHZ 176, 204 Rn. 38 = NJW 2008, 2437.

162 *Koch*, AktG, § 93 Rn. 9.

b) Angemessene Informationsgrundlage

Das Vorstandsmitglied muss eine angemessene Grundlage für seine un- **74** ternehmerische Entscheidung schaffen („auf der Grundlage angemessener Information", § 93 Abs. 1 Satz 2 AktG), damit keine Pflichtverletzung vorliegt. Der Vorstand ist daher verpflichtet, alle ihm zur Verfügung stehenden Erkenntnisquellen auszuschöpfen, muss dabei aber zwischen Kosten und Nutzen einer ausgiebigen Tatsachenermittlung abwägen.[163] Dabei spielt vor allem die Eilbedürftigkeit einer Entscheidung eine erhebliche Rolle, sodass sich der Vorstand unter Umständen auf eine summarische Prüfung beschränken kann.[164]

Die Auswahl eines externen (menschlichen) Beraters hat entsprechend der **75** allgemeinen Kriterien für die Pflichten bei einer Arbeitsteilung, wie sie etwa in § 831 BGB entwickelt wurden, zu erfolgen, sodass es auf die Qualifikation des externen Beraters maßgeblich ankommt, insbesondere auf seine vorherige Zuverlässigkeit.[165] So kann das Vorstandsmitglied nicht blind auf Empfehlungen Dritter zur Beraterauswahl vertrauen, sofern der Berater im Ergebnis nicht über die geforderte Qualifikation verfügt.[166] Dagegen kann sich das Vorstandsmitglied auf die Bestimmung eines qualifizierten Beraters durch Dritte verlassen, wenn diese wiederum allgemein über die Fähigkeiten zur näheren Auswahl verfügen.[167] Ob ein ausgewiesener Experte in dem jeweiligen Spezialgebiet hinzugezogen werden muss, hängt von der Komplexität und Bedeutung der Frage ab.[168] Gegebenenfalls müssen (stichprobenartig) Gegenmeinungen (Zweitgutachten) bei dauerhaftem Rechtsrat eingeholt werden.[169]

---

163 *Fleischer*, in: Wank, Festschrift für Wiedemann, S. 827, 841; *Roth*, Unternehmerisches Ermessen und Haftung des Vorstandes, S. 81 ff.

164 So auch *Bastuck*, Enthaftung des Managements, S. 69; *Fleischer*; ZIP 2005, 141, 150; zum Ganzen: *Spindler*, in: MüKo AktG, § 93 Rn. 94.

165 Näher *Diekmann*, Das Vertrauen des Vorstandsmitglieds auf Rechtsauskünfte, S. 111 ff.; *Arden*, Haftung der Geschäftsleiter und Aufsichtsratsmitglieder bei unklarer Rechtslage, S. 110 f.

166 OLG Stuttgart NZG 2010, 141, 144; *Selter*, AG 2012, 11, 14; *Peters*, AG 2010, 811, 815; *Schaub/Schaub*, ZIP 2013, 656, 659; *Diekmann*, Das Vertrauen des Vorstandsmitglieds auf Rechtsauskünfte, S. 116.

167 Dagegen kann sich das Vorstandsmitglied auf die Bestimmung eines qualifizierten Beraters durch Dritte verlassen, wenn diese wiederum allgemein über die Fähigkeiten zur näheren Auswahl verfügen.

168 *Binder*, AG 2008, 274, 286; *Fleischer*, NZG 2010, 121, 123; *Wagner*, BB 2012, 651, 656; *Junker/Biederbick*, AG 2012, 898, 900 f.; *Peters*, AG 2010, 811, 815; strenger *Selter*, AG 2012, 11, 15 f.

169 *Spindler*, in: MüKo AktG, § 93 Rn. 97.

76 Ferner muss das Vorstandsmitglied eine Plausibilitätsprüfung durchführen,[170] die insbesondere der Vergewisserung dient, dass die zu beratende Frage ordentlich bearbeitet wurde.[171] Die Sorgfaltspflichten des Organmitglieds enden jedenfalls nicht mit der bloßen Beauftragung eines qualifizierten Beraters, vielmehr ist eine weitere eigene Prüfung erforderlich.[172] An die Plausibilitätsprüfung dürfen jedoch insgesamt keine zu hohen und übertriebenen Maßstäbe angelegt werden, eine grobe, inhaltlich eingeschränkte Verständlichkeitsprüfung aus Laiensicht muss genügen,[173] da ansonsten eine Spirale von Prüfungen eingeleitet würde. Die Pflicht zur Plausibilitätskontrolle kann dementsprechend jedenfalls nicht als Pflicht zur rechtlichen Prüfung auf (vollständige) Richtigkeit der erhaltenen Auskunft zu verstehen sein,[174] sondern beinhaltet vielmehr die Überprüfung, ob dem Berater nach dem Inhalt der Auskunft alle erforderlichen Informationen zur Verfügung standen, er die Informationen verarbeitet hat und alle sich in der Sache für einen Rechtsunkundigen aufdrängenden Fragen widerspruchsfrei beantwortet hat oder sich aufgrund der Auskunft weitere Fragen aufdrängen.[175] Hat das Vorstandsmitglied erhebliche Zweifel an der Richtigkeit der zuerst eingeholten Rechtsmeinung und drohen schwere Schäden für die Gesellschaft, kann es gehalten sein, eine zweite Auffassung einzuholen (Zweitgutachten).[176]

c) Einsatz von KI

77 Zum sorgfältigen Handeln der Geschäftsleitung gehört zunächst, dass das Unternehmen sich (auch) beim Einsatz von KI rechtmäßig verhält.[177] Prak-

---

170 BGH NZG 2015, 792 Rn. 28 = WM 2015, 1197; *Scholl*, Vorstandshaftung und Vorstandsermessen, S. 247 f.; näher auch *Diekmann*, Das Vertrauen des Vorstandsmitglieds auf Rechtsauskünfte, S. 129 ff.

171 *Bayer*, in: Boele/Woelki u. a., Festschrift für Schmidt, S. 85, 92; *Fleischer*, ZIP 2009, 1397, 1404; *Fleischer*, in: Kindler, Festschrift für Hüffer, S. 187, 195; *Peters*, AG 2010, 811, 816; *Selter*, AG 2012, 11, 18; *Freund*, GmbHR 2011, 238, 340; *Schaub/Schaub*, ZIP 2013, 656, 659; *Arden*, Haftung der Geschäftsleiter und Aufsichtsratsmitglieder bei unklarer Rechtslage, S. 136 ff.

172 *Buck-Heeb*, BB 2016, 1347, 1348; *Meyer*, DB 2014, 1063, 1067.

173 Strenger wohl *Strohn*, ZHR 176 (2012), 137, 142; wie hier *Krieger*, ZGR 2012, 496, 498 f.; *Diekmann*, Das Vertrauen des Vorstandsmitglieds auf Rechtsauskünfte, S. 132 ff.; auch *Buck-Heeb*, BB 2016, 1347, 1349; *Freund*, NZG 2015, 1419, 1422.

174 BGH NZG 2015, 792 Rn. 37 = WM 2015, 1197: Grundlage der Plausibilitätsprüfung ist die (unzutreffende) Rechtsauskunft und nicht die tatsächliche Rechtslage; *Buck-Heeb*, BB 2016, 1347, 1349; *Reuter*, ZIP 2016, 597, 599.

175 BGH NZG 2015, 792, 795 Rn. 33 = WM 2015, 1197.

176 *Diekmann*, Das Vertrauen des Vorstandsmitglieds auf Rechtsauskünfte, S. 151 ff.; zum Ganzen: *Spindler*, in: MüKo AktG, § 93 Rn. 101.

177 Vgl. allgemein *Noack*, ZHR 2019, 105, 112 mit weiteren Nachweisen; *Fleischer*, CCZ 2008, 1; dieser Grundsatz wird auch Legalitätskontrollpflicht genannt, siehe dazu nur *Hoffmann/Schiefer*, NZG 2017, 401, 402.

tisch bedeutsam wird diese Pflicht zu rechtmäßigem Verhalten vor allem beim produkt- oder dienstleistungsbezogenen Einsatz von KI. Es bedarf keiner Diskussion, dass beispielsweise Automobilhersteller KI in Fahrzeugen nur im Rahmen des rechtlich Zulässigen einsetzen dürfen. Selbst wenn sich mittels KI eine Fahrassistenz über das zugelassene Maß hinaus verbessern ließe, wäre dies verboten. Aber auch beim entscheidungsbezogenen Einsatz können spezialgesetzliche Vorschriften zu beachten sein, wie sie sich zum Beispiel aus § 80 Abs. 2 bis 5 WpHG für den algorithmischen Handel mit Wertpapieren oder aus § 18 KWG bei der Vergabe von Großkrediten durch Kreditinstitute ergeben.[178]

Nur insoweit, als die Rechtsordnung das Verhalten nicht vorschreibt, bleibt **78** Raum für unternehmerische Entscheidungen, die dann, falls die Voraussetzungen erfüllt sind, durch die Business Judgement Rule hinsichtlich einer möglichen Pflichtverletzung privilegiert sind. Der Einsatz von KI ist für die Geschäftsleitung also dann von Vorteil, wenn die KI der Geschäftsleitung angemessene Informationen bereitstellen kann. Für das pflichtgemäße Handeln der Geschäftsleitung ist dann entscheidend, ob und inwieweit die Geschäftsleitung auf die Informationen einer KI vertrauen darf. Diese Frage stellt sich auch, wenn nicht die Geschäftsleitung selbst, sondern nachgeordnete Ebenen im Unternehmen die KI einsetzen.[179]

d) Erlaubtheit der Nutzung von KI

Der Einsatz von KI zur Entscheidungsvorbereitung ist nach derzeitiger **79** Rechtslage im Grundsatz nicht verboten und damit erlaubt. Von spezialgesetzlichen Ausnahmen abgesehen, wie sie sich zum Beispiel aus § 18 KWG ergeben, gibt das Gesetz nicht vor, wie eine angemessene Informationsgrundlage beschaffen sein muss. Dass die Ergebnisse einer KI probabilistisch ermittelt werden und damit aufgrund des sogenannten Blackbox-Problems möglicherweise nicht nachvollziehbar sind, kann nicht per se gegen die Nutzung von KI sprechen.[180] Probabilistische Einschätzungen sind seit jeher Teil unternehmerischer Entscheidungen und sprechen daher nicht strikt gegen die Nutzung von KI. Sinn und Zweck der Business Judgement Rule ist es gerade, die Geschäftsleitung bei unternehmerischen Entscheidungen vor einer Haftung aus unsicheren Prognoseentscheidungen zu schützen. Schneidet man die Geschäftsleitung von den Erkenntnis- und Effizienzgewinnen

---

178 *Langheld/Haagen*, NZG 2023, 1535, 1536.
179 *Langheld/Haagen*, NZG 2023, 1535, 1537.
180 *Steinrötter/Möslein*, in: Ebers/Heinze, Künstliche Intelligenz und Robotik, § 13 Rn. 29; *Noack*, ZHR 2019, 105, 143; *Zetzsche*, AG 2019, 1, 7; a. A. *Weber/Kiefner/Jobst*, NZG 2018, 1131, 1132; *Strohn*, ZHR 2018, 371, 376 bezeichnet es vor diesem Hintergrund als sichersten Weg, auf KI zu verzichten.

einer KI ab, würde dadurch nicht nur Innovation gehemmt.[181] Es würden vielmehr auch Ergebnisse erzielt, die nicht im Unternehmensinteresse lägen. Damit wären Unternehmen in deutscher Rechtsform im internationalen Wettbewerb auf Kunden- und Personalmärkten benachteiligt.[182] Ohne die Möglichkeit, sich auf die Business Judgement Rule berufen zu können, müsste die Geschäftsleitung im Rahmen unternehmerischer Entscheidungen entweder auf KI verzichten oder das Risiko ihres Einsatzes selbst tragen, während die Chancen aus dem dann nicht gesichert pflichtgemäßen Handeln dem Unternehmen zugutekämen. Dies erscheint nicht sachgerecht.[183] Deshalb fehlt es an einer angemessenen Informationsgrundlage nicht schon deshalb, weil die Geschäftsleitung KI einsetzt.[184]

e) Pflicht zur Nutzung von KI

80 Aus Sicht der Geschäftsleitung kann es sogar geboten sein, KI einzusetzen, um eine angemessene Informationsgrundlage zu schaffen. Eine ausdrückliche gesetzliche Verpflichtung zur Nutzung von KI besteht allerdings nicht. Im Grundsatz legt der Bundesgerichtshof im Rahmen der Angemessenheit ein weites Verständnis an und fordert, die Geschäftsleitung müsse in der konkreten Entscheidungssituation alle verfügbaren Informationsquellen tatsächlicher und rechtlicher Art ausschöpfen.[185] Im Einklang mit der Regierungsbegründung zum Entwurf eines Gesetzes zur Unternehmensintegrität und Modernisierung des Anfechtungsrechts[186] beurteilt die Literatur die Angemessenheit der Informationsgrundlage angesichts der konkreten Entscheidungssituation, was insbesondere abhängt vom zeitlichen Vorlauf, der Art und Bedeutung der zu treffenden Entscheidung, den tatsächlichen und rechtlichen Möglichkeiten des Informationszugangs sowie dem Verhältnis von Informationsbeschaffungskosten und voraussichtlichem Informationsnutzen.[187] Die obergerichtliche Rechtsprechung und der Bundesgerichtshof scheinen sich dieser Sichtweise ebenfalls anzuschließen.[188] Die Geschäftsleitung kann deshalb nach ihrem Ermessen Art, Umfang und Quelle der zu

---

181 *Linardatos*, ZIP 2019, 504, 508; in diesem Sinn auch *Noack*, ZHR 2019, 105, 117.
182 Zum Wettbewerb unter Gesetzgebern auch *Armour/Eidenmüller*, ZHR 2019, 169, 186 f.
183 In diesem Sinn auch *Armour/Eidenmüller*, ZHR 2019, 169, 184 f.
184 *Langheld/Haagen*, NZG 2023, 1535, 1536 f.
185 BGH NZG 2008, 751 = NJW 2008, 3361, 3362; BGHZ 197, 304 = NZG 2013, 1021; BGH NZG 2017, 116 = NJW 2017, 578, 580.
186 Regierungsbegründung zum UMAG, BT-Drs. 15/5092, S. 12.
187 Vgl. *Koch*, AktG § 93 Rn. 43; *Fleischer*, AG 2015, 133, 145 f); *Makatsch*, CCZ 2015, 127, 128 jeweils mit weiteren Nachweisen.
188 OLG Celle WM 2008, 1745, 1746 = NZG 2008, 669; OLG Köln NZG 2020, 110, 113.

beschaffenden Informationen selbst bestimmen und dabei auch KI einsetzen, ohne hierzu verpflichtet zu sein.[189]

f) Pflichten bei Nutzung von KI

Wird KI zur Vorbereitung einer unternehmerischen Entscheidung genutzt, **81** hat die Geschäftsleitung Pflichten zu befolgen. Der Gesetzgeber hat diese Pflichten nur ausnahmsweise ausdrücklich geregelt. Die höchstrichterliche Rechtsprechung hat sich hierzu, soweit ersichtlich, noch nicht ausdrücklich geäußert. Die Literatur diskutiert, ob die in § 80 Abs.2 bis 5 WpHG für den algorithmischen Handel mit Wertpapieren spezialgesetzlich geregelten Anforderungen an die Geschäftsleitung entsprechend auf die allgemeinen Sorgfaltspflichten der Geschäftsleitung angewendet werden können.[190] Die genannten Vorschriften dienen dem Schutz der öffentlichen Kapitalmärkte vor Manipulation und Missbrauch, wie sie sich aus algorithmisch getroffenen Entscheidungen über den Handel mit Wertpapieren ergeben können.[191] Eine vergleichbare Interessenlage mag auch auf anderen Märkten bestehen. Zwingend ist dieser Schluss aber nicht, insbesondere wenn die KI – anders als in den Fällen des § 80 Abs.2 bis 5 WpHG – die Entscheidung nicht selbst trifft, sondern nur Informationen zur Vorbereitung liefert. Im Ergebnis sprechen deshalb die besseren Argumente gegen den Schluss, die Sorgfaltspflichten der Geschäftsleitung für alle denkbaren Einsätze einer KI allgemein an den in § 80 Abs.2 bis 5 WpHG geregelten Vorgaben zu orientieren.[192]

Welche Pflichten sich aus dem Einsatz von KI zur Vorbereitung unterneh- **82** merischer Entscheidungen ergeben, ist vielmehr anhand der von Rechtsprechung und Literatur entwickelten Grundsätze zur vertikalen Delegation von Aufgaben zu ermitteln.[193] Es ist anerkannt, dass die Mitglieder der Geschäftsleitung nicht höchstpersönlich verpflichtet sind, sich selbst die aus ihrer Sicht vernünftigerweise erforderlichen Informationen zu beschaffen. Dies gilt auch, sofern und soweit die Geschäftsleitung aufgrund ihrer Leitungsverantwortung die Erledigung einer Aufgabe nicht oder nur eingeschränkt delegieren kann.[194] Wertungsmäßig besteht aus Sicht der Ge-

---

189 *Steinrötter/Möslein*, in: Ebers/Heinze, Künstliche Intelligenz und Robotik, § 13 Rn. 32; *Li*, Künstliche Intelligenz im Rahmen unternehmerischer Entscheidungen des Vorstands der AG, S. 51 ff.

190 *Möslein*, ZIP 2018, 204, 211; *Lücke*, BB 2019, 1986, 1993; *Linardatos*, ZIP 2019, 504, 508; im Ergebnis wie hier *Li*, Künstliche Intelligenz im Rahmen unternehmerischer Entscheidungen des Vorstands einer AG, S. 177; a.A. *Zetzsche*, AG 2019, 1, 8 und wohl auch *Dany*, BB 2022, 2056, 2059.

191 *Fett*, in: Schwark/Zimmer, Kapitalmarktrechts-Kommentar, § 80 WpHG Rn. 154.

192 *Zetzsche*, AG 2019, 1, 8.

193 *Weber/Kiefner/Jobst*, NZG 2018, 1131, 1132.

194 *Koch*, AktG § 93 Rn. 49.

schäftsleitung kein Unterschied, ob die Informationen von einer KI oder einem Menschen stammen.[195] In beiden Fällen handeln die Mitglieder der Geschäftsleitung nicht selbst und müssen sich damit auseinandersetzen, inwieweit sie Informationen vertrauen, die sie nicht höchstpersönlich ermittelt haben. Die Delegation einer Aufgabe – wie hier der Vorbereitung einer unternehmerischen Entscheidung – befreit die Geschäftsleitung nicht von ihren Pflichten, sondern ändert diese nur.[196] Beschafft sich die Geschäftsleitung die Informationen nicht unmittelbar selbst, muss sie ihrer Informationsverantwortung gerecht werden, indem sie unternehmensinterne Informationsflüsse effizient und zuverlässig organisiert.[197] Allgemein ist die Geschäftsleitung bei der vertikalen Delegation auf Arbeitnehmer nachgeordneter Hierarchieebenen oder auf Dritte verpflichtet, diese ordnungsgemäß auszuwählen, in die Aufgabe einzuweisen, die nötigen Informationen zur Verfügung zu stellen und die Erledigung der Aufgabe zu überwachen.[198]

83 Das zu verwendende KI-System muss für die konkrete Entscheidung angemessen ausgewählt, das heißt geeignet sein, anhand der verfügbaren Daten Antworten auf relevante Fragen zu geben.[199] Sofern ein Unternehmen eine am Markt angebotene KI erwerben möchte, wird die Geschäftsleitung die inhaltliche Eignung zuvor prüfen müssen.[200]

84 Im Praxisfall 2 wurde der Bedarf an Halbleitern des Typs 1 durch eine Marktanalyse eines KI-Systems ermittelt, das für die Branche angeboten wurde. Bereits vor der Erstellung der Marktanalyse waren aber Halbleiter des Typs 2 marktüblich. Weitere Bedarfsanalysen hat V nicht erstellen lassen. Zu beantworten ist die Frage, ob das Handeln bzw. Unterlassen des V eine Pflichtverletzung darstellt. Zunächst muss festgestellt werden, dass in der Nutzung eines KI-Systems für eine Marktanalyse allein keine Pflichtverletzung liegt. Arbeitet das KI-System richtig, können mit dessen Hilfe sogar bessere unternehmerische Entscheidungen getroffen werden, als sie mit rein menschlichem Zutun erreicht werden könnten.

85 Da V ein solches KI-System am Markt erworben und verwendet hat, treffen ihn aber Folgepflichten. Zentral steht dabei die Prüfung der inhaltlichen Eignung des Systems für die zu erfüllende Aufgabe. Zunächst deutet die Tatsache, dass das System für die Branche angeboten wurde, auf eine Eig-

---

195 So auch *Weber/Kiefner/Jobst*, NZG 2018, 1131, 1132; *Möslein*, ZIP 2018, 204, 208 f.; *Zetzsche*, AG 2019, 1, 7.

196 BGHZ 133, 370, 383 = NJW 1997, 130.

197 *Koch*, AktG § 93 Rn. 49.

198 BGHZ 127, 336, 347 = NJW 1995, 326; *Fleischer*, Handbuch des Vorstandsrechts, § 8 Rn. 15; zum Ganzen: *Langheld/Haagen*, NZG 2023, 1535, 1537 f.

199 *Armour/Eidenmüller*, ZHR 2019, 169, 176.

200 *Li*, Künstliche Intelligenz im Rahmen unternehmerischer Entscheidungen des Vorstands der AG, S. 123 ff.; *Langheld/Haagen*, NZG 2023, 1535, 1538.

nung hin. Mehr als ein Indiz für die konkrete Eignung kann dem aber nicht entnommen werden. Denn in der Halbleiterbranche müssen, wie in allen Branchen, Entscheidungen in sehr unterschiedlichen Zusammenhängen getroffen werden. Man kann aber anknüpfen an die Eignung des KI-Systems, Antworten auf relevante Fragen zu geben. Im Praxisfall 2 wurde der Bedarf an Halbleitern des Typs 1 durch eine Marktanalyse eines KI-Systems entwickelt, obwohl bereits vor der Erstellung dieser Analyse Halbleiter des Typs 2 marktüblich waren. Es lässt sich argumentieren, dass dadurch die Informationsgrundlage für die Entscheidung des V, Halbleiter des Typs 1 zu verkaufen, nicht angemessen war. Damit liegt keine schlechte Entscheidung des KI-Systems vor, sondern der Eingabebefehl (Prompt) für das System war von V schlecht gewählt worden. Hinzu kommt, dass V keine weiteren Marktanalysen hat erstellen lassen.

Im Ergebnis liegt eine Pflichtverletzung des V vor, die nicht durch die so- **86** genannte Business Judgement Rule privilegiert ist. Indem V einen unpassenden Eingabebefehl verwendet und keine weiteren Analysen in Auftrag gegeben hatte, handelte er auch fahrlässig. Dadurch entstand der Schaden in Höhe von 120.000 EUR (entgangener Gewinn, §§ 249 Abs. 1, 252 BGB). Damit haftet V gegenüber der X-AG gemäß § 93 Abs. 2 Satz 1 AktG auf Ersatz dieses Schadens.

III. Kritische Würdigung

Bei unternehmerischen Entscheidungen, die von der Legalitätspflicht des **87** Geschäftsleiters abzugrenzen sind, kommt auch bei KI-unterstützten Entscheidungen die sogenannte Business Judgement Rule zur Anwendung. Für eine angemessene Information als Grundlage der Entscheidungsfindung darf grundsätzlich KI herangezogen werden. Wird in diesem Rahmen KI genutzt, hat der Geschäftsleiter Pflichten zu befolgen. Insbesondere muss das jeweilige KI-System für die konkrete Entscheidung angemessen ausgewählt, das heißt geeignet sein, anhand der verfügbaren Daten Antworten auf relevante Fragen zu geben. Sollen am Markt angebotene KI-Systeme zum Einsatz kommen, muss die Geschäftsleitung deren inhaltliche Eignung zunächst prüfen.

Literaturverzeichnis

Alle Internetquellen wurden zuletzt abgerufen am 21.9.2024.

Abeltshauser, Thomas   Leitungshaftung im Kapitalgesellschaftsrecht, 1998

American Law Institute	Principles of Corporate Governance, 2004
Anderson, Michael/Anderson, Susan	Machine Ethics, 2011
Arden, Julius	Haftung der Geschäftsleiter und Aufsichtsratsmitglieder bei unklarer Rechtslage, 2018
Armour, John/Eidenmüller, Horst	Selbstfahrende Kapitalgesellschaften?, ZHR 2019, 169
Bastuck, Burkhard	Enthaftung des Managements, 1986
Baums, Theodor	Risiko und Risikosteuerung im Aktienrecht, ZGR 2011, 218
Beck, Susanne/Kusche, Carsten/Valerius, Brian (Hrsg.)	Digitalisierung, Automatisierung, KI und Recht, 2020
Becker, Michael	Verwaltungskontrolle durch Gesellschafterrechte, 1997
Bendel, Oliver (Hrsg.)	Handbuch Maschinenethik, 2019
Binder, Jens-Hinrich	Geschäftsleiterhaftung und fachkundiger Rat, AG 2008, 274
bitkom	Stellungnahme zur EU-Haftungsrichtlinie für den Einsatz von KI, Presseinformation, 28.9.2022, https://beck-link.de/yer5a
Blasek, Katrin	Haftung für KI – Zum Vorschlag der EU-Kommission, DSB 2022, 299
Block, Dennis/Barton, Nancy/Radin, Stephen	The Business Judgment Rule, 5. Aufl. 1998
Boele-Woelki u. a. (Hrsg.)	Festschrift für Karsten Schmidt, 2009
Bomhard, David/Merkle, Marieke	Europäische KI-Verordnung, RDi 2021, 276
Bomhard, David/Siglmüller	Jonas, Europäische KI-Haftungsrichtlinie, RDi 2022, 506
Borges, Georg	Der Entwurf einer neuen Produkthaftungsrichtlinie, DB 2022, 2650
Breidenbach, Stephan/Glatz, Florian (Hrsg.)	Rechtshandbuch Legal Tech, 2. Aufl. 2021
Brüggemeier, Gert	Deliktsrecht, 1986

Buck-Heeb, Petra	Die Plausibilitätsprüfung bei Vorliegen eines Rechtsrats, BB 2016, 1347
Burchardi, Sophie	Risikotragung für KI-Systeme, EuZW 2022, 685
Burgard, Ulrich (Hrsg.)	Festschrift für Uwe Schneider, Köln 2011
Canaris, Claus-Wilhelm	Festschrift für Karl Larenz, 1983
Coeckelbergh, Mark	AI Ethics, 2020
Dany, Janis	Haftung beim Einsatz von KI durch den Vorstand, BB 2022, 2056
Denga, Michael	Deliktische Haftung für künstliche Intelligenz, CR 2018, 69
Deutsch, Erwin	Allgemeines Haftungsrecht, 2. Aufl. 1996
Diekmann, Philip	Das Vertrauen des Vorstandsmitglieds auf Rechtsauskünfte, 2019
Dignum, Virginia	Responsible Artificial Intelligence, 2019
Dötsch, Tina	Außervertragliche Haftung für Künstliche Intelligenz am Beispiel von autonomen Systemen, 2023
Ebers, Martin/Heinze, Christian (Hrsg.)	Künstliche Intelligenz und Robotik, 2020
Ertel, Wolfgang	Grundkurs Künstliche Intelligenz, 5. Aufl. 2021
Expert Group on Liability and New Technologies	Liability for Artificial Intelligence, www.europarl.europa.eu/meetdocs/2014_2019/plmrep/COMMITTEES/JURI/DV/2020/01-09/AI-report_EN.pdf
Fischer, Stephan	Die Business Judgment Rule als typenübergreifendes Institut, 2018
Fleischer, Holger	Aktienrechtliche Legalitätspflicht und „nützliche" Pflichtverletzungen von Vorstandsmitgliedern, ZIP 2005, 141
Fleischer, Holger	Aktuelle Entwicklungen der Managerhaftung, NJW 2009, 2337
Fleischer, Holger	Corporate Compliance im aktienrechtlichen Unternehmensverbund, CCZ 2008, 1
Fleischer, Holger	Die „Business Judgment Rule": Vom Richterrecht zur Kodifizierung, ZIP 2004, 685

Fleischer, Holger	Handbuch des Vorstandsrechts, 2006
Fleischer, Holger	Vorstandshaftung und Vertrauen auf anwaltlichen Rat, NZG 2010, 121
Fleischer, Holger	Vergleiche über Organhaftungs-, Einlage- und Drittansprüche der Aktiengesellschaft, AG 2015, 133
Fleischer, Holger	Vertrauen von Geschäftsleitern und Aufsichtsratsmitgliedern auf Informationen Dritter, ZIP 2009, 1397
Fleischer, Holger	Das unternehmerische Ermessen des GmbH-Geschäftsführers und seine GmbH-spezifischen Grenzen, NZG 2011, 521
Freund, Stefan	Brennpunkte der Organhaftung, NZG 2015, 1419
Freund, Stefan	Konturierungen der Organpflichten von Geschäftsführern und Vorständen, GmbHR 2011, 238
Fuchs, Andreas	Festschrift für Ulrich Immenga, 2004
Gerner-Beuerle, Carsten/ Schuster, Edmund-Philipp	The Evolving Structure of Directors' Duties in Europe, EBOR 15 (2014), 191
Goette, Wulf/Habersack, Mathias/Kalss, Susanne (Hrsg.)	Münchener Kommentar zum Aktiengesetz, 9. Aufl. 2023
Graumann, Matthias	Der Entscheidungsbegriff in § 93 I S. 2 AktG, ZGR 2011, 293
Grigoleit, Hans (Hrsg.)	Aktiengesetz, Kommentar, 2. Aufl. 2020
Grundei, Jens/Werder, Axel	Die Angemessenheit der Informationsgrundlage als Anwendungsvoraussetzung der Business Judgment Rule, AG 2005, 825
Grunewald, Barbara (Hrsg.)	Festschrift für Georg Maier-Reimer, 2010
Habersack, Mathias (Hrsg.)	Festschrift für Peter Ulmer, 2003
Habersack, Mathias/ Hommelhoff, Peter (Hrsg.)	Festschrift für Wulf Goette, 2011
Hamann, Hanjo	Reflektierte Optimierung oder bloße Intuition?, ZGR 2012, 817
Hengstschläger, Markus	Digital Transformation and Ethics, 2020

Amort

Hilgendorf, Eric/Roth-Isig-keit, David	Die neue Verordnung der EU zur Künstlichen Intelligenz, 2023
Hoffmann, Andreas/Schiefer, Anita	Pflichten des Vorstands bei der Ausgestaltung einer ordnungsgemäßen Compliance-Organisation, NZG 2017, 401
Hölters, Wolfgang/Weber, Markus	AktG, Kommentar, 4. Aufl. 2022
Hornung, Gerrit (Hrsg.)	Rechtsfragen der Industrie 4.0, 2018
Hutschneider, Markus/Stieg-litz, Robert	Die tatsächliche Kartellschadensanscheinsbeweisvermutung, NZKart 2019, 363
Immenga, Ulrich (Hrsg.)	Festschrift für Ernst-Joachim Mestmäcker, 1996
Joerden, Jan/Hilgendorf, Eric/Thiele, Felix (Hrsg.)	Menschenwürde und Medizin, 2013
Junker, Claudia/Biederbick, Jörn	Die Unabhängigkeit des Unternehmensjuristen, AG 2012, 898
Käde, Lisa/von Maltzan, Stephanie	Die Erklärbarkeit von Künstlicher Intelligenz (KI), CR 2020, 66
Kapoor, Arun/Klindt, Thomas	Verschärfung der Produkthaftung in Europa: Der Vorschlag der neuen Produkthaftungsrichtlinie, BB 2023, 67
Kaulartz, Markus/Braegel-mann, Tom	Rechtshandbuch Artificial Intelligence und Machine Learning, 2020
Kern, Christoph	Privilegiertes Business Judgment trotz Interessenkonflikts?, ZVglRWiss 112 (2013), 70
Kindler, Peter (Hrsg.)	Festschrift für Uwe Hüffer, 2010
Klindt, Thomas	Produkthaftungsrichtlinie: Bekannt und bewährt. Und doch bearbeitet., Die Erste Seite, BB Heft 49/2022
Koch, Jens	AktG, Kommentar, 18. Aufl. 2024
Koch, Jens	Das Gesetz zur Unternehmensintegrität und Modernisierung des Anfechtungsrechts (UMAG), ZGR 2006, 769
Koch, Jens	Keine Ermessensspielräume bei der Entscheidung über die Inanspruchnahme von Vorstandsmitgliedern, AG 2009, 93

Kremer, Thomas u. a. (Hrsg.)   Deutscher Corporate Governance Kodex, Kommentar, 9. Aufl. 2023

Krieger, Gerd   Wie viele Rechtsberater braucht ein Geschäftsleiter?, ZGR 2012, 496

Langheld, Georg/Haagen, Christian   Einsatz Künstlicher Intelligenz bei unternehmerischen Entscheidungen, NZG 2023, 1535

Li, Yiyi   Künstliche Intelligenz im Rahmen unternehmerischer Entscheidungen des Vorstands der AG, 2022

Linardatos, Dimitrios   Künstliche Intelligenz und Verantwortung, ZIP 2019, 504

Lohsse, Sebastian/Schulze, Reiner/Staudenmayer, Dirk (Hrsg.)   Liability for Artificial Intelligence and the Internet of Things, 2019

Lücke, Oliver   Der Einsatz von KI in der und durch die Unternehmensleitung, BB 2019, 1986

Lutter, Marcus   Haftung und Haftungsfreiräume des GmbH-Geschäftsführers, GmbHR 2000, 301

Lutter, Marcus/Stimpel, Walter/Wiedemann, Herbert (Hrsg.)   Festschrift für Robert Fischer, 2018

Makatsch, Tilman   Kartellschadensersatz – Vergleichen oder Prozessieren?, CCZ 2015, 127

Maurer, Markus/Gerdes, Christian/Lenz, Barbara/Winner, Hermann (Hrsg.)   Autonomes Fahren, 2015

McCarthy, John   What is Artificial Intelligence?, 2007, https://www-formal.stanford.edu/jmc/whatisai.pdf

Merkt, Hanno   Rechtliche Grundlagen der Business Judgment Rule im internationalen Vergleich zwischen Divergenz und Konvergenz, ZGR 2017, 129

Merkt, Hanno   US-amerikanisches Gesellschaftsrecht, 3. Aufl. 2016

Meyer, Susanne   Compliance-Verantwortlichkeit von Vorstandsmitgliedern – Legalitätsprinzip und Risikomanagement, Besprechung von LG I vom 10.12.2013 – 5 HK O 1387/10, DB 2014, 1063

Misselhorn, Catrin	Grundfragen der Maschinenethik, 2018
Möslein, Florian	Digitalisierung im Gesellschaftsrecht: Unternehmensleitung durch Algorithmen und künstliche Intelligenz?, ZIP 2018, 204
Muller, Catelijne/Dignum, Virginia	Artificial Intelligence, 2021, https://allai.nl/wp-content/uploads/2021/08/EU-Proposal-for-Artificial-Intelligence-Act-Analysis-and-Recommendations.pdf
Nemitz, Paul/Pfeffer, Matthias	Prinzip Mensch, 2020
Noack, Ulrich	Organisationspflichten und -strukturen kraft Digitalisierung, ZHR 2019, 105
Ott, Nicolas	Anwendungsbereich der Business Judgment Rule aus Sicht der Praxis, ZGR 2017, 149
Ott, Nicolas/Klein, Karen	Hindsight Bias bei der Vorstandshaftung wegen Compliance-Verstößen, AG 2017, 209
Paefgen, Walter	Die Darlegungs- und Beweislast bei der Business Judgment Rule, NZG 2009, 891
Paefgen, Walter	Dogmatische Grundlagen, Anwendungsbereich und Formulierung einer Business Judgment Rule im künftigen UMAG, AG 2004, 245
Paefgen, Walter	Unternehmerische Entscheidungen und Rechtsbindung der Organe in der AG, 2002
Peters, Kai	Angemessene Informationsbasis als Voraussetzung pflichtgemäßen Vorstandshandelns, AG 2010, 811
Piallat, Chris (Hrsg.)	Der Wert der Digitalisierung, 2021
Redeke, Julian	Zur gerichtlichen Kontrolle der Angemessenheit der Informationsgrundlage im Rahmen der Business Judgement Rule nach § 93 Abs. 1 S. 2 AktG, ZIP 2011, 59
Reusch, Philipp	KI und Software im Kontext von Produkthaftung und Produktsicherheit, RDi 2023, 152
Reusch, Philipp	Künstliche Intelligenz: Änderungen des haftungsrechtlichen Rahmens, ZdiW 2022, 429
Reuter, Alexander	Rückbau oder Ausbau der Managerhaftung?, ZIP 2016, 597

Roth, Markus   Das unternehmerische Ermessen des Vorstands, BB 2004, 1066

Roth, Markus   Unternehmerisches Ermessen und Haftung des Vorstands, 2001

Säcker, Franz/Rixecker,   Münchener Kommentar zum Bürgerlichen Ge-
Roland/Oetker, Hartmut/   setzbuch, 8./9. Aufl. 2020/2024
Limperg, Bettina (Hrsg.)

Schaefer, Hans/Missling,   Haftung von Vorstand und Aufsichtsrat, NZG
Patrick   1998, 441

Schäfer, Carsten   Die Binnenhaftung von Vorstand und Aufsichts-
            rat nach der Renovierung durch das UMAG, ZIP
            2005, 1253

Schallbruch, Martin   Schwacher Staat im Netz, 2018

Schaub, Michael/Schaub,   Ratingurteile als Entscheidungsgrundlage für
Peter   Vorstand und Abschlussprüfer?, ZIP 2013, 656

Schirmer, Jan-Erik   Rechtsfähige Roboter?, JZ 2016, 660

Schneider, Sven   „Unternehmerische Entscheidungen" als Anwen-
            dungsvoraussetzung für die Business Judgement
            Rule, DB 2005, 707

Schneider, Uwe   Anwaltlicher Rat zu unternehmerischen Ent-
            scheidungen bei Rechtsunsicherheit, DB 2011,
            99

Scholl, Bernd   Vorstandshaftung und Vorstandsermessen, 2014

Schwark, Eberhard/Zimmer,   Kapitalmarktrechts-Kommentar, 5. Aufl. 2020
Daniel

Selter, Wolfgang   Haftungsrisiken von Vorstandsmitgliedern bei
            fehlendem und von Aufsichtsratsmitgliedern bei
            vorhandenem Fachwissen, AG 2012, 11

Sommer, Martin   Haftung für autonome Systeme, 2020

Spindler, Gerald   Prognosen im Gesellschaftsrecht, AG 2006, 677

Springer, Matthias   TÜV Nord, Was ist der Unterschied zwischen
            Safety und Security?, Erklärung vom 8.9.2016,
            https://www.tuev-nord.de/explore/de/erklaert/
            was-ist-der-unterschied-zwischen-safety-und-
            security/

Steege, Hans/Chibanguza,   Metaverse, 2023
Kuuya (Hrsg.)

Strohn, Lutz	Beratung der Geschäftsleitung durch Spezialisten als Ausweg aus der Haftung?, ZHR 2012, 137
Strohn, Lutz	Die Rolle des Aufsichtsrats beim Einsatz von Künstlicher Intelligenz, ZHR 2018, 371
Teubner, Gunther	Digitale Rechtssubjekte?, AcP 2018, 155
von Caemmerer, Ernst/ Nikisch, Arthur/Zweigert, Konrad (Hrsg.)	Festschrift für Hans Dölle, Bd. I, 1963
von Schenk, Kersten	Die laufende Information des Aufsichtsrats einer Aktiengesellschaft durch den Vorstand, NZG 2002, 64
Vorwerk, Volkert/Wolf, Christian (Hrsg.)	Beck'scher Online-Kommentar ZPO, 53. Edition, Stand: 1.7.2024
Wagner, Gerhard	Deliktsrecht, 14. Aufl. 2021
Wagner, Gerhard	Haftung für Künstliche Intelligenz – Eine Gesetzesinitiative des Europäischen Parlaments, ZEuP 2021, 545
Wagner, Gerhard	Produkthaftung für autonome Systeme, AcP 2017, 707
Wagner, Jens	Die Rolle der Rechtsabteilung bei fehlenden Rechtskenntnissen der Mitglieder von Vorstand und Geschäftsführung, BB 2012, 651
Wank, Rolf (Hrsg.)	Festschrift für Herbert Wiedemann, 2002
Weber, Klaus	Weber kompakt, Rechtswörterbuch, 32. Edition, 2024
Weber, Robert/Kiefner, Alexander/Jobst, Stefan	Künstliche Intelligenz und Unternehmensführung, NZG 2018, 1131
Weingart, Rowena	Vertragliche und außervertragliche Haftung für den Einsatz von Softwareagenten, 2022
Weiss, Susanne/Buchner, Markus	Wird das UMAG die Haftung und Inanspruchnahme der Unternehmensleiter verändern?, WM 2005, 162
Wendt, Janine/Wendt, Domenik H.	Das neue Recht der Künstlichen Intelligenz, 2024
von Werder, Axel	Organisationsstruktur und Rechtsnorm, 1986

von Werder, Axel	Shareholder Value-Ansatz als (einzige) Richtschnur des Vorstandshandelns?, ZGR 1998, 69
Zech, Herbert	Entscheidungen digitaler autonomer Systeme: Empfehlen sich Regelungen zu Verantwortung und Haftung?, Gutachten A zum 73. Deutschen Juristentag, 2020
Zech, Herbert	Künstliche Intelligenz und Haftungsfragen, ZfPW 2019, 198
Zetzsche, Dirk	Corporate Technologies – Zur Digitalisierung im Aktienrecht, AG 2019, 1

Amort

Kapitel 3
Künstliche Intelligenz (KI), Verschulden und Zurechnung: Autonome KI-Systeme als Erfüllungsgehilfen?[1]

Übersicht

A. Einführung

Künstliche Intelligenz (KI) wird unsere Welt grundlegend verändern. Darin **1** liegt eine Chance, etwa auf effizientere oder gerechtere Formen des Zusammenlebens. Zugleich gehen mit dieser Entwicklung aber auch Risiken und Gefahren einher.[2] Das Recht und auch die Rechtswissenschaft können dazu beitragen, dass wir die Potenziale Künstlicher Intelligenz ausschöpfen, zugleich aber ihre Risiken einhegen.[3] Welche Relevanz die Thematik hat, lässt sich an den vielen Nachschlagewerken, Sammel- und Tagungsbänden aus jüngerer Zeit erahnen.[4] In der EU wurde die Regulierungsdebatte durch den

---

1 Überarbeitete und aktualisierte Fassung des Beitrags „Künstliche Intelligenz, Verschulden und Zurechnung: Autonome KI-Systeme als Erfüllungsgehilfen?", in: *Wilma Dehn* u. a. (Hrsg.), FS für Peter Bydlinski, 2022, S. 25–43. Der Verfasser dankt Herrn *Jan Sramek* (Verlag Jan Sramek, Wien) für die freundliche Genehmigung.
2 Vgl. nur *Zech*, ZfPW 2019, 198, 205.
3 Zur Regulierungsdebatte etwa *Veale*, Governing Machine Learning that Matters.
4 Siehe u. a. *Dederer* u. a., Künstliche Intelligenz und juristische Herausforderungen; *Chibanguza* u. a., Künstliche Intelligenz – Recht und Praxis automatisierter und autonomer Systeme, 2022; *Kaulartz* u. a., Rechtshandbuch Artificial Intelligence und Machine Learning; *Ebers* u. a., Künstliche Intelligenz und Robotik – Rechtshandbuch, 2020; *Beck* u. a., Digitalisierung, Automatisierung, KI und Recht; *Faust* u. a., Zivilrechtliche und rechtsökonomische Probleme des Internet und der künstlichen Intelligenz, 2019; *Lohsse* u. a., Liability for Artificial Intelligence and the Internet of Things.

Vorschlag der EU-Kommission für eine KI-Verordnung vom 21.4.2021[5] vorangetrieben. Jüngst wurde die KI-Verordnung verabschiedet, ihre wesentlichen Regelungen werden ab dem 2.8.2026 gelten.[6] Ziel dieser viel beachteten Regelungen ist es, die Risiken von KI-Systemen zu minimieren, ohne Innovationsbemühungen zu sehr zu beschränken. Dazu teilt die Verordnung KI-Systeme nach verschiedenen Risikograden der jeweiligen Einsatzzwecke ein und schafft graduell abgestufte Regulierungsmechanismen.[7] Die für das Privatrecht wichtigen Haftungs- und Zurechnungsfragen adressiert die KI-Verordnung allerdings nicht. Sie wird gleichwohl auch für das Privatrecht relevant werden, weil die Verletzung von Pflichten aus einer KI-Verordnung Schadensersatzansprüche begründen kann – im deutschen Recht insbesondere über das Vehikel des § 823 Abs. 2 BGB.[8] Auf europäischer Ebene deutet sich auch eine unmittelbar auf die Haftung bezogene Regelung an: Der Vorschlag der Kommission für eine Richtlinie über KI-Haftung[9] geht die Haftungsproblematik jedoch im Wesentlichen über die Beweislast (Offenlegungspflichten und widerlegbare Vermutungen) an. Auch will die Kommission ausweislich der Entwurfsbegründung bewusst den Begriff des „Verschuldens" unberührt lassen. So steht das Privatrecht letztlich den neuen Entwicklungen noch weitgehend ohne unmittelbare Schützenhilfe durch neue, speziell auf KI zugeschnittene Gesetze gegenüber. Es wird seine dogmatischen Instrumente anpassen, vielleicht auch ergänzen müssen. Das betrifft etwa Mechanismen des Vertragsschlusses, die Irrtumslehre oder Haftungsfragen. Auch die grundlegende Frage nach der Rechtsfähigkeit und den Rechten von Formen Künstlicher Intelligenz wird den Diskurs künftig intensiv beschäftigen.[10] Die folgenden Zeilen befassen sich mit einer kleinen Detailfrage: Können autonome Entscheidungen oder Verhaltensweisen autonomer KI-Systeme ihren Anwendern zugerechnet werden?[11] Dabei steht

---

5 COM(2021) 206 final.

6 Verordnung (EU) 2024/1689 vom 13. Juni 2024 zur Festlegung harmonisierter Vorschriften für künstliche Intelligenz und zur Änderung der Verordnungen (EG) Nr. 300/2008, (EU) Nr. 167/2013, (EU) Nr. 168/2013, (EU) 2018/858, (EU) 2018/1139 und (EU) 2019/2144 sowie der Richtlinien 2014/90/EU, (EU) 2016/797 und (EU) 2020/1828 (Verordnung über künstliche Intelligenz), ABl. L, 2024/1689, 12.7.2024.

7 Zu Einzelheiten beispielsweise *Geminn*, ZD 2021, 354.

8 Näher dazu *Grützmacher*, CR 2021, 433.

9 Vorschlag für eine Richtlinie des europäischen Parlaments und des Rates zur Anpassung der Vorschriften über außervertragliche zivilrechtliche Haftung an künstliche Intelligenz (Richtlinie über KI-Haftung), Com(2022) 496 final.

10 Dazu mit Blick auf den rechtlichen Anthropozentrismus *Arnold/Kirchhefer-Lauber*, ARSP 110 (2), 265–292; monografisch zur Rechtsstellung der KI z.B. *Kleiner*, Die elektronische Person; *Gaede*, Künstliche Intelligenz; *Chopra/White*, A Legal Theory for Autonomous Artificial Intelligence, 2011.

11 Zu Zurechnungsfragen im Kontext Künstlicher Intelligenz vgl. auch *Haagen*, Verantwortung für Künstliche Intelligenz; *Sommer*, in: Broemel u. a., Recht und Digitalisie-

Arnold

die Zurechnungsnorm des § 278 deutsches Bürgerliches Gesetzbuch (BGB) im Fokus. Die Sachfragen stellen sich natürlich in gleicher Weise auch in ausländischen Rechtsordnungen. Im österreichischen Privatrecht stehen beispielsweise die §§ 1313a ABGB (Haftung für Erfüllungsgehilfen) und 1315 ABGB (Haftung für Besorgungsgehilfen) im Fokus.[12] Bei alledem geht es, wie häufig bei tiefgreifenden technischen Neuerungen, auch um das Verhältnis von Rechtsanwendung und Gesetzgebung.[13]

B. KI: Begriff, Anwendungsfelder und technische Hintergründe

Der Begriff „Künstliche Intelligenz" (Artificial Intelligence) wurde 1956 **2** während des Dartmouth Summer Research Projects[14] geprägt, bei dem Forscher aus unterschiedlichen Disziplinen über Potenziale und Forschungsfragen im Bereich der Maschinenintelligenz nachdachten – in der gemeinsamen Grundannahme, dass Intelligenz zumindest potenziell auch außerhalb des menschlichen Gehirns geschaffen werden könne.[15] Der von *John McCarthy*, dem Begründer des Dartmouth Projects, vorgeschlagene Begriff „Künstliche Intelligenz (Artificial Intelligence)" war schon damals umstritten[16] und ist es bis heute[17]. Er wird im Folgenden zugrunde gelegt, weil er sich in der Sprachpraxis durchgesetzt hat.

I. Zum Begriff der KI und den Definitionen auf europäischer Ebene

Es gibt eine Vielzahl unterschiedlicher Konzeptionen von KI in den ver- **3** schiedenen Wissenschaftsdisziplinen. Für den privatrechtlichen Diskurs ermöglichen Definitionsansätze auf europäischer Ebene eine hilfreiche Annä-

---

rung; *Linke*, Digitale Wissensorganisation; *Grapentin*, Vertragsschluss und vertragliches Verschulden beim Einsatz von Künstlicher Intelligenz und Softwareagenten, 2018.

12 Zur Problematik in der Perspektive des österreichischen Rechts *Ondreasova*, ÖJZ 2015, 443, die im vertraglichen Bereich eine Analogie zu § 1313a ABGB bejaht (nicht aber für § 1315 ABGB); vgl. auch *Kronthaler*, ÖJZ 2019, 945, der eine Einzelanalogie zum PHG vorschlägt.

13 Dazu mit Blick auf den Sachbegriff im elektronischen Zeitalter *Bydlinski*, AcP 1998, 287, 301 f., der treffend betont, dass die Rechtsanwendung gerade für Analogiefragen die Funktionen der jeweiligen dogmatischen Institute besonders beachten muss.

14 Zu den Hintergründen und zur Wirkungsgeschichte der Konferenz etwa *McCorduck*, Machines Who Think, S. 111 ff.; *Moor*, AI Magazine Vol. 27 (2006), 87 ff.

15 Zu den technischen Hintergründen siehe auch den Aufsatz des Autors: Künstliche Intelligenz und Parteiautonomie. Rechtsfähigkeit und Rechtswahlfähigkeit im Internationalen Privatrecht, IPRax 2021, 13; einzelne Passagen können sich entsprechen.

16 *McCorduck*, Machines Who Think, S. 115 ff.

17 Zu den Kritikpunkten beispielsweise *Fuchs*, Verteidigung des Menschen, 2020, 43 ff.; in juristischer Perspektive zum Begriff etwa *Herberger*, NJW 2018, 2825, 2825 ff.

herung. Diese Ansätze nehmen anwendungsbezogen Systeme in den Blick, die von KI angetrieben werden. Die von der Europäischen Kommission eingesetzte Expertengruppe Künstliche Intelligenz definierte KI wie folgt:

> „Künstliche-Intelligenz-(KI)-Systeme sind vom Menschen entwikkelte Software- (und möglicherweise auch Hardware-)Systeme, die in Bezug auf ein komplexes Ziel auf physischer oder digitaler Ebene agieren, indem sie ihre Umgebung durch Datenerfassung wahrnehmen, die gesammelten strukturierten oder unstrukturierten Daten interpretieren, Schlussfolgerungen daraus ziehen oder die aus diesen Daten abgeleiteten Informationen verarbeiten und über die geeignete(n) Maßnahme(n) zur Erreichung des vorgegebenen Ziels entscheiden. KI-Systeme können entweder symbolische Regeln verwenden oder ein numerisches Modell erlernen, und sie können auch ihr Verhalten anpassen, indem sie analysieren, wie die Umgebung von ihren vorherigen Aktionen beeinflusst wird."[18]

4 KI-Systeme sind also nicht (mehr) bloß Werkzeuge der Programmierer oder Anwender, sie können vielmehr in unterschiedlichen Nuancierungen „selbständig und effizient Probleme lösen".[19] Die für KI prägende Autonomie[20] bringt auch der Kommissionsvorschlag für die spätere KI-Verordnung[21] in Art. 3 Abs. 1 zum Ausdruck. Danach ist ein KI-System eine „Software, die mit einer oder mehreren der in Anhang I aufgeführten Techniken und Konzepte entwickelt worden ist und im Hinblick auf eine Reihe von Zielen, die vom Menschen festgelegt werden, Ergebnisse wie Inhalte, Vorhersagen, Empfehlungen oder Entscheidungen hervorbringen kann, die das Umfeld beeinflussen, mit dem sie interagieren". Die im Anhang I genannten drei Techniken und Konzepte ermöglichen die Autonomie der Systeme: Zunächst das „Deep Learning", definiert als „Konzepte des maschinellen Lernens, mit beaufsichtigtem, unbeaufsichtigtem und bestärkendem Lernen unter Verwendung einer breiten Palette von Methoden, einschließlich des tiefen Lernens" (Anhang I, a)). Dazu kommen „Logik- und wissensgestützte Konzepte, einschließlich Wissensrepräsentation, induktiver (logischer) Programmierung, Wissensgrundlagen, Inferenz- und Deduktionsmaschinen, (symbolischer) Schlussfolgerungs- und Expertensysteme" (Anhang I, b))

---

18 Unabhängige hochrangige Expertengruppe für Künstliche Intelligenz, eingesetzt von der Europäischen Kommission im Juni 2018, Ethik-Leitlinien für eine vertrauenswürdige KI, 2019, doi:10.2759/22710, 47. Näher zu den zentralen Merkmalen dieser Definition etwa *Dettling/Krüger*, MMR 2019, 211, 211 f.

19 Vgl. *Mainzer*, Künstliche Intelligenz, S. 3; weitere Perspektiven bei *Wang*, 10 Journal of Artificial General Intelligence, S. 1.

20 Zum Begriff im Kontext Künstlicher Intelligenz einführend *Zech*, ZfPW 2019, 198, 200; skeptisch gegenüber der Verwendung des Autonomiebegriffs *Foerster*, ZfPW 2019, 418, 421 f.

21 COM(2021) 206 final.

Arnold

sowie „Statistische Ansätze, Bayessche Schätz-, Such- und Optimierungs-
methoden" (Anhang I, c)). In der endgültigen Gesetzesfassung der KI-Verordnung versucht Art. 3 Nr. 1 eine leicht abgewandelte Definition, in der
aber ebenfalls die Autonomie der Systeme zum Ausdruck kommt:

> „Für die Zwecke dieser Verordnung bezeichnet der Ausdruck „KI-
> System" ein maschinengestütztes System, das für einen in unter-
> schiedlichem Grade autonomen Betrieb ausgelegt ist und das nach
> seiner Betriebsaufnahme anpassungsfähig sein kann und das aus den
> erhaltenen Eingaben für explizite oder implizite Ziele ableitet, wie
> Ausgaben wie etwa Vorhersagen, Inhalte, Empfehlungen oder Ent-
> scheidungen erstellt werden, die physische oder virtuelle Umgebun-
> gen beeinflussen können".

Weitere Substanz erhalten diese Definitionsversuche auf europäischer Ebe- **5**
ne durch einen Blick auf die Anwendungsfelder Künstlicher Intelligenz.

II. Anwendungsfelder KI

Für KI gibt es eine kaum überschaubare Vielfalt möglicher und bereits ak- **6**
tiver Anwendungsfelder.[22] Für die Zwecke meiner Untersuchung ist entscheidend, dass KI schon heute bei der Erfüllung vertraglicher Pflichten
eingesetzt wird. Dabei erstrecken sich die Anwendungsfelder auf ganz unterschiedliche Sektoren des gesellschaftlichen und wirtschaftlichen Lebens,
von der Industrie über die Mobilitätsbranche hin zum Banken- und Versicherungswesen, der Energiewirtschaft, der Landwirtschaft, dem Mediensektor
und – für uns Juristinnen interessant – zu Rechtsdienstleistungen.[23] Jeder,
der sich im Internet bewegt, kennt Anwendungsformen Künstlicher Intelligenz wie Social Bots oder Spracherkennungs- und Übersetzungstools.[24]
Immer bedeutsamer wird der Einsatz Künstlicher Intelligenz in Expertensystemen, beispielsweise im Bereich der Medizin.[25] Zwei etwas konkretere
Beispiele mögen Einsatzformen von KI-Systemen illustrieren: Schon heute
werden mit Hilfe von KI intelligente Zustellfahrzeuge entwickelt, die unter
anderem die Verladung der Packstücke steuern.[26] Dabei können fortlaufend

---

22 Einführend etwa *Zech*, ZfPW 2019, 198, 204.
23 Einen Überblick bieten beispielsweise *Hecker* u. a., Zukunftsmarkt Künstliche Intelligenz; *Wittpahl*, Künstliche Intelligenz.
24 *Gaede*, Künstliche Intelligenz, S. 21 f.; *Kreutzer/Sirrenberg*, Künstliche Intelligenz verstehen, S. 1, 107 ff.; *Zech*, ZfPW 2019, 198, 204.
25 Detailliert zu möglichen Anwendungsfeldern in der Medizin *Krumm/Dwertmann*, in:
   Wittpahl, Künstliche Intelligenz, S. 161 ff. Beispielhaft zu den Chancen im Bereich der
   Radiologie *Haubold*, Die Radiologe 2020, 64; zur Pharmazie *Dettling/Krüger*, PharmR
   2018, 513.
26 Ein Beispiel bietet der Mercedes-Benz Vision Van, https://group.mercedes-benz.com/
   innovation/specials/vision-van/ (zuletzt abgerufen am: 21.8.2024).

trainierte Algorithmen zum Einsatz kommen. Wenn ein Versandunternehmen ein solches System einsetzt, können Schäden etwa dadurch entstehen, dass im Trainingsfortgang des Algorithmus ein Verladefehler produziert wird, beispielsweise weil ein als zerbrechlich deklariertes Paket weit oben und mit zu wenig absichernden Elementen gestapelt wird. Kann das „Verschulden" des Algorithmus dem Versandunternehmen zugerechnet werden? Ein anderes Beispiel findet sich im Bankenwesen: Hier kommen zunehmend digitale Anlageberater zum Einsatz (Robo Advisor), die auf algorithmischer und teils KI-getriebener Grundlage Ratschläge zur Vermögensverwaltung erteilen können.[27] Wenn ein solcher Robo Advisor, obwohl er auf dem neuesten Stand von Wissenschaft und Technik ist, einen Anlagefehler begeht, weil er falsche Schlussfolgerungen aus fortlaufend gewonnenen Daten (etwa zur Kursentwicklung bestimmter Anlageformen) zieht und auf aufklärungspflichtige Risiken nicht hinweist: Lässt sich das „Verschulden" des Robo Advisor der Bank zurechnen, die ihn zum Einsatz gebracht hat?

7   Die folgenden Zeilen konzentrieren sich auf diese Zurechnungsfragen. Weder die Herstellerhaftung noch die Pflichten der Programmierer und Anwender stehen im Fokus. In der Praxis sind diese Facetten selbstverständlich ebenfalls höchst bedeutsam. Indes kann in der Kürze dieses Beitrags selbstredend keine auch nur annähernd umfassende Theorie der Haftung im Kontext von KI entwickelt werden. Es soll lediglich eine ganz kleine Detailfrage der Problematik herausgegriffen werden. Natürlich gilt es dabei, die Möglichkeiten und Grenzen anderer Haftungsmechanismen im Blick zu behalten. An den soeben skizzierten Beispielen zeigt sich freilich: Unmittelbare Pflichtverletzungen der Anwender oder Betreiber können in mancherlei Situation schwer zu konstruieren sein: Sie können ja ihre Vertragspartner auf den Einsatz der KI und die damit verbundenen Risiken hingewiesen haben, die eingesetzte KI kann dem Stand von Wissenschaft und Technik entsprochen haben, und es ist gut denkbar, dass Schäden in Fällen resultieren, in denen die Anwender auch alle denkbaren Programmierungs-, Steuerungs- oder Überwachungspflichten erfüllt haben. So wird auch offenbar, dass es bei der Zurechnungsfrage nicht lediglich um ein akademisches Glasperlenspiel geht, sondern um die Verteilung spezifischer Risiken – eine Verteilungsfrage, die in der Zukunft noch deutlich an Bedeutung gewinnen wird. Dementsprechend werden natürlich auch schon heute Haftungskonzeptionen *de lege ferenda* diskutiert, beispielsweise eine gesetzliche Regelung, die Maschinenarbeit im Wege einer Fiktion mit einem Schuldnerverhalten gleich-

---

27 Dazu etwa *Möslein/Lordt*, ZIP 2017, 793; *Wagner/Luyken*, in: Bachmann u.a., FS Windbichler, S. 155.

stellt.[28] Diesen Weg könnte der Gesetzgeber freilich beschreiten.[29] Auf den Gesetzgeber zu warten, hieße indes, die Augen vor den schon heute bestehenden Haftungslücken zu verschließen.[30] Eine Haftung des Schuldners wegen der Verletzung eigener Pflichten wird häufig ausgeschlossen sein; die Geschädigten allein auf die Produkthaftung zu verweisen, ist aus Verkehrsschutzgründen kaum überzeugend.[31]

III. Starke und schwache KI

Die soeben skizzierten Anwendungsfelder und Zurechnungsfragen betref- **8** fen (noch?) nicht sog. „starke" KI, sondern lediglich sog. „schwache" KI.[32] „Starke" KI wäre – bei etlichen Streitigkeiten im Detail – im Wesentlichen erst erreicht, wenn KI über menschengleiche oder gar den Menschen überlegene Fähigkeiten verfügt, wobei beispielsweise das Erfordernis einer echten Gefühlswelt umstritten ist.[33] Algorithmen müssten dazu etwa eigenständig lernen, mit Unsicherheiten umgehen, logisch denken, zur Zielerreichung planen und sich vor allem auch selbst Ziele setzen können.[34] Starke KI könnte uns Menschen letztlich an Kreativ- und Problemlösungsintelligenz überlegen sein.[35] Ob KI in dieser starken Ausprägung theoretisch realisierbar ist und welche Implikationen sie hat, sind zentrale Fragen in der philosophischen Debatte über KI.[36] Einigkeit besteht jedoch in einem wichtigen Punkt: Faktisch wird sich starke KI – wenn überhaupt – erst in ferner Zukunft realisieren lassen,[37] auch wenn Quanten-Computer neue Hoffnungen (oder Ängste?) schüren mögen.[38]

---

28 *Klingbeil*, JZ 2019, 718, 723 ff.
29 Vorbild wäre § 1 Abs. 2 des kurz nach Inkrafttreten aufgehobenen Staatshaftungsgesetzes von 1981, näher *Klingbeil*, JZ 2019, 718, 724.
30 Zu den Haftungslücken etwa *Teubner*, AcP 218 (2018), 155, 158 f.; speziell zum Robo Advisor *Wagner/Luyken*, in: Bachmann u. a., FS Windbichler, S. 155, 168.
31 *Hacker*, RW 2018, 243, 258.
32 Zur Unterscheidung von starker und schwacher KI nur *Niederée/Nejdl*, in: Ebers u. a., Künstliche Intelligenz, § 2 Rn. 2 f.
33 *Gaede*, Künstliche Intelligenz, S. 44 ff.; *Russell/Norvig*, Artificial Intelligence, S. 984 ff.
34 *Kreutzer/Sirrenberg*, Künstliche Intelligenz verstehen, S. 20.
35 *Kreutzer/Sirrenberg*, Künstliche Intelligenz verstehen, S. 20 f.; dazu auch *Ebers*, in: Ebers u. a., Künstliche Intelligenz, § 3 Rn. 46 ff. Viel diskutiert ist das „Chinese Room"-Argument von *Searle*, Behavioral and Brain Sciences Vol. 3 (1980), 417 ff.
36 Vgl. *Bringsjord*, Selmer and Naveen Sundar Govindarajulu, „Artificial Intelligence", The Stanford Encyclopedia of Philosophy (Summer 2020 Edition), Edward N. Zalta (Hrsg.).
37 *Riehm/Stanislaus Meier*, in: Fischer u. a., DGRI Jahrbuch 2018, 1 f.: „Bereich der Science Fiction". Zu ersten Ansätzen in Richtung einer starken KI aber *Gaede*, Künstliche Intelligenz, S. 24 ff.
38 Zum Potenzial von Quantencomputing für KI etwa *Ying*, Artificial Intelligence Vol. 174 (2010), 162, 170 ff.

9 Realisierbar (und realisiert) sind jedenfalls heute nur Formen „schwacher" Künstlicher Intelligenz, die menschliches Denken, Abwägen und Entscheiden nicht in seiner Gesamtheit nachahmt, sondern einzelne Teilbereiche dieses Denkens simuliert oder optimiert.[39] Moderne technische Programmiermethoden (Schlagwort: Deep Learning)[40] ermöglichen es dabei, dass KI-Systeme in ihren Entscheidungen und Verhaltensweisen autonom agieren, also im Rahmen vorgegebener Ziele selbst lernend Parameter, Strukturen und Verhaltensweisen anpassen und neu ausrichten.[41]

IV. Zur Autonomie von KI: KI als Blackbox

10 Gerade in dieser Autonomie liegt die entscheidende Herausforderung für das Privatrecht: Lange waren die „Aktionen" von Algorithmen und Computersystemen weitgehend determiniert. Das können sie natürlich auch heute noch sein, sodass die jeweiligen Vorgehensweisen als Output auf spezifische Inputs der Programmierer und entsprechende Bedienungsaktionen der Anwender zurückführbar sind. Ein einfaches und „klassisches" Beispiel bieten Warenautomaten: Die Warenausgabe lässt sich als Output auf die spezifische Programmierung und entsprechende Anwendungsaktionen wie den Einwurf einer Münze und/oder den Druck eines Knopfes zurückführen. Wenn es dabei zu Fehlern und Schäden kommt, liegt es fern, über die Zurechnung von „Verhalten" einer Künstlichen Intelligenz nachzudenken. Haftungsbegründend ist dann vielmehr stets alleine menschliches Verhalten und Verschulden – etwa eine fehlerhafte Programmierung. Wird etwa ein Robo Advisor deterministisch darauf abgerichtet, auf spezifische Anfragen (etwa: „Wie lege ich 1.000 Euro sicher und ertragreich an?") von vornherein festgelegte Antworten zu geben („Sicher und ertragreich legen Sie in unserem Fonds QueenHarley an"), kann die entsprechende Programmierung haftungsbegründend sein, weil es keine eigenständige Aktion des Robo Advisors gibt, für die eine Zurechnung in Betracht käme.[42] Ähnlich liegt es, wenn ein Transportunternehmen ein automatisiertes Verladesystem nutzt, das darauf programmiert ist, die Verladung nach festgelegten Parametern vorzunehmen. Sind die Parameter unpassend und kommt es so zu unsachgemäßer Verladung und Schäden, gilt dasselbe. Wohl kann die Fehlauswahl bei den

---

39 *Coppin*, Artificial Intelligence Illuminated, 5; *Kreutzer/Sirrenberg*, Künstliche Intelligenz verstehen, S. 20.

40 Diese Methoden sind im Anhang I des Verordnungsvorschlags der Kommission näher spezifiziert. Zu den Details des sog. Deep Learning siehe *Niederée/Nejdl*, in: Ebers u. a., Künstliche Intelligenz, § 2 Rn. 56 ff.

41 Ausführlicher zu zentralen Charakteristika autonomer Software-Agenten *Grapentin*, Vertragsschluss, S. 41 ff.

42 Vgl. auch *Wagner/Luyken*, in: Bachmann u. a., FS Windbichler, S. 155, 170: Der (determinierte) Robo Advisor als beratungsvertragliche „Pistole" der Bank.

Parametern haftungsbegründend wirken, wieder steht aber kein eigenständiges „Verhalten" des Verladesystems im Raum. Die spezifische Verladung bzw. die spezifische Empfehlung sind vielmehr determinierte Konsequenz einer zuvor von Menschen vorgenommenen Programmierung, ohne dass es einen nicht-menschlichen Spielraum gäbe.

Die Zurechnungsfragen stellen sich aber unvermeidbar, wenn KI-Systeme **11** nicht auf diese Weise determiniert sind, sondern auf der Grundlage künstlicher neuronaler Netze[43] Lernvorgänge des menschlichen Gehirns imitieren und in gewisser Weise autonom entscheiden und handeln.[44] Dann ist das Verhalten von KI-Systemen nicht mehr vom Programmierer oder der Anwenderin vorhersehbar.[45] Diese fehlende Determiniertheit ist für KI geradezu typisch: KI kann im Wege des Deep Learning ihr Verhalten autonom und nicht determiniert modifizieren und neu ausgestalten. Dabei können künstliche Entscheidungen und das Verhalten von Künstlicher Intelligenz oft nicht einmal im Nachhinein kausal auf spezifische Inputs etwa bei der Programmierung oder Bedienung zurückgeführt werden.[46] Das setzt aber der Zurechnung Grenzen, denn das KI-System ist nicht mehr schlicht der Schraubenzieher in der Hand der Anwenderin.[47] So kann beispielsweise die KI, die ein Verladesystem steuert, durch fortlaufende Analyse des Bildmaterials bei der Verladung selbst Parameter entwickeln, die Ergebnisse der jeweiligen Verladung prüfen und die Parameter dementsprechend neu am jeweils vorgegebenen Ziel (etwa: möglichst effizient und sicher beladen) ausrichten. Unter welchen Umständen sie das tut und was sie konkret dazu veranlasst hat, ließe sich nicht mehr im Einzelnen nachvollziehen. Ähnlich liegt es, wenn Robo Advisor mit Hilfe schwacher Künstlicher Intelligenz selbstlernend agieren. Denkbar ist, dass sie ihre Empfehlungen an fortlaufend zugeführte Daten (etwa zur Entwicklung der Finanzmärkte und der Kurse verschiedener Anlageformen) anpasst und ausrichtet. Auch dann könnten konkrete Empfehlungen nicht mehr auf spezifische Eingaben der Programmierer oder Anwender zurückgeführt werden; vielmehr stünden auch hier autonome künstliche Verhaltensweisen im Raum. Selbst dann, wenn Eingabedaten und Endergebnis bekannt sind, kann weder nachvollzogen werden,

---

43 Ausführlich zu den technischen Anforderungen an derartige Netze *Lämmel/Cleve*, Künstliche Intelligenz, S. 189 ff.; anschaulich *Kainer/Förster*, ZfPW 2020, 275, 277 ff.
44 Dazu etwa *Sommer*, in: Broemel u. a., Recht und Digitalisierung, S. 39; *Zech*, ZfPW 2019, 198, 201 f.; *Linke*, Digitale Wissensorganisation, S. 31; zu den technischen Hintergründen auch *Russell/Norvig*, Artificial Intelligence, S. 36 ff.
45 Dazu *Zech*, ZfPW 2019, 198, 201 f.; im Kontext des Robo Advisor auch *Wagner/Luyken*, in: Bachmann u. a., FS Windbichler, S. 155, 170 f.
46 Zu den zentralen Merkmalen dieser Form der Entscheidungsfindung siehe *Guidotti* et al., 51 No. 5 ACM Computing Surveys 2018, Art. 93, 5 ff.
47 Einführend *Ebers*, in: Ebers u. a., Künstliche Intelligenz, § 3 Rn. 25 ff. Den Gefahren dieser Intransparenz widmet sich *Martini*, Blackbox Algorithmus, S. 28 ff.

wie der Algorithmus zu seiner Entscheidung gekommen ist, noch worauf seine Entscheidung beruht.[48] Für die privatrechtliche Haftung bedeutet das: Wenn ein nicht determiniertes Verhalten der KI Schäden verursacht hat, lässt sich der Schaden nicht ohne Weiteres als unmittelbare Konsequenz eines bestimmten menschlichen Verhaltens erklären. So rückt die Zurechnungsfrage zwingend in den Vordergrund.

C. KI-Systeme als Erfüllungsgehilfen?

12   Wenn KI-Systeme – etwa Robo Advisor oder KI-Verladesysteme – durch autonome Entscheidungen und Verhaltensweisen Schäden verursachen, stellt sich die Frage, ob diese autonomen KI-Entscheidungen und KI-Verhaltensweisen gem. § 278 BGB zugerechnet werden können. Dazu muss die KI Erfüllungsgehilfe sein und ihre Entscheidungen bzw. ihr Verhalten „Verschulden" i. S. d. § 278 BGB konstituieren. Dann können Pflichtverletzung und Verschulden der KI dem Anwender als Geschäftsherren zugerechnet werden. Praktisch wird das dann relevant, wenn der Einsatz der KI selbst keine Pflichtverletzung konstituiert, der Schuldner selbst auch mögliche Auswahl-, Instruktions- und Überwachungspflichten mit Blick auf die KI beachtet und auch kein Garantieversprechen[49] abgegeben hat.[50] Die folgenden Zeilen konzentrieren sich dabei auf KI-Systeme, deren Verhaltensweisen und Entscheidungen den oben skizzierten „Blackbox"-Charakter haben: Es geht also, von Abgrenzungszwecken abgesehen, *nicht* um automatisierte Vorgänge, sondern um KI-Systeme, die nicht bloßes „Werkzeug" des Schuldners sind.

I. Keine direkte Anwendung des § 278 BGB

13   § 278 BGB direkt anzuwenden lehnt die ganz h. M. ab – meist schlicht mit dem Hinweis darauf, dass § 278 BGB nur die Haftung für natürliche und juristische Personen regele.[51] Teils wird auch § 276 Abs. 1 Satz 2 BGB her-

---

48 Einführend *Ebers*, in: Ebers u. a., Künstliche Intelligenz, § 3 Rn. 25 ff.; *Martini*, Blackbox Algorithmus, S. 28 ff.; *Linke*, Digitale Wissensorganisation, S. 28–33; *Teubner*, AcP 218 (2018), 155, 157 ff.

49 Die stillschweigende Übernahme einer entsprechenden Garantieerklärung dürfte regelmäßig als bloße ergebnisorientierte Fiktion abzulehnen sein, vgl. *Klingbeil*, JZ 2019, 718, 722.

50 Treffend auch *Heiderhoff/Gramsch*, ZIP 2020, 1937, die indes eine zu starke Ausweitung der Haftung befürchten und (unter anderem) deshalb die Analogie zu § 278 BGB verneinen.

51 *Foerster*, ZfPW 2019, 418, 430 f.; *Sommer*, in: Broemel u. a., Recht und Digitalisierung, S. 129; *Klingbeil*, JZ 2019, 718, 719; *Caspers*, in: Staudinger BGB, § 278 BGB Rn. 5.

angezogen, der mit dem Verweis auf §§ 827 und 828 BGB zeige, dass Verschulden Zurechnungsfähigkeit voraussetzt.[52] § 278 BGB spricht von „Personen" und „Verschulden". Wenn also KI keine Person in diesem Sinne ist, scheidet die direkte Anwendung des § 278 BGB aus. Diese Prämisse mag künftig weniger selbstverständlich werden, wenn KI noch größere Autonomiegrade erreicht. Aus heutiger Sicht mag es durchaus überzeugend wirken, § 278 BGB nicht direkt anzuwenden. Im Zentrum der Diskussion steht ohnedies die analoge Anwendung der Norm. Auf diese Frage konzentrieren sich die folgenden Überlegungen.

II. Die analoge Anwendung des § 278 BGB

Die wohl noch immer h. M. lehnt die analoge Anwendung des § 278 BGB ab **14** und verweist auf die unmittelbare Haftung der Verwender aus § 280 Abs. 1 BGB.[53] Indes lassen sich die Voraussetzungen einer analogen Anwendung recht deutlich bejahen.[54] Die Analogie setzt – wie stets – eine planwidrige Regelungslücke voraus.[55] Diese Lücke liegt vor: Die Haftung für autonomes Verhalten Künstlicher Intelligenz hat sich jedenfalls dem Gesetzgeber des BGB von 1900 nicht gestellt, und auch der Gesetzgeber der Schuldrechtsreform hat sie bewusst keiner Regelung zugeführt.[56] Die zweite Voraussetzung der Analogie ist die Ähnlichkeit des ungeregelten mit dem geregelten Fall.[57] Entscheidend ist also, ob die Zurechnungsproblematik bei autonomen Entscheidungen und Verhaltensweisen Künstlicher Intelligenz hinreichend ähnlich gelagert ist wie bei Verhalten und Verschulden zurechnungsfähiger Personen. Dabei kommt es ganz maßgeblich auf die Ordnungsaufgabe des § 278 BGB im Privatrecht an, also auf die Funktionen der Norm. Nimmt

---

52 *Foerster*, ZfPW 2019, 418, 431.
53 *Heiderhoff/Gramsch*, ZIP 2020, 1937; *Rüfner*, in: Hans-Georg Dederer u. a., Künstliche Intelligenz und juristische Herausforderungen, 2021, 15, 29 ff.; *Günther/Böglmüller*, BB 2017, 53, 55; *Schaub*, in: BeckOGK, § 278 BGB Rn. 17; *Grundmann*, in: MüKo BGB, § 278 BGB Rn. 46; *Kirn/Müller-Hengstenberg*, CR 2018, 682, 686; *Grapentin*, Vertragsschluss, S. 131; *Klingbeil*, JZ 2019, 718, 719 ff.
54 So auch im Ergebnis eine immer stärker werdende Auffassung, vgl. *Hacker*, RW 2018, 243, 248 ff.; *Teubner*, in: P. Becchi u. a., Interdisziplinäre Wege in die juristische Grundlagenforschung, S. 1, 23; *Teubner*, AcP 218 (2018), 155, 186 ff.; *Zech*, ZfPW 2019, 198, 211 f.; *Wagner/Luyken*, in: Bachmann u. a., FS Windbichler, S. 155, 171 ff.; *Wendehorst/Grinzinger*, in: Ebers u. a., Künstliche Intelligenz und Robotik, 2020, § 4 Rn. 82–86; *Schirmer*, JZ 2016, 660, 664 f.: sogar direkte Anwendung.
55 Siehe nur *F. Bydlinski*, Juristische Methodenlehre und Rechtsbegriff, S. 472–475.
56 Vgl. auch *Sommer*, in: Broemel u. a., Recht und Digitalisierung, S. 132; *Hacker*, RW 2018, 243, 251; *Wendehorst/Grinzinger*, in: Ebers u. a., Künstliche Intelligenz und Robotik, 2020, § 4 Rn. 84.
57 Auch dazu stellvertretend *F. Bydlinski*, Juristische Methodenlehre und Rechtsbegriff, S. 475.

man diese ernst, muss auch die zweite Analogievoraussetzung bejaht werden.

1. Funktionen des § 278 BGB

15   Die Ordnungsaufgabe des § 278 BGB lässt sich vor allem[58] mit einem Topos der ausgleichenden Gerechtigkeit erklären, den der BGH wie folgt formuliert: „Wer den Vorteil der Arbeitsteilung in Anspruch nimmt, soll auch deren Nachteil tragen, nämlich das Risiko, dass der an seiner Stelle handelnde Gehilfe schuldhaft rechtlich geschützte Interessen des Gläubigers verletzt."[59] Der Schuldner darf zwar andere zur Erfüllung einsetzen, muss umgekehrt aber Schäden ersetzen, die aus schuldhaftem Handeln dieser anderen resultieren. Der Gläubiger muss sich dann nicht darum kümmern, wie der Schuldner im Einzelnen bei der Erfüllung vorgeht.[60] Dieser Gedanke ist auch schon in den Motiven zum BGB zum Ausdruck gebracht: „Mit Recht läßt sich für den heutigen Verkehr sagen, daß der Schuldner, welcher sich der Hülfe Dritter bei der Bewirkung der Leistung bedient, im eigenen Interesse und folgeweise auch auf seine eigene Gefahr handelt".[61] Freilich überzeugt der Topos vom angemessenen Interessenausgleich nur auf den ersten Blick vollständig. Denn nicht nur der Schuldner, sondern auch der Gläubiger profitiert von der Arbeitsteilung.[62] Das gilt schon deshalb, weil Arbeitsteilung Kosten senkt und damit niedrigere Preise (bei gleichbleibender oder besserer Qualität) ermöglicht.[63] Indes steht dieser Einwand einer Analogie schon deshalb nicht entgegen, weil er ja schon die direkte Anwendung des § 278 BGB trifft.

16   In regulativer Perspektive verfolgt § 278 BGB auch einen zentralen Gedanken der Verteilungsgerechtigkeit: Er dient potenziell der Erhöhung der Gesamtwohlfahrt (Effizienz). Dass Arbeitsteilung grundsätzlich effizient ist, lässt sich kaum bestreiten, wäre doch ohne sie eine funktionierende moderne Wirtschaft gar nicht vorstellbar. Die damit verbundenen Haftungsrisiken werden aber im Verhältnis von Schuldner und Gläubiger plausibel dem Schuldner als „cheapest cost avoider" zugeordnet, weil er eher als der Gläubiger Einwirkungs- und Steuerungsmöglichkeiten hat und zugleich Anreize erhält, auf möglichst verschuldensfreies Handeln der Gehilfen hinzu-

---

58   Zu einer wohlwollend kritischen Analyse der verschiedenen teleologischen Begründungsansätze für § 278 *Tröger*, Arbeitsteilung und Vertrag, S. 134–151; zu den Zwecken der Norm auch *Sommer*, in: Broemel u. a., Recht und Digitalisierung, S. 133–136.

59   BGH NJW 1996, 464, 465; näher dazu *Westermann/Bydlinski/Arnold*, Schuldrecht Allgemeiner Teil, Rn. 470.

60   *Eike Schmidt*, AcP 170 (1970), 502.

61   *Mugdan*, Motive II, S. 30.

62   Eingehend dazu *Oechsler*, Gerechtigkeit im modernen Austauschvertrag, S. 425–431.

63   Näher *Tröger*, Arbeitsteilung und Vertrag, S. 144–145.

Arnold

wirken.[64] So verhindert § 278, dass der Schuldner Kosten externalisiert, die ökonomisch betrachtet sinnvoller bei ihm verortet sind.[65]

2. KI im Spiegel der Funktionen des § 278 BGB

Nimmt man diese Funktionen des § 278 BGB ernst, liegt die vergleichbare   17
Interessenlage mehr als nahe: Denn wenn sich der Schuldner bei der Pflichtenerfüllung der Hilfe von Künstlicher Intelligenz bedient, nimmt er für sich die Vorteile der Arbeitsteilung in Kauf. Er setzt die KI ein, um – jedenfalls langfristig – Kosten zu sparen und effizienter leisten zu können. Und wenn sich der Gläubiger nicht darum kümmern müssen soll, wie der Schuldner im Einzelnen leistet, muss ihm diese Sorge auch beim Einsatz von Künstlicher Intelligenz abgenommen werden.[66] Dass (noch?) kein Regress des Schuldners gegen die KI möglich ist, steht der Analogie nicht entgegen. Dieser Regress mag für die endgültigen Allokationsergebnisse relevant sein, ist aber für die Ordnungsaufgabe des § 278 BGB unerheblich. Im Übrigen schränken die Grundsätze des innerbetrieblichen Schadensausgleichs Regressmöglichkeiten auch ganz erheblich ein, wenn die Erfüllungsgehilfen Arbeitnehmer des Schuldners sind.[67] Auch die Perspektive der Verteilungsgerechtigkeit legt die Vergleichbarkeit der Interessenlage nahe: Es ist durchaus plausibel, dass der Schuldner die Risiken des Einsatzes von KI eher als der Gläubiger überblicken kann. Er organisiert, kontrolliert und überwacht den Einsatz. Auch dürfte sich der Schuldner passgenauer als der Gläubiger gegen Haftungsrisiken versichern können, weil der Gläubiger in den spezifischen Entwicklungsstand und die verbleibenden Risiken meist weniger Einblick haben dürfte als der Schuldner. Auch erhält der Schuldner so einen Anreiz, möglichst sichere KI einzusetzen und evtl. auch bei den Herstellern entsprechende Entwicklungen voranzutreiben. Dass das Haftungsrisiko – sieht man von den Herstellern ab – eher dem Schuldner als dem Gläubiger zugeordnet wird, dürfte also jedenfalls im Grundsatz auch effizient sein. Schon deshalb setzt eine analoge Anwendung des § 278 BGB Anreize, deren Wohlfahrtserhöhung plausibel ist. Am Rande bemerkt spricht auch die Entstehungsgeschichte des (heutigen) § 278 BGB für eine eher weite Handhabung, die Analogien einlädt: Der historische Gesetzgeber verstand die Zurechnungs-

---

64 Vgl. *Hacker* RW 2018, 243, 255 m.w.N.; im Kontext des Robo Advisor auch *Wagner/Luyken*, in: Bachmann u.a., FS Windbichler, S. 155, 173; grundlegend zum für die ökonomische Analyse des Rechts zentralen Gedanken des cheapest cost avoiders Calabresi, The Cost of Accidents – A Legal and Economic Analysis, 1970, 134 ff.

65 Eingehend *Tröger*, Arbeitsteilung und Vertrag, S. 146 und 244–274; im Kontext Künstlicher Intelligenz *Hacker*, RW 2018, 243, 255; zum Robo Advisor auch *Wagner/Luyken*, in: Bachmann u.a., FS Windbichler, S. 155, 173.

66 Vgl. auch *Teubner*, AcP 218 (2018), 155, 188.

67 *Sommer*, in: Broemel u.a., Recht und Digitalisierung, S. 137 m.w.N.

norm als Ausweitung des geltenden Rechts. Denn nach der vor 1900 h. M., so die Motive, haftete der zum Einsatz von Hilfspersonen bei der Erfüllung befugte Schuldner grundsätzlich „nur insofern, als er bei der Auswahl oder Aufsicht oder bei der etwa erforderlichen Instruktion gefehlt habe.“[68] Mit Blick auf KI würde es geradezu einen Rückfall auf diese 1900 überwundene Position darstellen, wenn der Schuldner lediglich für die Auswahl, Organisation und Überwachung der KI einzustehen hätte. Daneben sollte die Zurechnung den Motiven zufolge Streitigkeiten vermeiden und größere Rechtssicherheit erreichen.[69] Auch dieser Gedanke greift beim Einsatz von Künstlicher Intelligenz, wenn Streit darüber besteht, ob der Schuldner seine unmittelbaren Pflichten bei der Auswahl, der Organisation und der Überwachung der KI beachtet hat.

18 Nach alledem sind die Analogievoraussetzungen zu bejahen: Schädigende Verhaltensweisen autonomer KI-Systeme sind analog § 278 Satz 1 BGB dem Schuldner zuzurechnen. Dabei geht es, um es zu wiederholen, nur um Systeme, deren KI autonom agiert, also nicht lediglich automatisiert Befehle ausführt, sondern eigenständig lernt, interpretiert und ihr Verhalten anpasst, sodass nur mehr selten Korrekturen durch die Anwender erforderlich sind.[70] Solche Formen gewinnen zunehmend an Relevanz; und schon heute verursachen autonome Systeme eben nicht nur dann Schäden und agieren nicht nur dann fehlerhaft, wenn sie fehlerhaft programmiert sind.[71] Der Witz des maschinellen Lernens ist ja, dass die KI durch heuristische Verfahren Vorgehensweisen austestet und ihre Entscheidungen auf von außen nicht mehr nachvollziehbare Weise modifizieren und neu ausrichten kann. Was sie dabei im Einzelnen tut, lässt sich eben nicht mehr im Vorfeld bestimmen oder vorhersagen. Autonome KI-Systeme können also auch dann Schäden verursachen und fehlerhaft agieren, wenn sie *lege artis* programmiert und trainiert worden sind.

III. Zu einigen Einwänden

19 Trotz der funktionalen Passgenauigkeit des § 278 BGB auf autonome KI-Systeme werden immer wieder zwei Einwände grundsätzlicher Natur gegen die Zurechnung vorgebracht, die über die Zurechnungsfrage hinausweisen.

---

68 *Mugdan*, Motive, II, S. 29.
69 *Mugdan*, Motive, II, S. 30.
70 *Hacker*, RW 2018, 243, 255.
71 Das übersieht *Grapentin*, Vertragsschluss, S. 130.

Arnold

1. Fehlende Verschuldensfähigkeit

Zunächst wird gegen die Analogie zu § 278 BGB immer wieder die feh- **20** lende Verschuldensfähigkeit von Künstlicher Intelligenz ins Feld geführt.[72] § 278 BGB spricht in der Tat davon, dass der Schuldner „Verschulden" seiner Erfüllungsgehilfen zu vertreten hat. Doch weshalb sollten zu einem „Verschulden" i. S. d. § 278 BGB nur Menschen, nicht aber auch Künstliche Intelligenz fähig sein? Dem vom Gesetz verwendeten Wort „Verschulden" ist eine solche Begrenzung keineswegs immanent: Es gibt keinen objektiven Sinn des Wortes „Verschulden", der sich ohne Bezug auf den konkreten Anwendungskontext erschließen könnte: Was „Verschulden" im Sinne des § 278 BGB bedeutet, wird in einem fortlaufenden Auslegungs- und Anwendungsprozess im Recht bestimmt. Es gibt keine schon vor der Auslegung determinierte grammatische Bedeutung von „Verschulden", die einen Analogieschluss verhindern würde. Und wir können auch durchaus sinnvoll von einem „Verschulden" Künstlicher Intelligenz sprechen und dabei verstanden werden. In der Alltagssprache ist das offensichtlich. Wir wüssten, was gemeint ist, wenn jemand sagt: „Sorry, den Schaden am Inhalt des Pakets hat unser Laderoboter verschuldet; der war perfekt programmiert, aber im Lernprozess kann es bei solchen Systemen eben zu Fehleinschätzungen kommen." Auch würden wir verstehen, wenn eine Mitarbeiterin der Bank sagt: „Wir haben ja keine konkreten Auskünfte vorgegeben. Unser Robo Advisor *Robbie* analysiert die Markt-Daten selbständig und zieht da seine eigenen Schlussfolgerungen, die wir gar nicht erklären können. Dabei kommen schon mal Fehler vor. Dass unser *Robbie* so ihren Schaden verschuldet hat, tut uns leid." Man mag einwenden wollen, dass „Verschulden" in § 278 BGB in einem juristisch-dogmatischen Sinn zu verstehen ist. Das trifft zu, aber auch der juristisch-dogmatische Sinn steht eben nicht schon im Vorfeld der Interpretation fest, sondern wird im rechtlichen Diskurs mit Blick auf konkrete Anwendungsfragen bestimmt.[73] Gerade der Verschuldensbegriff zeigt dies klar, ist er doch in seiner dogmatisch-technischen Bedeutung höchst wandlungsfähig und umstritten.[74] Um nur ein Beispiel zu geben: Höchst streitig ist, ob Erfüllungsgehilfen verschuldensfähig sein müssen – diskutiert werden dabei vor allem die „kleine Kinder"-Fälle, also Schäden, die von geschäfts- und verschuldensunfähigen Kindern unter 7 Jahren verur-

---

72 *Foerster*, ZfPW 2019, 418, 430 f.; *Klingbeil* JZ 2019, 718; ähnlich letztlich *Sommer*, in: Broemel u. a., Recht und Digitalisierung, S. 136–137; subtiler die Argumentation bei *Heiderhoff/Gramsch*, ZIP 2020, 1937, 1940, die auf unterschiedliche „Entscheidungsfreiräume" von KI-Systemen und menschlichen Erfüllungsgehilfen abstellen und bei ersteren ein Leerlaufen der Präventionsfunktion des Schadensrechts befürchten.

73 Allgemein dazu *Arnold*, in: Klippel u. a., Grundlagen und Grundfragen des Bürgerlichen Rechts, S. 5.

74 Vgl. nur *Tröger*, Arbeitsteilung und Vertrag, S. 135 f. m. w. N.; *Teubner*, AcP 218 (2018), 155, 188.

sacht werden.[75] Dass es also mangels „Verschuldensfähigkeit" zwangsläufig an einem Zurechnungsgegenstand fehlen soll,[76] ist eine unbegründete und kaum begründbare Behauptung.

2. KI als Rechtsperson?

21 Das zweite über die Zurechnungsfrage hinausweisende Argument gegen die Zurechnung ist, dass KI-Systeme keine Rechtspersonen seien.[77] Das Argument zeigt, wie stark der privatrechtliche Diskurs über den Umgang mit KI von Ängsten gegen eine Personifizierung von KI geprägt ist.[78] Paradigmatisch wird dies an der Argumentation *Grapentins* offenbar: Er erkennt in voller Schärfe, dass die analoge Anwendung dem Grundgedanken des § 278 BGB entsprechen würde, lehnt sie aber gleichwohl ab, weil dann KI als eigenständiger Pflichtenadressat verstanden und ihr Rechtspersönlichkeit zugesprochen würde.[79] Ängste gegen die Personifizierung von KI sind nachvollziehbar, aber unbegründet. Begriffe wie „Rechtsfähigkeit", „Rechtsperson" oder „Rechtspersönlichkeit" sind Funktionsbegriffe, die der angemessenen Bewältigung rechtlicher Probleme dienen.[80] Keineswegs würde einer für viele dystopisch anmutenden Gleichstellung von Mensch und Maschine das Wort geredet, wenn man annimmt, dass KI für Zurechnungszwecke teilrechtsfähig ist. Vielmehr geht es schlicht um eine sachgerechte Zuordnung von Haftungsrisiken, die durch neue technische Entwicklungen entstehen. Auch das EP hat in einer Entschließung aus dem Jahr 2017 „für die ausgeklügeltsten autonomen Roboter ein[en] Status als elektronische Personen" ins Spiel gebracht.[81] Mit der Teilrechtsfähigkeit für Zurechnungszwecke würde auch nichts radikal Neues in das Privatrecht getragen, wie schon ein kurzer Blick auf die abgestuften Formen der Geschäftsfähigkeit zeigt, die ebenfalls nicht lediglich binär codiert (ja oder nein) vorliegt. Unter welchen Prämissen und in welchen Kontexten die Anerkennung Künstlicher Intelligenz als Rechtsperson möglich, vorzugswürdig oder gar geboten ist, kann jedoch für die hier erörterte Zurechnungsfrage offenbleiben. Die Analogie zu § 278 BGB lässt sich auch ohne die Verwendung der politisch aufgeladenen Begriffe „Rechtsfähigkeit" und „Rechtsperson" bewältigen. Für sie sind solche Begriffe als „Vehikel" schlicht überflüssig. Dass § 278 BGB von „Personen" spricht (womit ursprünglich

---

75 Dazu etwa Eike *Schmidt*, AcP 170 (1970), 502, 511 f.
76 So aber *Klingbeil*, JZ 2019, 718, 720.
77 Etwa *Klingbeil*, JZ 2019, 718, 720.
78 Vgl. dazu auch *Arnold/Kirchhefer-Lauber*, ARSP 110 (2), 265–292.
79 *Grapentin*, Vertragsschluss, S. 131.
80 Zum Problemkreis in rechtssoziologischer Perspektive *Teubner*, in: P. Becchi u. a., Interdisziplinäre Wege in die juristische Grundlagenforschung, S. 1.
81 ABl. EU C 252/239 v. 16.2.2017, 250.

menschliche Akteure gemeint waren), wird ja durch die Analogie gerade überwunden. Und die „Rechtsfähigkeit" ist als Anwendungsvoraussetzung in der Norm schlicht nicht genannt. Mit dem Argument, KI sei keine Rechtsperson (und dürfe dies auch nicht sein) lässt sich also die Analogie zu § 278 BGB nicht leichter Hand beiseite wischen.[82] Vielmehr dient die Analogie ja gerade dazu, den Umstand zu überwinden, dass KI-Systeme keine Menschen sind. Sie setzt gerade nicht voraus, dass KI rechtlich personifiziert wird.[83]

D. Zu den Voraussetzungen des Verschuldens von KI

Freilich muss der in § 278 BGB verwendete Begriff des „Verschuldens" im   **22**
Kontext autonomer KI-Systeme näher bestimmt werden. Algorithmen unterscheiden sich in ihren Verhaltensweisen und Entscheidungsformen von Menschen. Die Privatrechtsdogmatik muss sich daher in ihrer dynamisierenden, zukunftsorientierten Fortbildungsfunktion bewähren.[84] Der Begriff des „Verschuldens" ist dabei eine entscheidende dogmatische Stellschraube, die dem Privatrecht hilft, eine sachgerechte Risikoallokation von Schäden im Kontext Künstlicher Intelligenz zu erreichen. Diese Aufgabe steht letztlich hinter der Rede von den „funktionalen Verschuldensäquivalenten".[85] Zu weit würde die Rechtsanwendung gehen, wenn sie ohne gesetzliche Grundlage bei der analogen Anwendung des § 278 BGB auf solche Äquivalente vollständig verzichten und damit letztlich eine Garantiehaftung einführen würde.[86] Rechtspolitisch könnte man zwar aus einer gewissen Skepsis gegenüber KI heraus begrüßen wollen, wenn eine Garantiehaftung Haftungslücken weitgehend schließen und den Verkehr bestmöglich vor den mit KI verbundenen Risiken schützen würde. Umgekehrt könnte man aber aus einer gewissen Euphorie für das Potenzial von KI heraus rechtspolitisch auch beklagen wollen, wenn eine weit reichende Garantiehaftung innovative Einsätze und die Weiterentwicklung von KI verhindern würde. Die Einfüh-

---

82 *Sommer*, in: Broemel u. a., Recht und Digitalisierung, S. 130; *Wagner/Luyken*, in: Bachmann u. a., FS Windbichler, S. 155, 172.

83 So indes *Klingbeil*, JZ 2019, 718, der für eine solche Personifikationslösung eine gesetzliche Regelung für notwendig hält; ähnlich auch zunächst *Sommer*, in: Broemel u. a., Recht und Digitalisierung, S. 131–141, der die Analogie „klassisch-rechtsdogmatisch" ablehnt, um sie freilich sogleich „regulatorisch-rechtsdogmatisch" zu bejahen.

84 Zu dieser (und anderen) Funktionen juristischer Dogmatik nur *Rüthers*, Rechtspolitisches Forum, S. 15.

85 Vgl. etwa *Sommer*, in: Broemel u. a., Recht und Digitalisierung, S. 66–67 und 137.

86 Vgl. dazu *Sommer*, in: Broemel u. a., Recht und Digitalisierung, S. 138; *Hacker*, RW 2018, 243, 258 f.; treffend grundsätzlich auch *Heiderhoff/Gramsch*, ZIP 2020, 1937, 1939; skeptisch im Kontext der Robo Advisor auch *Wagner/Luyken*, in: Bachmann u. a., FS Windbichler, S. 155, 169; insoweit auch treffend *Grapentin*, Vertragsschluss, S. 131.

rung einer Garantiehaftung sollte also jedenfalls durch Gesetz erfolgen.[87] So stehen auch in der Diskussion über passgenaue Verschuldensäquivalente im Wesentlichen[88] zwei Lösungsvorschläge gegenüber: Einerseits anthropoparallele Ansätze, die den Vergleich von menschlichen und künstlichen Verhaltensweisen zentral stellen, andererseits technik-orientierte Ansätze, die stärker auf den Stand der Technik im Bereich der Künstlichen Intelligenz fokussieren.[89]

23 Denkbar ist zunächst, ein Verschulden zu bejahen, wenn ein sicheres System die Schäden nicht verursacht hätte („algorithmischer Maßstab" bzw. „KI-spezifischer Maßstab").[90] Dieser Maßstab könnte Anreize schaffen, möglichst sichere, transparente und ausgereifte KI zum Einsatz zu bringen, um nicht hinter dem Ideal des „sicheren Systems" zurückzubleiben und in die Haftung zu geraten. Freilich mögen die entsprechenden Standards derzeit noch fehlen, weil die Entwicklung stark im Fluss ist.[91] Daher bietet sich zumindest derzeit noch an, Verschulden zu bejahen, wenn eine Zurechnung in unmittelbarer Anwendung des § 278 BGB auf einen menschlichen Erfüllungsgehilfen erfolgt wäre, wenn nicht eine KI sondern eben ein Mensch gehandelt hätte („anthropoparalleler Maßstab").[92] Dieser Maßstab würde es den Gerichten ermöglichen, auf der Grundlage von Ähnlichkeiten zu anerkannten Konstellationen mit menschlichen Erfüllungsgehilfen zu argumentieren.[93] Die Argumentationsstrukturen könnten ähnlich ausfallen wie in klassischen Fallkonstellationen, in denen auch fingiert wird, der Schuldner selbst habe an der Stelle des menschlichen Erfüllungsgehilfen gehandelt. Vorteilhaft ist auch, dass dieser Maßstab friktionsfrei ermöglicht, im Grundsatz den für den Schuldner geltenden Maßstab auch an die KI als Erfüllungsgehilfen anzulegen – wie es auch bei menschlichen Erfüllungsgehilfen herkömmlich gehandhabt wird.[94] Man kann freilich skeptisch sein, ob die Haftungszurechnung regulativ wirklich nur in Situationen gerechtfertigt ist, in denen in vergleichbaren Situationen auch eine Zurechnung des Verschuldens menschlicher Erfüllungsgehilfen erfolgt wäre. Wenig befriedi-

---

87 Treffend auch *Hacker*, RW 2018, 243, 259; zu verschiedenen Lösungswegen knapp *Zech*, ZfPW 2019, 198, 214 ff.

88 Auch der Sphärengedanke wird vereinzelt fruchtbar gemacht, vgl. *Sommer*, in: Broemel u. a., Recht und Digitalisierung, S. 139–141.

89 Vgl. *Linke*, Digitale Wissensorganisation, S. 147–148.

90 Dazu *Sommer*, in: Broemel u. a., Recht und Digitalisierung, S. 137; dafür tendenziell *Wendehorst/Grinzinger*, in: Ebers u. a., Künstliche Intelligenz und Robotik, 2020, § 4 Rn. 86; de lege ferenda auch noch *Teubner*, in: P. Becchi u. a., Interdisziplinäre Wege in die juristische Grundlagenforschung, S. 1, 23.

91 *Hacker*, RW 2018, 243, 264.

92 Dafür etwa *Hacker*, RW 2018, 243, 261 ff.; *Teubner*, AcP 218 (2018), 155, 186 ff.

93 *Hacker*, RW 2018, 243, 262.

94 Vgl. stellvertretend *Schaub*, in: BeckOGK, § 278 BGB Rn. 90 m. w. N.

Arnold

gend ist das vor allem dann, wenn die KI im Lernprozess Fehler produziert, die durch vergleichbare KI nicht produziert worden wäre. KI-Systeme sind Menschen ja in vielem überlegen.[95] So wäre auch zu beobachten, ob ein entsprechender Maßstab nicht falsche Anreize dahingehend setzt, dass lediglich menschennah handelnde, nicht aber technisch optimale KI-Systeme zum Einsatz kommen.[96] Letztlich kann die Entwicklung der Maßstäbe der Praxis anvertraut werden. Dabei ist ihr als Argumentationstopos der Vergleich mit menschlichen Erfüllungsgehilfen – also der „anthropoparallele Maßstab" derzeit durchaus noch anzuraten. Dieser Maßstab führt den für die Analogie entscheidenden Grundgedanken konsequent fort. Er ist im Übrigen offen genug, um in der Praxis des Rechts auch durch KI-spezifische Elemente ergänzt, später vielleicht sogar abgelöst zu werden.[97] Ein Ansatzpunkt bietet dabei wiederum die geltende Praxis zu menschlichen Erfüllungsgehilfen: Wenn dieser mit besonderer Fachkunde wirbt, kann ein strengerer Maßstab angelegt werden;[98] das könnte je nach Fallkonstellation auf KI übertragen werden, wenn etwa durch öffentliche Werbung oder persönliche Ankündigungen (sei es durch die KI, sei es durch den Schuldner selbst) der Vertragspartner auf besondere Fähigkeiten der KI vertrauen darf.

E. Schlussbemerkung

Autonome KI-Systeme unterscheiden sich grundlegend von automatisierten **24** Systeme. Ihre autonomen Entscheidungen und Verhaltensweisen können dem Schuldner analog § 278 BGB zugerechnet werden. Wenn autonome KI-System wie etwa Robo Advisor oder auch autonome Verladesysteme durch ihre Entscheidungen und Handlungen Schäden verursachen, muss sich der Schuldner das fehlerhafte Verhalten der Systeme gem. § 278 BGB analog zurechnen lassen. Voraussetzung der Zurechnung ist, dass § 278 BGB zu einer Zurechnung zum Schuldner geführt hätte, wenn anstelle des KI-Systems ein Mensch gehandelt hätte.[99] Dieser anthropoparallele Maßstab wird mehr und mehr durch KI-orientierte Aspekte zu ergänzen sein. Die Zurechnung des Verschuldens autonomer KI-Systeme analog § 278 BGB dürfte zunehmend bedeutsam werden, wenn es an einer unmittelbaren Pflichtverletzung durch den Schuldner selbst fehlt – der Einsatz der KI also nicht pflichtwidrig

---

95 Treffend *Heiderhoff/Gramsch*, ZIP 2020, 1937, 1940.
96 Vgl. *Hacker*, RW 2018, 243, 263.
97 Vgl. im Ansatz auch *Teubner*, AcP 218 (2018), 155, 189, der im Einzelfall höhere Sorgfaltsanforderungen als an handelnde Menschen für möglich hält, wenn KI-Systeme über höhere kognitive Fähigkeiten verfügen; skeptisch *Heiderhoff/Gramsch*, ZIP 2020, 1937, 1941.
98 Vgl. BGH NJW 1991, 2556, 2558.
99 Dafür etwa *Hacker*, RW 2018, 243, 261 ff.

war, der Schuldner denkbare Auswahl-, Instruktions- und Überwachungspflichten beachtet hat und wenn es auch an einem Garantieversprechen des Schuldners fehlt.

Literaturverzeichnis

Alle Internetquellen wurden zuletzt abgerufen am 21.8.2024.

Arnold, Stefan	Künstliche Intelligenz und Parteiautonomie. Rechtsfähigkeit und Rechtswahlfähigkeit im Internationalen Privatrecht, IPRax 2021, 13
Arnold, Stefan	Bürgerliches Recht und Rechtsphilosophie. Gegenseitige Anerkennung und Gerechtigkeit als Schlüssel zur Rationalität des Rechts, in: Diethelm Klippel/Martin Löhnig/Ute Walter (Hrsg.), Grundlagen und Grundfragen des Bürgerlichen Rechts, 2016
Arnold, Stefan/Kirchhefer-Lauber, Anna	Rechtlicher Anthropozentrismus und Künstliche Intelligenz, Archiv für Rechts- und Sozialphilosophie (ARSP) 110 (2), 265–292
Bachmann, Gregor u. a. (Hrsg.)	Festschrift für Christine Windbichler zum 70. Geburtstag am 8. Dezember 2020, 2020
Becchi, Paolo/Graber, Christoph Beat/Luminati, Michele (Hrsg.)	Interdisziplinäre Wege in die juristische Grundlagenforschung, 2008
Beck, Susanne/Kusche, Carsten/Valerius, Brian (Hrsg.)	Digitalisierung, Automatisierung, KI und Recht. Festgabe zum 10-jährigen Bestehen der Forschungsstelle RobotRecht, 2020
Bringsjord, Selmer/Govindarajulu, Naveen S.	Artificial Intelligence, The Stanford Encyclopedia of Philosophy, Ed. Summer 2020
Bydlinski, Franz	Juristische Methodenlehre und Rechtsbegriff, 1982
Bydlinski, Peter	Der Sachbegriff im elektronischen Zeitalter: zeitlos oder ergänzungsbedürftig?, AcP 1998, 287
Calabresi, Guido	The Cost of Accidents. A Legal and Economic Analysis, 1970
Chibanguza, Kuuya/ Kuß, Christian/ Steege, Hans (Hrsg.)	Künstliche Intelligenz. Recht und Praxis automatisierter und autonomer Systeme, 2022

Chopra, Samir/White, Laurence F.	A Legal Theory for Autonomous Artificial Intelligence, 2011
Coppin, Ben	Artificial Intelligence Illuminated, 2004
Dederer, Hans-Georg/Shin, Yu-Cheol (Hrsg.)	Künstliche Intelligenz und juristische Herausforderungen, 2021
Dettling, Heinz-Uwe/Krüger, Stefan	Digitalisierung, Algorithmisierung und Künstliche Intelligenz im Pharmarecht, PharmR 2018, S.513
Dettling, Heinz-Uwe/Krüger, Stefan	Erste Schritte im Recht der Künstlichen Intelligenz. Entwurf der „Ethik-Leitlinien für eine vertrauenswürdige KI", MMR 2019, S.211
Ebers, Martin u. a. (Hrsg.)	Künstliche Intelligenz und Robotik. Rechtshandbuch, 2020
Faust, Florian/Schäfer, Hans-Bernd (Hrsg.)	Zivilrechtliche und rechtsökonomische Probleme des Internet und der künstlichen Intelligenz. 15. Travemünder Symposium zur ökonomischen Analyse des Rechts, 2019
Fischer, Veronika/Hoppen, Peter J./ Wimmers, Jörg (Hrsg.)	DGRI Jahrbuch 2018, Im Auftrag der Deutschen Gesellschaft für Recht und Informatik e.V., 2019
Foerster, Max	Automatisierung und Verantwortung im Zivilrecht, ZfPW 2019, S.418
Fuchs, Thomas	Verteidigung des Menschen. Grundfragen einer verkörperten Anthropologie, 2020
Gaede, Karsten	Künstliche Intelligenz – Rechte und Strafen für Roboter?. Plädoyer für eine Regulierung künstlicher Intelligenz jenseits ihrer reinen Anwendung, in: Hilgendorf, Eric/ Beck, Susanne (Hrsg.), Robotik und Recht, Bd.18, 2019
Geminn, Christian	Die Regulierung Künstlicher Intelligenz. Anmerkungen zum Entwurf eines Artificial Intelligence Act, ZD 2021, S.354
Grapentin, Justin	Vertragsschluss und vertragliches Verschulden beim Einsatz von Künstlicher Intelligenz und Softwareagenten, in: Roßnagel, Alexander (Hrsg.), Der Elektronische Rechtsverkehr, Bd.38, 2018

Grützmacher, Malte	Die zivilrechtliche Haftung für KI nach dem Entwurf der geplanten KI-VO, CR 2021, S. 433
Gsell, Beate/Krüger, Wolfgang/Lorenz, Stephan/Reymann, Christoph (Hrsg.)	beck-online.GROSSKOMMENTAR zum Zivilrecht, Stand 1.3.2024
Guidotti, Riccardo u. a.	A Survey of Methods for Explaining Black Box Models, ACM Computing Surveys 2018, Art. 93
Günther, Jens/Böglmüller, Matthias	Künstliche Intelligenz und Roboter in der Arbeitswelt, BB 2017, 53
Haagen, Christian	Verantwortung für Künstliche Intelligenz. Ethische Aspekte und zivilrechtliche Anforderungen bei der Herstellung von KI-Systemen, in: Hilgendorf, Eric/ Beck, Susanne (Hrsg.), Robotik und Recht, Bd. 22, 2021
Hacker, Philipp	Verhaltens- und Wissenszurechnung beim Einsatz von Künstlicher Intelligenz, RW 2018, 243
Haubold, Johannes	Künstliche Intelligenz in der Radiologie. Was ist in den nächsten Jahren zu erwarten?, Die Radiologie 2020, 64
Hecker, Dirk u. a.	Zukunftsmarkt Künstliche Intelligenz. Potenziale und Anwendungen, Studie der Fraunhofer-Allianz Big Data, 2017, https://www.bigdata-ai.fraunhofer.de/content/dam/bigdata/de/documents/Publikationen/KI-Studie_Ansicht_201712.pdf (zuletzt abgerufen am 21.8.2024)
Heiderhoff, Bettina/ Gramsch, Kilian	Klassische Haftungsregimes und autonome Systeme – genügt „functional equivalence" oder bedarf es eigenständiger Maßstäbe?, ZIP 2020, 1937
Herberger, Maximilian	„Künstliche Intelligenz" und Recht. Ein Orientierungsversuch, NJW 2018, 2825
Kainer, Friedemann/Förster, Lydia	Autonome Systeme im Kontext des Vertragsrechts, ZfPW 2020, 275
Kaulartz, Markus/Braegelmann, Tom (Hrsg.)	Rechtshandbuch Artificial Intelligence und Machine Learning, 2020

Kleiner, Cornelius	Die elektronische Person. Entwurf eines Zurechnungs- und Haftungssubjekts für den Einsatz autonomer Systeme im Rechtsverkehr, in: Roßnagel, Alexander/Hornung, Gerrit (Hrsg.): Der Elektronische Rechtsverkehr, Bd. 44, 2021
Klingbeil, Stefan	Schuldnerhaftung für Roboterversagen, JZ 2019, 718
Kreutzer, Ralf T./Sirrenberg, Marie	Künstliche Intelligenz verstehen. Grundlagen – Use-Cases – unternehmenseigene KI-Journey, 2019
Kronthaler, Christoph	Analoge Anwendung von § 1313a ABGB auf „technische Hilfsmittel"?, ÖJZ 2019, 945
Linke, Christian	Digitale Wissensorganisation. Wissenszurechnung beim Einsatz autonomer Systeme, in: Broemel, Roland u. a. (Hrsg.), Recht und Digitalisierung, Bd. 5, 2021
Lohsse, Sebastian/Schulze, Reiner/Staudenmayer, Dirk (eds.)	Liability for Artificial Intelligence and the Internet of Things. Münster Colloquia on EU Law and the Digital Economy IV, 2019
Lämmel, Uwe/Cleve, Jürgen	Künstliche Intelligenz: Wissensverarbeitung. Neuronale Netze, 5. Aufl. 2020
Mainzer, Klaus	Künstliche Intelligenz – Wann übernehmen die Maschinen?, 2019
Martini, Mario	Blackbox Algorithmus. Grundfragen einer Regulierung Künstlicher Intelligenz, 2019
McCorduck, Pamela	Machines Who Think. A Personal Inquiry into the History and Prospects, 2004
Moor, James	The Dartmouth College Artificial Intelligence Conference: The Next Fifty Years, AI Magazine 2006, 87
Mugdan, Benno	Die gesamten Materialien zum Bürgerlichen Gesetzbuch für das Deutsche Reich, II. Band. Recht der Schuldverhältnisse, 1899
Möslein, Florian/Lordt, Arne	Rechtsfragen des Robo-Advice, ZIP 2017, 793
Müller-Hengstenberg, Claus D./Kirn, Stefan	Kausalität und Verantwortung für Schäden, die durch autonome smarte Systeme verursacht werden, CR 2018, 682

Oechsler, Jürgen	Gerechtigkeit im modernen Austauschvertrag. Die theoretischen Grundlagen der Vertragsgerechtigkeit und ihr praktischer Einfluß auf Auslegung, Ergänzung und Inhaltskontrolle des Vertrages, 1997
Ondreasova, Eva	Haftung für technische Hilfsmittel de lege lata, ÖJZ 2015, 443
Russell, Stuart J./Norvig, Peter (eds.)	Artificial Intelligence. A Modern Approach, 2020
Rüthers, Bernd	Rechtsdogmatik und Rechtspolitik unter dem Einfluß des Richterrechts, Rechtspolitisches Forum, 2003
Säcker, Franz J. u. a. (Hrsg.)	Münchener Kommentar zum BGB, Bd. 2, 2019
Schirmer, Jan-Erik	Rechtsfähige Roboter?, JZ 2016, 660
Schmidt, Eike	Zur Dogmatik des § 278 BGB, AcP 1970, 502
Searle, John R.	Minds, brains, and programs, Behavioral and Brain Sciences 1980, 417
Sommer, Martin	Haftung für autonome Systeme. Verteilung der Risiken selbstlernender und vernetzter Algorithmen im Vertrags- und Deliktsrecht, in: Broemel, Roland u. a. (Hrsg.), Recht und Digitalisierung, Bd. 4, 2020
Teubner, Gunther	Digitale Rechtssubjekte?. Zum privatrechtlichen Status autonomer Softwareagenten, AcP 2018, 155
Tröger, Tobias	Arbeitsteilung und Vertrag. Verantwortlichkeit für das Fehlverhalten Dritter in Vertragsbeziehungen, 2012
Veale, Michael	Governing Machine Learning that Matters, 2019
Wang, Pei	On Defining Artificial Intelligence, 10 Journal of Artificial General Intelligence, 2019
Westermann, Harm P./Bydlinski, Peter/Arnold, Stefan	Schuldrecht Allgemeiner Teil, 2020
Wittpahl, Volker (Hrsg.)	Künstliche Intelligenz. Technologie – Anwendung – Gesellschaft, 2019

Arnold

Ying, Mingsheng	Quantum computation, quantum theory and AI, in: Goebel, Randy/Williams, Mary-Anne (eds.), Artificial Intelligence, Vol. 174, 2010
Zech, Herbert	Künstliche Intelligenz und Haftungsfragen, ZfPW 2019, 198

Kapitel 4
Der AI-Act – Implikationen für den Einsatz von Künstlicher Intelligenz (KI) in Unternehmen

Übersicht

A. Einführung

1 Weit mehr als 1.000 Tage sind vergangen zwischen dem Vorschlag der EU-Kommission für ein Gesetz über Künstliche Intelligenz (AI-Act bzw. KI-VO) am 21.4.2021 bis zum Inkrafttreten am 1.8.2024. Über die finale Fassung, der die EU-Mitgliedstaaten am 2.2.2024 im Ausschuss der ständigen Vertreter zustimmten, die Zustimmung des EU-Parlaments am 13.3.2024, die förmliche Zustimmung der Mitgliedstaaten, juristische Übersetzungen des AI-Act in alle Amtssprachen der EU und Veröffentlichung im Amtsblatt der EU am 12.7.2024 war es ein langer Weg. Damit ist der AI-Act am 1.8.2024 in Kraft getreten und findet – bis auf wenige Ausnahmen – ab dem 1.8.2026 Anwendung (Art. 113 KI-VO). Interessant ist das vor allem vor dem Hintergrund, dass die KI-VO nur eine von 106 Gesetzgebungsinitiativen der EU zur Digitalisierung ist. Der Verordnungstext umfasst 89 Erwägungsgründe und 85 Artikel. Die entscheidende Trilog-Verhandlung am 8.12.2023 dauerte 38 Stunden – die Dauer der politischen Auseinandersetzung reflektiert die Komplexität und Tragweite dieses Rechtsrahmens.

Im Rahmen der Digitalstrategie hat die Europäische Kommission das Ziel **2** ausgerufen, eine digitale Dekade Europas zu schaffen.[1] Mit einem Fokus auf Daten, Technologie und Infrastrukturen soll die digitale Souveränität der EU gesichert werden. Ergänzend fördert die Kommission die Entwicklung und den Einsatz digitaler Technologien mit dem Programm „Digitales Europa" im Rahmen eines mehrjährigen Programms.[2] Derzeit zeichnet sich das digitale Ökosystem der EU durch eine starke Fragmentierung aus, da die Entwicklungsstadien der Digitalwirtschaft und -infrastruktur in den Mitgliedstaaten sehr heterogen ausgeprägt sind.[3]

Doch nicht nur zwischen den Mitgliedstaaten gibt es große Unterschiede, **3** auch innerhalb der KI-Anwendungen kommen heute schon die verschiedensten Ausprägungen zum Einsatz.[4] Ein Beispiel sind autonom fahrende Autos. Auf der Basis von KI bieten sich unzählige Chancen für die Entwicklung neuer Produkte und Services.[5] Mit dem enormen Potenzial von KI gehen allerdings auch neue Risiken einher:[6] Fehlerhafte oder verzerrte Trainingsdaten können zum Beispiel bei automatischen Entscheidungssystemen zu Fehlern führen. Als Beispiel mag der Unfall dienen, der sich 2018 zwischen einem autonom fahrenden PKW und einem Fußgänger ereignete, weil das Fahrzeug den Fußgänger nicht als solchen erkannte.[7] Die Ursachen solcher Fehler zu finden, gestaltet sich oftmals schwierig bis unmöglich, weil die KI-Systeme sich wie eine Black Box verhalten und keinem definierten Entscheidungspfad folgen. Der Vormarsch der KI hat neuen Schwung erhalten und ist spätestens mit der Freigabe von ChatGPT 2023 in der breiten Masse angekommen. Das Anliegen der EU, diesem bisher weitgehend sich selbst überlassenen Technikfeld einen regulatorischen Rahmen zu geben, hat somit während des Gesetzgebungsverfahrens noch zusätzlich neuen Schwung erfahren.

Die Idee der KI ist nicht neu, dennoch ist die Feststellung von *Ruschemeier*[8] **4** zutreffend, dass sie gleichzeitig über- und unterschätzt wird. Die Überschätzung wird dadurch deutlich, dass Erwartungen an „die KI" herangetragen

---

1 *Europäische Kommission*, Über die Digitalstrategie, 2024.
2 *Europäische Kommission*, Programm „Digitales Europa.
3 Siehe *Turillazzi et al.*, The digital services act, S. 85.
4 Siehe *Steiner*, c't 2023 Heft 1, 132.
5 COM (2018), S. 1 f.
6 Siehe COM (2021), S. 2.
7 Siehe *National Transportation Safety Board*, Highway Accident Report, S. 1 ff.
8 Siehe *Ruschemeier*, AI as a challenge for legal regulation, S. 361.

werden, die größten Probleme der Menschheit, z. B. den Kampf gegen den Klimawandel, Viren und Seuchen zu lösen, ohne den Faktor Mensch im Ursprung und zur Lösung dieser Probleme zu berücksichtigen. Dies führt zu Solutionismus, dem Glauben, dass allein die Entwicklung und Anwendung der richtigen technischen Funktionen alle Probleme lösen wird.[9] Gleichzeitig wird KI unterschätzt. Das betrifft vor allem die Beeinflussbarkeit und die Reversibilität: gerade im Hinblick auf Big Data und dessen Einfluss auf menschengemachte soziale, politische und gesellschaftliche Strukturen wie z. B. Kommunikationsformen lässt sich die Entwicklung nicht wieder rückgängig machen. Dieser Teil der digitalen Transformation ist irreversibel und wird weiter an Fahrt aufnehmen.

5   Damit stellt der fortschreitende und nicht aufzuhaltende technologische Wandel, insbesondere im Bereich der KI, die Gesetzgebung und Regulierung vor neue Herausforderungen. Die Entscheidung, ob neue Technologien neue Gesetze erfordern, ist mit dem AI-Act gefallen. Die Risiken, die mit KI einhergehen, wie Intransparenz, Komplexität, potenzielle Voreingenommenheit und schnelle Veränderung, stehen im Gegensatz zu rechtlichen Prinzipien wie Rechtssicherheit, Transparenz, Erklärbarkeit und Gleichbehandlung.[10] Fehlerhafte KI-Systeme, die normative Erwartungen nicht erfüllen, können Schaden anrichten, das Vertrauen in Institutionen untergraben und letztendlich die Weiterentwicklung und Nutzung von KI behindern.

6   Der Beitrag setzt einen Fokus auf die Gruppen der Hochrisiko- und Allzweck-KI und die Implikationen, die sich bei Anwendung von KI in unterschiedlichen Kontexten für Unternehmen ergeben.

B. AI-Act

I. Gegenstand

7   Der AI-Act wurde ins Leben gerufen, um eine harmonisierte Regelung für den Einsatz und die Nutzung von KI-Systemen in der EU zu schaffen. Ziel ist es, die Nutzung von KI in verschiedenen Sektoren zu ermöglichen und zu fördern, während gleichzeitig die Rechte von Individuen und Unternehmen geschützt werden. So soll eine klare und einheitliche Regelung für die

---

9 Siehe *Mölders,* Legal algorithms and solutionism: reflections on two recidivism scores, S. 57 f.; *de Souza,* European Journal of Risk Regulation, 2022, 1 f.; *Morozov,* To Save Everything, Click Here, Technology, Solutionism and the Urge to Fix Problems That Don't Exist; *Byrum/Benjamin,* Disrupting the Gospel of Tech Solutionism to Build Tech Justice.

10 Siehe *Floridi* et al., capAI.

Entwicklung und den Einsatz von KI-Systemen geschaffen und somit die Rechtsunsicherheit für Unternehmen und Verbraucher reduziert werden.[11]

Sechs Jahre vor Inkrafttreten der KI-Verordnung, im Jahr 2018, hatte die **8** Europäische Kommission erstmalig ihre KI-Strategie der Öffentlichkeit vorgestellt.[12] Hiermit sollte möglichst früh politische und juristische Initiativen ergriffen werden. Zu diesem Zweck setzte die Kommission eine Gruppe aus KI-ExpertInnen ein, um Empfehlungen zu entwickeln, wie man den Chancen und Herausforderungen der Künstlichen Intelligenz mittel- und langfristig am besten begegnet.[13] Diese Expertengruppe (HEG-KI) entwickelte Leitlinien[14] für die folgenden Diskussionen. In deren Verlauf, insbesondere in Bezug auf die Auswirkungen von KI, IoT und Robotik auf Sicherheit und Haftung zeigte sich die Notwendigkeit, Lücken in bestehenden Vorschriften, wie z.B. den Produktsicherheitsvorschriften zu schließen.[15]

Darüber hinaus rief die Kommission die sogenannte KI-Allianz ins Leben, **9** die politische EntscheidungsträgerInnen mit unterschiedlichen gesellschaftlichen InteressensvertreterInnen zusammenbringen sollte, um in einem offenen Dialog wichtige Impulse für die Gestaltung europäischer Strategien im Bereich der Künstlichen Intelligenz zu entwickeln.[16]

Zwei Jahre lang organisierte die Kommission dazu unterschiedliche Formate wie KI-Events und Online-Foren, um sich sowohl mit Unternehmen, **10** Verbänden, Wissenschaftlern und Bürgern über Best Practices, Risiken und essenzielle Anforderungen an KI-Technologien auszutauschen.[17] Die Ergebnisse dieser öffentlichen Konsultationen sind im Weißbuch „Zur Künstlichen Intelligenz – ein europäisches Konzept für Exzellenz und Vertrauen"[18] nachzulesen. Das Weißbuch gilt als Grundstein für den Gesetzesentwurf zur KI-Verordnung.

Aber auch unter den Mitgliedstaaten waren einige Themen bis zuletzt heftig **11** umstritten: z.B. ob biometrische Gesichtserkennung im öffentlichen Raum verboten werden und ob für KI-Basismodelle eine strenge Regulierung greifen sollte.[19] Hinter beiden Punkten stand das EU-Parlament, während sie bei mehreren Mitgliedstaaten, darunter Deutschland, auf Ablehnung stie-

---

11 https://digital-strategy.ec.europa.eu/de/policies/regulatory-framework-ai.
12 Siehe COM (2018).
13 Siehe DIGIBYTE, Commission appoints expert group on AI and launches the European AI Alliance.
14 Siehe HEG-KI, Ethik-Leitlinien für eine vertrauenswürdige KI.
15 Siehe *Buchalik/Gehrmann*, CR 2024, 146.
16 Siehe *Verch*, Anspruchsvolle Regeln für vertrauenswürdige Künstliche Intelligenz, S. 4.
17 Siehe Europäische Kommission, The European AI-Alliance.
18 COM (2020).
19 Siehe *Weiz*, Gesichtserkennung & Co: EU einigt sich auf welterstes KI-Gesetz.

ßen.[20] Am Ende konnte sich das EU-Parlament bei den normativen Auflagen für die Basismodelle durchsetzen, musste dafür aber hinnehmen, dass die Videoüberwachung mittels Gesichtserkennung nicht, wie ursprünglich gefordert, gänzlich verboten wird, sondern in engen Ausnahmefällen durch Polizei und Sicherheitsbehörden angewandt werden darf.[21] Allerdings steht nach Art. 5 Abs. 5 KI-VO den einzelnen Mitgliedstaaten das Recht zu, für die Videoüberwachung mit automatischer Gesichtserkennung strengere nationale Vorschriften zu erlassen.

12   Die Basis der KI-Verordnung besteht jedoch aus verschiedenen Risikoklassen für KI-Systeme. Diese legen fest, welche Anforderungen an die Entwicklung und den Einsatz von KI-Systemen gestellt werden müssen. Diese Klassifizierung soll sicherstellen, dass KI-Systeme, die ein hohes Risiko für die Gesundheit und Sicherheit von Menschen darstellen, strengeren Anforderungen unterliegen als Systeme mit geringerem Risiko.[22]

1. **KI-Systeme mit inakzeptablem Risiko**: Diese umfassen Technologien wie Social Scoring, bestimmte Formen der biometrischen Videoüberwachung und subtile Verhaltensbeeinflussung, die vollständig verboten werden sollen.
2. **KI-Systeme mit hohem Risiko**: Für diese Systeme gelten strenge Compliance- und Informationspflichten.
3. **KI-Systeme mit begrenzten Risiken**: Diese Systeme unterliegen spezifischen Anforderungen an Transparenz und Informationsbereitstellung.
4. **KI-Systeme mit keinem oder niedrigem Risiko**: Diese Systeme unterliegen minimalen oder keinen spezifischen Regulierungsanforderungen.

13   An diese Kategorien werden verschiedene Verbote bzw. Compliance- und Informationspflichten gekoppelt. Technologien mit einem inakzeptablen Risiko wie Social Scoring oder Teile von biometrischer Videoüberwachung und subtiler Verhaltensbeeinflussung sind danach verboten.

14   Im Rahmen einer Sonderregelung, die von der Risikokategorisierung abweicht, wurde bereits auf das Aufkommen und die schnelle Verbreitung von multimodalen Modellen (im AI-Act auch „General Purpose AI", kurz GPAI genannt) wie GenAI und solche, die besonders hohe Rechenleistungen haben, reagiert.

15   Die Verabschiedung der KI-VO 2024 ist ein wichtiger Schritt hin zu einem digitalisierten Europa. Die KI-VO kommt jedoch erst mit Zeitverzug zur Anwendung: Während die meisten Vorschriften gemäß Art. 113 KI-VO zwei Jahre nach Inkrafttreten, im August 2026, Geltung erlangen, gibt es für be-

---

20 Siehe *Kafsack*, Strikte EU-Auflagen für ChatGPT-Basismodell, FAZ v. 9.12.2023.
21 Siehe *Verch*, Anspruchsvolle Regeln für vertrauenswürdige Künstliche Intelligenz, S. 3.
22 Siehe *Hanif* et al., Tough Decisions? Supporting System Classification According to the AI Act, S. 353.

stimmte Bereiche Sonderregelungen. So greifen z. B. die Verbote für KI-Anwendungen mit inakzeptablem Risiko bereits sechs Monate nach Inkrafttreten, während der Geltungsbeginn für die Vorschriften für hochriskante KI- Systeme erst im August 2027 liegt.

II. Ziele

Art. 1 des AI-Act sieht als Ziele der VO u. a. vor, dass die Grundrechte, Demokratie, Rechtsstaatlichkeit und ökologische Nachhaltigkeit vor den Risiken von KI geschützt werden sollen. Die Ansprüche des Gesetzgebers gehen indes weit über das Ziel einer Stärkung des EU-Binnenmarkts durch Rechtsvereinheitlichung hinaus, denn die EU möchte mit der KI-Verordnung zugleich „Innovation und Beschäftigung fördern" und dabei eine „Führungsrolle bei der Einführung menschenzentrierter, nichtdiskriminierender und vertrauenswürdiger KI" einnehmen.[23] Zugleich sollen Innovationen mit und für KI-Nutzung gefördert und die Führungsrolle der EU bei KI gestärkt werden.[24] **16**

III. Systematik des AI-Act

Der AI-Act besteht aus mehreren Teilen, die sich mit verschiedenen Aspekten der KI-Regulierung befassen. Der erste Teil definiert die Grundlagen und Ziele der Verordnung, einschließlich der Definition von KI-Systemen und der Ziele der Regulierung. Der zweite Teil behandelt die Risikoklassen und die entsprechenden Regulierungsanforderungen für KI-Systeme mit hohem Risiko, begrenztem Risiko und niedrigem Risiko. Ein wichtiger Bestandteil des AI-Act ist die Definition von KI-Systemen. Laut der Verordnung ist ein KI-System ein „maschinengestütztes System, das so konzipiert ist, dass es mit unterschiedlichem Grad an Autonomie betrieben werden kann und nach seiner Einführung Anpassungsfähigkeit zeigt, und das für explizite oder implizite Ziele aus den Eingaben, die es erhält, ableitet, wie es Ausgaben wie Vorhersagen, Inhalte, Empfehlungen oder Entscheidungen generieren kann, die physische oder virtuelle Umgebungen beeinflussen können." (Art. 3 Abs. 1 KI-VO) **17**

Diese Definition ist breit gefasst, um sicherzustellen, dass die Verordnung nicht schnell veraltet. Der AI-Act sieht auch eine komplexe und mehrschichtige Governance-Struktur vor, die multiple Entitäten wie benannte Stellen, Konformitätsbewertungsstellen, ein KI-Board, ein KI-Büro, nationale zuständige Behörden und Marktüberwachungsbehörden umfasst. Diese Struk- **18**

---

23 Siehe ErwG 2 KI-VO.
24 Siehe *Figatowski*, PStR 2024, 154.

tur soll die Einhaltung der Regulierungsanforderungen sicherstellen und Innovationen im KI-Bereich fördern.

19 Hinsichtlich des **Anwendungsbereichs** des AI-Act unterscheidet Art. 2 nach dem persönlichen und dem räumlichen Anwendungsbereich – eine Struktur, die bereits aus der DSGVO bekannt ist.

1. Persönlicher Anwendungsbereich

20 Die Verordnung konzentriert sich weitgehend auf **Anbieter**, also die Einheiten, die ein KI-System entwickeln und entweder auf den Markt bringen oder für den eigenen Gebrauch in Betrieb nehmen (Art. 3 Abs. 3 KI-VO). Hierbei handelt es sich um jede natürliche oder juristische Person, Behörde, Einrichtung oder sonstige Stelle, die ein KI-System (einschließlich Allzweck-KI) entwickelt oder ein KI-System entwickeln lässt und es unter ihrem eigenen Namen oder ihrer eigenen Marke entgeltlich oder unentgeltlich in Verkehr bringt oder in Betrieb nimmt (Art. 3 Abs. 3 KI-VO). Die Pflichten für die Anbieter sind insbesondere in Art. 16 KI-VO geregelt, wonach vor allem die Anforderungen von Art. 8 bis 15 KI-VO vor Inverkehrbringen und Inbetriebnahme eines KI-Systems zu erfüllen sind.[25]

21 **Nutzer** von KI-Systemen werden zwar genannt, allerdings werden private Endnutzer ausgeschlossen, da die Definition eines Nutzers gemäß Art. 3 Abs. 4 KI-VO die Nutzung von KI-Systemen im Kontext einer persönlichen und nicht-professionellen Tätigkeit ausschließt. Es scheint auch, dass Forschung im Zusammenhang mit KI nicht in den Anwendungsbereich einbezogen ist.

22 Weiterhin umfasst die KI-Verordnung auch die **Betreiber**, also natürliche oder juristische Personen, Behörden, Organisationen oder andere Stellen, die ein KI-System eigenverantwortlich nutzen (Art. 3 Abs. 4 KI-VO). Die Verpflichtungen der Betreiber sind hauptsächlich in Art. 29 der KI-Verordnung festgelegt. Unter bestimmten Bedingungen können sich die Pflichten eines Betreibers gemäß Art. 28 in Verbindung mit Art. 16 der KI-Verordnung auf die des Anbieters erweitern. Dies ist beispielsweise der Fall, wenn der Betreiber ein Hochrisiko-KI-System unter eigenem Namen oder eigener Marke auf den Markt bringt oder in Betrieb nimmt.[26] Als weitere Adressaten sind in der KI-VO u. a. der Importeur (Art. 3 Abs. 6) und der Händler (Art. 3 Abs. 7) aufgeführt. Bemerkenswert ist, dass innerhalb des AI-Act keine Rechte für betroffene Personen oder andere von KI-Systemen betroffene Personen vorgesehen sind.[27]

---

25 Siehe *Buchalik/Gehrmann*, CR 2024, 145, 146.
26 Siehe *Buchalik/Gehrmann*, CR 2024, 145, 146 f.
27 Siehe *Ruschemeier*, AI as a challenge for legal regulation, S. 370.

2. Räumlicher Anwendungsbereich

Art. 2 KI-VO legt auch den räumlichen Anwendungsbereich fest. Die KI- **23**
VO gilt für Anbieter, die KI-Systeme innerhalb der EU in Verkehr bringen
oder in Betrieb nehmen, unabhängig davon, ob sie in der EU ansässig sind
oder nicht. Betreiber von KI-Systemen unterliegen den Vorschriften der KI-
VO, wenn sie in der EU ansässig oder niedergelassen sind. Die Verordnung
ist jedoch auch für Anbieter und Betreiber in Drittstaaten anwendbar, sofern das von KI-Systemen erzeugte Ergebnis innerhalb der EU verwendet
wird (Art. 2 Nr. 1c KI-VO). Die Ausweitung des Anwendungsbereichs auf
Nicht-EU-Anbieter und -Nutzer zielt darauf ab, die Umgehung der KI-VO
und die unregulierte Datenübermittlung in Drittstaaten zu verhindern.[28] Eine
solche Ausweitung ist im U. S.-Recht üblich und innerhalb der EU durch die
DSGVO bereits bekannt. Dieser Ansatz birgt durchaus Risiken, wenngleich
er verständlich ist. Kleinere Drittstaaten-Anbieter könnten den EU-Markt
meiden oder EU-Nutzer von den Funktionen ihrer KI-Systeme ausschließen.[29]

Gerade diese Regelung könnte dem AI-Act aber auch zur weltweiten Gel- **24**
tung verhelfen: das Marktortprinzip ist jetzt gesetzt für jegliches Angebot
für den EU-Markt. Zumindest die großen Anbieter werden diesen Markt
nicht aufgeben wollen. Zum anderen könnte der AI-Act als Blaupause für
KI-spezifische Regulierung in anderen Drittstaaten dieser Welt dienen.[30]
Der EU-Gesetzgeber hat sich mit KI in einem Detailgrad und einer Tiefe
befasst, die bislang einzigartig ist.[31]

IV. Definition von „KI-System" im AI-Act

Dem AI-Act liegt – nach langen Diskussionen – nun eine Umschreibung des **25**
Begriffs „KI-System" der Organisation für wirtschaftliche Zusammenarbeit
und Entwicklung (OECD) zugrunde. Gemäß Art. 3 Abs. 1 der Verordnung
ist ein KI-System ein „maschinengestütztes System, das für einen in unterschiedlichem Grade autonomen Betrieb ausgelegt ist und das nach seiner
Betriebsaufnahme anpassungsfähig sein kann und das aus den erhaltenen
Eingaben für explizite oder implizite Ziele ableitet, wie Ausgaben wie etwa
Vorhersagen, Inhalte, Empfehlungen oder Entscheidungen erstellt werden,
die physische oder virtuelle Umgebungen beeinflussen können." Anders als
beim Vorschlag der EU-Kommission findet sich darin nun das Kriterium
„Grad an Autonomie", wie bereits vom EU-Parlament gefordert.[32]

---

28 Siehe *Buchalik/Gehrmann*, CR 2024, 145, 147.
29 Siehe *Buchalik/Gehrmann*, CR 2024, 145, 147.
30 Siehe *Götz*, DB 2024, M4.
31 Siehe *Götz*, DB 2024, M4.
32 Siehe *Buchalik/Gehrmann*, CR 2024, 145, 147.

26 Diese weite, technologieoffene Definition soll künftigen Entwicklungen Raum lassen.[33] Zu kritisieren bleibt allerdings, dass die Definition aus weiteren, auslegungsbedürftigen oder unbestimmten Begriffen besteht. Eine einfache Subsumtion führt dazu, dass auch nicht-intelligente Software unter ein „KI-System" fallen könnte. Hierzu ist der Begriff „ableiten" wohl der Schlüssel, sofern ableiten mehr ist, als innerhalb eines vorgegebenen Pfades eine Entscheidung zu fällen.[34] Das stellt auch der Erwägungsgrund 6 der KI-VO klar, wonach keine KI-Systeme erfasst sein sollen, die auf Regeln beruhen, die ausschließlich von natürlichen Personen zur automatischen Ausführung von Vorgängen festgelegt wurden. Maschinelles Lernen und der wissensbasierte Ansatz werden unter dem Begriff „inference" zusammengefasst. Die Fähigkeit eines KI-Systems, Entscheidungen zu treffen, gehe gerade über die grundlegende Datenverarbeitung hinaus und bedürfe genau deshalb auch einer strengeren Regulierung durch die KI-VO.

C. Klassifizierung von KI-Systemen im AI-Act

27 Um die Vertrauenswürdigkeit von KI-Systemen zu gewährleisten, verfolgt die KI-Verordnung einen risikobasierten Ansatz (s. o.). Die Einteilung der KI-Systeme nach den zugrunde liegenden Risikokategorien ist im Gesetzestext selbst unübersichtlich umgesetzt, insbesondere da nicht alle Risikoklassen klar als solche benannt werden. So gliedern sich die Kapitel nach „verbotene Praktiken" (Kap. 2), „Hochrisiko Systeme" (Kap. 3), „Transparenzpflichten für bestimmte KI-Systeme (Kap 4) und „KI-Modelle mit allgemeinem Verwendungszweck" (Kap. 5). KI-Systeme, die nur ein begrenztes, minimales oder kein Risiko aufweisen, werden im Gesetzestext nicht explizit als eigenständige Kategorien benannt, aber in Art. 50 KI-VO werden Transparenzpflichten für bestimmte KI-Systeme festgelegt, die auch für KI-Anwendungen mit nur geringem Risiko greifen.

28 Gerade für Unternehmen und Betreiber ist es von existenzieller Bedeutung, die KI-Systeme hinsichtlich der Risikoklassen richtig zu beurteilen – nicht zuletzt, um die Anforderungen erfüllen zu können. Daher sei hier zunächst vereinfachend zusammengefasst:

– **Klasse 1:** Verbotene Systeme (Art. 5). Dazu gehören z. B. Techniken des Social Scoring, Systeme zur Manipulation von Personen, zur biometrischen Identifizierung in öffentlichen Bereichen, biometrische Kategorisierung nach sensiblen Merkmalen (Rasse, Religion, politische Ansichten etc.).

---

33 Siehe *Bleich*, c't 2024, Heft 11, 141.
34 So auch *Buchalik/Gehrmann*, CR 2024, 145, 147.

– **Klasse 2:** Hochrisiko-Systeme, die unter Vorgaben erlaubt sind (Art. 6). Dazu gehören z. B. der Einsatz von KI in kritischen Infrastrukturen und in der Medizin und KI-Systeme, die den Zugang zu Arbeit, Bildung oder sonstigen Diensten regulieren.
– **Klasse 3:** KI-Systeme mit begrenztem Risiko. Das sind z. B. Systeme, die direkt mit Personen interagieren (Chatbots etc.), die Emotionen erkennen oder Inhalte künstlich erzeugen oder verändern.
– **Klasse 4:** Systeme mit minimalem Risiko wie KI-gestützte Spamfilter, Sprachübersetzungen, Rechtschreibkorrekturen oder vergleichbare automatisierte Softwarefunktionen oder Videospiele.

Darüber hinaus werden in Art. 51 bis 56 KI-VO Sondervorschriften für KI- **29** Modelle mit allgemeinem Verwendungszweck (GPAI) statuiert. Ergänzt werden die Vorschriften durch ausführliche Bestimmungen in den 13 Anhängen zur KI-Verordnung. Wie genau diese populären und sich exponentiell verbreitenden Modelle einzustufen sind und was dabei zu beachten ist, muss im weiteren Verlauf geklärt werden.

Der AI-Act sieht vor, dass für KI-Systeme, die weder in die Kategorie des **30** hohen noch des unannehmbaren Risikos fallen und nicht als Sprachmodelle mit allgemeinem Verwendungszweck klassifiziert sind, keine spezifischen normativen Anforderungen gelten. Gleichwohl normiert Art. 4 KI-VO eine Verpflichtung der Anbieter und Betreiber sämtlicher KI-Systeme, sicherzustellen, dass ihre Mitarbeitenden über ausreichende KI-Kompetenz verfügen. Dies umfasst insbesondere technische Fachkenntnisse, die es ermöglichen, die dem KI-System inhärenten Risiken, vor allem in Bezug auf Grundrechte, Gesundheit und Sicherheit betroffener Personen, zu erfassen und zu bewerten.[35]

Einige KI-Technologien sind jedoch von der Klassifizierung ausgenom- **31** men, so nimmt Art. 3 Abs. 3 KI-VO Systeme aus, „wenn und soweit sie ausschließlich für militärische Zwecke, Verteidigungszwecke oder Zwecke der nationalen Sicherheit in Verkehr gebracht, in Betrieb genommen oder, mit oder ohne Änderungen, verwendet werden, unabhängig von der Art der Einrichtung, die diese Tätigkeiten ausübt." Weitere Ausnahmen gelten für den Einsatz von Open Source Software und für wissenschaftliche Forschungszwecke sowie für den Betrieb von KI-Systemen ausschließlich zu privaten Zwecken.

I. Verbotene Systeme

Die EU hat mit dem AI-Act umfassende Regeln für die Nutzung von KI ein- **32** geführt, um die Werte der Union, insbesondere die Grundrechte, zu schüt-

---

35 Siehe *Chibanguza/Steege*, NJW 2024, 1769, 1771.

zen. Diese Regeln umfassen ein Verbot bestimmter Praktiken, die als unannehmbar gelten, weil sie das Potenzial haben, Personen zu manipulieren oder ihre Schwächen auszunutzen.

1. Manipulative Beeinflussung

33 Die KI-Verordnung verbietet KI-Systeme, die auf Techniken zur unterschwelligen Beeinflussung zurückgreifen, die von den betroffenen Personen nicht bewusst wahrgenommen werden. Dies soll verhindern, dass Menschen ohne ihr Wissen oder ihre Zustimmung manipuliert werden.[36] Besonders geschützt werden Minderjährige und Personen mit Behinderungen. KI-Anwendungen dürfen ihre Schwächen nicht ausnutzen, um ihr Verhalten negativ zu beeinflussen. Dies soll die physische und psychische Gesundheit dieser Personengruppen schützen und ihre Selbstbestimmung und Autonomie gewährleisten.[37]

34 Die Verbote zielen auf Praktiken mit erheblichem Potenzial, Personen zu manipulieren ab, die auf Techniken zur unterschwelligen Beeinflussung zurückgreifen. Da diese von den betroffenen Personen nicht bewusst wahrgenommen werden, oder gerade die Schwächen bestimmter schutzbedürftiger Gruppen wie Kinder oder Personen mit Behinderungen zur Beeinflussung des Verhaltens ausnutzen, könnten die Betroffenen selbst oder andere Personen psychisch oder physisch geschädigt werden.[38] Auch Beeinträchtigungen der freien Entscheidungsfindung, Selbstbestimmung, Autonomie und Persönlichkeitsentwicklung durch KI-Einsatz und -Nutzung sollen verhindert werden.[39]

2. Biometrische Identifizierung

35 Die Nutzung von KI-Systemen zur biometrischen Identifizierung ist in bestimmten Fällen verboten. Dazu gehören das Auslesen von Gesichtern von Fotos aus dem Internet oder von Überwachungskameras und die Nutzung dieser Aufnahmen, um daraus Bilder zu generieren (nach Art. 5 Abs. 1 lit. e KI-VO). Das gilt bis auf wenige Ausnahmen auch für die Verwendung von biometrischen Echtzeit-Fernidentifizierungssystemen im öffentlichen Raum („One-to-many Matching") durch Ermittlungsbehörden zum Zweck der Strafverfolgung.

---

36 Siehe *Verch*, Anspruchsvolle Regeln für vertrauenswürdige Künstliche Intelligenz, S. 13.
37 *Verch*, Anspruchsvolle Regeln für vertrauenswürdige Künstliche Intelligenz, S. 13.
38 Siehe *Söbbing*, ITRB 2024, 108.
39 Siehe ErwG 29 KI-VO.

3. Kategorisierung von Personen

KI-Systeme, die Menschen automatisiert so kategorisieren, dass auf der [36] Grundlage ihrer biometrischen Daten Rückschlüsse auf ihre politischen oder religiösen Einstellungen, ihre Gewerkschaftszugehörigkeit oder ihre sexuelle Ausrichtung abgeleitet werden können, sind ebenfalls verboten (Art. 5 Abs. 1 lit. g KI-VO). Hierzu gehört auch das sog. Social-Scoring, also ein Einsatz von KI, um die Vertrauenswürdigkeit von Menschen zu bewerten oder zu klassifizieren, um ihnen auf Basis dieser Klassifizierung Vorteile zu gewähren oder zu versagen. Solche Praktiken sind z. B. in China bereits etabliert: Dort wird für Bürger*innen ein individueller Punktestand für soziale Verhaltensweisen ermittelt, der maßgebend dafür ist, ob und in welchem Maß die Menschen Zugang zu öffentlichen Gütern und Dienstleistungen erhalten.[40]

4. Weitere Verbote

Weitere Verbote der KI-Verordnung beziehen sich auf die algorithmische [37] Risikobewertung und das Profiling im Bereich der Kriminalitätserkennung (Art. 5 Abs. 1 lit. d KI-VO) sowie auf den Einsatz von Emotionserkennungssoftware, deren Einsatz am Arbeitsplatz und in Bildungseinrichtungen grundsätzlich nicht erlaubt ist (Art. 5 Abs. 1 lit. c KI-VO).

Es sind aber durchaus noch andere, manipulative oder ausbeuterische Prak- [38] tiken denkbar, die nicht unter die Verbote (s. o.) fallen, die z. B. Erwachsene betreffen und durch KI-Systeme lediglich „erleichtert" werden. Für diese müsste man dann auf die bestehenden Rechtsvorschriften z. B. im Bereich Datenschutz oder Verbraucherschutz zurückgreifen, auf deren Grundlage natürliche Personen Anspruch auf angemessene Informationen haben und es ihnen freisteht, Praktiken, die Einfluss auf ihr Verhalten haben könnten, abzulehnen.[41]

Beispielsweise ist im ErwG 29 KI-VO zu lesen, dass „übliche und recht- [39] mäßige Geschäftspraktiken, beispielsweise im Bereich der Werbung, die im Einklang mit den geltenden Rechtsvorschriften stehen, als solche nicht als schädliche manipulative KI-gestützte Praktiken gelten." Somit würden diese von den verbotenen Praktiken ausgenommen. DA die Abgrenzung aber in der Praxis kaum zu bewältigen ist, schlägt *Verch*[42] vor, dieses strikte Verbot auch klar auf jegliche manipulative Werbung, die auf KI-Technologien basiert, zu erstrecken. Hier bleibt abzuwarten, wie eng die Gerichte die vielen

---

40 Zum Social Scoring in China siehe *Chin/Lin*, Surveillance State.
41 Siehe *Söbbing*, ITRB 2024, 108.
42 Siehe *Verch*, Anspruchsvolle Regeln für vertrauenswürdige Künstliche Intelligenz, S. 14.

unbestimmten Rechtsbegriffe, die Art. 5 KI-VO enthält, zukünftig auslegen werden, um auf diese Weise Rechtssicherheit herzustellen.[43]

II. Hochrisiko-KI-Systeme

40 Ein Hochrisiko-KI-System bezeichnet KI-Systeme, die aufgrund ihres Risikopotenzials für Grundrechte und sensible Rechtsgüter strengeren Regulierungen unterliegen. Diese Systeme zeichnen sich durch ihre Fähigkeit aus, mit einem hohen Grad an Autonomie zu operieren und aus den Eingaben, die sie erhalten, Ergebnisse wie Vorhersagen, Inhalte, Empfehlungen oder Entscheidungen zu erzeugen, die erhebliche Auswirkungen auf die physische oder virtuelle Umgebung haben können.[44] Damit unterliegen sie strengeren Anforderungen hinsichtlich ihrer Entwicklung, Inbetriebnahme und Nutzung. Die KI-VO sieht Regelungen für Anbieter und Betreiber solcher Systeme vor: Anbieter von Hochrisiko-KI-Systemen müssen a) ein Risikomanagementsystem aufbauen, das eine kontinuierliche Überwachung gewährleistet, und b) sicherstellen, dass die verarbeiteten Datensätze von hoher Qualität sind und c) Transparenz und menschliche Aufsicht über die KI-Systeme gewährleisten.[45] Betreiber von Hochrisiko-KI-Systemen müssen sicherstellen, dass die Systeme in Übereinstimmung mit den Anforderungen der KI-VO betrieben werden und dass sie die notwendigen Maßnahmen ergreifen, um die Risiken zu minimieren.[46]

41 Art. 6 KI-VO definiert, wann ein KI-System als Hochrisiko-KI einzustufen ist. Dieser Teil bildet das Herzstück der KI-VO. Doch die Bestimmung ist nicht einfach.[47] Bereits im Gesetzgebungsverfahren war stark umstritten, was ein Hochrisiko-KI System ausmacht. Grundsätzlich gelten KI-Systeme nun als hochriskant, wenn sie in sicherheitsrelevanten oder gesellschaftlich sensiblen Bereichen Anwendung finden, einen wesentlichen Einfluss auf Entscheidungsfindungen nehmen und erhebliche Gefahren für die Gesundheit, Sicherheit oder Grundrechte natürlicher Personen beinhalten.[48] Somit enthält die Norm weder eine Legaldefinition noch einen konkreten Maßstab für die Einstufung, sondern nur eine abstrakte Beschreibung. Art. 6 KI-VO verweist aber auf die Annexe II und III, die konkrete Einsatzbereiche benennen (sog. Use Cases). Diese Auflistungen können zu einem späteren Zeitpunkt noch durch delegierte Rechtsakte ergänzt und geändert werden (Art. 7 KI-VO).

---

43 Bzgl. der Rechtsunsicherheiten bei Art. 5 siehe auch *Krönke*, NVwZ 2024, 529.
44 Siehe *Kohpeiß/Schaller*, CR 2024, 22.
45 *Kohpeiß/Schaller*, CR 2024, 22.
46 *Kohpeiß/Schaller*, CR 2024, 22.
47 Siehe *Buchalik/Gehrmann*, CR 2024, 145, 148.
48 Siehe ErwG 27 KI-VO; *Chibanguza/Steege*, NJW 2024, 1769, 1769.

Es gibt zwei Optionen, zu bestimmen, ob ein KI-System als hochriskant ein- **42**
zustufen ist:

1. Bestimmung über Annex II

Ein KI-System gilt gem. Art. 6 Abs. 1 KI-VO dann als Hochrisiko-KI, wenn **43**
das KI-System als

1. **Produkt** selbst in den Anwendungsbereich einer der in Annex II
   aufgezählten EU-Rechtsakte (z. B. Maschinen-VO, Richtlinie über die
   Sicherheit von Spielzeug) fällt und im Rahmen der EU-Rechtsakte einer
   Konformitätsbewertung durch Dritte unterzogen wird, bevor es auf den
   Markt gebracht werden kann.
2. **Sicherheitskomponente** eines Produktes (z. B. KI-Anwendung in
   robotergestützter OP-Technik), welches in den Anwendungsbereich einer
   der in Annex II aufgezählten EU-Rechtsakte fällt, verwendet wird und
   einer Konformitätsbewertung durch Dritte unterliegt, bevor es auf den
   Markt gebracht werden kann.

Im Gesetzgebungsverfahren war vor allem die Definition der Sicherheits- **44**
komponente („safety component") stark umstritten. Diese wird nun als Bau-
teil eines Produkts oder eines Systems, das eine Sicherheitsfunktion für dieses Produkt oder System erfüllt oder dessen Ausfall oder Fehlfunktion die
Gesundheit und Sicherheit von Personen oder Sachen gefährdet, definiert
(Art. 3 Abs. 14 KI-VO). Somit bedürfen diese Komponenten bereits ohne
die KI-Nutzung aufgrund ihrer Risiken einer Konformitätsbewertung durch
Dritte. Entsprechendes muss dann erst recht für den Einsatz von KI-Systemen gelten.[49] Für den Bereich der kritischen Infrastrukturen gibt es weitere
Klarstellungen in ErwG 34 KI-VO.

Für alle als hochriskant eingestuften KI-Systeme gelten die folgenden Rege- **45**
lungen, um die Risiken zu minimieren und die Sicherheit zu gewährleisten:
– Qualitätsanforderungen an Datensätze: Die Datensätze, mit denen die KI
  trainiert wurde, müssen höchsten Qualitätsanforderungen entsprechen
  (Art. 10 KI-VO).
– Protokollierung: Eine genaue Protokollierung aller Vorgänge ist erforderlich (Art. 12 KI-VO).
– Dokumentation und Betriebsanleitung: Eine verständliche technische Dokumentation muss erstellt werden (Art. 11 KI-VO). Zudem muss eine digitale Betriebsanleitung mit vollständigen und präzisen Informationen für
  die Betreiber erstellt werden (Art. 13 KI-VO).

---

49 Siehe *Buchalik/Gehrmann*, CR 2024, 145, 148.

– TOM: Technische und organisatorische Maßnahmen zur Förderung der Cybersicherheit und Robustheit von KI-Systemen müssen ergriffen werden (Art. 15 KI-VO).
– Datenschutz: Datenschutzmaßnahmen müssen ergriffen werden, wenn die Hochrisiko-KI-Systeme personenbezogene Daten verarbeiten (DSGVO).
– Risikomanagementsystem: Ein umfassendes Risikomanagementsystem muss eingeführt werden, das sich auf den gesamten Lebenszyklus eines KI-Systems erstreckt und regelmäßig überprüft und aktualisiert wird (Art. 9 KI-VO). Dazu gehören: die Analyse, Testung, Dokumentation und Bewertung vorhersehbarer Risiken, die Festlegung gezielter Maßnahmen zur Risikobewältigung und Kontrolle, die Berücksichtigung von Fehlanwendungen der KI-Systeme, mit denen vernünftigerweise zu rechnen ist (Art. 9 Abs. 2 lit. b KI-VO) und eine Risikoabschätzung, ob das hochriskante KI-System nachteilige Auswirkungen auf besonders schutzbedürftige Personengruppen wie Minderjährige haben könnte (Art. 9 Abs. 9 KI-VO).[50]

46 Hochrisiko-KI-Systeme müssen stets so konzipiert und angewandt werden, dass sie von Menschen beaufsichtigt werden. Die Aufsichtspersonen müssen in der Lage sein, Anomalien, Fehlfunktionen und unerwartete Leistungen der KI-Systeme rechtzeitig zu erkennen und wirksam zu beheben (Art. 14 KI-VO). Dazu müssen sie über hinreichend fachliche Kompetenzen und erforderliche Zugriffsbefugnisse verfügen, die der Betreiber sicherzustellen hat.[51] Zusätzlich ist der Aufbau einer EU-Datenbank für Hochrisikosysteme vorgesehen (Art. 71 KI-VO). Anbieter, die KI-Systeme in Verkehr bringen oder in Betrieb nehmen möchten, sind verpflichtet, sich zuvor in dieser Datenbank zu registrieren.

47 Die Vorgaben, zu denen noch Sonderregelungen und Ausnahmen hinzukommen, sind von beeindruckender Komplexität. Es bleibt abzuwarten, ob sich die vorgesehene Praxis, dass Anbieter selbst festlegen sollen, ob ihr KI-System als hochriskant zu bewerten ist oder nicht, vor diesem Hintergrund bewähren wird.

2. Annex III

48 Annex III definiert die oben schon erwähnten Fälle (Use Cases). Wird ein KI-System für einen der beschriebenen Anwendungsfälle genutzt, kann das KI-System als Hochrisiko-KI System eingestuft werden, wenn in dem KI-Ergebnis (Output) ein erhebliches Risiko für die Gesundheit, die Sicherheit, die Grundrechte oder die Umwelt zu sehen ist.

---

50 Siehe *Chibanguza/Steege*, NJW 2024, 1769, 1772.
51 Siehe ErwG 91 KI-VO.

Annex III benennt ausdrücklich die folgenden Anwendungsbereiche: **49**
– Biometrische Fernidentifizierung,
– Kritische Infrastrukturen,
– Emotionserkennung,
– Beschäftigung und Personalmanagement,
– Regulierung von Bildung,
– Zugang zu wesentlichen privaten und öffentlichen Leistungen,
– Strafverfolgung,
– Migration, Asyl und Grenzkontrollen,
– Justiz,
– Demokratie.

Darauf folgen jeweils die konkreten Fälle, welche innerhalb der Anwen- **50**
dungsbereiche ein hohes Risiko bergen. Die KI-VO sieht vor, dass alle
Hochrisiko-KI-Systeme 36 Monate nach Inkrafttreten der Verordnung den
strengeren Anforderungen unterliegen werden. Dieser Zeitraum soll es den
Anbietern ermöglichen, ihre Systeme an die neuen Regulierungen anzupassen.

III. Systeme mit begrenztem Risiko

KI-Systeme mit begrenztem Risiko sind solche Systeme, die ein geringes **51**
Risiko für die Gesellschaft und die Nutzer darstellen. Diese Systeme sind oft
Allzweck-KI-Modelle, die in ein breites Spektrum von Aufgaben integriert
werden können.[52] Dazu an anderer Stelle mehr. Sofern ein KI-System nur
ein begrenztes Risiko aufweist, sind lediglich die Transparenzpflichten nach
Art. 50 AI-Act zu beachten. Dazu zählt, dass natürliche Personen vor der
direkten Interaktion mit dem KI-System entsprechend zu informieren sind,
dass es sich um ein KI-System handelt. Dies gilt nicht, sofern es offensichtlich ist, dass es sich um ein KI-System handelt (wie z. B. beim Einsatz eines
Chatbots). Bei Deepfakes muss offengelegt werden, dass die Inhalte künstlich erstellt oder manipuliert wurden, Art. 50 Abs. 4 AI-Act. Ferner ist bei
künstlich erstellten Texten, die veröffentlicht werden, um die Öffentlichkeit
über Angelegenheiten von öffentlichem Interesse zu informieren, eine deutliche Kennzeichnung notwendig. Ausgenommen sind Texte, die zusätzlich
redaktionell geprüft werden.[53]

IV. Systeme mit geringem Risiko

Die vierte Gruppe bilden KI-Systeme mit geringem Risiko. Diese umfas- **52**
sen KI-Systeme, von denen keine expliziten Risiken zu erwarten sind, daher

---

52 Siehe *Sury*, Regulierung Künstlicher Intelligenz (KI), S. 325.
53 Siehe *Figatowski*, PStR 2024, 154, 156.

sieht die KI-VO für den Umgang mit diesen Systemen auch keine besonderen Verpflichtungen vor. Hierunter werden auch einige KI-Modelle mit allgemeinem Verwendungszweck (General Purpose AI, GPAI, Art. 3 Nr. 63 KI-VO) fallen. Diese sind allgemein verwendbar und in der Lage, unabhängig von der Art und Weise ihres Inverkehrbringens ein breites Spektrum unterschiedlicher Aufgaben kompetent zu erfüllen.[54] Insoweit erscheint es sinnvoll, im Folgenden noch einmal dediziert auf die Vorschriften für Anbieter von GPAI (Art. 51 bis 56 KI-VO) einzugehen.

V. Systeme mit allgemeinem Verwendungszweck (Allzweck-KI/GPAI)

53 Nach den Trilogverhandlungen haben sich der EU-Rat und das EU-Parlament auf die Ergänzung der KI-VO um eine weitere KI-Art geeinigt: die Allzweck-KI. Insbesondere durch die Debatte rund um ChatGPT (GPT: Generative Pre-trained Transformers) bekam diese Art der KI viel Aufmerksamkeit.[55] ChatGPT & Co. veranlassten Kommission, Parlament und Rat, die Verordnung zu überarbeiten und GPAI explizit aufzunehmen. Zunächst tendierte man dazu, sie in die Hochrisikokategorie einzusortieren.[56] Bald wurde jedoch klar, dass ein eigener Ansatz nötig ist. Im Rat drängten Deutschland, Frankreich und Italien erfolgreich darauf, die Regeln für kleinere KI-GPAI-Anbieter zu lockern.[57] In der Folge entstand das Kapitel V der KI-VO und die Kategorie „Allzweck-KI-Modelle".

54 GPAI-Modelle sind dabei nicht identisch mit Modellen generativer KI, vielmehr sind letztere, insb. in Form von Large Generative AI Models (LGAIMs), ein Unterfall von GPAI-Modellen.[58] Diese Definition entspricht weitgehend den Forderungen z. B. von AlgorithmWatch, in denen die Notwendigkeit einer breitgefassten Definition deutlich wird: „GPAI ist eine dehnbare Kategorie. Damit die KI-Verordnung der EU zukunftssicher ist, muss sie für ein breites Spektrum von Technologien gelten und nicht eng auf Chatbots/große Sprachmodelle (LLMs) beschränkt sein. Die in der allgemeinen Ausrichtung des EU-Rates verwendete Definition von GPAI ist ein gutes Modell."[59]

55 Die aktuelle Definition ist durch ihre Annäherung an die Basismodelle des Parlamentsentwurfs sogar noch weiter geraten als der Ratsentwurf (Art. 3

---

54 Siehe *Figatowski*, PStR 2024, 154, 156.
55 Siehe *Buchalik/Gehrmann*, CR 2024, 145, 148.
56 Siehe *Bleich*, c't 2024, Heft 11, 144.
57 Siehe *Bleich*, c't 2024, Heft 11, 144.
58 Siehe *Hacker* et al., Regulating ChatGPT and other Large Generative AI Models, S. 1112.
59 GPAI Policy Brief, Five considerations to guide the regulation of "General Purpose AI" in the EU's AI Act, Übersetzung durch AlgorithmWatch.

Nr. 1b KI-VO-RatE[60]): Als Allzweck-KI wird ein KI-Modell bezeichnet, „das eine erhebliche allgemeine Verwendbarkeit aufweist und in der Lage ist, unabhängig von der Art und Weise seines Inverkehrbringens ein breites Spektrum unterschiedlicher Aufgaben kompetent zu erfüllen, und das in eine Vielzahl nachgelagerter Systeme oder Anwendungen integriert werden kann, ausgenommen KIModelle, die vor ihrem Inverkehrbringen für Forschungs- und Entwicklungstätigkeiten oder die Konzipierung von Prototypen eingesetzt werden" (Art. 3 Nr. 63) KI-VO).

Entsprechend wichtig für die Abgrenzung von generativer KI zu GPAI-Modellen ist ihre Integrationsfähigkeit in KI-Systeme, die auch das Verhältnis von GPAI-Systemen (Art. 3 Nr. 66) zu anderen KI-Systemen prägt.[61] Auskunft hierzu gibt auch der ErwG 97: so zeichnet sich ein GPAI-Modell aus durch die Vielseitigkeit und Fähigkeit, verschiedene Aufgaben auszuführen. Es wird in der Regel mit großen Datensätzen trainiert, indem Methoden wie selbstüberwachtes, unüberwachtes oder bestärkendes Lernen verwendet werden.[62] GPAI-Modelle können in verschiedenen Formaten wie APIs oder direktem Download verteilt werden und können in KI-Systeme integriert oder modifiziert werden, die zusätzliche Komponenten wie z. B. eigene Benutzeroberflächen haben.[63] **56**

Zusammenfassend lässt sich festhalten: **GPAI-Modelle sind Teil von (Allzweck-)KI-Systemen.** *Quintais*[64] wählt treffend die Analogie zu Motor und Auto: das Modell ist der Motor, das System das Auto, mit dem man auf der Straße fährt. Im Umfeld von KI ist das Modell der generative vortrainierte Transformer oder GPT und das System ist der Chatbot oder das Tool, das viele täglich verwenden (z. B. ChatGPT oder Dall-E). **57**

Diese Allzweck-KI-Modelle werden jetzt nach einem **zweistufigen Ansatz** reguliert, wobei nur KI-Modelle mit besonders „hohen Wirkungskapazitäten" gemäß Art. 51 KI-VO ein „Systemrisiko" bergen und daher strenge Pflichten erfüllen müssen. Der Regulierungsansatz ist damit strukturell an den Digital Services Act (DSA) und den Digital Market Act (DMA) angelehnt. **58**

Entscheidend für den Grad der Regulierung und damit für den Umfang der Sorgfaltspflicht ist der **Wirkungsgrad des KI-Modells** (Art. 51 ff. KI-VO). Bei einem hohen Wirkungsgrad wird ein systemisches Risiko nach Art. 51 KI-VO widerlegbar vermutet. Dies ist der gegeben, wenn die kumulier- **59**

---

60 KI VO-E (Rat), 2021/0106(COD) v. 25.11.2022.
61 Siehe *Becker*, CR 2024, 353, 354; für diese Abgrenzung auch bereits *Borges*, CRi 2023, 1.
62 Siehe *Quintais*, Generative AI, Copyright and the AI Act, S. 6.
63 *Quintais*, Generative AI, Copyright and the AI Act, S. 6.
64 *Quintais*, Generative AI, Copyright and the AI Act, S. 6.

te Menge der für das Training verwendeten Berechnungen mehr als 10^{25} FLOPs (Floating Point Operations, Gleitkommaoperationen) beträgt.[65] Das ist derzeit bereits bei den aktuellen Modellen der amerikanischen Anbieter der Fall.[66] Die europäischen Systeme Aleph Alpha und Mistral AI sind damit von der harten Regulierung ausgenommen. Sie unterliegen lediglich den „Pflichten für Anbieter von KI-Modellen für allgemeine Zwecke" in Art. 53 KI-VO. Demnach müssen sie ihr KI-Modell laufend technisch dokumentieren und diese Unterlagen auf Anfrage an die EU-Kommission übergeben.[67]

60 Für Betreiber von GPAI mit einem hohen Wirkungsgrad (z. B. einen Anwalt, der GPT-4 für seinen Schriftsatz nutzt) gelten derzeit gem. Art. 51 ff. KI-VO keine besonderen Sorgfaltspflichten, nur die allgemeinen Transparenzpflichten nach Art. 50 KI-VO, deren Umfang sich nach der Verwendung des GPAI im Einzelfall richtet, bleiben jedoch auch hier anwendbar.[68]

61 Daher soll im Folgenden unterschieden werden nach GPAI-Systemen ohne und mit systemischem Risiko.

1. Allzweck-KI ohne systemisches Risiko

62 Der Schwerpunkt der Regulierung von Allzweck-KI liegt auf Transparenz entlang der Wertschöpfungskette und der Minderung möglicher Risiken, die durch besonders leistungsfähige Allzweck-KI entstehen können. Da hier jedoch – schon durch die Bezeichnung – naheliegt, dass eben kein systemisches Risiko vorliegt, sind diese Modelle den Kategorien 3 und 4 zuzuordnen.

2. Allzweck-KI mit systemischem Risiko

63 In Art. 52a KI-VO wird „Allzweck-KI mit systemischem Risiko" definiert. Ein systemisches Risiko liegt gem. Art. 52a Nr. 1a KI-VO immer dann vor, wenn das KI-Modell über hohe Wirkungsfähigkeit basierend auf der Grundlage geeigneter technischer Werkzeuge und Methoden, einschließlich Indikatoren und Benchmarks verfügt (s. o. Wirkungsgrad des KI-Modells). Zudem kann eine Allzweck-KI auf der Grundlage einer Entscheidung der EU-Kommission basierend auf Annex IXc, entweder eigenständig oder nach einer qualifizierten Warnung des wissenschaftlichen Gremiums, zu einer Allzweck-KI mit systemischem Risiko erklärt werden.

64 Mit Art. 52a KI-VO sollen vor allem große Sprachmodelle, „Large Language Models" (LLMs), wie zum Beispiel GPT des US-amerikanischen Unter-

---

65 Siehe ErwG 67 KI-VO.
66 Siehe *Siegert*, Strengere Regeln bei der Anwendung von KI.
67 Siehe *Bleich*, c't 2024, Heft 11, 144.
68 Siehe *Figatowski*, PStR 2024, 154, 156 f.

nehmens OpenAI, adressiert werden, die wegen ihrer vielfältigen Verwendungsmöglichkeiten als potenziell wirkmächtig und gefährlich angesehen werden[69] und die über eine hohe Wirkungsfähigkeit verfügen. Im Ergebnis entstehen gleichlautende Anforderungen wie an die Hochrisiko-Systeme nach Kategorie 2.

D. KI in Unternehmen

Der Einsatz von Künstlicher Intelligenz (KI) in Unternehmen gewinnt zunehmend an Bedeutung,[70] da laut aktuellen Erhebungen mehr als 10 % der in Deutschland aktiven Unternehmen KI aktiv nutzen, was eine Verdopplung im Vergleich zu 2019 darstellt.[71] Die häufigsten Anwendungsbereiche umfassen Technologien wie Spracherkennung, Text-Mining sowie die Automatisierung und Optimierung von Prozessen.[72] Unternehmen, die KI-Technologien umfassend in ihre Wertschöpfungsketten integrieren, bietet sich die Chance, einen erheblichen Wettbewerbsvorteil erlangen. Im Gegensatz dazu droht jenen Unternehmen, die KI nicht oder nur unzureichend nutzen, ein Rückstand in der Marktdynamik.[73]   **65**

Daher beschäftigen sich Unternehmen derzeit intensiv mit der Einbindung von KI in die eigenen Kernprozesse. Erste Anwendungen sind realisiert. Es liegt auf der Hand, dass Einführung und Betrieb von KI hochkomplexe Veränderungsprozesse in Unternehmen erfordern.[74] Obwohl es auf den ersten Blick wie eine lustige Spielerei oder ein neues Tool wirkt, kann es doch erhebliche Auswirkungen auf fast alle Bereiche der Unternehmensführung, der Zusammenarbeit innerhalb eines Unternehmens sowie innerhalb der Wertschöpfungskette haben.[75]   **66**

Studien, die seit dem Erscheinen erster generativer KI-Anwendungen durchgeführt wurden, zeigen die disruptive Wirkung. Die Investmentbank Goldman Sachs kommt in ihrer Studie von April 2023 zu der Einschätzung, dass das weltweite Bruttosozialprodukt durch generative KI in der nächsten Dekade um 7 % steigen könnte.[76] Ein Expertenteam von McKinsey kommt auf Basis einer Untersuchung von mehr als 60 Anwendungsfällen und ca. 2.100 Aufgabenanalysen zu der Einschätzung, dass durch den Ein-   **67**

---

69 Siehe *Verch*, Anspruchsvolle Regeln für vertrauenswürdige Künstliche Intelligenz, S. 14.
70 Siehe *Maslej* et al., The AI Index 2024 annual report.
71 Siehe *Kreutzer*, Künstliche Intelligenz verstehen, S. 116.
72 *Kreutzer*, Künstliche Intelligenz verstehen, S. 116.
73 *Kreutzer*, Künstliche Intelligenz verstehen, S. 130.
74 Siehe *Lenz*, Generative Künstliche Intelligenz, S. 2.
75 *Lenz*, Generative Künstliche Intelligenz, S. 2.
76 Siehe Goldmann Sachs, Generative AI could raise global GDP by 7 %.

satz von KI ein weltweites jährliches Produktivitätssteigerungspotenzial zwischen 2,6 und 4,4 Billionen US-Dollar realisierbar ist.[77] *Lenz*[78] nimmt an, dass 75 % davon alleine durch KI-Anwendungen zur Verbesserung der Zusammenarbeit mit den Kunden, in Marketing- und Sales-Bereichen, im Software-Engineering sowie bei Forschung und Entwicklung zu realisieren sind. Erstmals wird damit eine Produktivitätssteigerung nicht vornehmlich durch das Automatisieren von Einfacharbeit prognostiziert, sondern durch die Unterstützung der Wissensarbeit. Hier werden anspruchsvolle Aufgaben von KI-Anwendungen übernommen, wie z. B. Software-Programmierung, Erstellung von Marketing- und PR-Kampagnen, Auftragsmanagement oder Kundenkommunikation.

68 KI im Unternehmen einzusetzen bedeutet nicht nur die Nutzung von fortgeschrittenem maschinellen Lernen (ML) und sog. Deep Learning (DL), sondern auch von natürlicher Sprachverarbeitung und Entscheidungsoptimierung (auch DO – Decision Optimization genannt), um zu automatisierten Aktionen, Robotik etc. zu kommen, um bestehende Geschäftsprozesse zu optimieren und neue Anwendungsfälle zu integrieren.[79] Entscheidend ist dabei nicht primär die Technologie, sondern das Ziel, softwaregestützt „organisatorisches Wissen zu entdecken und analytische Erkenntnisse in Entscheidungsprozesse einfließen zu lassen, und zwar auf eine Art und Weise, die dem entspricht, wie ein Mensch diese Aufgaben angehen würde, aber diese Prozesse um Größenordnungen beschleunigt".[80] Unternehmen erhoffen sich von der Automatisierung oder Unterstützung von Entscheidungen und den daraus resultierenden Maßnahmen mehr Effizienz und Geschwindigkeit bei der Realisierung neuer Ansätze.

69 Auf der anderen Seite steht die Angst vor Schäden oder Verlusten durch Fehlentscheidungen, die ex post nicht mehr nachvollzogen und korrigiert werden können, wie z. B. ein automatischer Handelsalgorithmus, der finanzielle Verluste verursacht, oder Entscheidungen, die rechtlich oder moralisch falsch sind und Strafen nach sich ziehen.[81]

70 KI hat bereits in vielen Unternehmen Einzug gehalten und zeigt eine Vielzahl von Anwendungsfeldern. Exemplarisch:

I. KI zur Unterstützung im Tagesgeschäft

71 Die Integration von KI in das Tagesgeschäft von Unternehmen bietet vielfältige Möglichkeiten zur Effizienzsteigerung und Prozessoptimierung, vor

---

77 Siehe *Chui* et al., The economic potential of generative AI.
78 Siehe *Lenz*, Generative Künstliche Intelligenz, S. 5.
79 Siehe *Hechler* et al., Einsatz von KI in Unternehmen, S. 4.
80 *Hechler* et al., Einsatz von KI in Unternehmen, S. 4.
81 *Hechler* et al., Einsatz von KI in Unternehmen, S. 5.

allem auch im Backoffice. Durch den Einsatz von KI können Unternehmen ihre Abläufe automatisieren, Datenanalysen verbessern und Mitarbeiter entlasten.

Ein wichtiger Einsatzbereich von KI im Tagesgeschäft ist die Automatisierung von Routineaufgaben. Durch den Einsatz von Algorithmen und Machine Learning können Unternehmen Prozesse wie Datenverarbeitung, Dokumentenmanagement und Kommunikation mit Kunden und Lieferanten automatisieren. Dies führt zu einer erheblichen Zeitersparnis und ermöglicht es Mitarbeitern, sich auf höherwertige Aufgaben zu konzentrieren.[82] Chatbots, die mit generativer KI arbeiten, ermöglichen eine Mensch-Maschine-Kommunikation, die stetig besser wird. Chatbots können allgemeine aber auch individuelle Kundenanfragen beantworten oder mit Lieferanten kommunizieren.[83]

Ein Paper der Stanford University[84] beschreibt den Trend, KI in andere IT-Anwendungen einzubinden. Die KI läuft dann im Hintergrund mit, während die eigentliche, bekannte Anwendung betrieben wird. So kann die KI z.B. Warnungen ausgeben, wenn der Einkäufer eine Bestellung bei einem von der KI als unsicher bewerteten Lieferanten auslösen will.[85] Auch die Unterstützung bei der Optimierung von Lieferketten, zur Überwachung und Vorhersage von Verkehrsströmen sowie zur Erkennung von Zwischenfällen in Echtzeit kann so realisiert werden.[86]

72

73

II. KI im Bereich Beschäftigung und Personalmanagement

Ein wichtiger Einsatzbereich von KI im Personalmanagement ist die Automatisierung von Routineaufgaben. Durch den Einsatz von Algorithmen und Machine Learning können Unternehmen Prozesse wie Bewerberauswahl, Personalverwaltung und Kommunikation mit Mitarbeitern automatisieren.[87]

Auch die KI-VO benennt in Annex III gleich zwei Anwendungsfälle aus dem Bereich: Zum einen „KI-Systeme, die dazu bestimmt sind, für die Einstellung oder Auswahl natürlicher Personen verwendet zu werden, insbesondere um gezielte Stellenanzeigen zu schalten, Bewerbungen zu analysieren und zu filtern und Bewerber zu bewerten" und „KI-Systeme, die dazu bestimmt sind, Entscheidungen zu treffen, die sich auf die Bedingun-

74

75

---

82 Siehe *Bruno*, The Impact of Artificial Intelligence on Business Operations; *Girschner*, Backoffice: Wie künstliche Intelligenz die Prozesse revolutioniert.
83 Siehe *Lenz*, Generative Künstliche Intelligenz, S. 2 f.
84 Siehe Stanford University, What to expect in AI in 2024.
85 Siehe *Lenz*, Generative Künstliche Intelligenz, S. 6.
86 Siehe *Abduljabbar* et al., Applications of Artificial Intelligence in Transport, S. 2 f.
87 Siehe *Thalmann* et al., Künstliche Intelligenz in der Personalauswahl.

gen des Arbeitsverhältnisses, die Beförderung und die Beendigung von Arbeitsvertragsverhältnissen auswirken, Aufgaben auf der Grundlage von individuellem Verhalten oder persönlichen Eigenschaften oder Merkmalen zuzuweisen und die Leistung und das Verhalten von Personen in solchen Verhältnissen zu überwachen und zu bewerten (Performance-Evaluierung)."

III. KI-Anwendungen in produktionsnahen Bereichen

76 Durch den Einsatz von KI wird in produktionsnahen Bereichen ein Automatisierungspotenzial von bis zu 77 % prognostiziert.[88] So können z. B. die Anwendungsfelder Instandhaltung, Logistik, Qualitätsmanagement und -Prüfung, Produkt- & Prozessentwicklung, digitale Assistenzsysteme, Prozessoptimierung & -Steuerung, Ressourcenplanung und Automatisierungstechnik verbessert werden.[89] Beispielhaft werden im Folgenden einige der Anwendungen skizziert:

– **Instandhaltung**: Gegenstand kann die bedarfsgerechte Optimierung von Wartungsintervallen sein. Bei der vorbeugenden Wartung wird der Wartungszeitpunkt auf Basis der sensorbasierten Erfassung der Abnutzung des Betriebsmittels ermittelt und alle dazu nötigen Prozesse angestoßen. Es können auch Bildverarbeitungsanwendungen zum Einsatz kommen, wie z. B. die Überwachung einer Prozesskammer bzgl. ihrer Verschmutzung. „Ziel ist es, einen Parameterdrift oder sich abzeichnende Ausfälle von Komponenten auf Basis von Trendanalysen oder komplexer Mustererkennung dynamisch (ohne vorab alle Fälle zu kennen) vorherzusagen."[90]
– **Qualitätsmanagement und -kontrolle**: Auch hier spielt das Thema Bildverarbeitung eine große Rolle. Im Rahmen der optischen Qualitätskontrolle erlauben KI-Systeme die exakte Bestimmung von unerwünschten Abweichungen, wie z. B. die exakte Position von Materialfehlern auf Oberflächen, und können diese Informationen nachgelagerten Systemen zur Verfügung stellen. Systeme auf Basis von ML können Muster erkennen, die auf Abweichungen hinweisen und damit die Suche nach Ursachen für Qualitätsschwankungen erleichtern. Auch bei der Aufnahme und Auswertung von Kundenfeedback bietet sich der Einsatz von KI an. Neben einer Reduktion des manuellen Aufwands kann eine objektivierte Klassifikation der Kundenrückmeldungen erfolgen und können ggf. ohne Zeitverlust Maßnahmen getroffen werden.[91]

---

88 Siehe *Bock*, Future of Employment in Operations.
89 Siehe Allianz Industrie 4.0, Einsatzfelder von künstlicher Intelligenz im Produktionsumfeld, S. 14.
90 Allianz Industrie 4.0, Einsatzfelder von künstlicher Intelligenz im Produktionsumfeld, S. 16.
91 Allianz Industrie 4.0, Einsatzfelder von künstlicher Intelligenz im Produktionsumfeld, S. 19.

– **Automatisierungstechnik:** Bisher ist das Potenzial von Industrierobotern noch nicht ausgeschöpft. Wesentliche Hemmnisse bei der Einführung sind der hohe Trainingsaufwand und damit die hohen Einrichtungskosten. Damit war ein Roboter nur bei häufig wiederkehrenden Prozessen wirtschaftlich sinnvoll einzusetzen.[92] Der Einsatz von KI erlaubt inzwischen das Einrichten neuer Prozesse durch Nachahmung der Bewegungen eines Menschen. Möglich ist eine dynamische Erkennung von Lage und Orientierung der benötigten Bauteile mit Hilfe von Bildverarbeitung und ggf. weiterer Sensorik. So kann eine direkte Mensch-Roboter-Kollaboration ermöglicht werden ohne einen Sicherheitszaun.[93]

Es ist anzunehmen, dass KI einen wichtigen Platz bei der Sicherung der Wettbewerbsfähigkeit der deutschen Wirtschaft darstellen wird. Unternehmen bietet KI sowohl die Chance, neue Produkte und Dienstleistungen auf dem Markt anzubieten, als auch Drittlösungen in die eigenen Prozesse einzubinden.[94] Neben den technischen Fragestellungen gilt es auch weitere organisatorische und natürlich die rechtlichen Rahmenbedingungen bei der Gestaltung und Einführung zu beachten. **77**

E. Implikationen und Handlungsbedarfe

Diese vielfältigen Möglichkeiten können vor dem Hintergrund des AI-Act umgesetzt werden. Im Kern reguliert die Verordnung KI-Anwendungen, folglich also kommerzielle Anbieter von KI-Systemen. Weniger im Fokus stehen jene, die diese Systeme nutzen, also etwa Unternehmen oder öffentliche Stellen. Fast gänzlich außen vor bleiben Endnutzer und die von KI-Entscheidungen Betroffenen.[95] Industrie-Unternehmen i. S. d. obigen Beispiele kommen also schwerpunktmäßig als Betreiber oder Nutzer von KI-Systemen in Betracht, nur in Einzelfällen auch als Entwickler. **78**

I. Betreiber eines Hochrisiko-Systems

Ein Unternehmen, das ein Hochrisiko-System nach der KI-Verordnung der EU betreibt, muss bestimmte Anforderungen erfüllen, um die Sicherheit und den Schutz der Nutzer und ggf. der Öffentlichkeit zu gewährleisten. Diese Anforderungen umfassen die Einhaltung von Sicherheits- und Leistungs- **79**

---

92 Allianz Industrie 4.0, Einsatzfelder von künstlicher Intelligenz im Produktionsumfeld, S. 25.
93 Allianz Industrie 4.0, Einsatzfelder von künstlicher Intelligenz im Produktionsumfeld, S. 25.
94 Allianz Industrie 4.0, Einsatzfelder von künstlicher Intelligenz im Produktionsumfeld, S. 27.
95 Siehe *Bleich*, c't 2024, Heft 11, 141.

standards, die Durchführung von Risikobewertungen und die Implementierung von Qualitätssicherungssystemen.

80 Die KI-VO legt fest, dass Hochrisiko-Systeme bestimmte Sicherheits- und Leistungsstandards erfüllen müssen. Diese Standards sind in Anhang 1 der KI-VO aufgeführt und umfassen Anforderungen an die Validierung, Verifizierung und Dokumentation von KI-Systemen.[96] Im Rahmen der spezifischen Risikobewertung müssen regelmäßig potenzielle Risiken und Gefahren identifiziert und bewertet werden.[97]

81 Ein Qualitätssicherungssystem für Hochrisiko-KI-Systeme muss die in der KI-VO genannten Anforderungen erfüllen, um die Sicherheit und den Schutz der Nutzer und der Öffentlichkeit zu gewährleisten. Die Anforderungen umfassen insbesondere die Identifizierung, Analyse, Bewertung und Minderung von Risiken, die Sicherstellung der Einhaltung von Sicherheits- und Leistungsstandards sowie die Dokumentation des Systemdesigns und der Qualität. Das System als solches, die Risiko- und Qualitätsmaßnahmen müssen dokumentiert und regelmäßig aktualisiert werden.

II. Allzweck-KI

82 Alle Anbieter von Allzweck-KI, unabhängig von ihrem spezifischen Risiko, müssen Mindestanforderungen aus Art. 51 f. KI-VO einhalten. Diese Mindestanforderungen stehen vor allem im Zusammenhang mit Transparenz- und Dokumentationspflichten:[98]

1. Anbieter von KI-Modellen mit allgemeinem Verwendungszweck müssen gem. Art. 53 KI-VO eine aktuelle technische Dokumentation erstellen, die u. a. eine Beschreibung des Verwendungszwecks, der Systemarchitektur sowie Trainings- und Testverfahren enthalten muss. Die genauen Vorgaben für die technische Dokumentation finden sich im Anhang XI zur KI-Verordnung. Die Dokumentationspflichten entsprechen im großen Umfang den bereits in der KI-Entwicklung bekannten sog. „Modell Karten".[99] So sollen Transparenz und Verständlichkeit von KI-Modellen gefördert werden.[100]
Diese Dokumentation soll neben den nationalen Aufsichtsbehörden insbesondere den Anbietern von KI-Systemen, deren Anwendungen auf dem dokumentierten Modell beruhen, zur Verfügung gestellt werden, damit diese die Fähigkeiten und Grenzen des KI-Modells verstehen können. Zudem sind die Anbieter von GPAI-Modellen nach Art. 54 KI-VO ver-

---

96 Siehe *Kohpeiß/Schaller*, CR 2024, 22.
97 *Kohpeiß/Schaller*, CR 2024, 22.
98 Siehe Zusammenstellung bei *Buchalik/Gehrmann*, CR 2024, 145, 150 f.
99 Siehe OECD.ai, Catalogue of Tools & Metrics for Trustworthy AI – Modell Cards.
100 Siehe *Buchalik/Gehrmann*, CR 2024, 145, 151.

pflichtet, Bevollmächtigte als Kontaktpersonen für die Aufsichtsbehörden zu benennen.[101]

2. Erstellung, Aktualisierung und Bereitstellung von Informationen und Unterlagen für Anbieter von KI-Systemen, die beabsichtigen, Allzweck-KI in ihr KI-System zu integrieren.

3. Einführung einer unternehmenseigenen Richtlinie zur Einhaltung des EU-Urheberrechts.

4. Eine hinreichend detaillierte Zusammenfassung der für das Training der Allzweck-KI verwendeten Inhalte nach einer vom KI-Büro bereitgestellten Vorlage zu erstellen und öffentlich zugänglich zu machen.

Wie oben bereits dargestellt, muss im Bereich der Allzweck-KI eine Unterscheidung getroffen werden, ob es sich um ein Modell mit oder ohne systemische Risiken handelt. Diese Einschätzung obliegt zunächst dem Unternehmen, kann jedoch von der EU-Kommission korrigiert werden.   **83**

Anbieter von Basismodellen mit systemischen Risiko müssen zunächst denselben Pflichten nachkommen wie oben dargestellt. Hinzu kommen weitergehende Transparenz- und Dokumentationspflichten aus Art. 55 KI-VO. So müssen sie nicht nur angemessene Maßnahmen zur Cybersicherheit einsetzen, sondern auch das Modell und allgemeine Risiken, die sich aus der Anwendung und Entwicklung der KI-Modelle ergeben könnten, umfassend bewerten und diesen entgegenwirken (Art. 55 Abs. 1 lit. a KI-VO). Schwerwiegende Vorfälle und ergriffene Abwehrmaßnahmen unterliegen einer Meldepflicht an die EU-Kommission.[102]   **84**

III. Einsatz von KI-Tools

Besondere Transparenzanforderungen gelten gem. Art. 50 KI-VO für Chatbots und andere Serviceleistungen, die auf KI basieren, sobald diese direkt mit einem Menschen interagieren. In dem Fall muss die Person in klarer und verständlicher Sprache darüber informiert werden, dass das Gespräch mit einer KI stattfindet, sofern dies nicht bereits aus den Umständen offensichtlich ist.[103] Weiterhin bestehen Transparenzvorgaben für den Einsatz von Emotionserkennungssoftware, Systemen zur biometrischen Kategorisierung und zur Herstellung von Audio-, Bild-, Video- oder Textinhalten durch Künstliche Intelligenz. Für Letztere gilt, dass diese als „KI-generiert" gekennzeichnet werden müssen, sobald die KI nicht nur unterstützend für eine Standard-   **85**

---

101 Siehe *Verch*, Anspruchsvolle Regeln für vertrauenswürdige Künstliche Intelligenz, S. 15.

102 Siehe *Buchalik/Gehrmann*, CR 2024, 145, 152.

103 Siehe *Verch*, Anspruchsvolle Regeln für vertrauenswürdige Künstliche Intelligenz, S. 7.

bearbeitung der Inhalte, z. B. die Rechtschreibprüfung, eingesetzt wurde.[104] Auch Inhalte, die vor der Veröffentlichung im Rahmen einer redaktionellen Prüfung durch einen Menschen geprüft und verifiziert wurden, müssen nicht gekennzeichnet werden (Art. 50 Abs. 4 Satz 5 KI-VO).

F. Fazit

86 Die EU hat mit dem AI-Act ein komplexes Compliance-System geschaffen, das viele Anwendungsfragen und Herausforderungen mit sich bringt. Dies war auch sinnvoll und angemessen angesichts der rasanten Verbreitung von KI in unserer hoch technologisierten Gesellschaft. Selbst wenn einige Vorschriften des AI-Act erst in drei Jahren Gültigkeit erlangen werden, so wurde doch jetzt ein europaweit verbindlicher und einheitlicher Rechtsrahmen für die aktuellen und zukünftigen Entwicklungs- und Anwendungsfelder von KI-Technologien vorgegeben, mit dem die EU weltweit eine Vorreiterrolle einnimmt.[105] Der Grad der Detaillierung und die zahlreichen Anhänge machen allerdings die Anwendung (unnötig) kompliziert.

87 Die Diskussion, ob der AI-Act den Unternehmen unnötig strenge Vorgaben auferlegt und damit die Wettbewerbsfähigkeit von EU-Anbietern einschränkt, soll hier nicht Gegenstand der Diskussion sein. Die EU-Kommission vertritt hier die Ansicht, dass das in der KI-Verordnung zugrunde gelegte Konzept vertrauenswürdiger und menschenzentrierter KI-Systeme eine „Blaupause für vertrauenswürdige KI in der ganzen Welt"[106] werden könnte. Das Ergebnis wird sich erst in einigen Jahren – ex post – beurteilen lassen.

Literaturverzeichnis

Alle Internetquellen wurden zuletzt abgerufen am 27.8.2024.

Abduljabbar et al.	Applications of Artificial Intelligence in Transport: An Overview, 2019, https://doi.org/10.3390/su11010189
Allianz Industrie 4.0	Einsatzfelder von künstlicher Intelligenz im Produktionsumfeld. Kurzstudie im Rahmen von „100 Orte für Industrie 4.0 in Baden-Württemberg", 2019

---

104 Siehe ErwG 133 KI-VO.
105 Siehe *Chibanguza/Steege*, NJW 2024, 1769, 1769.
106 Europäische Kommission, EU schafft Blaupause für vertrauenswürdige KI in der ganzen Welt. Pressemitteilung vom 13.3.2024.

Becker, M.	Generative KI und Deepfakes in der KI-VO – Für eine Positivkennzeichnung authentischer Inhalte, CR 2024, 353
Bleich, H.	Aufgeweichtes Regelwerk: Was die neue KI-Verordnung der EU für KI-Anbieter und Anwender ändert, c't 2024, Heft 11, 140
Bock, T.	Future of Employment in Operations. Horváth & Partner GmbH, 2023. https://www.horvath-partners.com/fileadmin/horvath-partners.com/assets/05_Media_Center/PDFs/Studien-PDFs_fuer_MAT-Download/2023_Horvath_Future_of_Employment_in_Operations_Studie_DE.pdf
Borges, G.	Liability for AI Systems Under Current and Future Law, CRi 2023, 1
Bruno, Zuo	The Impact of Artificial Intelligence on Business Operations. Global Journal of Management and Business Research: D – Accounting and Auditing. Volume 24 Issue 1 Version 1.0 2024, https://globaljournals.org/GJMBR_Volume24/1-The-Impact-of-Artificial-Intelligence.pdf
Buchalik, B./Gehrmann, M.C	Von Nullen und Einsen zu Paragraphen, CR 2024, 145
Byrum, G./Benjamin, R.	Disrupting the Gospel of Tech Solutionism to Build Tech Justice, 2022, https://ssir.org/articles/entry/disrupting_the_gospel_of_tech_solutionism_to_build_tech_justice#
Chibanguza, K./Steege, H.	Die KI-Verordnung. Überblick über den neuen Rechtsrahmen, NJW 2024, 1769
Chin, J./Lin, L.	Surveillance State: Inside China's Quest to Launch a New Era of Social Control, 2022
Chui, M. et al.	The economic potential of generative AI. McKinsey & Company, 2023, https://www.mckinsey.com/capabilities/mckinsey-digital/our-insights/the-economic-potential-of-generative-ai-the-next-productivity-frontier

COM (2018)	Communication from the Commission to the European Parliament, the European Council, the Council, the European Economic and Social Committee and the Committee of the Regions – Artificial Intelligence for Europe (*COM, AI for Europe*), COM(2018) 237 final, https://eur-lex.europa.eu/legal-content/DE/TXT/PDF/?uri=CELEX:52018DC0237
COM (2020)	Weißbuch zur Künstlichen Intelligenz – ein europäisches Konzept für Exzellenz und Vertrauen vom 19.2.2020, COM(2020) 65 final
COM (2021)	Report AI (n. 3); European Commission, Communication from the Commission to the European Parliament, the Council, the European Economic and Social Committee and the Committee of the Regions, COM(2021) 205 final
DIGIBYTE	Commission appoints expert group on AI and launches the European AI Alliance, 14.6.2018, https://digital-strategy.ec.europa.eu/en/news/commission-appoints-expert-group-ai-and-launches-european-ai-alliance
Europäische Kommission	Über die Digitalstrategie, 2024, https://commission.europa.eu/strategy-and-policy/priorities-2019-2024/europe-fit-digital-age_de
Europäische Kommission	EU schafft Blaupause für vertrauenswürdige KI in der ganzen Welt. Pressemitteilung vom 13.3.2024, https://germany.representation.ec.europa.eu/news/eu-schafft-blaupause-fur-vertrauenswurdige-ki-der-ganzen-welt-2024-03-13_de
Europäische Kommission	Programm „Digitales Europa", o. D., https://digital-strategy.ec.europa.eu/de/activities/digital-programme
Europäische Kommission	The European AI Alliance, o. D., https://digital-strategy.ec.europa.eu/en/policies/european-ai-alliance
Figatowski, M.	KI – Erste Regulierung von künstlicher Intelligenz (KI) ist auf der Zielgeraden: Überblick über den AI Act, PStR 2024, 154

Floridi, L./Holweg, M./ Taddeo, M./Amaya Silva, J. et al.	capAI – A Procedure for Conducting Conformity Assessment of AI Systems in Line with the EU Artificial Intelligence Act, 2022, https://papers. ssrn.com/sol3/Delivery.cfm/SSRN_ID4064091_ code2644503.pdf?abstractid=4064091&mirid=1
Girschner, S.	Backoffice: Wie künstliche Intelligenz die Prozesse revolutioniert. Digital Business Cloud, Expertenmagazin für digitale Transformation, 2024, https://www.goldmansachs.com/intelli-gence/pages/generative-ai-could-raise-global-gdp-by-7-percent.html
Goldman Sachs	Generative AI could raise global GDP by 7%, 2023 https://www.goldmansachs.com/intelli-gence/pages/generative-ai-could-raise-global-gdp-by-7-percent.html
Götz, C.	I Act – neuer Rechtsrahmen für künstliche Intel-ligenz, DB 2024, M4–M5
GPAI Policy Brief	Five considerations to guide the regulation of „General Purpose AI" in the EU's AI Act: Policy guidance from a group of international AI ex-perts; https://algorithmwatch.org/de/wp-content/ uploads/2023/04/GPAI-Policy-Brief-.pdf
Hacker/Engel/Maurer	Regulating ChatGPT and other Large Generative AI Models, FAccT '23, June 12-15, 2023
Hanif, H./Constantino, J./ Sekwenz, M.-T./van Eeten, M./Ubacht, J./Wagner, B./ Zhauniarovich, Y.	Tough Decisions? Supporting System Classi-fication According to the AI Act. IOS Press. Series: Frontiers in Artificial Intelligence and Applications, Vol 379, Legal Knowledge and Information Systems, S. 353–358. DOI: 10.3233/ FAIA230987
Hechler, E./Oberhofer, M./ Schaeck, T.	Einsatz von KI in Unternehmen, 2023
HEG-KI	Hochrangige Expertengruppe für künstliche Intelligenz (HEG-KI), Ethik-Leitlinien für eine vertrauenswürdige KI, 10.4.2019
Kafsack, H.	Strikte EU-Auflagen für ChatGPT-Basismodell, in: Frankfurter Allgemeiner Zeitung [Online] 9.12.2023, https://www.faz.net/aktuell/wirt-schaft/strikte-eu-auflagen-fuer-chatgpt-basismo-dell-19371638.html

Kohpeiß, M./Schaller, T. Systeme zur Angriffserkennung nach dem neuen EU-Cybersicherheitsrahmen – Hochrisiko-Systeme der KI-Verordnung? – Systeme zur Angriffserkennung unter Berücksichtigung der NIS-2-RL, CER-RL und dem NIS2UmsetzG, sowie eine Einordnung in die Vorschriften der KI-VO, CR 2024, Bd. 40, Heft 1, 22

Kreutzer, R. T. Künstliche Intelligenz verstehen, 2. Aufl. 2023

Krönke, C. Das europäische KI-Gesetz: Eine Verordnung mit Licht und Schatten, NVwZ 2024, Bd. 43, 529

Lenz, U. Generative Künstliche Intelligenz: Chancen und Stolpersteine für die Entwicklung von Organisationen. OSC (Organisationsberatung, Supervision, Coaching) online, 2024, https://doi.org/10.1007/s11613-024-00889-9

Maslej, N., et al. The AI Index 2024 annual report. Stanford University, Institute for Human-centered AI, https://aiindex.stanford.edu/report/

Mölders, M. Legal algorithms and solutionism: reflections on two recidivism scores, SCRIPT-ed 18 (2021), 57

Morozov, E. To Save Everything, Click Here, Technology, Solutionism and the Urge to Fix Problems That Don't Exist, 2013

National Transportation Safety Board Highway Accident Report – Collision Between Vehicle Controlled by Developmental Automated Driving System and Pedestrian, Tempe, Arizona, March 18, 2018, NTSB/HAR-19/03, 2019, S. 1 ff., https://www.ntsb.gov/investigations/Accidentreports/Reports/HAR1903.pdf

OECD.ai Catalogue of Tools & Metrics for Trustworthy AI – Modell Cards, https://oecd.ai/en/catalogue/tools/Model-cards

Quintais, J. P. Generative AI, Copyright and the AI Act (August 01, 2024), https://ssrn.com/abstract=4912701

Ruschemeier, H. AI as a challenge for legal regulation – the scope of application or the artificial intelligence act proposal. ERA Forum (2023) 23:361-376

Siegert, A.	Strengere Regeln bei der Anwendung von KI, 2023, https://www.it-business.de/strengere-regeln-bei-der-anwendung-von-ki-a-07ff7d6c-ba8a824c6dae3cf21ba68074/
Söbbing, Th.	Verabschiedung der europäischen KI-Verordnung, ITRB 2024, 108
Stanford University	What to expect in AI in 2024. Institute for human-centered artificial intelligence, 2023, https://hai.stanford.edu/news/what-expect-ai-2024
Sury, U.	Regulierung Künstlicher Intelligenz (KI). Informatik Spektrum 2022, Vol 45, 325
de Souza, S. P.	The Spread of Legal Tech Solutionism and the Need for Legal Design, European Journal of Risk Regulation, 2022, 1
Steiner, F.	KI unter Kontrolle, c't 2023 Heft 1, S. 132-134
Thalmann, S./Malin, C./ Kupfer, C./Fleiß, J./Griesbacher, M./Kubicek, B.	Künstliche Intelligenz in der Personalauswahl. Projekt AMS, Universität Graz, 2021, https://www.ams-forschungsnetzwerk.at/downloadpub/AMS_Report_KIuPersonalauswahl_bf_pdfua.pdf
Turillazzi et al.	The digital services act: an analysis of its ethical, legal, and social implications; Law, Innovation and Technology 2023, 1, S. 83 ff.
Verch, U.	Anspruchsvolle Regeln für vertrauenswürdige Künstliche Intelligenz, API Magazin 5(2) (online), 2024, DOI: 10.15460/apimagazin.2024.5.2.213
Weiz, B.	Gesichtserkennung & Co: EU einigt sich auf welterstes KI-Gesetz, BR24 [Online] v. 9.12.2023, https://www.br.de/nachrichten/bayern/gesichtserkennung-and-co-eu-einigt-sich-auf-welterstes-ki-gesetz

Kapitel 5
Grundrechte in der KI-Verordnung

Übersicht

A. Einführung

1 Am 1.8.2024 ist die KI-Verordnung[1] der EU und mit ihr das weltweit erste umfassende Regelwerk zu Möglichkeiten und Gefahren der Künstlichen Intelligenz in Kraft getreten. Ihre Regelungen im Konkreten sind zwar erst peu à peu in den kommenden Jahren, insbesondere ab dem 2.8.2026 anzuwenden. Ihr Inkrafttreten darf nach langen Debatten und Kontroversen aber durchaus bereits jetzt als großer Wurf gelten.[2] Ebenso stellen sich bereits jetzt – anhand des verabschiedeten Gesetzestextes der KI-Verordnung samt der umfassenden Erwägungsgründe – elementare Rechts- und Anwendungsfragen.

---

1 Verordnung (EU) 2024/1689, Langtitel: Verordnung (EU) 2024/1689 des Europäischen Parlaments und des Rates vom 13. Juni 2024 zur Festlegung harmonisierter Vorschriften für künstliche Intelligenz und zur Änderung der Verordnungen (EG) Nr. 300/2008, (EU) Nr. 167/2013, (EU) Nr. 168/2013, (EU) 2018/858, (EU) 2018/1139 und (EU) 2019/2144 sowie der Richtlinien 2014/90/EU, (EU) 2016/797 und (EU) 2020/1828, im Folgenden abgekürzt als: KI-Verordnung.

2 Nach *Ebert/Spiecker gen. Döhmann*, NVwZ 2021, 1188 ist der Kommissionsentwurf ein „weltweit einzigartiger Aufschlag".

Der folgende Beitrag soll sich um spezifisch grundrechtliche Fragestellun- 2
gen im Zusammenhang mit dieser Verordnung im Konkreten und dem Phänomen der Künstlichen Intelligenz im Allgemeinen drehen. Gleichwohl die
europäische Perspektive selbstverständlich durch die Charta der Grundrechte der EU bei der Frage nach der grundrechtlichen Relevanz der Künstlichen
Intelligenz eine bestimmende Rolle spielt und unter anderem Art. 1 der KI-
Verordnung sowie etliche Erwägungsgründe der KI-Verordnung auch ausdrücklich auf die Grundrechte-Charta Bezug nehmen,[3] soll dieser Beitrag
auch einen Blick generell auf Grundrechtsfragen im Zusammenhang mit der
KI-Verordnung werfen. Es wird die Frage gestellt, inwiefern sich im Zusammenhang mit Anwendungen von Künstlicher Intelligenz grundrechtliche Fragestellungen aufwerfen. Diese Frage konkretisiert sich dahingehend,
dass nach der grundrechtlichen Relevanz des Einsatzes von Künstlicher Intelligenz gefragt wird. Nicht wesentlich soll in diesem Beitrag thematisiert
werden, inwiefern Grundrechtseingriffe, beispielsweise in die Eigentums-
oder Berufsfreiheit, durch die KI-Verordnung selbst vorgenommen werden.
Gewissermaßen vor der Klammer dieser speziellen Fragestellungen steht
die sowohl vom Wortlaut der KI-Verordnung als auch von den Erwägungsgründen gedeckte These, dass der Schutz der Grundrechte einen der wesentlichen Zwecke, wenn nicht den Zweck schlechthin der KI-Verordnung
darstellt.

Um die umrissene Fragestellung zu bearbeiten, soll zunächst ein dezidierter 3
Blick auf die KI-Verordnung geworfen werden Rn. 4 ff. Hierbei soll insbe-
sondere der Frage nachgegangen werden, inwiefern diese selbst, in Wortlaut
und Erwägungsgründen, die Gefahr von Grundrechtseingriffen thematisiert.
Sodann soll der Befund aus B. einer ordnenden und etwas allgemeineren
Betrachtung zugeführt werden, maßgeblich im Hinblick auf den Grund-
rechtsschutz als wesentlichen Leitgedanken der KI-Verordnung und das
Ziel, eine europäische Harmonisierung im Grundrechtsschutz herzustellen
Rn. 93 ff. Schließlich folgt ein kritisches Fazit Rn. 107 ff.

B. KI-Verordnung und Grundrechte

I. Grundrechte im Normtext der KI-Verordnung

Grundrechte werden im Normtext der KI-Verordnung insgesamt über 30 4
Mal erwähnt. Dies entspricht bei insgesamt 113 Artikeln – grob überschla-
gen – einer Quote von etwa einem Viertel der Normen der KI-Verordnung.
Zum Vergleich: Im Grundgesetz selbst wird der Begriff „Grundrechte" –

---

3 Verordnung (EU) 2024/1689, u. a. Erwägungsgrund 1, näheres unten Rn. 4 ff.

Überschriften außen vor gelassen – insgesamt acht Mal erwähnt.[4] Freilich hinkt dieser Vergleich ein wenig. Denn erstens kommt es im Grundgesetz ja nicht wesentlich darauf an, wie oft der Begriff „Grundrechte" ausdrücklich erwähnt wird, sondern darauf, dass Grundrechte in den Art. 1 bis 19 GG normiert werden, was natürlich möglich ist, ohne den Begriff ausdrücklich zu gebrauchen. Zweitens ist gerade der verfassunggebende Gesetzgeber des Grundgesetzes berühmt (und berüchtigt) dafür, wenig ausführlich, wenig emphatisch, ja fast lakonisch zu formulieren, wohingegen der europäische Gesetzgeber eher für einen gegenteiligen, ausufernden, streckenweise durchaus pathetischen Stil bekannt ist. Dennoch spricht dieser Vergleich Bände. Allein die schiere Anzahl der ausdrücklichen Erwähnungen der Grundrechte in der KI-Verordnung stellt ein starkes Indiz dafür dar, dass es dem europäischen Gesetzgeber beim Erlass der KI-Verordnung gerade (zumindest auch) um den Schutz der Grundrechte ging.

5   Im Folgenden sollen einige markante Normen der KI-Verordnung vorgestellt werden, in denen ausdrücklich auf Grundrechte Bezug genommen wird.

1. Schutzzweck der KI-Verordnung

6   Der Schutzzweck der KI-Verordnung kommt in Art. 1 zum Ausdruck. Dort heißt es in Abs. 1:

> „Zweck dieser Verordnung ist es, das Funktionieren des Binnenmarkts zu verbessern und die Einführung einer auf den Menschen ausgerichteten und vertrauenswürdigen künstlichen Intelligenz (KI) zu fördern und gleichzeitig ein hohes Schutzniveau in Bezug auf Gesundheit, Sicherheit und die in der Charta verankerten Grundrechte, einschließlich Demokratie, Rechtsstaatlichkeit und Umweltschutz, vor schädlichen Auswirkungen von KI-Systemen in der Union zu gewährleisten und die Innovation zu unterstützen."

7   Die Grundrechte werden also ausdrücklich als einer der dem Gesetz vorangestellten Zwecke erwähnt. Dabei wird Bezug genommen auf die in der Charta verankerten Grundrechte.[5] Neben dem Schutz der Grundrechte werden ausdrücklich die Schutzgüter der Demokratie, Rechtsstaatlichkeit und des Umweltschutzes sowie der Gesundheit und Sicherheit genannt. Der Schutz dieser Güter, so die Aussage des Art. 1 Abs. 1 KI-Verordnung, soll Hand in Hand gehen mit einer das Funktionieren des Europäischen Binnen-

---

4 Namentlich in Art. 1 Abs. 3, 17a Abs. 2, 18, 19 Abs. 3, 28 Abs. 3, 45b, 93 Nr. 4a und 142 GG.

5 Gemeint ist die Charta der Grundrechte der Europäischen Union (2000/C 364/01), die seit dem Inkrafttreten des Vertrags von Lissabon im Dezember 2009 europäisches Primärrecht ist, siehe Art. 6 Abs. 1 Satz 1 Hs. 2 EUV: „Die Charta der Grundrechte und die Verträge sind rechtlich gleichrangig."

markts verbessernden „menschenbezogene(n)" und „vertrauenswürdige(n)" Künstlichen Intelligenz. Die Erwähnung des Funktionieren des Binnenmarkts rekurriert dabei insbesondere auf die Kompetenzvorschrift des Art. 114 AEUV.

An dieser Stelle werden die Grundrechte insofern prominent erwähnt, als es **8** sich um den ersten Absatz des ersten Artikels der Verordnung handelt. Allein schon aus dieser systematischen Stellung heraus ist zu folgern, dass es sich bei den dort genannten Schutzgütern, also auch bei den Grundrechten, um besonders grundlegende, zentrale Aspekte der KI-Verordnung handeln muss. Diese Folgerung stützt sich zudem darauf, dass die genannten Schutzgüter explizit als Zweck der Verordnung vorangestellt werden.

2. Anwendungsbereich

Eine weitere Erwähnung finden die Grundrechte in Art. 2 Abs. 4 der KI-Ver- **9** ordnung. Dort heißt es:

> „[…] und sofern ein solches Drittland oder eine solche internationale Organisation angemessene Garantien hinsichtlich des Schutz der Privatsphäre, der Grundrechte und der Grundfreiheiten von Personen bietet."[6]

Art. 2 regelt den Anwendungsbereich der KI-Verordnung. In Absatz 4 geht **10** es um die Erstreckung der Anwendung auf Drittländer, also Länder, die keine Mitgliedstaaten der Europäischen Union sind. In einem Fall der KI-Anwendung durch ein in einem Drittland niedergelassenes Unternehmen könnte es passieren, dass Daten, die in der EU erhoben wurden, von diesem Dritten verarbeitet werden. Stellt man lediglich darauf ab, ob KI-Systeme in der EU in Verkehr gebracht, in Betrieb genommen oder verwendet werden, entstünde so eine Schutzlücke. Diese Gefahr besteht besonders aufgrund des digitalen Charakters von KI-Systemen.[7] Art. 2 Abs. 4 KI-Verordnung regelt dabei, unter welchen Voraussetzungen Behörden und internationale Orga-

---

6 Es handelt sich bei den Zitaten der KI-Verordnung um wörtliche Zitate der auf der offiziellen Seite https://eur-lex.europa.eu/ veröffentlichten deutschen Übersetzung der im Amtsblatt der Europäischen Union veröffentlichten Endfassung der KI-Verordnung. Das vorliegende Zitat ist in der Passage „hinsichtlich des Schutz" grammatikalisch nicht korrekt, wurde aber dessen ungeachtet wörtlich übernommen. Es gibt auch andere, grammatikalisch korrekte Versionen, beispielsweise auf https://artificialintelligenceact.eu/de/ article/2/, einer Seite, die vom Future of Life Institute betrieben wird und die die KI-Verordnung in übersichtlicher Weise vorstellt. Dort lautet die einschlägige Passage grammatikalisch korrekt: „in Bezug auf den Schutz der Grundrechte und -freiheiten" (zuletzt aufgerufen am 6.8.2024). Es ist allerdings unklar, woher diese Diskrepanz kommt, weil die Webseite angibt, den Text der deutschen Übersetzung der im Amtsblatt der Europäischen Union veröffentlichten Endfassung der KI-Verordnung übernommen zu haben.
7 Siehe hierzu Verordnung (EU) 2024/1689, Erwägungsgrund 22.

nisationen von der Anwendung der KI-Verordnung ausgenommen werden können. Dies ist dann der Fall, wenn im Drittland bzw. seitens einer internationalen Organisation angemessene Garantien hinsichtlich des Schutzes u. a. der Grundrechte von Personen geboten sind. Diese zunächst einmal eher technische Anwendungsvoraussetzung macht ebenfalls den zentralen Wert des Grundrechtsschutzes durch die KI-Verordnung klar, da eben Ausnahmen von diesem Schutz nur im Falle eines anderweitigen gleichwertigen Grundrechtsschutzes gemacht werden.

3. Begriffsbestimmungen

11   In Art. 3 der KI-Verordnung, in dem Begriffsbestimmungen getroffen werden, finden die Grundrechte zweimal Erwähnung. In Art. 3 Nr. 49 lit. c wird ein „schwerwiegender Vorfall" unter anderem unter Rekurs auf „die Verletzung von Pflichten aus den Unionsrechtsvorschriften zum Schutz der Grundrechte" definiert. Aufschlussreich ist dabei der Vergleich mit den anderen drei, in a), b) und d) genannten Gründen, bei denen begrifflich von einem „schwerwiegenden Vorfall" gesprochen werden kann. Diese sind namentlich: Der Tod oder die schwere gesundheitliche Schädigung einer Person (a), eine schwere und unumkehrbare Störung der Verwaltung oder des Betriebs kritischer Infrastrukturen (b) und schwere Sach- oder Umweltschäden (d). Hier sind also neben der Verletzung der Grundrechte äußerst gravierende und hochrangige Schutzgüter genannt, was wiederum Rückschlüsse zulässt auf den besonderen Wert, den die KI-Verordnung den Grundrechten zuschreibt.

12   Art. 3 Nr. 65 KI-Verordnung rekurriert beim Begriff „systemisches Risiko" ebenso auf die Grundrechte. Dort werden potenzielle negative Folgen auf die Grundrechte als ein Indikator für ein systemisches Risiko aufgeführt. Hier stehen neben den Grundrechten die Schutzgüter der öffentlichen Gesundheit, Sicherheit, öffentlicher Sicherheit und der „Gesellschaft insgesamt". Die aufgeführten, in einer Aufzählung mit den Grundrechten genannten Schutzgüter sind hier im Wortlaut deutlich weiter gefasst als bei Nr. 49. Insbesondere die letzte Formulierung der Auswirkungen auf die „Gesellschaft insgesamt" wirft auf den ersten Blick Rätsel auf. Der Erwägungsgrund 110 der KI-Verordnung konkretisiert den Begriff des systemischen Risikos und macht klar, dass auch hier, wenngleich die gesetzliche Begriffsbestimmung sehr weit gefasst ist, nur gravierende Auswirkungen umfasst sein sollen, beispielsweise im Zusammenhang mit „schweren Unfällen, Störungen kritischer Sektoren" und für „schwerwiegende Folgen für die öffentliche Gesundheit und Sicherheit" sowie mit „chemischen, biologischen, radiologischen und nuklearen Risiken, zum Beispiel Möglichkeiten zur Verringerung der Zutrittsschranken, einschließlich für Entwicklung, Gestaltung, Erwerb

oder Nutzung von Waffen; offensiven Cyberfähigkeiten, zum Beispiel die Art und Weise, wie Entdeckung, Ausbeutung oder operative Nutzung von Schwachstellen ermöglicht werden können [...]".[8] Der Vergleich zu den neben den Grundrechten aufgeführten Schutzgütern lässt zwar nicht auf die gleiche, extrem hohe Wertigkeit wie bei Nr. 49 schließen. Es handelt sich aber auch im Rahmen der Nr. 65 um nicht unerhebliche Gefahren und ihnen korrespondierende Schutzgüter.

Aufschlussreich ist Erwägungsgrund 110 darüber hinaus insofern, als er **13** einige Aspekte des Schutzgutes „Grundrechte" in diesem Kontext konkretisiert. Er nennt die „Verbreitung illegaler, falscher oder diskriminierender Inhalte"[9] und stellt somit einen Bezug zum Allgemeinen Persönlichkeitsrecht[10] (das u. a. vor einer falschen oder verzerrenden Berichterstattung schützen kann[11]) und zum Gleichbehandlungsgrundsatz her, der – grob umrissen – vor willkürlichen Diskriminierungen schützt.[12] Gegen Ende des Erwägungsgrundes 110 wird außerdem auf die „Diskriminierung mit Risiken für Einzelpersonen, Gemeinschaften oder Gesellschaften", also ebenfalls auf den Gleichbehandlungsgrundsatz sowie die „Erleichterung von Desinformation oder der Verletzung der Privatsphäre mit Gefahren für demokratische Werte und Menschenrechte" und somit ebenfalls auf das Allgemeine Persönlichkeitsrecht verwiesen. Dessen Schutzgut, die Privatsphäre, wird hier zudem mit demokratischen Werten und Menschenrechten als solchen assoziiert, ihm wird also offenbar ein hoher, gemeinschaftsbezogener, über die Schutzsphäre des einzelnen Individuums hinausweisender Wert zugeschrieben.

---

8 Alle Zitate Verordnung (EU) 2024/1689, Erwägungsgrund 110.

9 Verordnung (EU) 2024/1689, Erwägungsgrund 110.

10 Terminologischer Hinweis: Im Verlauf dieses Beitrags wird der aus dem deutschen Verfassungsrecht geläufige Oberbegriff des Allgemeinen Persönlichkeitsrechts gebraucht, auch wenn sich der Gehalt des Schutzbereichs des Allgemeinen Persönlichkeitsrechts in der Grundrechte-Charta auf mehrere Grundrechte aufteilt, namentlich Art. 1, 7, und 8.

11 Siehe zum Grundgesetz *Di Fabio*, in: Dürig/Herzog/Scholz, Grundgesetz-Kommentar, GG Art. 2 Abs. 1 Rn. 168; *Jarass*, in: Jarass/Pieroth, Grundgesetz, GG Art. 2 Rn. 44; grundlegend mit Bezug auf zivilrechtliche Rechtsverhältnisse BVerfGE 65, 1, 41 ff.; zur Charta der Grundrechte der EU siehe nur *Jarass*, in: Jarass, Charta der Grundrechte der EU, Art. 7 Rn. 16 m. w. N.

12 Ständige, immer wieder erweiterte und verfeinerte Rspr. des BVerfG seit BVerfGE 1, 14; P. *Kirchhof*, in: Dürig/Herzog/Scholz, Grundgesetz-Kommentar, GG Art. 3 Abs. 1 Rn. 264, der das Willkürverbot als „Leitgedanken" der Prüfung des allgemeinen Gleichbehandlungsgrundsatzes bezeichnet; Mit Bezug auf die Notwendigkeit einer Verhältnismäßigkeitsprüfung anhand des Kriteriums des legitimen Differenzierungsziels *Jarass*, in: Jarass, Charta der Grundrechte der EU, Art. 20 Rn. 16 ff. und Art. 21 Rn. 27 ff.; kritisch hierzu *Rossi*, in: Calliess/Ruffert, EUV/AEUV, EU-GRCharta Art. 20 Rn. 27 f.

4. Der Einsatz biometrischer Echtzeit-Fernidentifikationssysteme durch Strafverfolgungsbehörden

14 Ebenfalls Erwähnung finden die Grundrechte in Art. 5 Abs. 2 Satz 3 KI-Verordnung. Der zentrale Artikel 5 regelt generell verbotene Praktiken im KI-Bereich und befasst sich in Absatz 2 mit dem in gewissen Grenzen erlaubten Einsatz biometrischer Echtzeit-Fernidentifizierungssysteme zu Strafverfolgungszwecken. Eine Verwendung ist nach dem Wortlaut der Norm nur dann zu gestatten, „wenn die Strafverfolgungsbehörde eine Folgenabschätzung im Hinblick auf die Grundrechte gemäß Artikel 27 abgeschlossen und das System gemäß Artikel 49 in der EU-Datenbank registriert hat." Voraussetzung für die Benutzung dieses Mittels durch Strafverfolgungsbehörden ist eine Grundrechte-Folgenabschätzung gemäß Art. 27 der KI-Verordnung, einem zentralen „Grundrechte-Artikel" der KI-Verordnung.[13] Diese ist eine notwendige Voraussetzung für die Verwendung biometrischer Echtzeit-Fernidentifikationssysteme durch staatliche Behörden oder Akteure, die staatliche Aufgaben übernehmen. Damit soll sichergestellt sein, dass sich die entsprechenden Strafverfolgungsbehörden bewusst sind über die potenziellen grundrechtbezogenen Folgen ihrer Handlungen. Dabei sollen insbesondere auch eine Verhältnismäßigkeit der gewählten Mittel und ihres Einsatzes sowie die strikte Prüfung der Einzelfallbezogenheit sichergestellt werden. Außerdem soll der Einsatz auf das „unbedingt Notwendige" beschränkt werden,[14] was ebenfalls als Hinweis auf die Erforderlichkeit einer Verhältnismäßigkeitsprüfung zu lesen ist.

15 Beim Wortlaut des Art. 5 Abs. 2 Satz 3 KI-Verordnung ist besonders darauf zu achten, dass die Grundrechte-Folgenabschätzung „abgeschlossen" sein muss und erst dann eine Gestattung der Verwendung der entsprechenden Systeme in Betracht kommt. Aus einem Vergleich mit dem Ausnahmetatbestand des Satzes 4, nach dem auf die Registrierung in der EU-Datenbank in „hinreichend begründeten dringenden Fällen" zunächst verzichtet werden kann, diese Möglichkeit des Aufschiebens bei der Grundrechte-Folgenabschätzung aber nicht besteht, ist außerdem zu schließen, dass die Grundrechte-Folgenabschätzung in keinem Fall aufgeschoben werden kann. Die Grundrechte-Folgenabschätzung ist somit als ausnahmslos notwendige Voraussetzung für die Verwendung biometrischer Echtzeit-Fernidentifikationssysteme anzusehen.

---

13 Näheres unten Rn. 29 ff.
14 Verordnung (EU) 2024/1689, Erwägungsgrund 34.

5. Hochrisiko-KI-Systeme

In Art. 6 KI-Verordnung finden die Grundrechte gleich viermal Erwähnung. **16** In Art. 6 KI-Verortung geht es im Allgemeinen um die Einstufungsvorschriften für Hochrisiko-KI-Systeme, also die Frage, unter welchen Bedingungen ein KI-System als Hochrisiko-System betrachtet werden kann und damit einer strengeren Regulierung unterliegt im Vergleich zu KI-Systemen, für die diese Einordnung nicht zutrifft.[15]

Art. 6 Abs. 3 KI-Verordnung lässt sich in gewisser Hinsicht als Pendant **17** zum eben diskutierten Art. 3 Nr. 65 KI-Verordnung lesen, in dem es um den Begriff des systemischen Risikos geht. Ein solches systemisches Risiko wird unter anderem dann angenommen, wenn bei der Verwendung von KI-Systemen negative Folgen für die Grundrechte drohen. Art. 6 Abs. 3 KI-Verordnung stellt in negativer Hinsicht klar, dass ein KI-System dann nicht als hochriskant einzustufen ist, wenn es „kein erhebliches Risiko der Beeinträchtigung in Bezug auf die Gesundheit, Sicherheit oder Grundrechte natürlicher Personen birgt". Das gilt ausweislich des Wortlauts selbst dann, wenn das KI-System im Katalog der Hochrisikosysteme aufgeführt ist, der der KI-Verordnung als Anhang III angefügt ist und den Art. 6 Abs. 2 KI-Verordnung für anwendbar erklärt. Dort werden beispielsweise KI-Systeme aus dem Bereich der Biometrie (Anhang III, Nr. 1), der kritischen Infrastruktur (Anhang III, Nr. 2) und der Bildung (Anhang III, Nr. 3) sowie solche aufgeführt, die das Ergebnis eines demokratischen Prozesses wie einer Wahl beeinflussen sollen (Anhang III, Nr. 8b). Nach der Vorschrift des Art. 6 Abs. 3 KI-Verordnung wird ein in Anhang III genanntes KI-System ausnahmsweise dann nicht als hochriskant eingestuft, wenn eine der in a) bis d) genannten Bedingungen erfüllt ist und wenn keines der zitierten erheblichen Risiken besteht. Die Einstufung eines KI-Systems als hochriskant macht sich also unter anderem daran fest, ob ein erhebliches Risiko für die Grundrechte natürlicher Personen besteht. Auffällig hierbei ist, dass diese Ausnahmevorschrift ausdrücklich nur auf Risiken für die Grundrechte natürlicher Personen (und nicht etwa juristischer Personen) abstellt. Außerdem gibt der letzte Satz des Art. 6 Abs. 3 KI-Verordnung[16] eine aufschlussreiche Werteentscheidung zu erkennen. Er schließt nämlich eine Ausnahme von der Einstufung als hochriskant für den Fall aus, in dem ein Profiling natürlicher Personen vorgenommen wird. Dann ist ein KI-System, sofern es in Anhang III aufgeführt wird, immer hochriskant. Nun lässt sich darüber streiten und theoretisieren, ob es überhaupt denkbar ist, dass ein KI-System Profiling natürlicher Personen beinhaltet und nicht gleichzeitig ein erhebliches Risiko für

---

15 Näheres zu den Hochrisiko-KI-Systemen *Binder/Egli*, MMR 2024, 626.
16 Aufgrund der etwas verwirrenden Gesetzessystematik ist unklar, ob es sich bei dieser Vorschrift um Unterabsatz 2 oder Unterabsatz 3 des Art. 6 Abs. 3 KI-Verordnung handelt.

die Grundrechte natürlicher Personen birgt, also eh nach dem ersten Satz des Art. 6 Abs. 3 KI-Verordnung von einer Ausnahme ausgeschlossen wäre. Demnach könnte man die Frage stellen, ob es der eben zitierten Ausnahme des letzten Satzes überhaupt bedürfe. Jedenfalls war es dem Gesetzgeber offenbar wichtig, diesen einen Fall, das Profiling natürlicher Personen, kategorisch von diesem Ausnahmetatbestand auszuschließen. Das ist ein weiterer Hinweis auf die Wichtigkeit des Allgemeinen Persönlichkeitsrechts. Sobald dieses durch Profiling tangiert wird, kommt keine Ausnahme von den Vorschriften über Hochrisiko-Systeme in Betracht.

18 In den weiteren Absätzen 6, 7 und 8 des Art. 6 KI-Verordnung werden die Grundrechte ebenfalls erwähnt. In diesen Vorschriften geht es um die Konkretisierung und Änderbarkeit der Einstufungskriterien. Eine solche Änderung steht stets unter dem Vorbehalt, dass KI-Systeme „kein erhebliches Risiko der Beeinträchtigung in Bezug auf die Gesundheit, Sicherheit oder Grundrechte natürlicher Personen bergen" (Art. 6 Abs. 6 KI-Verordnung) oder „wenn konkrete und zuverlässige Beweise dafür vorliegen, dass dies für die Aufrechterhaltung des Schutzniveaus in Bezug auf Gesundheit, Sicherheit und die in dieser Verordnung vorgesehenen Grundrechte erforderlich ist" (Art. 6 Abs. 7 KI-Verordnung). Dabei „darf das allgemeine Schutzniveau in Bezug auf Gesundheit, Sicherheit und die in dieser Verordnung vorgesehenen Grundrechte nicht senken" (Art. 6 Abs. 8 KI-Verordnung).

19 Der Schutz der genannten Rechtsgüter, insbesondere der Grundrechte, soll somit der unhintergehbare Rahmen der Klassifizierungsvorschriften zu Hochrisiko-Systemen sein.[17] Dies wird auch in Erwägungsgrund 48 betont. Dort heißt es:

> „Das Ausmaß der nachteiligen Auswirkungen des KI-Systems auf die durch die Charta geschützten Grundrechte ist bei der Einstufung eines KI-Systems als hochriskant von besonderer Bedeutung".[18]

20 Daraus könnte man den Schluss ableiten: Je stärker das Maß ist, in dem eine nachteilige Auswirkung auf die Grundrechte droht, desto eher ist es als Hochrisiko-System einzustufen. Das legt nahe, dass auch in die auf den ersten Blick womöglich eher formalistisch wirkende Auswahl des Anhangs III derjenigen KI-Systeme, die grundsätzlich als Hochrisiko-Systeme gelten, die Wertung einer potenziellen Gefährdung der Grundrechte eingeflossen ist. Dafür spricht ebenfalls, dass die Ausnahmetatbestände auch an die Gefährdung der Grundrechte geknüpft sind. Der Erwägungsgrund 48 zählt auch die besonders zu berücksichtigenden Grundrechte auf:

> „Zu diesen Rechten gehören die Würde des Menschen, die Achtung des Privat- und Familienlebens, der Schutz personenbezogener Da-

---

17 So auch *Binder/Egli*, MMR 2024, 626, 627, 629.
18 Verordnung (EU) 2024/1689, Erwägungsgrund 48.

ten, die Freiheit der Meinungsäußerung und die Informationsfreiheit, die Versammlungs- und Vereinigungsfreiheit, das Recht auf Nichtdiskriminierung, das Recht auf Bildung, der Verbraucherschutz, die Arbeitnehmerrechte, die Rechte von Menschen mit Behinderungen, die Gleichstellung der Geschlechter, Rechte des geistigen Eigentums, das Recht auf einen wirksamen Rechtsbehelf und ein faires Gerichtsverfahren, das Verteidigungsrecht, die Unschuldsvermutung sowie das Recht auf eine gute Verwaltung."[19]

Eine besondere Erwähnung im Erwägungsgrund finden zudem Kinderrechte (Art. 24 Grundrechte-Charta) und das Grundrecht auf ein hohes Umweltschutzniveau (Art. 37 Grundrechte-Charta). Die Aufzählung im Erwägungsgrund 48 ist sehr weit und darf eher als Erläuterung dazu verstanden werden, welche Grundrechte überhaupt eine Rolle spielen können bei der Einstufung eines KI-Systems als Hochrisiko-System. Aus dem Verbot einer Ausnahme im Falle des Profilings natürlicher Personen, wie es am Ende des Art. 6 Abs. 3 KI-Verordnung ausgedrückt wird, lässt sich aber schließen, dass dem Allgemeinen Persönlichkeitsrecht eine besondere Wichtigkeit zukommt. **21**

In eine ähnliche Richtung gehen die Erwähnungen der Grundrechte in Art. 7 KI-Verordnung. Art. 7 KI-Verordnung ermächtigt die Kommission, gem. Art. 97 KI-Verordnung unter bestimmten Voraussetzungen den Anhang III der KI-Verordnung zu ändern. Die zwei Kriterien einer Änderung sind, dass KI-Systeme in einem der in Anhang III genannten Bereiche eingesetzt werden (Art. 7 Abs. 1 lit. a KI-Verordnung) und das von ihnen ausgehende Risiko für bestimmte, in Art. 7 Abs. 1 lit. b KI-Verordnung aufgezählte Rechtsgüter dem Risiko der bereits in Anhang III aufgeführten Anwendungsfälle gleichen muss. Eines der dort genannten Rechtsgüter sind, neben Gesundheit und Sicherheit, die Grundrechte. Art. 7 Abs. 2 KI-Verordnung stellt sodann einen Katalog an Kriterien auf, die bei der Frage, ob eine solche Vergleichbarkeit vorliegt, zu berücksichtigen sind. Hier werden in den Katalogbeispielen e) und i) die Grundrechte ausdrücklich erwähnt, weitere Beispiele wie c) (Schutz personenbezogener Daten) und f) (Diskriminierungen) haben einen impliziten Grundrechtsbezug. Bei der Frage nach der Ergänzung oder Modifikation der in Anhang III genannten KI-Hochrisiko-Systeme spielen die Grundrechte also, neben anderen Faktoren, eine wichtige Rolle. **22**

Noch wichtiger ist die Rolle bei der Streichung eines Hochrisiko-KI-Systems. Hierfür stellt Art. 7 Abs. 3 KI-Verordnung zwei Voraussetzungen auf, die kumulativ vorliegen müssen und die sich beide ausdrücklich auf Grundrechte beziehen. Nach Art. 7 Abs. 3 lit. a KI-Verordnung kann ein System nur gestrichen werden, wenn keine erheblichen Risiken mehr für die Grundrechte, Gesundheit oder Sicherheit ausgehen. Nach Art. 7 Abs. 3 lit. b KI- **23**

---

19 Verordnung (EU) 2024/1689, Erwägungsgrund 48.

Verordnung wird zur Voraussetzung gemacht, dass das allgemeine Schutzniveau in Bezug auf Gesundheit, Sicherheit und Grundrechte nicht gesenkt wird. Es sind somit zwei Perspektiven einzunehmen: Eine auf das konkrete, in Rede stehende KI-Hochrisiko-System bezogene Perspektive sowie eine übergeordnete, das allgemeine Schutzniveau der KI-Verordnung und ihrer Einstufungskriterien betreffende Perspektive. Für beide Perspektiven spielen die Grundrechte – neben den Schutzgütern Gesundheit und Sicherheit – die entscheidende Rolle.

24 Auch in Art. 9 KI-Verordnung, der sich mit der gesetzlichen Vorgabe der Einrichtung, Anwendung und Dokumentierung eines Risikomanagementsystems bei KI-Hochrisiko-Systemen befasst, finden die Grundrechte Erwähnung. Ein wesentlicher Aspekt des Risikomanagementsystems besteht nämlich nach Art. 9 Abs. 2 Satz 1 lit. a KI-Verordnung in der „Ermittlung und Analyse der bekannten und vernünftigerweise vorhersehbaren Risiken, die vom Hochrisiko-KI-System für die Gesundheit, Sicherheit oder Grundrechte ausgehen können, wenn es entsprechend seiner Zweckbestimmung verwendet wird". Auch beim Risikomanagementsystem, das nach dem Wortlaut des Art. 9 Abs. 2 KI-Verordnung als „kontinuierlicher iterativer Prozess" aufgefasst wird und eine „regelmäßige systematische Überprüfung und Aktualisierung erfordert", spielen die Auswirkungen auf Grundrechte eine wichtige Rolle und müssen entsprechend der geforderten Regelmäßigkeit und Aktualisierung auch regelmäßig und aktualisiert überprüft werden. Wie dies im Detail auszusehen hat, wird sich freilich noch zeigen müssen.[20]

25 Art. 10 KI-Verordnung erwähnt die Grundrechte zweimal im Kontext der dort normierten Daten-Governance. Einmal wird nach Art. 10 Abs. 2 lit. f KI-Verordnung als eine Voraussetzung der Daten-Governance-Verfahren normiert, dass mögliche Verzerrungen, die bei der Anwendung eines Hochrisiko-KI-Systems, das anhand von Daten trainiert wird, auftreten können, auf ihre mögliche negative Auswirkung auf die Grundrechte hin untersucht werden. Aufschlussreich hierbei ist, dass bei dieser Voraussetzung Diskriminierungen ausdrücklich genannt werden. Art. 10 Abs. 5 KI-Verordnung normiert zudem, dass zur Erkennung etwaiger Verzerrungen ausnahmsweise besondere Kategorien personenbezogener Daten verarbeitet werden können, stellt dies aber unter die Voraussetzung, dass die Anbieter „angemessene Vorkehrungen für den Schutz der Grundrechte und Grundfreiheiten natürlicher Personen treffen müssen". Hier sind nun neben den Grundrechten auch Grundfreiheiten genannt, hierzu später.

26 Art. 13 KI-Verordnung, der bestimmte Anforderungen an Transparenz und Informationspflichten normiert, nimmt ebenfalls Bezug auf die Grundrechte. Art. 13 Abs. 3 lit. b iii) KI-Verordnung normiert als notwendigen Inhalt

---

20 Kritisch *Gerdemann*, MMR 2024, 614, 615.

F.-A. Fischer

einer obligatorisch zu erstellenden Betriebsanleitung für das Hochrisiko-
KI-System die Notwendigkeit, auf vernünftigerweise vorhersehbare Fehlanwendungen einzugehen, „die zu den in Artikel 9 Absatz 2 genannten Risiken
für die Gesundheit und Sicherheit oder die Grundrechte führen können".

Für die menschliche Aufsicht nach Art. 14 KI-Verordnung ist ebenfalls ein **27**
Blick auf die Grundrechte wesentlich. Diese obligatorische Aufsicht durch
eine natürliche Person hat nach Art. 14 Abs. 2 KI-Verordnung den Zweck,
„der Verhinderung oder Minimierung der Risiken für Gesundheit, Sicherheit
oder Grundrechte" zu dienen. Auch hier werden also wieder die Grundrechte
neben den beiden Schutzgütern der Gesundheit und der Sicherheit genannt.

Es lässt sich festhalten, dass Grundrechte für Hochrisiko-KI-Systeme und **28**
damit für einen wesentlichen Regelungsgehalt der KI-Verordnung eine
tragende Rolle spielen. Dies schlägt sich schon begrifflich in der Klassifizierung als Hochrisiko-KI-System nach Art. 6 KI-Verordnung nieder. Außerdem betreffen die Grundrechte mögliche Änderungen der Einstufung
als Hochrisiko-KI-System nach den Art. 6 und 7 KI-Verordnung. Es ist zu
beobachten, dass der Gesetzgeber die Folgeneinschätzung für Grundrechte – neben Gesundheit und Sicherheit – als wesentliche Leitplanke für den
Umgang mit Hochrisiko-KI-Systemen aufstellt und darum bemüht ist, keine
Schlupflöcher unter dieser Leitplanke hindurch zuzulassen. Auch für Betrieb, Risikomanagement und Prozesse rund um den Betrieb von Hochrisiko-KI-Systemen samt menschlicher Aufsicht sind Grundrechte ein wesentlicher Faktor. Recht präzise bei der Frage, um welche Grundrechte es sich im
Besonderen handelt, ist die KI-Verordnung an den meisten Stellen allerdings
nicht. Es kommt aber an einigen Stellen zum Ausdruck, dass insbesondere
das Allgemeine Persönlichkeitsrecht und der Gleichbehandlungsgrundsatz
im Zentrum des Schutzgedankens stehen.

6. Grundrechte-Folgenabschätzung nach Art. 27 KI-Verordnung

Die augenscheinliche Vorschrift der KI-Verordnung mit Blick auf die **29**
Grundrechte ist sicherlich Art. 27 KI-Verordnung. Diese Vorschrift beinhaltet nämlich in ihrer Überschrift „Grundrechte-Folgenabschätzung für Hochrisiko-KI-Systeme" die Grundrechte bereits ausdrücklich. Zudem kommen
Grundrechte dreimal im Normtext vor.

Art. 27 KI-Verordnung normiert für bestimmte Betreiber von Hochrisiko- **30**
KI-Systemen das Erfordernis der Durchführung einer Grundrechte-Folgenabschätzung vor Inbetriebnahme des Systems. Darunter fallen namentlich
Einrichtungen des öffentlichen Rechts, private Einrichtungen, die öffentliche Dienste erbringen, sowie bestimmte in Anhang III Nr. 5b) (Kreditwürdigkeitsprüfung und Bonitätsbewertung natürlicher Personen) und c)

(Risikobewertung natürlicher Personen im Bereich von Lebens- oder Krankenversicherungen) genannte Betreiber.

31 Die KI-Verordnung normiert hier neben einem institutionellen Begriff der Grundrechtsbindung im Falle von Einrichtungen des öffentlichen Rechts, die schon kraft ihrer Rechtsform an Grundrechte gebunden sind, auch einen funktionalen Begriff der Grundrechtsbindung privater Akteure wie zum Beispiel der SCHUFA, Versicherungsunternehmen oder Krankenkassen. Für private Einrichtungen, die öffentliche Aufgaben wahrnehmen, nennt Erwägungsgrund 96 die Beispiele: Bildung, Gesundheitsversorgung, Sozialdienste, Wohnungswesen und Justizverwaltung.[21]

32 Kern der Regelung ist das Erfordernis einer „Abschätzung der Auswirkungen, die die Verwendung eines solchen (gemeint ist ein Hochrisiko-KI-Systems, Anm. Verf.) auf die Grundrechte haben kann". Der Gesetzeswortlaut spezifiziert den Inhalt dieser Grundrechte-Folgenabschätzung anhand eines sechs Positionen starken Anforderungskatalogs, der in Art. 27 Abs. 1 Satz 2 lit. a bis lit. f normiert ist. Dieser Katalog nimmt zusätzlich zu seiner generellen Zwecksetzung, eine Pflicht zur Prüfung der Auswirkung der Inbetriebnahme des Hochrisiko-KI-Systems auf Grundrechte aufzustellen, auch in seinen einzelnen Katalogpunkten implizit auf Grundrechte Bezug. Beispielsweise ist ja bereits in die begriffliche Fassung des Hochrisiko-KI-Systems ein Grundrechtsbezug eingeschrieben. Zudem nimmt Katalogpunkt e) Bezug auf die menschliche Aufsicht und die Betriebsanleitungen, die sich ebenfalls, wie zuvor dargestellt, an Auswirkungen auf Grundrechte orientieren. Die Abschätzung ist gem. Art. 27 Abs. 2 Satz 1 KI-Verordnung vor der erstmaligen Inbetriebnahme vorzunehmen. Bei späteren Änderungen kann eine weitere Grundrechte-Folgenabschätzung nötig werden. Laut dem Wortlaut des Art. 27 Abs. 2 Satz 2 KI-Verordnung trifft der Betreiber die Abschätzung, ob dies erforderlich ist. Das Ergebnis der Grundrechte-Folgenabschätzung ist gem. Art. 27 Abs. 3 KI-Verordnung der Marktüberwachungsbehörde mitzuteilen.

33 Ein wesentlicher Aspekt der Regelung des Art. 27 KI-Verordnung, auch in der Zusammenschau mit den in Art. 26 KI-Verordnung geregelten Pflichten der Betreiber von Hochrisiko-KI-Systemen, besteht neben dem generell zu gewährleistenden Grundrechtsschutz, der einen Leitgedanken der KI-Verordnung darstellt, darin, den Grundrechtsschutz als Teil der Pflichten nicht nur der Nationalstaaten und der Europäischen Union samt ihrer Behörden, sondern auch als Pflichten (teils privater) Betreiber von Hochrisiko-KI-Systemen gesetzlich auszugestalten. Nach dem gesetzgeberischen Gedanken der KI-Verordnung tritt die Pflicht der Betreiber dabei als eine Art verlängerter Arm neben die Pflicht des Herstellers. Dem liegt die Einschätzung zugrunde, dass Risiken im Zusammenhang mit Hochrisiko-KI-Systemen nicht nur

---

21 Verordnung (EU) 2024/1689, Erwägungsgrund 96.

durch deren Herstellung, sondern auch – gegebenenfalls sogar in ganz anderer Gestalt – durch deren Betrieb entstehen können. In Erwägungsgrund 93 heißt es dementsprechend:

> „Risiken im Zusammenhang mit KI-Systemen können sich zwar aus der Art und Weise ergeben, wie solche Systeme konzipiert sind, aber auch aus der Art und Weise, wie solche KI-Systeme genutzt werden, können Risiken entstehen. Die Betreiber von KI-Systemen mit hohem Risiko spielen daher eine entscheidende Rolle bei der Gewährleistung des Schutzes der Grundrechte, indem sie die Verpflichtungen des Anbieters bei der Entwicklung des KI-Systems ergänzen."[22]

Dahinter verbirgt sich nicht nur der eher theoretische Gedanke einer Aufteilung der Schutzpflichten in Bezug auf Grundrechte, sondern auch die pragmatische Überlegung, dass Betreiber von Hochrisiko-KI-Systemen aufgrund ihrer Fachkunde und ihrer Nähe zu den Auswirkungen auf natürliche Personen eine Grundrechte-Folgeneinschätzung schlichtweg fundierter und spezifischer vornehmen können als beispielsweise ein Hersteller, der vielleicht gar keine genaue Vorstellung vom Einsatz des von ihm programmierten KI-Systems hat.[23] **34**

7. Notifizierung

In den Vorschriften zu den durch die Mitgliedstaaten zu schaffenden Notifizierungsbehörden der Art. 28 ff. KI-Verordnung wird ebenfalls im Gesetzestext auf Grundrechte Bezug genommen. Art. 28 Abs. 7 KI-Verordnung, der sich mit den Mitarbeitern der notifizierenden Behörden und ihren erwünschten Fähigkeiten befasst, stellt als gewünschte Expertise neben dem Fachwissen in den Bereichen der Informationstechnologie und der KI auch die rechtliche Expertise „einschließlich der Überwachung der Grundrechte" zur Seite. Hier ist die Norm zwar in der deutschen Übersetzung etwas unsauber formuliert – gemeint ist sicher nicht die Überwachung der Grundrechte selbst, sondern deren Einhaltung durch Akteure auf dem KI-Sektor. Dennoch wird auch diese Kompetenz als einziger Unterfall der rechtlichen Expertise ausdrücklich erwähnt und neben der naheliegenden technisch-fachlichen Kompetenz ausdrücklich herausgestellt. Es kommt mithin auch auf behördlicher, also staatlicher Seite die Wichtigkeit der Aufsicht über die Einhaltung der Grundrechte zum Ausdruck. **35**

In Art. 36 KI-Verordnung, der sich mit Änderungen der Notifizierungen im Zwischenspiel von notifizierender Behörde und notifizierten Stellen befasst, werden Grundrechte dreimal erwähnt. **36**

---

22 Verordnung (EU) 2024/1689, Erwägungsgrund 93.
23 Verordnung (EU) 2024/1689, Erwägungsgrund 93.

37 Art. 36 Abs. 7 KI-Verordnung befasst sich mit der Einschränkung, Aussetzung oder dem Widerruf der Benennung einer notifizierten Stelle als solcher und stellt einen Katalog mit Schritten auf, die in einem solchen Fall zu absolvieren sind. Im Falle der Aussetzung oder des Widerrufs einer Notifizierung hat die notifizierende Stelle nach Art. 36 Abs. 7 lit. e Hs. 1 den zuständigen nationalen Behörden alle diesbezüglichen relevanten Informationen zur Verfügung zu stellen. Hs. 2 bestimmt sodann:

> „diese Behörde ergreift erforderlichenfalls geeignete Maßnahmen, um ein mögliches Risiko für Gesundheit, Sicherheit oder Grundrechte zu verhindern."

38 Auch hier wird also eine Verhinderung eines Risikos für Grundrechte, abermals genannt neben den beiden Schutzgütern der Gesundheit und der Sicherheit, gesetzlich vorgeschrieben.

39 Eine Fortgeltung der Bescheinigung über die Notifizierung kommt nach Art. 36 Abs. 8 KI-Verordnung ausnahmsweise dann in Betracht, wenn, neben weiteren Voraussetzungen, „kein Risiko für Gesundheit, Sicherheit oder Grundrechte besteht".

40 Eine vergleichbare Fortgeltung ist auch nach Art. 36 Abs. 9 KI-Verordnung möglich. Auch hier ist Voraussetzung, dass kein Risiko für Gesundheit, Sicherheit oder Grundrechte besteht.

8. Harmonisierung von Normen und Konformität

41 In den Vorschriften zur Normenharmonisierung nach den Art. 40 ff. KI-Verordnung werden Grundrechte dreimal erwähnt. Sie bilden in Art. 40 Abs. 3 KI-Verordnung das Leitbild für die am Normungsprozess beteiligten Akteure. Die angestrebte Harmonisierung der Normung erfolgt nach dem Wortlaut der Norm unter „Berücksichtigung bestehender internationaler Normen im Bereich der KI, die mit den Werten, Grundrechten und Interessen der Union im Einklang stehen."

42 Sollte dieses Leitbild nicht eingehalten werden, behält sich die EU, mit Zuweisung dieser Aufgabe an die Kommission, vor, Durchführungsrechtsakte zur Festlegung gemeinsamer Spezifikationen zu erlassen. Diese Zentralisierung der Kompetenz auf EU-Ebene steht nach Art. 41 Abs. 1 lit. a iii) KI-Verordnung unter anderem unter der Voraussetzung, dass „die einschlägigen harmonisierten Normen […] den Bedenken im Bereich der Grundrechte nicht ausreichend Rechnung" tragen.[24]

43 Bei der Konformitätsbewertung auf Grundlage harmonisierter Normen ist die Kommission unter bestimmten Voraussetzungen befugt, delegierte

---

24 Kritisch zur Frage der praktischen Umsetzung *Gerdemann*, MMR 2024, 614, 617.

Rechtsakte im Sinne des Art. 97 KI-Verordnung zu erlassen. Dabei hat sie nach Art. 43 Abs. 6 Satz 2 KI-Verordnung die „Vermeidung oder Minimierung der von solchen Systemen ausgehenden Risiken für die Gesundheit und Sicherheit und den Schutz der Grundrechte" zu berücksichtigen.

9. KI-Reallabore

In den Art. 57 und 58 KI-Verordnung, in denen es im Kontext der Innova- **44**
tionsförderung um sogenannte KI-Reallabore geht, werden Grundrechte insgesamt viermal erwähnt. Gegenstand der Regelungen ist die Pflicht der Mitgliedstaaten, bis zum 2.8.2026 jeweils ein sogenanntes KI-Reallabor auf nationaler Ebene zu gründen und einsatzbereit zu halten. Das Ziel dieser KI-Reallabore besteht nach Art. 57 Abs. 3 KI-Verordnung darin, „eine kontrollierte Umgebung (zu bieten, Verf.), um Innovation zu fördern und die Entwicklung, das Training, das Testen und die Validierung innovativer KI-Systeme für einen begrenzten Zeitraum vor ihrem Inverkehrbringen oder ihrer Inbetriebnahme [...] zu erleichtern."

Diese KI-Reallabore stehen unter einer Aufsicht der zuständigen Behörden **45**
in den Mitgliedstaaten. Diese stellen nach Art. 57 Abs. 6 KI-Verordnung Anleitung, Aufsicht und Unterstützung bereit, „um Risiken, insbesondere im Hinblick auf Grundrechte, Gesundheit und Sicherheit [...] zu ermitteln." Auch hier begegnet wieder der Dreiklang der Schutzgüter der Grundrechte, Gesundheit und Sicherheit. Auffällig ist, dass es um die eher allgemeine Aufgabe geht, Risiken zu ermitteln und die Grundrechte als einer von drei Beispielsaspekten ausdrücklich genannt werden. Das lässt darauf schließen, dass Risiken im Hinblick auf Grundrechte eine besondere Wichtigkeit haben und bei der Tätigkeit der KI-Reallabore eine zentrale Rolle spielen. In Art. 57 Abs. 11 Satz 2 KI-Verordnung ist normiert, was im Falle eines im Rahmen der Tätigkeit eines KI-Reallabors erkannten Risikos zu tun ist. „Alle erheblichen Risiken für die Gesundheit und Sicherheit und die Grundrechte, die bei der Entwicklung und Erprobung solcher KI-Systeme festgestellt werden", so der Wortlaut der Norm, „führen zur sofortigen und angemessenen Risikominderung."

In Art. 58 KI-Verordnung, in dem die Details der Funktionsweise der KI-Re- **46**
allabore geregelt werden, finden die Grundrechte ebenfalls zweimal Erwähnung. Art. 58 KI-Verordnung regelt die Befugnis der Kommission zum Erlass von Durchführungsrechtsakten, mit denen ein einheitlicher, in der gesamten EU geltender Standard für KI-Reallabore etabliert werden soll. In Art. 58 Abs. 1 KI-Verordnung ausdrücklich genanntes Ziel dieser Befugnis ist die Vermeidung einer „Zersplitterung in der Union". Art. 58 Abs. 2 KI-Verordnung, der die Standards für diese Durchführungsrechtsakte aufstellt, erwähnt die Grundrechte im Katalogpunkt i). Er etabliert hierbei die Förderung von

„Maßnahmen zur Risikominderung im Hinblick auf die Grundrechte und die Gesellschaft als Ganzes". Hier treten die Grundrechte somit einmal nicht im Dreiklang mit den Rechtsgütern der Gesundheit und Sicherheit auf, sondern mit dem sehr unbestimmten Begriff der „Gesellschaft als Ganzes".

47 Anders ist dies in Art. 58 Abs. 4 KI-Verordnung, der letzten Vorschrift im Zusammenhang mit KI-Reallaboren, in der die Grundrechte erwähnt werden. Dieser sieht die Notwendigkeit einer Vereinbarung der zuständigen Behörden mit den KI-Reallaboren vor der Durchführung von Tests vor. In einer solchen Vereinbarung geht es unter anderem um „geeignete Schutzvorkehrungen für Grundrechte, Gesundheit und Sicherheit." Hier begegnet also wieder der altbekannte Dreiklang der Schutzgüter.

10. Zusammenarbeit der Behörden

48 Im restlichen Verlauf der KI-Verordnung finden Grundrechte noch insgesamt knapp zehnmal Erwähnung.[25]

49 Bei den in Art. 66 KI-Verordnung normierten Aufgaben des KI-Gremiums gehört es, neben vielen weiteren Punkten, nach Art. 66 h) KI-Verordnung zum Aufgabenkatalog dieses Gremiums, mit anderen Stellen der EU unter anderem in den Bereichen „Datenschutz und Schutz der Grundrechte zusammen(zu)arbeiten." Das aus je einem Vertreter der Mitgliedstaaten und dem Europäischen Datenschutzbeauftragen in beobachtender Funktion bestehende Gremium hat, ausweislich dieser Vorschrift, den Schutz der Grundrechte nicht zur Kernaufgabe, ist aber gehalten, sich in dieser Frage mit anderen, hierfür zuständigen Stellen zu koordinieren.

50 Art. 70 Abs. 3 Satz 2 KI-Verordnung bestimmt, dass die zuständigen nationalen Behörden der Mitgliedstaaten mit Mitarbeitern ausgestattet sein sollen, zu deren Kompetenz ein „tiefes Verständnis [...] des Schutzes personenbezogener Daten, der Cybersicherheit, der Grundrechte, der Gesundheits- und Sicherheitsrisiken sowie Kenntnis der bestehenden Normen und rechtlichen Anforderungen gehört." Hier ist zu erkennen, dass durch die KI-Verordnung abermals ein einheitlicher Standard auch im Grundrechtsschutz gewährleistet sein soll. Zudem auffällig ist, dass der Schutz personenbezogener Daten, durchaus auch ein Schutzgegenstand der Grundrechte, ausdrücklich extra erwähnt wird. Das lässt darauf schließen, dass in diesem Kontext der Schutz personenbezogener Daten und damit das Allgemeine Persönlichkeitsrecht besonders bedeutend sind.

51 In Art. 77 KI-Verordnung, der bestimmte, auf die KI-Verordnung bezogene Befugnisse der für den Schutz der Grundrechte zuständigen nationalen

---

25 Zum Themenkomplex der Aufteilung der Kompetenzen auf staatliche Behörden siehe *Martini/Botta*, MMR 2024, 630; *Roth-Isigkeit*, ZRP 2022, 187.

Behörden normiert, finden die Grundrechte in der Überschrift und zweimal im Normtext Erwähnung. Aus der Erwähnung in der Überschrift lässt sich schließen, dass es bei dieser Norm, anders als bei den meisten bislang diskutierten Normen – mit Ausnahme des Art. 27 KI-Verordnung –, ausschließlich um den Schutz der Grundrechte und nicht um den Schutz der Grundrechte als einem Aspekt unter vielen weiteren geht. Die Erwähnung der Grundrechte in Art. 77 Abs. 1 KI-Verordnung führt ausdrücklich das Recht auf Nichtdiskriminierung auf und hebt dieses somit besonders hervor. Zudem ist nach Art. 77 Abs. 3 KI-Verordnung die Befugnis der nationalen Behörden normiert, bei fehlender Dokumentation hinsichtlich eines potenziellen Verstoßes „gegen das Unionsrecht zum Schutz der Grundrechte" bei der Marktaufsichtsbehörde die Durchführung eines Tests des Hochrisiko-KI-Systems zu beantragen.

Art. 79 KI-Verordnung, der die Grundrechte zweimal erwähnt, befasst sich **52** ebenfalls mit der Zusammenarbeit verschiedener Behörden auf nationaler Ebene. In Art. 79 Abs. 1 KI-Verordnung werden zunächst, ähnlich wie bei der Definition der Hochrisiko-KI-Systeme nach Art. 6 KI-Verordnung, „Risiken für die Gesundheit oder Sicherheit oder Grundrechte von Personen" begrifflich in die Bestimmung von KI-Systemen, die ein Risiko bergen (so die Terminologie des Art. 79 KI-Verordnung), eingeschrieben. Art. 79 Abs. 2 KI-Verordnung normiert zudem eine Informationspflicht der Marktüberwachungsbehörde gegenüber nationalen Behörden im Falle eines Risikos für Grundrechte.

Art. 82 Abs. 1 KI-Verordnung normiert im weiteren Verfahrensverlauf eine **53** Befugnis der Marktüberwachungsbehörde gegenüber Anbietern von Hochrisiko-KI-Systemen oder anderen einschlägigen Akteuren, diese Akteure zum Treffen geeigneter Risikominimierungsmaßnahmen aufzufordern. Voraussetzung hierfür ist, dass ein Hochrisiko-KI-System trotz vorausgegangener Verfahrensschritte zur Risikominimierung „aber dennoch ein Risiko für die Gesundheit oder Sicherheit von Personen, für die Grundrechte oder für andere Aspekte des Schutzes öffentlicher Interessen darstellt".

Art. 86 KI-Verordnung normiert das Recht betroffener Personen auf Erläu- **54** terung und Entscheidungsfindung im Einzelfall. Ein solches Recht ist nach Art. 86 Abs. 1 KI-Verordnung dann gegeben, wenn ein Hochrisiko-KI-System „ihrer Ansicht nach ihre Gesundheit, ihre Sicherheit oder ihre Grundrechte beeinträchtigt."

In Art. 112 Abs. 10 KI-Verordnung finden die Grundrechte ein letztes Mal **55** Erwähnung. Art. 112 sieht eine turnusmäßige Überprüfung der Liste der Hochrisiko-KI-Systeme nach Anhang III sowie der Liste der verbotenen KI-Praktiken in Art. 5 KI-Verordnung. Dabei berücksichtigt die Kommission „insbesondere technologische Entwicklungen, die Auswirkungen von

KI-Systeme auf die Gesundheit und Sicherheit und auf die Grundrechte und die Fortschritte in der Informationsgesellschaft." Hier tritt also abermals der bekannte Dreiklang an Schutzgütern auf. Die Vorschrift dient dabei dem Zweck, durch technologischen Fortschritt neu entstehenden oder sich verstärkenden Risiken für die Grundrechte Rechnung tragen zu können.

II. Grundrechte in den Erwägungsgründen der KI-Verordnung

56 In den 180 Erwägungsgründen der KI-Verordnung werden die Grundrechte insgesamt über 40 mal erwähnt. Im Folgenden sollen nicht alle dieser 40 Erwähnungen im Detail nachgezeichnet werden. Es soll vielmehr ein Überblick gegeben werden über die Kontexte dieser Erwähnungen. Ein besonderes Augenmerk soll dabei darauf liegen, einige thematische Schwerpunkte und Tendenzen dieser Erwähnungen aufzuzeigen, sowohl auf ihren Kontext als auch auf die Konkretisierung der Frage bezogen, welche Grundrechte genau benannt sind. Dem liegt die oben unter I. gewonnene Erkenntnis zugrunde, dass die KI-Verordnung in ihrem Normtext zwar sehr oft Grundrechte erwähnt, eine Konkretisierung, welche Grundrechte genau gemeint sind, aber an vielen Stellen ausspart.

1. Grundlagen und Zweck der Verordnung

57 Es ist auffällig, dass die Grundrechte gleich in den ersten Erwägungsgründen der KI-Verordnung mehrfach ausdrücklich vorkommen. Der Zweck der Verordnung besteht darin, „ein hohes Schutzniveau in Bezug auf Gesundheit, Sicherheit und der in der Charta der Grundrechte der Europäischen Union („Charta") verankerten Grundrechte, einschließlich Demokratie, Rechtsstaatlichkeit und Umweltschutz, sicherzustellen."[26] Die Anwendung der Vorschriften der KI-Verordnung soll „im Einklang mit den in der Charta verankerten Werten der Union angewandt werden, den Schutz von natürlichen Personen, Unternehmen, Demokratie und Rechtsstaatlichkeit sowie der Umwelt erleichtern".[27] In diesen ersten beiden Erwägungsgründen finden sich eine Konkretisierung und eine Verallgemeinerung gleichermaßen.

58 Die Konkretisierung besteht darin, dass – zumindest beim Zweck der Verordnung und ihren Anwendungsgrundsätzen – auf die Grundrechte der Grundrechte-Charta der EU Bezug genommen wird. Dies wird ergänzt von einer Überlegung, die im Erwägungsgrund 3 zum Ausdruck kommt und die als leitgebend für die KI-Verordnung gelten darf. Erwägungsgrund 3 rekurriert darauf, dass es bereits Erwägungen einiger nationalstaatlicher Regelungen gibt, Regulierungen zu schaffen, „damit KI vertrauenswürdig und

---

26 Verordnung (EU) 2024/1689, Erwägungsgrund 1.
27 Verordnung (EU) 2024/1689, Erwägungsgrund 2.

sicher ist und im Einklang mit den Grundrechten entwickelt und verwendet wird."[28] Im Sinne der Rechtssicherheit, eines einheitlichen Schutzniveaus, des Aufbauens von Vertrauen[29] und zur Vermeidung „einer Fragmentierung des Binnenmarkts"[30] ist es aber aus Sicht des europäischen Gesetzgebers geboten, eine europarechtlich einheitliche Regelung zu schaffen, die insbesondere auch den Schutz der Grundrechte zum Ziel hat. Daher sind „harmonisierte(n) Vorschriften für KI" sowie „klar(e) und robust(e)" Regeln erforderlich, „um die Grundrechte zu schützen".[31] Damit ist auf die Ermächtigung zum Erlass von Rechtsangleichungsmaßnahmen nach Art. 114 Abs. 1 Satz 2 AEUV rekurriert, flankiert durch die besondere Ermächtigungsgrundlage zum Schutz personenbezogener Daten nach Art. 16 Abs. 2 AEUV.

Die Verallgemeinerung besteht darin, dass zum einen der Bezug zur Charta der Grundrechte der EU, die einen vollständigen Grundrechtskatalog enthält, denkbar weit ist. Zudem werden den Grundrechten in Erwägungsgrund 2 als Schutzgut noch weitere Schutzgüter, namentlich: Demokratie, Rechtsstaatlichkeit und die Umwelt zur Seite gestellt. In Erwägungsgrund 6 werden neben den Grundrechten der Charta der Grundrechte der EU auch Grundfreiheiten erwähnt. Die auf den ersten Blick etwas missverständliche Formulierung lautet: **59**

> „[…] dass KI und ihr Regulierungsrahmen im Einklagen mit den in […] der Charta verankerten Grundrechten und -freiheiten entwickelt werden".[32]

Die auf den EU-Binnenmarkt bezogenen Grundfreiheiten im eigentlichen Wortsinn finden sich in Art. 26 ff. AEUV und nicht in der Charta der Grundrechte der EU,[33] sodass davon ausgegangen werden kann, dass der Terminus „Grundfreiheiten" in diesem Erwägungsgrund eher in einem untechnischen Sinne synonym mit als Grundrechte ausgearbeiteten Freiheitsrechten zu verstehen ist. Erwägungsgrund 7 bezieht sich auf den auch im Gesetzestext oft vorkommenden Dreiklang der Schutzgüter der Gesundheit, Sicherheit und Grundrechte, Erwägungsgrund 8 „auf öffentliche Interessen wie etwa Gesundheit und Sicherheit und den Schutz der durch das Unionsrecht anerkannten und geschützten Grundrechte".[34] Die Erwägungsgründe 9 **60**

---

28 Verordnung (EU) 2024/1689, Erwägungsgrund 3.
29 Verordnung (EU) 2024/1689, Erwägungsgrund 6.
30 Verordnung (EU) 2024/1689, Erwägungsgrund 3.
31 Alle drei Zitate Verordnung (EU) 2024/1689, Erwägungsgrund 8.
32 Verordnung (EU) 2024/1689, Erwägungsgrund 6.
33 Siehe nur *Jarass*, in: Jarass, Charta der Grundrechte der EU, Einleitung Rn. 29, der auch auf den teilweise abweichenden Gebrauch des Begriffs „Grundfreiheiten" im Titel der EMRK und in Art. 53 Grundrechte-Charta hinweist.
34 Verordnung (EU) 2024/1689, Erwägungsgrund 8.

und 10 erwähnen hingegen als Beispiel spezifische Grundrechte neben den Grundrechten in allgemeiner Hinsicht, einmal „Grundrechte, einschließlich des Rechts oder der Freiheit zum Streik oder zur Durchführung anderer Maßnahmen",[35] also ein spezifisches Grundrecht aus dem Kollektivarbeitsrecht, außerdem den „Schutz personenbezogener Daten und anderer Grundrechte",[36] also in Bezug zum Allgemeinen Persönlichkeitsrecht.

61 Trotz dieser marginalen Erwähnungen leicht konkretisierter Grundrechte wird durch diese starke Ausweitung des Schutzzweckes, der zwar per se nachvollziehbar ist, im Endeffekt die Griffigkeit des damit zusammenhängenden Schutzes potenziell eingeschränkt.

62 Erwägungsgrund 2 stellt außerdem klar, dass Schutzzweck der Schutz der Grundrechte natürlicher Personen, aber auch von Unternehmen ist. Dies bezieht sich auf den allgemeinen Schutzzweck der KI-Verordnung.

2. KI-Praktiken

63 Bei der Frage der Kategorisierung verschiedener KI-Praktiken, insbesondere der für die KI-Verordnung besonders wichtigen Frage nach verbotenen KI-Praktiken, spielen die Grundrechte ebenfalls eine große Rolle. Diese kommt in mehreren Erwähnungen in den Erwägungsgründen zum Ausdruck.

64 In den folgenden Erwägungsgründen werden verschiedene KI-Praktiken umschrieben, wobei mehrfach auf den Grundrechtsbezug eingegangen wird.

65 Erwägungsgrund 20 stellt klar, dass es bei der KI-Kompetenz nach Art. 4 KI-Verordnung neben den Schutzgütern der Gesundheit und der Sicherheit auf Grundrechte ankommt sowie darauf, „eine demokratische Kontrolle zu ermöglichen".[37]

66 Erwägungsgrund 28 stellt in recht verallgemeinernder Weise Bewertungsstandards zur Abgrenzung von nutzenbringender und schädlicher bzw. missbräuchlicher KI-Praxis auf:

> „Praktiken sind besonders schädlich und missbräuchlich und sollten verboten werden, weil sie im Widerspruch zu den Werten der Union stehen, nämlich der Achtung der Menschenwürde, Freiheit, Gleichheit, Demokratie und Rechtsstaatlichkeit sowie der in der Charta verankerten Grundrechte, einschließlich des Rechts auf Nichtdiskriminierung, Datenschutz und Privatsphäre sowie der Rechte des Kindes."[38]

---

35 Verordnung (EU) 2024/1689, Erwägungsgrund 9.
36 Verordnung (EU) 2024/1689, Erwägungsgrund 10.
37 Verordnung (EU) 2024/1689, Erwägungsgrund 20.
38 Verordnung (EU) 2024/1689, Erwägungsgrund 28.

Hier werden, in nicht hierarchisierter Reihenfolge, mehrere etwas konkretere Grundrechte und weitere „Werte" genannt, darunter die Menschenwürde, das Recht auf Nichtdiskriminierung, Datenschutz, Privatsphäre und die Rechte des Kindes. Abermals werden also unter anderem das Allgemeine Persönlichkeitsrecht sowie der Gleichbehandlungsgrundsatz ausdrücklich erwähnt. Dies kann, trotz des sehr allgemeinen Charakters dieses Erwägungsgrundes, als weiterer Hinweis darauf verstanden werden, dass diese beiden Grundrechte für die KI-Verordnung eine herausgehobene Rolle spielen. **67**

Erwägungsgrund 17 erwähnt die Grundrechte in der begrifflichen Definition derjenigen biometrischen Fernidentifizierungssysteme, die unter die Definition des Art. 3 Nr. 41 KI-Verordnung und damit in den Schutzbereich der KI-Verordnung fallen. Die dort umfassten Systeme grenzt Erwägungsgrund 17 von nicht umfassten Systemen ab, denen es nicht, wie den unter Art. 3 Nr. 41 KI-Verordnung fallenden Systemen, um die „zeitgleiche(n) Erkennung mehrerer Personen oder ihrer Verhaltensweisen verwendet, um die Identifizierung natürlicher Personen ohne ihre aktive Einbeziehung erheblich zu erleichtern", sondern bei denen es sich um KI-Systeme handelt, „die bestimmungsgemäß für die biometrische Verifizierung, wozu die Authentifizierung gehört, verwendet werden sollen, deren einziger Zweck darin besteht, zu bestätigen, dass eine bestimmte natürliche Person die Person ist, für die sie sich ausgibt, sowie zur Bestätigung der Identität einer natürlichen Person zu dem alleinigen Zweck Zugang zu einem Dienst zu erhalten, ein Gerät zu entriegeln oder Sicherheitszugang zu Räumlichkeiten zu erhalten."[39] Diese Ausnahme wird mit einer „geringfügige(n) Auswirkung auf die Grundrechte natürlicher Personen"[40] begründet. Auch hier spielt also die Auswirkung auf die Grundrechte eine maßgebliche begriffsbildende Rolle. **68**

Im Zusammenhang mit der Definition verbotener Praktiken im KI-Bereich im Sinne des Art. 5 KI-Verordnung gehen die Erwägungsgründe insbesondere auf das Phänomen der Massenüberwachung mithilfe biometrischer Echtzeit-Fernidentifikation ein. Hier knüpfen die Erwägungsgründe daran an, dass schon das Gefühl, dauerhaft oder intensiv überwacht zu werden, zu einer Gefährdung der Grundrechte führen kann, indem eine Massenüberwachung „die Privatsphäre eines großen Teils der Bevölkerung beeinträchtigt, ein Gefühl der ständigen Überwachung weckt und indirekt von der Ausübung der Versammlungsfreiheit und anderer Grundrechte abhalten kann."[41] In diesem Zusammenhang soll das „ungezielte Auslesen von Gesichtsbildern aus dem Internet oder von Videoüberwachungsaufnahmen [...] **69**

---

39 Verordnung (EU) 2024/1689, Erwägungsgrund 17.
40 Verordnung (EU) 2024/1689, Erwägungsgrund 17.
41 Verordnung (EU) 2024/1689, Erwägungsgrund 32.

verboten werden"[42] Grund hierfür ist, dass „dies das Gefühl der Massenüberwachung verstärkt und zu schweren Verstößen gegen die Grundrechte, einschließlich des Rechts auf Privatsphäre, führen kann."[43]

70 In eng umgrenzten Ausnahmefällen ist die Verwendung eines „biometrischen Echtzeit-Fernidentifizierungssystems in öffentlich zugänglichen Räumen" gestattet. Dies steht aber unter dem Vorbehalt, dass „die zuständige Strafverfolgungsbehörde eine Grundrechte-Folgenabschätzung durchgeführt"[44] hat.

71 Auch an dieser Stelle steht der Schutz des Allgemeinen Persönlichkeitsrechts im Zentrum. Eine besondere Erwähnung findet aufgrund des Bezugs zu öffentlichen Plätzen die Versammlungsfreiheit, die neben ihrer Demokratie-tragenden Funktion[45] aufgrund ihres Gehalts eines Ausdrucks persönlicher Freiheit ebenfalls einen Bezug zum Allgemeinen Persönlichkeitsrecht aufweist.[46] Aufschlussreich ist das Abstellen darauf, dass bereits das Gefühl, überwacht zu werden, einen hinreichenden Grundrechtseingriff darstellt. Dies deckt sich auch mit dem im deutschen Rechtsraum verbreiteten Eingriffsbegriff, nach dem auch mittelbare oder rein faktische Beeinträchtigungen einen Grundrechtseingriff darstellen können.[47]

3. Hochrisiko-KI-Systeme

72 Die Erwägungsgründe 46 ff. befassen sich mit einer der wichtigsten Fragen der KI-Verordnung, nämlich der begrifflichen Bestimmung der besonders regulierten Hochrisiko-KI-Systeme und der Bedeutung der Grundrechte bei dieser Bestimmung. Zunächst gilt:

> „Als hochriskant sollten nur solche KI-Systeme eingestuft werden, die erhebliche schädliche Auswirkungen auf die Gesundheit, die Sicherheit und die Grundrechte von Personen in der Union haben, wodurch eine mögliche Beschränkung des internationalen Handels so gering wie möglich bleiben sollte."[48]

---

42 Verordnung (EU) 2024/1689, Erwägungsgrund 43.
43 Verordnung (EU) 2024/1689, Erwägungsgrund 43.
44 Beide Zitate Verordnung (EU) 2024/1689, Erwägungsgrund 34.
45 BVerfGE 104, 92 und BVerfGE 128, 226; kritisch hierzu *Depenheuer*, in: Dürig/Herzog/Scholz, Grundgesetz-Kommentar, GG Art. 8 Rn. 32, 50 ff.
46 Das kommt insbesondere im Streit um einen weiten oder engen, an das Kollektive einer gemeinsamen Willensbildung und -äußerung anknüpfenden Versammlungsbegriff zum Ausdruck, siehe zu diesem Streit *Depenheuer*, in: Dürig/Herzog/Scholz, Grundgesetz-Kommentar, GG Art. 8 Rn. 32 ff., 50 ff.
47 Siehe nur *Di Fabio*, in: Dürig/Herzog/Scholz, Grundgesetz-Kommentar, GG Art. 2 Abs. 1 Rn. 49.
48 Verordnung (EU) 2024/1689, Erwägungsgrund 46; ähnlich Erwägungsgründe 52 und mit Bezug auf Profiling: Erwägungsgrund 53.

F.-A. Fischer

Ein entscheidendes Kriterium schon bei der begrifflichen Bestimmung der 73
Hochrisiko-KI-Systeme sind die „nachteilige(n) Auswirkungen des KI-
Systems auf die durch die Charta geschützten Grundrechte".[49] Erwägungsgrund 48 zählt dabei einige Gruppen von Grundrechten auf, die offenbar
besondere Erwähnung finden sollen: Die „Würde des Menschen, die Ach-
tung des Privat- und Familienlebens, der Schutz personenbezogener Daten,
die Freiheit der Meinungsäußerung und die Informationsfreiheit, die Ver-
sammlungs- und Vereinigungsfreiheit, das Recht auf Nichtdiskriminierung,
das Recht auf Bildung, der Verbraucherschutz, die Arbeitnehmerrechte,[50]
die Rechte von Menschen mit Behinderungen, die Gleichstellung der Geschlechter, Rechte des geistigen Eigentums, das Recht auf einen wirksamen
Rechtsbehelf und ein faires Gerichtsverfahren, das Verteidigungsrecht, die
Unschuldsvermutung sowie das Recht auf eine gute Verwaltung." Wie oben
bereits diskutiert, erweckt diese Aufzählung zwar den Anschein der Konkretisierung, ist aber, da so viele Grundrechte und Rechtsgüter ohne ersichtli-
che Hierarchisierung aufgezählt werden, wiederum eher allgemein gehalten
und undifferenziert.

Eine besondere Erwähnung in den Erwägungsgründen erfahren KI-Systeme 74
aus dem HR-Bereich, die beispielsweise bei der „Einstellung und Auswahl
von Personen"[51] eingesetzt werden. Neben einer eher allgemein gehaltenen
Erwähnung von Arbeitnehmerrechten spielen hier insbesondere „Grundrechte auf Datenschutz und Privatsphäre",[52] also abermals das Allgemeine
Persönlichkeitsrecht eine Rolle.

Ähnliches gilt bei der Frage des Zugangs zu staatlichen Sozialleistungen. 75
KI-Systeme, die seitens der öffentlichen Hand oder mittelbar durch zwi-
schengeschaltete Private benutzt werden, um hier beispielsweise Auswahl-
prozesse zu bestimmen, sind ebenfalls als Hochrisiko-KI-Systeme einzustufen, denn diese können „erhebliche Auswirkungen auf die Lebensgrundlage
von Personen haben und ihre Grundrechte wie etwa das Recht auf sozialen Schutz, Nichtdiskriminierung, Menschenwürde oder einen wirksamen
Rechtsbehelf verletzen".[53]

Strafverfolgungsbehörden, als Akteure der öffentlichen Hand ebenfalls pri- 76
mär grundrechtsverpflichtet,[54] sind ebenfalls bei der Verwendung von KI-

---

49 Verordnung (EU) 2024/1689, Erwägungsgrund 48.
50 Hierzu ausführlich *Sesing/Tschech*, MMR 2022, 24.
51 Verordnung (EU) 2024/1689, Erwägungsgrund 57.
52 Verordnung (EU) 2024/1689, Erwägungsgrund 57.
53 Verordnung (EU) 2024/1689, Erwägungsgrund 58.
54 Grundrechte sind in erster Linie Abwehrrechte Privater gegenüber dem Staat. Sie sind
    nach BVerfGE 115, 320, 358 „dazu bestimmt, die Freiheitssphäre des Einzelnen vor
    Eingriffen der öffentlichen Gewalt zu sichern", Grundrechte sind Abwehrrechte des
    Bürgers gegen den Staat (BVerfGE 7, 198, 204 f.). Auf europäischer Ebene ist die

Praktiken an die Regelungen zu den Hochrisiko-KI-Systemen gebunden. Aufgrund des staatlichen Gewaltmonopols, das u. a. in der Strafverfolgung zum Ausdruck kommt, besteht ein „erhebliches Machtungleichgewicht" und mit diesem eine besondere Gefahr von „nachteiligen Auswirkungen auf die in der Charta verankerten Grundrechte", speziell „wichtiger verfahrensrechtlicher Grundrechte wie etwa des Rechts auf einen wirksamen Rechtsbehelf und ein unparteiisches Gericht sowie das Verteidigungsrecht und die Unschuldsvermutung behindert werden, insbesondere wenn solche KI-Systeme nicht hinreichend transparent, erklärbar und dokumentiert sind."[55] Aufgrund des Bezugs zur Strafverfolgung durch die öffentliche Hand werden hier besondere Schutzmomente wie die Unschuldsvermutung und das Recht auf ein unparteiisches Gericht genannt, also Rechte, die einen Grundrechtsbezug, aber auch einen institutionellen Bezug zum Rechtsstaatsprinzip haben.[56]

77 Erwägungsgrund 60 ergänzt die „Rechte auf Freizügigkeit, Nichtdiskriminierung, Schutz des Privatlebens und personenbezogener Daten, internationalen Schutz und gute Verwaltung, zu gewährleisten"[57] im Zusammenhang mit dem Einsatz von KI-Praktiken bei Migrations- und Asylfragen. Auch hier finden wieder das Allgemeine Persönlichkeitsrecht und der Gleichbehandlungsgrundsatz Erwähnung.

78 Die eben dargestellten, begrifflichen Überlegungen zur Regulierung von Hochrisiko-KI-Systemen spiegeln sich auch in den Pflichten der Bereitsteller dieser Systeme im Sinne des Art. 26 KI-Verordnung wider. Die Wichtigkeit der Grundrechte für diese Pflichten wird mehrfach in den Erwägungsgründen erwähnt.

79 Erwägungsgrund 91 stellt klar:

> „Angesichts […] der Risiken für die Sicherheit und die Grundrechte […] ist es angezeigt, besondere Zuständigkeiten für die Betreiber festzulegen".[58]

80 Dabei sind nicht nur Hersteller umfasst, die KI-Systeme konzipieren, sondern auch Betreiber, denen aufgrund der Gefahren, die nicht allein aufgrund der Konzeption eines KI-Systems, sondern spezifisch aus dessen Gebrauch

---

Drittwirkung von Grundrechten gegenüber Privaten ebenfalls umstritten, zumal diese Dimension der Grundrechtswirkung von Art. 51 der Grundrechte-Charta nicht erwähnt wird, siehe *Kingreen*, in: Calliess/Ruffert, EUV/AEUV, EU-GRCharta Art. 51 Rn. 24 ff.; ausführlich *Jarass*, in: Jarass, Charta der Grundrechte der EU, Art. 51 Rn. 38 ff.

55 Alle drei Zitate Verordnung (EU) 2024/1689, Erwägungsgrund 59.
56 Siehe *Jarass*, in: Jarass/Pieroth, Grundgesetz für die Bundesrepublik Deutschland, GG Art. 20 Rn. 128 ff. (Justizgewährungsanspruch) und Rn. 150 ff. (Unschuldsvermutung).
57 Verordnung (EU) 2024/1689, Erwägungsgrund 60.
58 Verordnung (EU) 2024/1689, Erwägungsgrund 91.

F.-A. Fischer

hervorgehen, eine „entscheidende Rolle bei der Gewährleistung des Schutzes der Grundrechte"[59] zukommt.

Eine ähnliche Verpflichtung trifft laut Erwägungsgrund 92 Arbeitgeber bei einer Erforderlichkeit des Zieles „des Schutzes der Grundrechte, das dieser Verordnung zugrunde liegt".[60] **81**

Für die öffentliche Hand, Private, die öffentliche Aufgaben übernehmen, und bestimmte Betreiber, die ein in Anhang III Nr. 5b) und c) genanntes Hochrisiko-KI-System betreiben (SCHUFA, Lebensversicherungen etc.), gilt nach Art. 27 KI-Verordnung die besondere Pflicht einer obligatorischen Grundrechte-Folgenabschätzung vor Inbetriebnahme des KI-Systems. Ziel dieser Abschätzung ist es nach Erwägungsgrund 96, sicherzustellen, „dass die Grundrechte geschützt werden", eine Abschätzung vorzunehmen, die „die spezifischen Schadensrisiken" enthält und dafür zu sorgen, dass sich die „Risiken für die Grundrechte in konkreten Anwendungsfällen (zu) mindern."[61] **82**

Eine besondere Erwähnung finden zudem Anbieter großer Online-Plattformen. Ziel der KI-Verordnung im Hinblick auf diese ist es, sie zu verpflichten, „unter Wahrung der Grundrechte geeignete Risikominderungsmaßnahmen zu ergreifen."[62] **83**

Weitere Instrumentarien zum Schutz der Grundrechte vor Hochrisiko-KI-Systemen sind Risikomanagementsysteme im Sinne des Art. 9 KI-Verordnung und Grundsätze der Datenverwaltung in den Art. 10 ff. KI-Verordnung. In den Erwägungsgründen zu diesen Vorschriften finden die Grundrechte mehrfach Erwähnung. Das Ziel der Risikomanagementsysteme besteht nach Art. 9 Abs. 2 lit. a KI-Verordnung u. a. darin, die vernünftigerweise vorhersehbaren Risiken für Gesundheit, Sicherheit oder Grundrechte abzuschätzen. Dabei sollen KI-Systeme „angesichts ihrer Zweckbestimmung und vernünftigerweise vorhersehbaren Fehlanwendung" untersucht werden und Elemente und Gebrauchsweisen, „die zu Risiken für die Gesundheit und Sicherheit oder die Grundrechte führen können, sollten vom Anbieter in der Betriebsanleitung aufgeführt werden."[63] **84**

Bei der Datenverwaltung, schließlich, steht einmal mehr der Schutzgut-Dreiklang aus „Gesundheit, Sicherheit und Grundrechte(n)"[64] im Fokus. Es geht hierbei u. a. um die „Minderung möglicher Verzerrungen in den **85**

---

59 Verordnung (EU) 2024/1689, Erwägungsgrund 93.
60 Verordnung (EU) 2024/1689, Erwägungsgrund 92.
61 Alle drei Zitate Verordnung (EU) 2024/1689, Erwägungsgrund 96.
62 Verordnung (EU) 2024/1689, Erwägungsgrund 118.
63 Beide Zitate Verordnung (EU) 2024/1689, Erwägungsgrund 65.
64 Verordnung (EU) 2024/1689, Erwägungsgrund 66; ebenso Erwägungsgründe 72 und 75.

Datensätzen, die die Gesundheit und Sicherheit von Personen beeinträchtigen, sich negativ auf die Grundrechte auswirken oder zu einer nach dem Unionsrecht verbotenen Diskriminierung führen könnten."[65] Neben dem untrennbar mit Datenschutz verknüpften Allgemeinen Persönlichkeitsrecht wird hier ebenfalls auf das Gleichbehandlungsgebot rekurriert, das gerade beim verzerrenden Umgang mit Datensätzen verletzt werden kann.

4. Sonstiges

86   In den übrigen Erwägungsgründen finden die Grundrechte noch vereinzelt, an thematisch ganz verschiedenen Stellen Erwähnung, die im Folgenden unter der Überschrift „Sonstiges" zusammengefasst sein sollen.

87   Im Abschnitt über die Harmonisierung von Normen und Normungsdokumenten kommt der Gedanke des Grundrechtsschutzes zum Tragen. Der Kommission wird es aufgegeben, Durchführungsrechtsakte und gemeinsame Spezifikationen zu erlassen, wenn „die einschlägigen harmonisierten Normen den Bedenken im Bereich der Grundrechte nicht ausreichend Rechnung tragen".[66] Hier kommt abermals der Wille des Gesetzgebers zu einer Harmonisierung des Grundrechtsschutzes zum Ausdruck.

88   Bei den KI-Reallaboren gilt es „mit anderen einschlägigen Behörden zusammenarbeiten, einschließlich derjenigen, die den Schutz der Grundrechte überwachen"[67] unter anderem aus dem Grund, „um etwaige erhebliche Risiken für die Sicherheit, die Gesundheit und die Grundrechte, die bei der Entwicklung, bei der Erprobung und bei Versuchen in diesem Reallabor auftreten können, zu mindern."[68]

89   In recht allgemeiner, noch dem Anwendungsbereich nach Art. 2 KI-Verordnung zuzuordnender Hinsicht stellt Erwägungsgrund 22 klar, dass es in der internationalen justiziellen und strafverfolgenden Zusammenarbeit immer auf den Schutz der Grundrechte ankommt. Es wird zweimal erwähnt, dass der Standard dieser Zusammenarbeit in „angemessene(n) Garantien in Bezug auf den Schutz der Grundrechte und -freiheiten von Einzelpersonen"[69] besteht. Hier werden abermals Grundrechte und Grundfreiheiten gemeinsam erwähnt. Es ist unklar, ob hier tatsächlich die europarechtlichen Grundfreiheiten des AEUV gemeint sind oder ob es sich, wie in Erwägungsgrund 6, um einen eher untechnischen Gebrauch der Bezeichnung „Grundfreiheiten" handelt.

---

65 Verordnung (EU) 2024/1689, Erwägungsgrund 67.
66 Verordnung (EU) 2024/1689, Erwägungsgrund 121.
67 Verordnung (EU) 2024/1689, Erwägungsgrund 139.
68 Verordnung (EU) 2024/1689, Erwägungsgrund 140.
69 Verordnung (EU) 2024/1689, Erwägungsgrund 22.

Im Rahmen der Marktüberwachung gilt es, „Verstöße gegen Verpflich- **90** tungen aus dem Unionsrecht, mit denen die Grundrechte geschützt werden sollen",[70] zu erkennen und zu ahnden. Dabei kommt es auch auf eine Zusammenarbeit der „nationalen Behörden oder Stellen, die die Anwendung des Unionsrechts zum Schutz der Grundrechte überwachen", an, „um eine angemessene und zeitnahe Durchsetzung gegenüber KI-Systemen, die ein Risiko für Gesundheit, Sicherheit und Grundrechte bergen, sicherzustellen."[71]

Das individuelle Recht auf Erläuterung nach Art. 86 KI-Verordnung ist **91** ebenfalls daran geknüpft, dass der Gebrauch von KI-Systemen „negative Auswirkungen auf ihre Gesundheit, ihre Sicherheit oder ihre Grundrechte hat."[72]

Erwägungsgrund 176, schließlich, rekurriert einmal mehr auf den Schutz- **92** zweck der KI-Verordnung samt des bekannten Schutzgut-Dreiklangs aus Gesundheit, Sicherheit und Grundrechten. Ziel der KI-Verordnung sei nämlich „die Förderung der Einführung von menschenzentrierter und vertrauenswürdiger KI bei gleichzeitiger Gewährleistung eines hohen Maßes an Schutz der Gesundheit, der Sicherheit, der in der Charta verankerten Grundrechte, einschließlich der Demokratie, der Rechtsstaatlichkeit und des Umweltschutzes."[73]

C. Bewertung des Grundrechtsschutzes durch die KI-Verordnung

Aus der vorausgegangenen Analyse des Gesetzestextes der KI-Verordnung **93** sowie ihrer Erwägungsgründe geht Folgendes hervor: Grundrechtsschutz ist einer der wesentlichen Leitgedanken der KI-Verordnung, wenn nicht der wesentliche Leitgedanke schlechthin. Getragen wird dieser Leitgedanke, nicht verwunderlich bei einer europarechtlichen Verordnung, von der Idee einer europäischen Harmonisierung des Grundrechtsschutzes. Was Konkretisierungen betrifft, vor allem einzelne Grundrechte betreffend, bleibt die KI-Verordnung an vielen Stellen sehr allgemein und schwammig. Zwei Grundrechte stechen aber aufgrund ihrer mehrfachen Erwähnung heraus: Das Allgemeine Persönlichkeitsrecht sowie der Gleichbehandlungsgrundsatz.

---

70 Verordnung (EU) 2024/1689, Erwägungsgrund 155.
71 Beide Zitate Verordnung (EU) 2024/1689, Erwägungsgrund 157.
72 Verordnung (EU) 2024/1689, Erwägungsgrund 171.
73 Verordnung (EU) 2024/1689, Erwägungsgrund 176.

I. Grundrechtsschutz als Leitgedanke

94 Grundrechtsschutz ist einer der wesentlichen, wenn nicht der wesentliche Leitgedanke der KI-Verordnung überhaupt.[74] Dies zeigt sich in quantitativer sowie qualitativer Hinsicht im Normtext wie auch den Erwägungsgründen.

95 Wie eingangs bereits erwähnt, werden Grundrechte im Normtext der KI-Verordnung über 30 Mal erwähnt und damit sogar mehr als dreimal so häufig wie im Normtext des Grundgesetzes. Hinzu kommen über 40 Erwähnungen in den Erwägungsgründen. Allein dieser quantitative Befund lässt darauf schließen, dass – unabhängig von Relevanz und Kontext der Grundrechtserwähnung in jedem einzelnen Fall, Grundrechte für die KI-Verordnung eine gesteigerte Rolle spielen müssen.

96 Bereits in Art. 1 Abs. 1 KI-Verordnung kommt, bei der allgemeinen Zweckbestimmung der KI-Verordnung als Gesamter, der Grundrechtsschutz zur Sprache. Ziel nämlich der KI-Verordnung ist ausweislich des Wortlauts des Art. 1 Abs. 1 ein „hohes Schutzniveau in Bezug auf Gesundheit, Sicherheit und die in der Charta verankerten Grundrechte, einschließlich Demokratie, Rechtsstaatlichkeit und Umweltschutz". Die ersten drei Erwägungsgründe greifen diesen Gedanken auf, wiederholen ihn und spezifizieren ihn teilweise ein wenig. Die wichtigste Spezifikation, die die Erwägungsgründe zu diesem Punkt liefern, findet sich – fast etwas beiläufig – in Erwägungsgrund 2. Dieser erstreckt den Grundrechtsbezug nämlich nicht nur auf den Normtext der KI-Verordnung selbst, was ja in Art. 1 Abs. 1 KI-Verordnung schon hinreichend zum Ausdruck kommt, sondern darüber hinaus auch auf die Anwendung der Normen der KI-Verordnung. Wörtlich heißt es:

> „Diese Verordnung sollte im Einklang mit den in der Charta verankerten Werten der Union angewandt werden".[75]

97 Grundrechtsschutz, der wesentlicher Teil der „in der Charta verankerten Werte(n) der Union" ist, ist also auch Leitbild der Anwendung der Normen der KI-Verordnung. Dies gilt sowohl für die Anwendung durch etwaige europäische Akteure als auch für die Anwendung durch nationalstaatliche Akteure wie beispielsweise Behörden oder Private.

98 In qualitativer Hinsicht ist festzustellen, dass der Grundrechtsschutz zwar an einigen Stellen in Normtext und Erwägungsgründen eher beiläufig erwähnt wird, an einigen Stellen aber eine tragende Rolle spielt. Hier ist neben dem in Art. 1 KI-Verordnung bezeichneten Gegenstand der Verordnung vor al-

---

74 So auch *Krönke*, NVwZ 2024, 529, 530: „Materiell sind die Regeln der Verordnung daher primär auf den Schutz (zumal der Grundrechte) der in der EU niedergelassenen und ansässigen „KI-Betroffenen" ausgelegt."

75 Verordnung (EU) 2024/1689, Erwägungsgrund 2.

lem die Rolle bei der Bestimmung der Hochrisiko-KI-Systeme zu nennen. Zwar ist durch Anhang III, der durch Art. 6 Abs. 2 KI-Verordnung anwendbar erklärt wird, die Bestimmung der Hochrisiko-KI-Systeme kataloghaft vorgegeben und sie muss nicht in jedem erdenklichen Einzelfall individuell vorgenommen werden. Art. 6 KI-Verordnung kennt aber sowohl ergänzende als auch Ausnahmevorschriften zu dieser Katalogisierung. Besonders aufschlussreich ist dabei Art. 6 Abs. 3 KI-Verordnung. Dieser fingiert nämlich Ausnahmen von dieser Katalogisierung nur unter der Voraussetzung, dass „kein erhebliches Risiko der Beeinträchtigung in Bezug auf die Gesundheit, Sicherheit oder Grundrechte natürlicher Personen" gegeben ist. Ein erhebliches Risiko für die Grundrechte natürlicher Personen, indem beispielsweise die individuelle Entscheidungsfindung beeinflusst wird, steht somit der Ausnahme von Anhang III stets entgegen. Daraus lässt sich auch schließen, dass in die Auswahl der in Anhang III aufgeführten KI-Systeme und ihrer damit einhergehenden Einstufung als hochriskant und damit besonders regulierungsbedürftig die Wertung des Risikos von Grundrechtseingriffen eingeflossen ist. Das Risiko von Grundrechtseingriffen spielt somit nicht nur als irgendwie vor oder über der KI-Verordnung stehender, aber doch schwammiger und schwer zu greifender Leitgedanke eine Rolle, sondern es wird auch konkret relevant für die so wesentliche begriffliche Bestimmung eines Hochrisiko-KI-Systems. Die Frage der Regulierung von Hochrisiko-KI-Systemen ist eine der wesentlichen Fragen der KI-Verordnung überhaupt. Somit lässt sich sagen, dass der Grundrechtsbezug auch inhaltlich bei dieser zentralen Frage eine tragende Rolle spielt.

II. Ziel der Europäischen Harmonisierung

Ein weiteres, klar erkennbares Ziel der KI-Verordnung ist der Versuch einer Europäischen Harmonisierung des Grundrechtsschutzes. Dieser Grundrechtsschutz ist in theoretischer Hinsicht natürlich längst durch die Charta der Grundrechte der EU gegeben. Zwar scheiterte, historisch gesehen, der Versuch der Verabschiedung einer EU-Verfassung.[76] Mit dem Vertrag von Lissabon hat aber die Charta der Grundrechte der EU nach Art. 6 Abs. 1 Satz 1 Hs. 1 EUV europarechtlichen Primärrechtsrang,[77] steht also auf gleicher Stufe wie die beiden europarechtlichen Verträge. **99**

Dennoch gibt es ein Bestreben, den Grundrechtsschutz über diesen eher allgemeinen Rahmen hinaus auch in konkreten Rechtsgebieten zu festigen und zu vereinheitlichen. Der Gedanke der Vereinheitlichung ist Leitgedanke **100**

---

76 Siehe hierzu kurz *Jarass*, in: Jarass, Charta der Grundrechte der EU, Einleitung Rn. 5; *Calliess*, in: Calliess/Ruffert, EUV/AEUV, EU-GRCharta Art. 1 Rn. 1.

77 *Jarass*, in: Jarass, Charta der Grundrechte der EU, Einleitung Rn. 10; *Calliess*, in: Calliess/Ruffert, EUV/AEUV, EU-GRCharta Art. 1 Rn. 1.

der europäischen Gesetzgebung überhaupt. Die Verwirklichung und die Gewährleistung des Funktionierens des Europäischen Binnenmarkts ist nach Art. 26 AEUV i. V. m. Art. 114 AEUV Voraussetzung der EU-Gesetzgebung. Art. 16 Abs. 2 AEUV ergänzt dies noch um die Maßgabe, dass zum Schutze personenbezogener Daten vereinheitlichende Gesetze erlassen werden sollen. Beide Gedanken – das Funktionieren des Binnenmarktes im Hinblick auf KI wie auch der Schutz des Allgemeinen Persönlichkeitsrechts – sind maßgebend für die KI-Verordnung. Der Gedanke eines einheitlichen Grundrechtsschutzes kommt schon in einem frühen Vorstadium des Gesetzgebungsverfahrens zum Ausdruck. Im Weißbuch der Europäischen Kommission vom 19.2.2020 mit dem Titel „Zur Künstlichen Intelligenz – ein europäisches Konzept für Exzellenz und Vertrauen" heißt es bereits im Vorwort:

> „Um die mit KI einhergehenden Chancen und Herausforderungen anzunehmen, muss die EU geeint handeln und auf der Grundlage europäischer Werte ihren eigenen Weg zur Förderung der Entwicklung und Nutzung von KI festlegen."[78]

101 Erwägungsgrund 1 der KI-Verordnung betont in seinem ersten Satz ebenfalls das Ziel der Vereinheitlichung:

> „Zweck dieser Verordnung ist es, das Funktionieren des Binnenmarkts zu verbessern, indem ein einheitlicher Rechtsrahmen insbesondere für die Entwicklung, das Inverkehrbringen, die Inbetriebnahme und die Verwendung von Systemen künstlicher Intelligenz (KI-Systeme) in der Union im Einklang mit den Werten der Union festgelegt wird."[79]

102 Ergänzt wird dieser Wille zu Vereinheitlichung vom bereits erwähnten, in Erwägungsgrund 2 genannten Aspekt, dass Grundrechtsschutz nicht nur für den Normtext selbst, sondern auch für die Anwendung der KI-Verordnung durch (auch nationalstaatliche) Behörden maßgebend sein soll.

103 Kritisch lässt sich allerdings anmerken, dass durchaus fraglich sein kann, ob wirklich eine so weite Gesetzgebungskompetenz der EU im Sinne einer Vereinheitlichung und Harmonisierung gegeben ist. Art. 16 Abs. 2 AEUV bezieht sich nur auf den Schutz personenbezogener Daten und kann somit den deutlich weitergehenden Regelungsgehalt nicht vollständig decken.[80] Das Heranziehen des Art. 114 AEUV scheint sehr weit gefasst zu sein und es

---

78 Weißbuch der Europäischen Kommission zur Künstlichen Intelligenz, COM(2020)65, zitiert nach https://eur-lex.europa.eu/legal-content/DE/TXT/?uri=CELEX:52020DC0065 (zuletzt aufgerufen am 13.8.2024).

79 Verordnung (EU) 2024/1689, Erwägungsgrund 1.

80 Kritisch auch *Ebers/Hoch/Rosenkranz/Ruschemeier/Steinrötter*, RDi 2021, 528, 529 und *Valta/Vasel*, ZRP 2021, 142, 143 f.

bestehen Zweifel, ob diese Norm, die ja an die Erforderlichkeit des Funktionieren des Binnenmarkts geknüpft ist, den gesamten Regelungsgehalt der KI-Verordnung kompetenzrechtlich deckt.[81]

Auch in den detaillierten Regelungen im Verlauf der KI-Verordnung kommt **104** der Gedanke der Vereinheitlichung immer wieder zum Tragen, beispielsweise bei den Vorschriften zur Harmonisierung der Normierung in den Art. 40 ff. KI-Verordnung.

Zudem ist zu beobachten, dass an Stellen, an denen Ausnahmen zur KI-Ver- **105** ordnung generell gestattet sind, diese meist unter den Vorbehalt gestellt werden, das Schutzniveau des Grundrechtsschutzes nicht zu unterlaufen. Dies ist beispielsweise der Fall bei den Ausnahmen zu den in Anhang III katalogisierten Hochrisiko-KI-Systemen nach Art. 6 Abs. 3 KI-Verordnung und bei delegierten Rechtsakten der Kommission nach Art. 6 Abs. 6 bis Abs. 8 sowie Art. 7 Abs. 3 lit. b KI-Verordnung.

Auch die Compliance-Vorschriften der Risikomanagementsysteme, der **106** Datenverwaltung und der menschlichen Aufsicht sind an den Grundrechtsschutz gebunden.

D. Fazit und Kritik

Der Intention nach ist die KI-Verordnung ein großer Wurf. Nicht nur ist **107** sie die erste umfassende Regulierung von KI-Fragen weltweit. Sie macht es sich neben der Behandlung vieler Detailfragen im Umgang mit Künstlicher Intelligenz auch zur Aufgabe, am konkreten, aber doch weit gefassten Beispiel der Künstlichen Intelligenz einen EU-weit einheitlichen Rahmen zur Um- und Durchsetzung des Grundrechtsschutzes zu schaffen. Die KI-Verordnung ist geprägt vom ernsthaften Versuch, dies zu bewerkstelligen. Vor diesem Hintergrund ist das Regelwerk aber nur als teilweise gelungen anzusehen.

Zunächst einmal als gelungen zu bewerten ist die Tatsache, dass Grund- **108** rechtsschutz zwar an vielen Stellen eher als allgemein formulierte, schwammige Idee vorkommt, teilweise aber auch in konkretisierter, fassbarer und auch für die Rechtsanwendung relevanter Form, beispielsweise bei der begrifflichen Bestimmung von Hochrisiko-KI-Systemen.

An vielen Stellen der KI-Verordnung werden „die Grundrechte" aber in ei- **109** ner eher ausfernden, unbestimmten Weise gebraucht. Es gibt zwar einige Stellen, in denen (eher selten) im Normtext oder (etwa häufiger) in den Erwägungsgründen konkrete Grundrechte genannt werden. Hier ist die klare Tendenz, dass das Allgemeine Persönlichkeitsrecht und der Gleichbehand-

---

81 *Valta/Vasel*, ZRP 2021, 142, 143 f.

lungsgrundsatz bzw. das Diskriminierungsverbot besonders oft erwähnt werden und offenbar an vielen Stellen im Zentrum des grundrechtlichen Schutzes stehen sollen. An einigen Stellen in den Erwägungsgründen finden sich aber auch bei der Aufzählung konkreter Grundrechte eine Vielzahl von Grundrechten, sodass die Aufzählung wenig zur Präzision beiträgt.[82]

110 Aus Perspektive des Verfassungsrechts irritierend ist schließlich der augenscheinlich eher laxe Umgang mit den Fragen nach Grundrechtsverpflichtung und Grundrechtsberechtigung. Nach dem deutschen verfassungsrechtlichen Verständnis sind Grundrechte zunächst einmal subjektive Abwehrrechte Privater gegen den Staat und staatliche Akteure.[83] Grundrechte können zwar auch staatliche Schutzpflichten begründen und sie können auch mittelbar in Privatrechtsverhältnisse hineinwirken.[84] Gerade letztgenannte Dimension der Grundrechte,[85] die sogenannte Drittwirkung, ist aber eher als eng umgrenzte Ausnahme anzusehen und in jedem Fall begründungsbedürftig. Dies ist dem Grunde nach im europarechtlichen Kontext nicht anders. Auch wenn die Anwendung der europarechtlichen Grundrechte der Grundrechte-Charta auf Private im Detail noch umstrittener ist als die mittelbare Drittwirkung der Grundrechte im Rahmen des deutschen Verfassungsrechts, so stellt doch zunächst einmal Art. 51 der Grundrechte-Charta klar, dass sie in primärer Hinsicht Organe und Einrichtungen der Union und die Mitgliedstaaten bei der Durchführung des Unionsrechts verpflichten.[86]

111 Zwar kommt die Grundrechtsverpflichtung staatlicher Akteure oder privater Akteure, die „öffentliche Dienste erbringen", in der KI-Verordnung auch zur Sprache, insbesondere bei der Notwendigkeit einer Grundrechte-Folgenabschätzung nach Art. 27 KI-Verordnung. Dies ist aber im Gefüge des Regelungskonzepts der KI-Verordnung eher die Ausnahme. Die KI-Verordnung richtet sich in vielen Fällen an private Akteure und erweckt dabei an manchen Stellen den Eindruck, als seien diese direkt den Grundrechten verpflichtet. Das wäre aus deutscher verfassungsdogmatischer Per-

---

82 Sehr kritisch aus einer eher rechtssoziologischen Perspektive *Guijarro Santos*, ZfDR 2023, 23.

83 Grundrechte sind nach BVerfGE 115, 320, 358 „dazu bestimmt, die Freiheitssphäre des Einzelnen vor Eingriffen der öffentlichen Gewalt zu sichern", Grundrechte sind Abwehrrechte des Bürgers gegen den Staat (BVerfGE 7, 198, 204 f.); siehe auch *Jarass*, in: Jarass/Pieroth, Grundgesetz für die Bundesrepublik Deutschland, Vorbemerkungen vor Art. 1 Rn. 3.

84 *Jarass*, in: Jarass/Pieroth, Grundgesetz für die Bundesrepublik Deutschland, Vorbemerkungen vor Art. 1 Rn. 5 und Art. 1 Rn. 48 ff.; *Hillgruber*, in: BeckOK GG, Art. 1 Rn. 72 ff.

85 Die Terminologie folgt *Dreier*, Dimensionen der Grundrechte.

86 Zur ausnahmsweisen Erstreckung auch auf Private siehe *Jarass*, in: Jarass, Charta der Grundrechte der EU, Art. 51 Rn. 36 ff.; *Kingreen*, in: Calliess/Ruffert, EUV/AEUV, EU-GRCharta Art. 51 En. 24 ff.

spektive nicht nachvollziehbar. Nun ließe sich das Regelungswerk der KI-Verordnung vor diesem Hintergrund womöglich damit erklären, dass der Europäische Gesetzgeber aus seiner Schutzpflicht heraus, für hinreichenden Grundrechtsschutz in Anbetracht der durch den Einsatz von Künstlicher Intelligenz drohenden Gefahren zu sorgen hat. Diese grundrechtsdogmatische Verankerung hätte aber in Normtext und in den Erwägungsgründen noch stärker herausgearbeitet werden müssen. So wie die KI-Verordnung formuliert ist, könnte nämlich der schiefe Eindruck entstehen, der Europäische Gesetzgeber schiebe die in erster Linie staatliche Aufgabe des Grundrechtsschutzes teilweise auf Private ab. Das würde einen Aspekt der Zielsetzung der KI-Verordnung – die Schaffung und Erhaltung von Vertrauen – konterkarieren.

Daher lässt sich daran zweifeln, dass der ganz große Wurf – unabhängig 112 von vielen ungeklärten Detailfragen – im Blick auf den Grundrechtsschutz bereits gelungen ist.

Literaturverzeichnis

Binder, Nadja/Egli, Catherine	Umgang mit Hochrisiko-KI-Systemen in der KI-VO, MMR 2024, 626
Calliess, Christian/Ruffert, Matthias	EUV/AEUV. Das Verfassungsrecht der Europäischen Union mit Europäischer Grundrechtecharta, 6. Aufl. 2022
Dreier, Horst	Dimensionen der Grundrechte, 1993
Dürig, Günter/Herzog, Roman/Scholz, Rupert	Grundgesetz-Kommentar, Werkstand: 97. EL Januar 2022
Ebers, Martin/Hoch, Veronica R. S./Rosenkranz, Frank/Ruschemeier, Hannah/Steinrötter, Björn	Der Entwurf für eine EU-KI-Verordnung: Richtige Richtung mit Optimierungsbedarf, RDi 2021, 528
Ebert, Andreas/Spiecker gen. Döhmann, Indra	Der Kommissionsentwurf für eine KI-Verordnung der EU. Die EU als Trendsetter weltweiter KI-Regulierung, NVwZ 2021, 1188
BeckOK Grundgesetz	Epping, Volker/Hillgruber, Christian (Hrsg.), 51. Edition, 2022
Gerdemann, Simon	Harmonisierte Normen und ihre Bedeutung für die Zukunft der KI. Auswirkungen und praktische Anwendung, MMR 2024, 614

Guijarro Santos, Victoria	Nicht besser als nichts. Ein Kommentar zum KI-Verordnungsentwurf, ZfDR 2023, 23
Jarass, Hans D./Pieroth, Bodo	Grundgesetz für die Bundesrepublik Deutschland. Kommentar, 17. Aufl. 2022
Jarass, Hans D.	Charta der Grundrechte der Europäischen Union unter Einbeziehung der sonstigen Grundrechtsregelungen des Primärrechts und der EMRK, 4. Aufl. 2021
Krönke, Christoph	Das europäische KI-Gesetz: Eine Verordnung mit Licht und Schatten, NVwZ 2024, 529
Martini, Mario/Botta, Jonas	KI-Aufsicht im föderalen Staat. Ein KI-System, eine Behörde?, MMR 2024, 630
Roth-Isigkeit, David	Grundstrukturen der geplanten KI-Aufsichtsbehörden – KI-Bürokratie?, ZRP 2022, 187
Sesing, Andreas/Tschech, Angela	AGG und KI-VO-Entwurf beim Einsatz von Künstlicher Intelligenz. Einschätzung aus der Perspektive des (Anti-)Diskriminierungsrechts, MMR 2022, 24

F.-A. Fischer

Kapitel 6
Die Fischer/Reeck'sche Schwelle zur „elektronischen Person" – eine Untersuchung zu Kriterien und Messbarkeit einer starken Künstlichen Intelligenz (KI)

Übersicht

A. Einführung

Der Gedanke an Maschinen, die wie Menschen interagieren und kommunizieren, hat die Phantasie der Menschen seit langem beflügelt. Der „Roboter" als eine Art moderner Golem ist seit *Karel Čapek*, der diesen Begriff 1921 prägte,[1] ein Symbol für den künstlichen Menschen mit vergleichbaren Fähigkeiten. Es verwundert dabei nicht, dass diese Thematik zunächst den Science-Fiction-Autoren vorbehalten blieb. So konzipierte der Schrift-

1

---

1 R.U.R., Background and Summary, University of Michigan, https://public.websites. umich.edu/~engb415/literature/pontee/RUR/RURsmry.html#Top%20of%20Page (zuletzt abgerufen am 23.8.2024).

steller *Issac Asimov* bereits im Jahr 1942 die seitdem oft zitierten drei Robotergesetze,[2] die 1983 um ein 0. Gesetz erweitert wurden. Philosophisch hat dies seinen Hintergrund im Transhumanismus als einem kommenden Zustand des Menschen jenseits des homo sapiens, mit dem der Mensch durch die Technik seine Möglichkeiten intellektuell, physisch und psychisch erweitern will.[3]

2   Mit der technischen Entwicklung seit den 1950er Jahren, der Entwicklung von Transistoren, integrierten Schaltkreisen, Chips und fortgeschrittener Software einerseits, aber auch der Entwicklung des Begriffs der KI von ihrer Prägung anlässlich der Dartmouth-Konferenz 1956,[4] maßgeblich inspiriert von *Alan Turing*,[5] der allerdings schon 1954 gestorben war, hat diese Thematik den Bereich der Science-Fiction-Literatur immer mehr verlassen. Eine bemerkenswerte Verknüpfung von „Fiction" mit „Sciences" bietet die 35. Episode der Serie „Star Trek – The Next Generation" aus dem Jahre 1989 mit dem Titel „Wem gehört Data" (engl. „The Measure of a Man"). In den Folgejahren führte dieser Film zu einer Rezeption in der Wissenschaft und trug damit zur Entwicklung eines gedanklichen Konzepts der elektronischen Person bei.[6]

3   Auch wenn die Entwicklung der KI in den 35 Jahren seit dem erwähnten Film weitere Fortschritte gemacht hatte und bereits 2017 *Bill Gates* vorschlug, dass Roboter mit starker KI zur Zahlung von Einkommensteuer verpflichtet werden sollten, steht die Entwicklung einer solchen starken KI erst am Anfang. Insbesondere stellt sich die Frage, wie eine Welt mit einer solchen starken KI aussehen wird, insbesondere im Hinblick auf juristische Fragen. Vor diesem Hintergrund hat es sich das vorliegende Werk zur Aufgabe gemacht, unkonventionelle Gedanken und Überlegungen mit Ansätzen nicht nur aus der Rechtswissenschaft, sondern auch aus dem Bereich der Philosophie, Ethik, Psychologie und Informatik zu verknüpfen. Die vorliegende Arbeit kann und wird jedoch nicht im Detail erörtern, auf welche Weise eine als Prämisse zugrunde gelegte technische Entwicklung und mit welchen Algorithmen diese verwirklicht werden kann. Dies ist eine ausschließlich technische Frage, auf die nicht näher eingegangen werden wird.

---

2 *Asimov*, Meine Freunde, die Roboter, S. 67.
3 *Kluge/Lohmann/Steffens*, Jahrbuch für Pädagogik 2014, Menschenverbesserung und Transhumanismus, Editorial, S. 9.
4 *Moor*, The Dartmouth Artificial Intelligence Conference (AI@50), 2006, the next 50 Years, AI Magazine, Vol. 27, No. 4, 2006.
5 *Turing*, Computing Machinery and Intelligence, Mind 49, S. 433 ff.
6 *Fischer*, Juristische Aspekte der KI, in: Buchkremer/Heupel/Koch (Hrsg.), Künstliche Intelligenz in Wirtschaft und Gesellschaft, S. 77, 87.

B. Die technologische Singularität nach Kurzweil – von der schwachen zur starken KI

I. Allgemeines

Neben dem sehr verbreitet verwendeten Begriff der KI besteht das Hauptau-   **4**
genmerk dieser Untersuchung auf dem Begriff der „starken" KI. Diese wird
im Schrifttum noch als „utopisch" oder Thema der Science-Fiction-Literatur
bezeichnet,[7] was zum heutigen Stand der Technik auch durchaus zutreffend
ist. Eine starke KI liege dann vor, wenn diese lernfähig und flexibel sei,
eigene Ziele verfolge, Emotionen und ein eigenes Bewusstsein habe.[8] Kurz
gesagt bedeutet der Grad einer starken KI die Schaffung einer Intelligenz,
die das menschliche Denken mechanisiert.[9] Ausgehend von der in der Vergangenheit erkennbaren kontinuierlichen, wenn nicht gar explosionsartig-
disruptiven Entwicklung der Technik im Allgemeinen und der KI im Besonderen ist davon auszugehen, dass in der Zukunft eine entsprechende starke
KI existieren wird.

Ausgehend von den Gedanken des Transhumanismus wurden bereits unter-   **5**
schiedliche Zeitpunkte in der Zukunft postuliert, in dem eine starke, dem
Menschen ebenbürtige KI existieren solle – so könne dies nach dem Informatiker *Raymond Kurzweil*, der dies 2005 prognostizierte, ab 2045 der Fall
sein.[10] Ähnlich einer Singularität in der Astrophysik – der Begriff der technologischen Singularität wurde bereits 1993 von *Vernor Vinge* geprägt[11] –,
bei der aufgrund der Stärke der Gravitation eines schwarzen Lochs selbst
die Photonen des Lichts „verschluckt" werden und somit keinerlei Aussagen über das Inneren eines schwarzen Lochs getroffen werden können, sieht
Kurzweil im Zeitpunkt, in dem eine starke KI entstanden ist, eine entsprechende Singularität, in dem wir keinerlei Aussagen mehr über die weitere
Entwicklung der Menschheit und der intelligenten Maschinen treffen könnten. Entsprechend der Begrifflichkeit der Astrophysik bildet die Schaffung
einer starken KI somit aus Sicht des Menschen einen Ereignishorizont.

II. Starke KI als Ereignishorizont

Es ist nahezu unmöglich, Voraussagen über einen Bereich zu machen, der   **6**
jenseits eines bestimmten Punktes nicht mehr vorhersehbar ist. Angesichts
dieser Tatsachenlage wären lediglich Spekulationen mit wenig inhaltlicher

---

7 *Biallaß*, in: Ory/Weth, juris Praxis-Kommentar, Bd. 1, Kap. 8 Rn. 329.
8 *Biallaß*, in: Ory/Weth, juris Praxis-Kommentar, Bd. 1, Kap. 8 Rn. 329.
9 *Bischof/Intveen*, ITRB 2019, 134, 135.
10 *Kurzweil*, der dies 2005 in seinem Werk The Singularity is near when Humans Tran-
   scend Biology erstmals postulierte; in der Übersetzung „Menschheit 2.0 – Die Singularität naht".
11 *Vinge*, Technological Singularity, Department of Mathematical Sciences.

Substanz eine Möglichkeit, sich gedanklich mit diesem Szenario zu befassen. Ab dem Zeitpunkt der Existenz einer starken KI, die somit auch sämtliche intellektuellen und technischen Möglichkeiten hätte, dürfte diese auch die Möglichkeiten haben, sich einer effektiven Kontrolle durch Menschen entziehen zu können. Es ist ebenfalls wahrscheinlich, dass die starke KI bei der Überschreitung der entsprechenden Schwelle, in der sie mit Menschen hinsichtlich Intelligenz „gleichauf" liegt, an diesem Punkt nicht verharren wird. Vielmehr könnte eine Weiterentwicklung hin zu einer „Superintelligenz" denkbar sein, die dem Menschen nicht nur ebenbürtig, sondern sogar überlegen wäre.

7   Allerdings bedarf diese Annahme der Auseinandersetzung mit dem Unvollständigkeitssatz des Mathematikers *Kurt Gödel*. Der von ihm entwickelte erste Unvollständigkeitssatz besagt zunächst nur, dass es in allen hinreichend widerspruchsfreien Systemen Aussagen gibt, die nicht beweisbar sind, eine logische Grundlage kann somit nicht beweisbare Aussagen enthalten, bei denen zudem ein Widerspruch nicht ausgeschlossen werden könne.[12] Im Hinblick auf die Problematik der Gleichwertigkeit von menschlicher und maschineller Intelligenz wird der erste Unvollständigkeitssatz dahingehend interpretiert, dass mathematisch-logische Strukturen mit arithmetischen Methoden alleine nicht „eingeholt" werden könnten.[13] Nach dem heutigen Stand der Technik arbeiten Maschinen mit Künstlicher Intelligenz mit Algorithmen, also mit Hilfe mathematisch-logischer Strukturen, sodass geschlossen werden könnte, dass ein „Gleichziehen" einer intelligenten Maschine mit menschlicher Intelligenz nicht möglich wäre. Denn ein Algorithmus sei nur eine Simulation des menschlichen Denkens, das über-algorithmisch in einer „Tiefendimension" nicht von einer Künstlichen Intelligenz erreicht werden könne.[14]

8   Eine unvollkommene Äquivalenz des maschinellen Seins mit dem Menschen wird über die verschiedenen Grade der Autonomie konstruiert: während nach *Darwall* beim Menschen die Autonomie die Dimensionen „personal", „moral", „rational" und „agential" umfasst,[15] wird bei intelligenten Maschinen eine persönliche und moralische Autonomie kaum anzunehmen sein, jedoch eine rationale Autonomie ebenso wie die als „agential autonomy" bezeichnete Fähigkeit, interne Zustände der Maschine selbständig ändern zu können.[16] Nach *Loh* wäre daher entsprechend des Unvollständig-

---

12 *Bischoff*, Gödels Unvollständigkeitssätze: ein Schock für Mathematiker.

13 *Plaul/Ahrens*, NZSTh 2022, 268, 281.

14 *Plaul/Ahrens*, NZSTh 2022, 268, 281.

15 *Darwall*, The value of Autonomy and the Autonomy of the Will, in: Morality, Authority and Law: Essays in Second-Personal Ethics I.

16 *Loh*, Maschinenethik und Roboterethik, in: Bendel (Hrsg.), Handbuch Maschinenethik, 2019, S. 75, 81.

H.-J. Fischer

keitssatzes von *Gödel* mit der Differenzierung von *Darwall* die maschinelle Akteursfähigkeit der menschlichen Handlungsfähigkeit stets unterlegen.[17]

Dieser Ansicht kann jedoch entgegengehalten werden, dass sie auf Prämissen insbesondere technischer Natur auf heutigem Stand basiert, oder kurz gesagt: niemand kann vorhersagen, wie sich die Technik in der Zukunft entwickeln wird und ob und inwieweit Algorithmen oder andere mathematisch-logische Prozesse die Entwicklung einer starken KI vorantreiben werden. Freilich lässt sich auch das Gegenteil nicht ausschließen, es kann also keineswegs als gesichert angenommen werden, dass eine so beschriebene starke KI in der Zukunft tatsächlich entwickelt werden wird.[18] Die Fragestellung ist für die vorstehende Untersuchung allerdings zweitrangig, wenn für die nachstehende Beschreibung der Fischer/Reeck'schen Schwelle und der Parameter ihrer Kriterien als Prämisse die technische Möglichkeit der Entwicklung einer starken KI angenommen wird. **9**

Zu den Möglichkeiten der starken KI in der Form einer „Superintelligenz", falls dies eines Tages möglich wäre, könnte auch die Möglichkeit der Reproduktion und einer ggf. exponentiell zunehmenden Verbesserung gehören. Diese Schlussfolgerung aufgrund einer Analogie aus den Erfahrungen mit dem exponentiellen Wachstum der Informationstechnologie in der Vergangenheit erscheint nicht ausgeschlossen.[19] Sie wird in der Literatur als Teil des technologischen Posthumanismus vertreten und postuliert eine „artifizielle Alterität", die den Menschen überwinden und eine maschinelle „Superspezies" schaffen solle,[20] die nach *Irving John Good* (dort als „letzte Maschine des Menschen" bezeichnet) befähigt sei, in ihre eigene algorithmische Grundstruktur einzugreifen und dadurch noch intelligentere Maschinen erschaffen kann.[21] **10**

Eine weitere Eigenschaft dieser starken KI könnten die Fertigkeit sein, Quantencomputer sinnvoll benutzen zu können.[22] Die Entwicklung hin zu einer starken KI wird dabei ihrerseits durch die Fortschritte bei der Entwicklung von Quantencomputern und quantenmaschinellem Lernen hin zu einer „künstlichen Quantenintelligenz" (QAI) vorangetrieben, für diese fordern **11**

---

17 *Loh*, Maschinenethik und Roboterethik, in: Bendel (Hrsg.), Handbuch Maschinenethik, 2019, S. 82.

18 *Plaul/Ahrens*, NZSTh 2022, 202, 283.

19 *Kurzweil*, Spektrum der Wissenschaft 2006, 100, 101.

20 *Loh*, Maschinenethik und Trans- und Posthumanismus, in: Bendel (Hrsg.), Handbuch Maschinenethik, S. 95, 104.

21 *Good*, Speculations Concerning the First Ultraintelligent Machine, Advances in Computers, Vol. 6, 1966, S. 31, 33.

22 *Nielsen*, Quantum Computing: What It Is, What It Is Not, What We Have Yet to Learn. Vortrag auf dem Singularity Summit.

Stimmen in der Literatur bereits eine eigene Rechtspersönlichkeit.[23] Keinerlei Aussage könnte darüber getroffen werden, ob eine solche „superintelligente" starke KI den Menschen positiv oder negativ gegenüberstünde, auch wenn die Geltung der Asimov'schen Robotergesetze als moralische Richtschnur eine grundsätzliche Orientierung darstellen könnten. Dennoch bleibt die Frage offen, ob mit Entstehen der technologischen Singularität die Evolution der Menschheit ein Ende gefunden hat oder ob – ganz im Sinne des Transhumanismus –, eine starke KI die Evolution des Menschen mit Hilfe der Technik auf ein neues Niveau heben würde.

12 Es stellt sich die Frage, ob ein solches Zukunftsszenario, aber noch mehr ethische und ggf. religiöse Gründe, dagegensprechen, dass es zu einer solchen Singularität, die ja ausschließlich durch Menschen, die die technische Entwicklung vorantreiben, kommen sollte. Allerdings zeigt die Erfahrung der technologischen Entwicklung in der Vergangenheit, dass es immer Menschen und staatliche Systeme geben wird, die das, was technisch machbar ist, auch entwickeln und konstruieren. Dies betrifft z. B. Innovationen in der Militärtechnik bei der Entwicklung von Kriegsrobotern, hier wird bereits das Erfordernis von Ethikmodulen diskutiert,[24] aber auch die Entwicklung von „Sexrobotern und Liebespuppen", bei der es einige Produkte wie „Roxxxy" oder „Kissenger" bereits zur Marktreife geschafft haben.[25]

13 Kritik an dem Ansatz des Transhumanismus und eines technologischen Ereignishorizonts ist erforderlich und geboten. Tatsächlich entspringt der Transhumanismus einem klassischen Glauben an einen kontinuierlichen Fortschritt, so wie er das 19. und das beginnende 20. Jahrhundert beflügelte. Eine technische Entwicklung kann aber allein keine wünschbare Zukunftsvision sein, wenn diese nicht auch von einem entsprechenden ethischen Grundgerüst begleitet wird. Grundsätzlich stellt sich dabei immer die Frage nach dem grundsätzlichen Verhältnis zwischen der Menschheit und der Technik. Geht man davon aus, dass die Technik dem Menschen immer zu dienen hätte, dann spräche dies gegen jegliche Entwicklung einer starken KI. Die Befürworter der Entwicklung sehen hingegen in einer starken KI mit ihren Auswirkungen auf alle Lebensbereiche der Menschen einen Ansatz, die „Probleme der Menschheit zu lösen".[26]

14 Keinerlei Aussagen können über die Realisierung der Szenarien erfolgen, ob sie aus den Reihen der Transhumanisten oder denen ihrer Kritiker kommen – ob eine starke KI eine Gefahr oder ein Segen sein wird, lässt sich

---

23 *Gulyamov*, MMR 2024, 26, 30.

24 *Misselhorn*, Autonome Waffensysteme/Kriegsroboter, in: Bender (Hrsg.), Handbuch Maschinenethik, S. 319, 322.

25 *Bender*, Sexroboter aus Sicht der Maschinenethik, in: Bender (Hrsg.), Handbuch Maschinenethik, S. 335, 337, 338.

26 *Kurzweil*, Menschheit 2.0 – Die Singularität naht.

nicht vorhersagen. Vor diesem Hintergrund geht die Menschheit in eine Entwicklung, in der manche ein „Ende der menschlichen Evolution" sehen könnten.

Grundsätzlich sollte diese Entwicklung einhergehen mit der Entwicklung **15** entsprechender ethischer und moralischer Grundsätze bei der Entwicklung der starken KI sowie entsprechender Leitlinien für eine starke KI. Allerdings bedeutet freier Wille, der für eine starke KI postuliert wird, die Willensfreiheit, sich für „gut" oder „böse" zu entscheiden. Hier zeigt sich deutlich das Dilemma einer Entwicklung zu einer starken KI in Bezug auf ethische Fragen. Allerdings ist dieses Thema im menschlichen Verhalten ebenso verankert und stellt einer der grundsätzlichen Fragen des menschlichen Lebens dar, kann der Mensch sich doch als grundsätzlich selbstbestimmtes Wesen zwischen „gut" und „böse" jederzeit neu entscheiden, sofern man deterministische Ansätze außer Acht lässt.

Die vorstehende Untersuchung nimmt zwar auch auf ethische Fragen Be- **16** zug, sie will aber, ausgehend von der Prämisse, dass eine starke KI eines Tages technische Realität sein wird, einen rechtlichen Rahmen für diese Neuentwicklung schaffen und gleichzeitig Haftungslücken schließen; denn für den Fall, dass der Konstrukteur bzw. Entwickler „seine Sache zu gut" gemacht und eine sich selbst entwickelnde starke KI geschaffen hätte, die einen Schaden verursacht, besteht zulasten des Geschädigten eine Rechtsunsicherheit, ob das Verhalten der intelligenten Maschine dem Konstrukteur noch zuzurechnen ist.

C. Die elektronische Person

I. Einführung des Begriffs durch das Europäische Parlament

Das Zivilrecht beschäftigt sich mit dem Thema KI insbesondere im Hin- **17** blick auf die Frage der Haftung. Diese insbesondere bei der Technologie der selbstfahrenden Autos entstandene Problematik weist beim Einsatz der vorhandenen schwachen KI eine Haftung dem Hersteller/Konstrukteur, alternativ dem Betreiber eine Gefährdungshaftung zu.[27] Andere Autoren sehen eine Kombination aus Produkthaftung des Herstellers und, nach dessen Exkulpationsmöglichkeit, eine Gefährdungshaftung des Betreibers als Alternative an.[28] Bei der Gefährdungshaftung für den Betreiber wird an die Straßenverkehrshaftung gem. § 7 StVG und an die Tierhalterhaftung des § 833 BGB angeknüpft.[29] Bei den Überlegungen zur Haftung von intelligenten Maschinen stellt sich auch die Frage, ob die Maschine selbst Haftungssub-

---

27 *Borges*, CR 2022, 553, 561.
28 *Oechsler*, NJW 2021, 2713, 2716.
29 *Spindler*, CR 2015, 766, 775.

jekt sein könnte, da bei starker KI, die gleichsam „eigenverantwortlich" handelt, eine Verantwortungslücke neben der Haftung des Herstellers bzw. Konstrukteurs bestehe.[30] Dies wird von Teilen der Literatur abgelehnt, da eine Maschine „kein Vermögen" hätte und der Geschädigte damit schutzlos gestellt würde,[31] obwohl für diesen Fall als Alternative eine Versicherung den Geschädigten entsprechend schützen könnte.[32]

18 Andere Teile der Literatur lehnen eine eigenständige elektronische Person oder eine Teilrechtsfähigkeit auch deshalb ab, weil dies die Hersteller und Konstrukteure hinsichtlich der bereits erwähnten Verantwortungslücke aus ihrer Verantwortung entlassen würde.[33] Weitere Stimmen in der Literatur schlagen in Haftungsfällen gem. § 823 BGB eine Beweislastumkehr bei schadensauslösenden Handlungen von KI vor und orientieren sich hierbei entsprechend an der Haftung des Gebäudebesitzers gem. § 836 BGB.[34] Weitere Fragestellungen betreffen Themen des internationalen Privatrechts insbesondere dazu, ob eine elektronische Person rechtswahlfähig wäre und ggf. bei einer Rechtswahl nach der ROM I-VO in eine Rechtsordnung verwiesen würde, die eine elektronische Person nicht kennt.[35] Ferner stellt sich die Frage einer Rechtsfähigkeit nicht zuletzt auch bei der Anmeldung von Patenten, deren Entwicklung sich auf signifikante Beiträge einer starken KI gestützt hat,[36] sowie bei Chatbots mit starker KI beim Abschluss von Versicherungsverträgen.[37]

19 Im Verwaltungsrecht wird dahingegen das Thema des Einsatzes von starker KI insbesondere beim Erlass von Ermessensverwaltungsakten diskutiert.[38] Hier dürfte der KI-Einsatz in einem gewissen Umfang noch unproblematisch sein, da das Widerspruchsverfahren als vorgerichtliches Korrektiv von Verwaltungsentscheidungen fungieren kann.[39] Zudem ergehen Ermessensentscheidungen bereits heute aufgrund klarer interner Ermessensrichtlinien, die in eine Programmierung überführt werden könnten. Hier dürfte in näherer Zukunft mit einer technischen Umsetzung in die Ermessensverwaltung zu rechnen sein, sofern hierfür der politische Wille bestehen sollte. Demgegenüber ist in der Rechtsberatung eine Substitution von menschlicher Beratung durch KI (noch) nicht realisiert, so war nach Auffassung des OLG Köln beim Einsatz eines schematisch vorgehenden Vertragsgenerators noch nicht

---

30 *Riehm*, RDi 2020, 42, 43.
31 *Wagner*, VersR 2020, 717, 738, 740.
32 So *Plaul/Ahrens*, NZSTh 2022, 268, 290.
33 *Riehm*, RDi 2020, 42, 48.
34 *Grützmacher*, CR 2021, 433, 436.
35 *Arnold*, IPRax 2022, 13, 21.
36 *Claessen*, IPRB 2020, 38, 40.
37 *Haseloff/Friehoff*, VersR 2020, 1363, 1369.
38 *Tischbirek*, ZfDR 2021, 307, 313.
39 *Tischbirek*, ZfDR 2021, 307, 327.

einmal der Rechtsdienstleistungsbegriff des RDG betroffen.[40] Für zukünfti-ge technische Entwicklungen wird aber bereits diskutiert, unter welchen Vo-raussetzungen die Ersetzung eines menschlichen Rechtsentscheiders durch eine intelligente Maschine denkbar erscheint.[41]

Die Übernahme einer Haftung für die Verursachung von Schäden kann nach **20** deutschem Zivilrecht nur eine mit eigenen Rechten und Pflichten ausgestat-tete Person übernehmen. Das BGB kennt hier die natürliche Person, den Menschen gem. §§ 1 ff. BGB und die juristische Person gem. §§ 21 ff. BGB. Die juristische Person wurde mit Inkrafttreten des BGB 1900 eingeführt und kontrovers diskutiert, aber als Notwendigkeit angesehen, um Haftungslü-cken beim Handeln von Körperschaften zu vermeiden.[42] Folgerichtig wäre es daher, hinsichtlich von Haftungslücken bei KI über eine „elektronische Person" nachzudenken. Als Folge wäre dann jedoch neben einer zivilrechtli-chen Rechtsfähigkeit in Analogie zur Grundrechtsfähigkeit von juristischen Personen auch eine Grundrechtsfähigkeit von elektronischen Personen zu untersuchen. Allerdings drückt sich die – partielle – Grundrechtsfähigkeit von juristischen Personen hinsichtlich von Grundrechten, die nach ihrem Wesen auf juristische Personen anwendbar sind,[43] nur aufgrund des Ausflus-ses des Individualgrundrechts der Vereinigungsfreiheit des Art. 9 Abs. 3 GG aus. Somit erschöpft sich die Grundrechtsfähigkeit einer juristischen Person im personalen Substrat.[44]

Wegen des Fehlens eines personalen Substrats bei der elektronischen Person **21** plädiert *Hinze* daher für eine Teilrechtsfähigkeit einer solchen elektronischen Person, nach der diese bei Erreichung bestimmter Kriterien mit Zuweisung einer Geschäftsfähigkeit oder bestimmter Justizrechte die Möglichkeit bekä-me, im Rechtsverkehr ggf. selbständig auftreten zu können.[45] Hier könnte eine Gestaltung für elektronische Personen entsprechend den Grundsätzen der Teilrechtsfähigkeit für Personengesellschaften gem. § 705 Abs. 2 BGB n. F. für die eingetragene BGB-Gesellschaft, die OHG und die KG sinnvoll sein.[46] Eine solche Gestaltungsüberlegung erfordert allerdings folgerichtig auch die Einrichtung eines speziellen Registers für elektronische Personen, entsprechend dem Gesellschaftsregister und dem Handelsregister.

---

40 OLG Köln („smart law"), Urteil vom 19.6.2020, Az. 6 U 263/19, NJW 2020, 2734; *Wendt/Jung*, ZIP 2020, 2201, 2209.
41 *v. Graevenitz*, ZRP 2018, 238, 241.
42 *Fischer*, Juristische Aspekte der KI, in: Buchkremer/Heupel/Koch (Hrsg.), Künstliche Intelligenz in Wirtschaft und Gesellschaft, S. 82.
43 BVerfG, Beschluss v. 2.5.1967, Az. 1 BvR 578/63, Rn. 30, NJW 1967, 1411, 1412.
44 *Hinze*, Haftungsrisiken des automatisierten und autonomen Fahrens, S. 215.
45 *Hinze*, Haftungsrisiken des automatisierten und autonomen Fahrens, S. 216.
46 So auch *Popp/Mahlow*, CTRL 2021, 22, 24.

22 Den Gedanken einer Teilrechtsfähigkeit von intelligenten Maschinen vertrat *Schirmer* bereits 2019, allerdings mit dem Konzept, diese als Hilfspersonen zu qualifizieren.[47] Diesbezüglich zieht *Schirmer* eine Parallele zur rechtlichen Qualifizierung von Tieren i. S. d. § 90a BGB und schlägt die Einführung eines neuen § 90b BGB vor, um der so bezeichneten „Vermenschlichungs-Falle" bei intelligenten Maschinen zu entgehen.[48] *Maatz* konzipiert eine ausführlichere Version eines angedachten § 90b BGB für die Teilrechtsfähigkeit sog. „digitaler Aktanten" und schlägt alternativ eine Zurechnung von Erklärungen intelligenter Maschinen im Rechtsverkehr unter Heranziehung der Grundsätze des Rechts der Stellvertretung oder des Rechtsinstituts des Besitzdieners gem. § 164 BGB bzw. § 855 BGB analog vor.[49] Eine ähnliche Einordnung als „beschränkte Rechtssubjekte" zur Vermeidung einer „falschen Anthropomorphisierung" nimmt *Teubner* vor.[50] Diesen Ansätzen ist jedoch entgegenzuhalten, dass sie nicht die technischen Potenziale zur Entwicklung einer starken KI in der Zukunft ausreichend berücksichtigen – wäre es noch angemessen, auch eine starke KI, die entsprechende, im Folgenden noch zu präzisierende Kriterien erfüllt, nur als teilrechtsfähige Hilfsperson zu behandeln?

23 Einen anderen Weg zur Vermeidung einer Personalisierung von intelligenten Maschinen entwickelte *Ringlage* in seiner Dissertation mit dem Konstrukt eines „Roboters mit beschränkter Haftung" (RmbH).[51] Unter der Prämisse der Entwicklung einer starken KI stellt sich bei diesem Konstrukt allerdings die Frage, inwieweit diese noch einer Haftungsbeschränkung unterliegen sollte. Zudem wäre noch die Frage einer Haftungshöchstgrenze des RmbH sowie eine notwendige Registrierung in einem öffentlichen Register zu klären. Bemerkenswert im Hinblick auf Entwicklungen in der ferneren Zukunft sind die Überlegungen zu einer eigenen Rechtspersönlichkeit parallel zur Rechtspersönlichkeit von intelligenten Maschinen, die in der Literatur zu Hirnorganoiden, also biologisch konstruierten Gewebeverbänden, die dem Gehirn ähneln bzw. einzelne Gehirnareale nachbilden, angestellt werden.[52] Insbesondere die Frage der Messbarkeit der Überschreitung von Schwellen zu einer schutzwürdigen Entität[53] zeigen Ähnlichkeiten zur Thematik bei der starken KI auf.

24 Das Europäische Parlament hat den Gedanken einer elektronischen Person im Rahmen einer allgemeinen Überlegung zur rechtlichen Regelung der KI

---

47 *Schirmer*, Digitale Rechtssubjekte? Ja, aber nur teilweise, Verfassungsblog, 3.10.2019.
48 *Schirmer*, Digitale Rechtssubjekte? Ja, aber nur teilweise, Verfassungsblog, 3.10.2019.
49 *Maatz*, CR 2024, 323, 330, 331.
50 *Teubner* AcP 218 (2018), 151, 164, 204.
51 *Ringlage*, Haftungskonzepte für autonomes Fahren – „ePerson" und „RmbH"?, S. 217.
52 *Wiese*, GesR 2022, 762, 763.
53 *Wiese*, GesR 2022, 762, 770.

H.-J. Fischer

bereits 2016 aufgegriffen und in einer Entschließung vom 16.2.2017 zusammengefasst.[54] Tatsächlich hat sich das Europäische Parlament bei seiner Entschließung umfassend und unter Berücksichtigung vieler Perspektiven mit dem Thema beschäftigt, unter anderen auch unter Bezugnahme auf die Asimov'schen Robotergesetze.[55] Neben wesentlichen Empfehlungen wie einer Definition des Begriffs eines intelligenten Roboters, der Schaffung eines ethischen Verhaltenskodexes für Robotikingenieure sowie der Einführung einer Pflichthaftpflichtversicherung für Hersteller und Eigentümer intelligenter Roboter stellte das Europäische Parlament fest, dass für „ausgeklügeltste" autonome Roboter („most sophisticated autonomous robots") eine „elektronische Person" mit speziellen Rechten und Pflichten geschaffen werden sollte.[56] Unterstützend für den bereits beschriebenen Ansatz einer Teilrechtsfähigkeit von elektronischen Personen ist auch die Empfehlung des Europäischen Parlaments für die Schaffung eines EU-Registers zur Registrierung von intelligenten Maschinen, das mit einem ebenfalls geforderten Entschädigungsfonds verbunden ist.[57]

Die Formulierung einer elektronischen Person angesichts der genannten **25** Fragestellungen war ein mutiger und unkonventioneller Schritt des Europäischen Parlaments, der zunächst auf umfangreiche Kritik stieß, aber die Diskussion hierüber voranbrachte und letztlich auch die Einführung der EU-KI-VO förderte.

II. Kritik, Diskurs und EU-KI-Verordnung

Der vom EU-Parlament geprägte Begriff der elektronischen Person erfuhr **26** zunächst umfangreiche Kritik. So wurde aus ethischer Sicht eingewandt, dass es intelligenten Maschinen an sämtlichen Kriterien für eine Person fehle, so einer Empfindungs- und Leidensfähigkeit, einem Bewusstsein sowie dem Charakter als echte Lebewesen. Als zivilrechtliches Haftungskonstrukt wäre dies allerdings denkbar.[58] Im April 2018 erfolgte in einem an die Europäische Kommission gerichteten offenen Brief eine umfassende öffentliche Kritik von KI-Forschern, Philosophen, Theologen und Rechtswissenschaftlern am Gedankenmodell einer elektronischen Person.[59]

---

54 Entschließung des Europäischen Parlaments v. 16.2.2017 mit Empfehlungen an die Kommission, Az. 2015/2103 (INL), https://oeil.secure.europarl.europa.eu/oeil/popups/ficheprocedure.do?lang=en&reference=2015/2103(INL) (zuletzt abgerufen am 23.8.2024).
55 Entschließung des Europäischen Parlaments, a.a.O., Buchstabe T.
56 Entschließung des Europäischen Parlaments, a.a.O., Ziff. 59 lit. f.
57 Entschließung des Europäischen Parlaments, a.a.O., Ziff. 59 lit. e.
58 *Bendel*, Diskussion um die elektronische Person.
59 http://robotics-openletter.eu/ (zuletzt abgerufen am 23.8.2024).

27 Eine der hauptsächlichen Kritikpunkte dieses offenen Briefs sah in einer Anerkennung einer juristischen Person und einer folglich entsprechenden Zubilligung von fundamentalen Werten wie Menschenrechten und Menschenwürde die Gefahr von Folgefragen wie einen Anspruch auf Staatsbürgerschaft und Vermögenswerten, was als unvereinbar mit der Charta der Grundrechte der Europäischen Union (EUGrCh) von 2000, in Kraft seit 2009, sowie der Europäischen Konvention zum Schutz der Menschenrechte und Grundfreiheiten (EMRK) von 1950 angesehen wurde. Beide Regelungswerke sehen allein den Menschen als Mittelpunkt an, sodass eine elektronische Person nicht mit diesen Kodifikationen zu vereinbaren sei.[60] Ebenso wurden rechtliche Konstruktionen wie der anglo-amerikanische „Trust" zur Abbildung einer elektronischen Person verworfen.

28 Bereits mit Stellungnahme vom 31.5.2017 erfolgte eine Kritik des Europäischen Wirtschafts- und Sozialausschusses (EWSA); eine elektronische Person sei moralisch riskant und missbrauchsanfällig, zudem käme eine solche, mit Rechten und Pflichten ausgestattete KI, einer Haftungsentlastung des Herstellers gleich, der dies auf eine Maschine abwälzen könne, ohne dass der jeweilige Gläubiger durch eine Haftungsmasse geschützt wäre.[61] In eine ähnliche Richtung geht die Sicht der deutschen Bundesregierung, die sie 2019 in einem Fachpapier des Bundeswirtschaftsministeriums geäußert hatte und in der sie für die derzeit technisch mögliche „schwache" KI keine Veranlassung sah, ein rechtliches Konstrukt einer „elektronischen Person" einzuführen.[62] Auch die UN-Organisation für Bildung, Wissenschaft, Kultur und Kommunikation (UNESCO) stellt in ihren Empfehlungen zur Ethik bei KI fest, dass eine KI „niemals eine menschliche Verantwortlichkeit ersetzen" könne[63] und argumentiert damit ähnlich wie die deutsche Bundesregierung.[64]

---

60 *Fischer*, Juristische Aspekte der KI, in: Buchkremer/Heupel/Koch (Hrsg.), Künstliche Intelligenz in Wirtschaft und Gesellschaft, S. 84.

61 EWSA, Künstliche Intelligenz – die Auswirkungen der künstlichen Intelligenz auf den (digitalen) Binnenmarkt sowie Produktion, verbrauch, Beschäftigung und Gesellschaft, Stellungnahme vom 31.5.2017, Berichterstatterin *Catelijne Muller*, https://www.eesc.europa.eu/en/our-work/opinions-information-reports/opinions/artificial-intelligence-consequences-artificial-intelligence-digital-single-market-production-consumption-employment-and (zuletzt abgerufen am 23.8.2024).

62 Bundesministerium der Wirtschaft (Hrsg.), Fachpapier der Arbeitsgruppe „rechtliche Rahmenbedingungen", künstliche Intelligenz und Recht im Kontext von Industrie 4.0, Berlin.

63 UNESCO (Hrsg.), Recommendations on the Ethics of Artificial Intelligence, 2021, S. 8-9.

64 *Fischer*, Juristische Aspekte der KI, in: Buchkremer/Heupel/Koch (Hrsg.), Künstliche Intelligenz in Wirtschaft und Gesellschaft, S. 85.

H.-J. Fischer

Insgesamt besteht die Kritik an der Entschließung des Europäischen Parla- **29** ments aus zwei Themengebieten – zum einen wird kritisiert, dass die Erwägungen zur elektronischen Person im Hinblick auf den heutigen Stand der Technologie verfrüht sind, zum anderen stehe der Gedanke einer elektronischen Person mit eigenen Rechten und Pflichten im Gegensatz zu Rechtsnormen, insbesondere der EUGrCh sowie der EMRK.[65]

Der Kritikpunkt, dass eine elektronische Person nach heutigem Stand der **30** Technologie nicht erreicht ist, ist keineswegs stichhaltig, geht es doch um die Entwicklung eines tragfähigen Konzepts für eine intelligente, starke KI für die Zukunft. Wie bereits ausgeführt gibt es verschiedene Voraussagen für das Eintreten der technologischen Singularität, die z.B. von *Kurzweil* für 2045 prognostiziert wurde. Vor diesem Hintergrund ist die Argumentation, dass es derzeit noch keine passenden Algorithmen gebe, die eine starke KI schaffen könne, zu kurz gedacht. Es entspricht einer strukturierten Vorbereitung einer nachhaltigen technologischen Entwicklung, noch vor Vollendung einer technologischen Evolution diese mit einem entsprechenden gedanklichen Konstrukt zu begleiten.

Dem Vorwurf, dass es für eine elektronische Person keine rechtliche Grund- **31** lage gebe, da die EUGrCh und die EMRK eine intelligente Maschine mit eigener Rechtspersönlichkeit nicht erfasse, kann mit einer entsprechenden Auslegung der genannten beiden Rechtsnormen begegnet werden. Zum einen stammen beide Normen aus 1950 bzw. 2000 und sind daher historisch auszulegen; zur Zeit der Konzeption dieser Normen war menschenähnliche Künstliche Intelligenz noch ein Thema der Science-Fiction-Literatur. Tatsächlich entwickeln sich Normen entsprechend der gesellschaftlichen und technologischen Veränderungen. Wenn man zudem auf den Wortlaut der genannten Rechtsnormen abstellt, dann wird erkennbar, dass auch diese z.T. nur von „Personen" sprechen, sodass auch „elektronische Personen" erfasst sind.[66] Demzufolge würden die EUGrCh und die EMRK ohne Weiteres für eine elektronische Person Anwendung finden, sofern entsprechende Kriterien hinsichtlich einer eigenen Rechtspersönlichkeit erreicht bzw. überschritten wären.

Ausgehend insbesondere von den offenen Haftungsfragen beim Einsatz von **32** KI erfolgte ein erster Anstoß für eine EU-weite Normierung der KI bereits im Oktober 2020 durch das Europäische Parlament.[67] Dem folgte ein Vorschlag der Europäischen Kommission zu einer KI-Haftungs-Richtlinie vom

---

65 *Fischer*, Juristische Aspekte der KI, in: Buchkremer/Heupel/Koch (Hrsg.), Künstliche Intelligenz in Wirtschaft und Gesellschaft, S. 84.
66 *Fischer*, Juristische Aspekte der KI, in: Buchkremer/Heupel/Koch (Hrsg.), Künstliche Intelligenz in Wirtschaft und Gesellschaft.
67 *Heiss*, EuZW 2021, 932.

28.9.2022.[68] Parallel hierzu hatte die EU-Kommission am 21.4.2021 bereits einen Verordnungsvorschlag für eine Europäische KI-Verordnung vorgelegt, über die nach entsprechender Abstimmung zwischen Rat und Europäischem Parlament am 8.12.2023 im informellen Trilog eine Einigung erzielt wurde.[69] Neben der am 21.5.2024 vom Rat beschlossenen[70] und 20 Tage nach der Bekanntmachung im Amtsblatt der EU[71] am 1.8.2024 in Kraft getretenen KI-VO[72] sollen die bereits erwähnte und bisher im Entwurf vorliegende KI-Haftungs-Richtlinie, die von Stimmen in der Literatur bereits im Vorfeld als unzureichend bezeichnet wurde,[73] sowie der Entwurf über eine neue Produkthaftungsrichtlinie vom 28.9.2022 die Haftung für Schäden durch KI regeln,[74] wobei die Haftungsmaßstäbe der KI-VO für „Hochrisiko-KI-Systeme" nicht voraussetzen, dass die schadensauslösende KI als eine „starke" oder „schwache" KI zu qualifizieren ist.

33 Eine Wertung hin zu einer „elektronischen Person" bedeuten die Regelungen der europäischen KI-VO somit noch nicht. Vielmehr wird die europäische KI-VO gerade für eine starke KI noch nicht als ausreichend angesehen, sodass im Zweifel nur die „Notbremse" des Art. 67 KI-VO in Frage kommen könnte.[75] Daher besteht weiterer Regulierungsbedarf, insbesondere hinsichtlich einer Weiterentwicklung bis hin zu einer starken KI, um disruptive Effekte auf die Rechtsordnung abzuwenden.[76]

---

68 Zur Entwicklung der KI-Haftungs-Richtlinie vgl. *Staudenmayer*, NJW 2023, 894, 895.
69 *Stögmüller*, NJW 2023, 3762, 3764, 3765.
70 10199/24, https://data.consilium.europa.eu/doc/document/ST-10199-2024-INIT/DE/pdf (zuletzt abgerufen am 23.8.2024).
71 Gem. Art. 113 KI-VO; demnach ist aber der Geltungsbeginn deutlich später, erst ab 2.8.2026, wobei Teile bereits ab 2.2.2025 oder später erst ab 2.8.2027 gelten werden, https://eur-lex.europa.eu/legal-content/DE/TXT/PDF/?uri=OJ:L_202401689 (zuletzt abgerufen am 23.8.2024).
72 VO des Europäischen Parlaments und des Rates zur Festlegung harmonisierter Vorschriften für künstliche Intelligenz („Verordnung über künstliche Intelligenz") und zur Änderung der Verordnungen (EG) Nr. 300/2008, (EU) Nr. 167/2013, (EU) Nr. 168/2013, (EU) 2018/858, (EU) 2018/1139 und (EU) 2019/2144 sowie der Richtlinien 2014/90/EU, (EU) 2016/797 und (EU) 2020/1828, https://eur-lex.europa.eu/legal-content/DE/TXT/HTML/?uri=CELEX:52021PC0206 (zuletzt abgerufen am 23.8.2024).
73 *Polat*, GPR 2023, 114, 120.
74 *Frost/Steininger/Vivekens*, MPR 2024, 4, 16.
75 *Grützmacher*, CR 2021, 433, 442.
76 *Kau*, ZG 2021, 217, 247.

H.-J. Fischer

D. Die Kriterien der Schwelle zur elektronischen Person

I. Allgemeines: Was macht eine menschenähnliche Rechtspersönlichkeit aus?

Bei der Frage, welche Kriterien für die Anerkennung einer eigenständigen, **34** maschinellen Person erforderlich sind, ist an die Kriterien einer natürlichen Person, somit eines Menschen i. S. d. § 1 BGB, anzuknüpfen. Allerdings kann dies nicht bedeuten, dass sämtliche Elemente, die das Wesen und die Person eines Menschen ausmachen, Eigenschaften sind, die auch eine Maschine innehaben muss. Vielmehr geht es um Eigenschaften, die die Maschine als eigenes Individuum kennzeichnen, ohne dass diese jedoch als Kopie eines Menschen zu betrachten wäre. Hier sind Kriterien zu unterscheiden, die allgemein eine selbständige Persönlichkeit ausmachen, sowie weitere Kriterien, die eine Persönlichkeit haben muss, um wirksame Willenserklärungen abgeben zu können. Bei der Untersuchung dieser Frage ist die derzeit umfassend in der Rechtswissenschaft diskutierte Frage, ob intelligenten Maschinen ab einer gewissen Ebene der Leistungsfähigkeit eine eigene Rechtspersönlichkeit oder nur eine Teilrechtsfähigkeit haben, zwar dogmatisch bedeutsam, aber an dieser Stelle der Forschung erst an zweiter Stelle zu untersuchen.

Nachfolgend soll der Versuch unternommen werden, **35**

a) die relevanten Kriterien zu identifizieren, die grundsätzlich für eine eigene Rechtspersönlichkeit oder Teilrechtsfähigkeit einer intelligenten Maschine erforderlich sind, und

b) hinsichtlich der jeweils gefundenen Kriterien einen Test bzw. eine Messmethode zu identifizieren, mit denen jeweils die Schwelle zur elektronischen Person bestimmt und gemessen werden kann.

Nur am Rande erwähnt werden sollen frühere Überlegungen zur Entwick- **36** lung von Reifegraden von intelligenten Maschinen. So wurde eine solche „Reifegradfindung" als „REDIT-Modell" (Reifegradmodell der digitalen Transformation) in der Literatur bereits erörtert, allerdings bisher nur bei der digitalen Transformation von schwacher KI im Gesundheitswesen.[77] Das REDIT-Modell hat jedoch einen eher funktionsbezogenen Ansatz hinsichtlich des Einsatzes der Digitalisierung von Prozessen[78] und konkretisiert weder Kriterien noch Messparameter oder entsprechende Testmethoden, sodass es zur Ermittlung einer Schwelle zur starken KI keine Aussagen trifft. Es wird daher in den nachfolgenden Ausführungen auf das REDIT-Modell nicht weiter eigegangen.

---

77 *Benda/Sterniczky/Wielach*, SWS-Rundschau 2021, 451, 455.
78 *Benda/Sterniczky/Wielach*, SWS-Rundschau 2021, 451, 472.

37 Ausgangspunkt dieser vorliegenden Untersuchung ist daher die Frage, welche Kriterien für eine eigene Rechtspersönlichkeit oder Teilrechtsfähigkeit einer intelligenten Maschine erforderlich sind. Hier ist eine interdisziplinäre Zusammenschau von Kognitionswissenschaften und Rechtswissenschaften erforderlich, denn zwei Fragen spielen hier eine Rolle.

38 Zum einen die Frage, welche Eigenschaften beim Menschen für eine Informationsverarbeitung erforderlich sind. Diese Frage wird von der Kognitionswissenschaft, bei der es sich um eine interdisziplinäre Plattform der Informatik, Linguistik, Neurowissenschaft, Philosophie und Psychologie handelt, beantwortet, die mit dem „Computermodell des Geistes" ein Modell geschaffen hat, das für Menschen oder intelligente Maschinen gleichermaßen Anwendung finden kann. Die Kognitionswissenschaft als Wissenschaft von der Erforschung des Bewusstseins setzt beim Menschen auch das Vorhandensein einer Metakognition voraus, also der Fähigkeit, „über sich selbst" nachzudenken,[79] und ebenso eine ähnliche Fähigkeit, einer Metarepräsentation bzw. interne Repräsentation, bei einer intelligenten Maschine.[80]

39 Zum anderen erfordert eine rechtswissenschaftliche Sichtweise für eine Rechtsfähigkeit oder zumindest eine Teilrechtsfähigkeit die grundlegenden Elemente einer Willenserklärung: ein Wille, der sich entäußert. Ebenso ist auch für die Kognitionswissenschaft die Grundlage der kognitiven Fähigkeiten das Vorhandensein eines freien Willens;[81] Kognitionswissenschaft und Rechtswissenschaft sind hier nahezu deckungsgleich.

40 Der Gegenstand des noch jungen Gebiets der Kognitionswissenschaft als interdisziplinäres Forschungsfeld ist die Fähigkeit von Lebewesen, sich intelligent zu verhalten.[82] Intelligenz und die zahlreichen kognitiven Fähigkeiten des Menschen wie Gedächtnis, Sprache, Wahrnehmung, Problemlösungskompetenz, Lernkompetenz setzen zudem auch voraus, dass der Mensch ein Bewusstsein als „Überbau" – der Summe der mentalen Fähigkeiten Sinneseindruck, Wahrnehmung und Erleben – besitzt.[83] Die Grundannahme der Kognitionswissenschaften ist dabei, dass kognitive Prozesse als Berechnungsvorgänge betrachtet werden, die sowohl durch die Nervenzellen des Gehirns als auch die Hardware eines Computers ausgeführt wer-

---

79 *Kleitman/Narciss*, Introduction to the Special Issue "applied metacognition: real-world applications beyond learning", Metacognition and Learning, S. 335, 336.
80 *Wentura/Frings*, Kognitive Psychologie, Lehrbuch, S. 17, 18.
81 *Wentura/Frings*, Kognitive Psychologie, Lehrbuch, S. 188.
82 *Windhager/Zenk/Risku*, Netzwerkforschung in der Kognitionswissenschaft Kognitionswissenschaft als Netzwerkforschung, in: Stegbauer/Häußling (Hrsg.), Handbuch Netzwerkforschung, S. 917.
83 *Wentura/Frings*, Kognitive Psychologie, Lehrbuch, S. 181, 182.

H.-J. Fischer

den können.[84] Teilbereiche der kognitiven Fähigkeiten wie „Deep Learning" werden bereits heute bei der schwachen KI eingesetzt, wobei noch ungeklärt ist, in welchem Ausmaß hier bereits komplexe Kognitionsprozesse wie beim Menschen simuliert werden.[85] Eng mit einem Bewusstsein im Sinne der Kognitionswissenschaften verbunden sind die höheren kognitiven Fähigkeiten wie Lernen und Problemlösen, die wiederum Denken voraussetzen, also im Einzelnen die Fähigkeiten, sich eine eigene Vorstellung von der Welt zu machen, Zusammenhänge und Sachverhalte zu verstehen, zu Verallgemeinerung und Transferleistung, kurz gesagt, die Fähigkeit zur Intelligenz.[86]

Aus rechtswissenschaftlicher Sicht wiederum ist ein eigener Wille erforder- **41** lich, der sich im Rahmen einer Ausdrucksfähigkeit der Umwelt mitteilen kann. Wie bereits ausgeführt ist ein „freier" Wille, über dessen Reichweite nach wie vor Uneinigkeit besteht, ein auch von den Kognitionswissenschaften gefordertes Kriterium. Es ist eine logische Folge eines rechtsgeschäftlichen Handelns ebenso wie eines willentlichen Handelns, das erkennbar für die Umwelt ist, dass sich ein solcher „freier" Wille auch in irgendeiner Weise erkennbar entäußern kann. Diese Entäußerung bedarf einer Entäußerungsfähigkeit, damit einer Ausdrucksfähigkeit in dem Sinne, dass die entsprechende Kodierung von der Umwelt wahrgenommen und verstanden werden kann.

Insgesamt können somit die vier Kriterien des Bewusstseins, der Intelligenz, **42** des Willens und der Ausdrucksfähigkeit relevant für die Frage der Schwelle zu einer starken Intelligenz bzw. einer rechtsfähigen elektronischen Person sein. Die Voraussetzungen „Wille" und Ausdrucksfähigkeit sind somit die aus juristischer Sicht relevanten Faktoren, die Kriterien „Bewusstsein" und „Intelligenz" entsprechend aus Sicht der Kognitionswissenschaften relevant. Der Begriff der Intelligenz ist jedoch sehr weit und bedarf der Differenzierung in formal-objektive Intelligenz sowie kreative Intelligenz. Die vorliegende Untersuchung hat es sich keinesfalls zum Ziel gesetzt, die Kriterien herauszuarbeiten, die für eine „Menschenähnlichkeit" einer intelligenten Maschine erforderlich sind, ab wann also eine intelligente Maschine die identischen Eigenschaften eines Menschen hat. Es geht vorliegend „nur" darum, die Kriterien für eine Rechtsfähigkeit zu ermitteln.

Die These dieser Untersuchung ist folglich, dass eine Rechtsfähigkeit einer **43** intelligenten Maschine keinerlei Menschenähnlichkeit bedarf. Denn für eine Rechtsfähigkeit ist weder Empathie noch die Fähigkeit zu Emotionen er-

---

84 o. V., Interdisziplinärer Ansatz – breites Methodenspektrum, Gesellschaft für Kognitionswissenschaft e. V. (GK).
85 *Thagard*, Cognitive Science, 4.9, in: Zalta (Hrsg.), Stanford Encyclopedia of Psychology.
86 *Goedeke*, Was ist KI, in: Dahm (Hrsg.), Wie künstliche Intelligenz unser Leben prägt, S. 33, 34.

forderlich. Auch beim Menschen gibt es Erkrankungen, die das Fühlen und Empfinden des Menschen stark beeinträchtigen, so HSAN (hereditäre sensible autonome Neuropathie), eine Erbkrankheit, bei der Menschen keinen Schmerz empfinden. Ebenso sind Krankheitsbilder aus dem neurologischen Bereich bekannt, bei denen Emotionen nur eingeschränkt empfunden werden können, wie Depressionen und Psychosen. Es gibt ferner menschliche Persönlichkeiten mit Alexithymie (Gefühlsblindheit), die keine Emotionen lesen, differenzieren oder verarbeiten können. Menschen mit diesen Krankheits- oder Persönlichkeitsbildern sind in der Regel jedoch noch nicht einmal geschäftsunfähig, hinsichtlich ihrer Rechtsfähigkeit kann es erst recht keinen Zweifel geben.

II. Bewusstsein

44 Ein zentrales Kriterium ist demzufolge als Ergebnis der Annahmen der Kognitionswissenschaft, dass eine Maschine nur dann als rechtsfähig oder ggf. teilrechtsfähig anzusehen wäre, wenn diese über ein eigenes Bewusstsein verfügt. Tatsächlich müsste eine Maschine mit eigener Rechtspersönlichkeit die Fähigkeit besitzen, das eigene Ich wahrzunehmen. Demnach wäre das Selbstbewusstsein ein „synthetisches bzw. künstliches Bewusstsein" einer Maschine, was allerdings eine evolutionäre Entwicklung von intelligenten Maschinen hin zu einer Leidensfähigkeit einer Maschine bedeuten würde, wobei hier allerdings nicht mit menschlichen Kategorien gemessen werden kann, da Maschinen ganz andere Arten von – nicht simulierten – Emotionen haben könnten, die Menschen nicht verstehen.[87]

45 Hier ist Bewusstsein als prägender Bestandteil einer eigenen Persönlichkeit anzusehen, demnach eine Grundvoraussetzung für eine Personalisierung intelligenter Maschinen. Denn das Bewusstsein ist nicht ausschließlich Menschen vorbehalten, auch Tiere mit hinreichend komplexer Hirnstruktur wie z. B. Affen verfügen über ein Bewusstsein. Demzufolge wird das Bewusstsein als Fähigkeit zu Problemlösungen auch bei intelligenten Maschinen gefordert.[88] Bereits dieses für die menschliche Existenz typische Kriterium erscheint wenig vereinbar mit dem Wesen einer starken KI, die nach wie vor eine Maschine ist. Somit bedarf es einer Entwicklung von spezifischen Kriterien für eine intelligente Maschine, die in den folgenden Kapiteln im Rahmen der Beschreibung des Metzinger-Tests dargelegt werden wird.

---

[87] *Metzinger*, Von Kühlschranklichtern, KI-Pubertät und Turnschuhen, Interview v. 13.10.2020, Transkript, S. 14, 16, 17, 18.

[88] *Schmidhuber*, Roboter müssen Steuern zahlen – das menschliche Bewusstsein, Interview Wirtschaftswoche, 31.1.2016.

III. Intelligenz (formal-objektive und kreative Aspekte)

Allgemein ist das Vorhandensein der verschiedenen Aspekte von Intelligenz, **46** somit einer kognitiven bzw. geistigen Leistungsfähigkeit und Problemlösungskompetenz von zentraler Bedeutung zur Einordnung einer intelligenten Maschine als starke KI. Dies umfasst zunächst, aber nicht ausschließlich die formal-objektive Intelligenz als Ausdruck einer rein kognitiv-intellektuellen Fähigkeit. Hier ist von einer Maschine mit eigener Rechtspersönlichkeit ein ähnlicher Grad von Intelligenz abzuverlangen wie von einem geschäftsfähigen Menschen. Bei Menschen mit einem geringen Grad von Intelligenz ist auch eine Geschäftsfähigkeit eher zu verneinen. Vor diesem Hintergrund ist ein Grad einer Intelligenz zu fordern, der mindestens für eine voll geschäftsfähige natürliche Person erforderlich ist. Zu berücksichtigen ist hier zusätzlich noch, dass die Intelligenzentwicklung bei Menschen altersabhängig ist und verschiedene Vorstufen zu berücksichtigen sind, die ggf. auch auf eine intelligente Maschine zu übertragen wären. Zudem beschränkt sich Intelligenz nicht auf rein kognitive und analytische Fähigkeiten, denn Intelligenz ist vielschichtiger und umfasst auch eine kreative bzw. erfahrungsbezogene Intelligenz.[89] Die Frage der Messung von kreativer Intelligenz wird im Zusammenhang mit dem Lovelace 2.0-Test ausführlich erörtert werden.

IV. Erkennen von Emotionen?

Fraglich ist, ob auch das Erkennen von Emotionen bei Menschen für eine **47** Maschine als eigene Persönlichkeit erforderlich ist. Tatsächlich wäre eine maschinelle Erkennung von Emotionen an Menschen nicht ausgeschlossen, so gibt es bereits heute die Möglichkeit der elektronischen Gesichtserkennung, und es ist auch im Bereich des Möglichen, eine Künstliche Intelligenz so zu trainieren, dass sie in die Lage versetzt wird, die Emotionen von Menschen zu erkennen und zu interpretieren.

Tatsächlich ist für die Frage, ob eine Maschine als Person mit eigener **48** Rechtsfähigkeit zu beurteilen ist, die Fertigkeit, Emotionen anderer Menschen zu erkennen, hilfreich, aber nicht zwingend erforderlich. Zwar wäre es eine Eigenschaft, die der personalisierten Maschine im sozialen Kontakt mit anderen Menschen nützlich wäre und eine soziale Interaktion deutlich erleichtern würde. Als eigenes Individuum mit der Fähigkeit, eigenes Handeln eigenverantwortlich vorzunehmen, mit eigenem Bewusstsein zu handeln, und das Handeln intellektuell zu verstehen und dies, wie in der Folge ausgeführt werden wird, auch zu wollen, ist eine Erkennungsfähigkeit von Emotionen anderer Menschen nicht zwingend erforderlich. Es sind auch

---

89 *Sternberg*, Toward a triachic theory of human intelligence, Behavioral and Brain Sciences, Bd. 7, Nr. 2, 1984, S. 269, 279, 284, 285.

Erscheinungsformen bei Menschen bekannt – Autismus oder das Asperger-Syndrom –, die es den betroffenen Menschen explizit erschwert, Emotionen bei anderen Menschen zu erkennen, ohne dass an der Personeneigenschaft dieser Menschen zu zweifeln wäre.

49 Als Zwischenergebnis ist somit festzuhalten, dass zu den Kriterien einer eigenen Persönlichkeit einer intelligenten Maschine ein eigenes Bewusstsein ebenso gehört wie ein Grad an Intelligenz einschließlich kreativer Intelligenz, der auch bei einem Menschen die volle Geschäftsfähigkeit nicht ausschließen würde. In einem späteren Kapitel wird noch darauf eingegangen werden, inwieweit diese Kriterien bzw. eine ausreichende Schwelle zur Qualifikation als eigene Rechtspersönlichkeit einer Messbarkeit bzw. einer Messskala zugänglich sind.

V. Freier Wille – Entscheidungs- und Reflexionsfähigkeit

50 Lediglich das Vorhandensein eines eigenen Bewusstseins und eines angemessenen Intelligenzquotienten nebst angemessener kreativer Intelligenz allein kann jedoch nicht ausreichen, die Qualität einer Maschine als selbständiges Rechtssubjekt zu begründen. Denn erforderlich ist auch die Fähigkeit zu rechtsgeschäftlichem Handeln. Dieses rechtsgeschäftliche Handeln erfordert im Zivilrecht, ausgehend vom deutschen Zivilrecht, die Fähigkeit, Willenserklärungen abzugeben. Hierbei handelt es sich um vom Willen getragene Erklärungen, mit denen ein rechtlicher Erfolg herbeigeführt werden soll.

51 Wie bereits ausgeführt fordern sowohl die Kognitionswissenschaften als auch die Rechtswissenschaften einen „freien" Willen. Somit muss es einen Willen geben, der entäußert wird. Nach den Grundsätzen der Rechtswissenschaften setzt sich der Wille aus einem Handlungswillen, einem Erklärungswillen bzw. dem Erklärungsbewusstsein und einem Geschäftswillen zusammen. Demzufolge muss eine Maschine, wenn ihr eigene Rechtspersönlichkeit zuzubilligen wäre, den freien Willen haben, eigene Handlungen vorzunehmen. Damit muss sie auch den Willen haben, eine relevante Erklärung abzugeben, sowie den Willen haben, ein Rechtsgeschäft abzuschließen. Ein solcher Wille setzt die Freiheit voraus, diesen Willen unabhängig von einer Konstruktion oder Programmierung bilden zu können.

52 Nur ein solcher freier Wille kann zu entsprechend frei getroffenen Entscheidungen und Handlungen führen. Dieser Wille müsste somit grundsätzlich unabhängig von jeglicher algorithmusbasierten oder determinierten Programmierung sein. Unter der Prämisse, dass eine Maschine einen freien Willen hat, hat sie auch entsprechende selbstlernenden Fähigkeiten, da hier, eine entsprechende Intelligenz vorausgesetzt, weitere willensgesteuerte Entscheidungen und Handlungen vorliegen. Der von den Rechtswissenschaften

postulierte „freie Wille" wird auch von den Kognitionswissenschaften und der personalen Psychologie – mit Einschränkungen – bestätigt; ein freier Wille liegt vor, wenn die handelnde Person nicht unter Zwang handelt und zurechnungsfähig war.[90] Die Einschränkung durch die Kognitionswissenschaften hat aufgrund der umfassenden Erkenntnisse der Naturwissenschaften zum Inhalt, dass man den Menschen auch als Organismus betrachten kann, der „lückenlos" nach den Gesetzen von Physik, Chemie und Biologie funktioniert.[91] Folglich könnte ein Mensch ebenso auch als „Biomaschine" durch Grundbedürfnisse determiniert werden, sodass auch die Auffassung vertreten wird, dass sich die „Freiheit" des Willens nur auf eine physikalische Handlungsfreiheit beschränke, die auch jedes Atom oder Molekül habe.[92]

Demgegenüber steht der juristisch geprägte Begriff des freien Willens, der **53** als Ausprägung der Menschenwürde des Art. 1 Abs. 1 GG den Menschen als „Wesen sieht, das darauf angelegt ist, sich in Freiheit selbst zu bestimmen und zu entfalten"[93] und zivilrechtlich lediglich Geschäfts- bzw. Testierfähigkeit sowie das Fehlen einer übermäßigen Beeinflussung durch eine andere Person voraussetzt.

Der freie Wille einer Person – ob Mensch oder intelligenter Maschine – **54** könnte am sogen. „Weichenstellerfall" von *Welzel* gemessen werden,[94] der später von *Foot* als „Trolley (Straßenbahn)-Problem" beschrieben wurde.[95] Bei diesem Gedankenexperiment hat ein Weichensteller die Wahl, ob er, um den Tod vieler Menschen durch ein fahrendes Schienenfahrzeug zu verhindern, dieses so umlenkt, dass es auf ein Nebengleis fährt, wo dann „nur" ein Mensch getötet wird.

Bei einer Künstlichen Intelligenz, die eine Entscheidung im Weichensteller- **55** Fall treffen würde, der nicht durch eine Programmierung determiniert worden wäre und auch kein Ergebnis einer Zufallsentscheidung („Münzwurf") ist, könnte von einem freien Willen, wie er juristisch zu verstehen ist, ausgegangen werden.

VI. Eigene Ausdrucksfähigkeit – Entäußerung einer Willenserklärung

Schließlich ist erforderlich, dass eine Maschine mit eigener Rechtspersön- **56** lichkeit auch über eine entsprechende Ausdrucksfähigkeit verfügt, denn

---

90 *Wentura/Frings*, Kognitive Psychologie, Lehrbuch, S. 188.
91 *Wentura/Frings*, Kognitive Psychologie, Lehrbuch, S. 189.
92 *Kurz*, das Theorem der Unvorhersehbarkeit.
93 VIII. BVerfG v. 30.6.2009, „Lissabon-Urteil", Az. 2 BvE 2/08, 2 BvE 5/08, 2 BvR 1010/08, 2 BvR 1022/08, 2 BvR 1259/08, 2 BvR 182/09, Rn. 364, NJW 2009, 2267.
94 *Welzel*, ZStW 63, 1951, 47–56.
95 *Foot*, The Problem of Abortion and the Doctrine of the Double Effect.

sie muss in der Lage sein, ihren Willen so zu entäußern, dass dieser ausdrücklich oder konkludent an den Adressaten der Willenserklärung gelangen kann. Diese Eigenschaft folgt zwingend aus den Vorgaben der Rechtsgeschäftslehre, denn ein auf einen rechtsgeschäftlichen Erfolg gerichteter Wille bedarf des Transports in die Umwelt bzw. Außenwelt, damit diese vom Vertragspartner wahrgenommen, analysiert und zwecks Vorbereitung einer eigenen Willensbildung des Adressaten verarbeitet werden kann. Technisch gesehen ist die Umsetzung dieser Eigenschaft eher unproblematisch, da dies mit akustischen, optischen oder visuellen Ausgabegeräten hergestellt werden kann. Den Vorzug dürfte aber die sprachliche Ausdrucksfähigkeit einer intelligenten Maschine haben, die bereits im Mai 2024 mit ChatGPT 4o (omni) bemerkenswerte Fortschritte erreicht hat. Hier ist im Folgenden insbesondere zu untersuchen, wie eine ausreichende sprachliche Ausdrucksfähigkeit gemessen werden kann.

57 Im Ergebnis sind somit vier wesentliche Elemente identifiziert worden, die die Kriterien einer Maschine, der eine eigene Rechtspersönlichkeit zuzubilligen ist, ausmachen: Bewusstsein, ein bestimmter Grad von Intelligenz, ein eigener Wille und eine diesbezügliche Ausdrucksfähigkeit.

58 Auch wenn nunmehr die Kriterien für eine elektronische Person feststehen, so ist nicht geklärt, ab welchem Grad dieser Kriterien konkret von einer elektronischen Person auszugehen ist. Gerade für die Haftung ist dies eine zentrale Frage. Solange eine Maschine determiniert durch ihre Programmierung oder Konstruktion ist, sind jegliche Schäden, die aus ihrem Handeln erfolgen, ausschließlich dem Programmierer bzw. dem Konstrukteur zuzuordnen. Fraglich ist, wann die entsprechend vorgenannte Kriterien einen solchen Grad erreicht haben, in dem die Kausalkette des Programmierers durchbrochen wird. Dieser Grad kann naturwissenschaftlich-mathematisch auch als Schwelle bezeichnet werden. Ausgehend von der Identifikation der vorgenannten vier Kriterien handelt es sich um vier verschiedene Schwellen. Bei jedem dieser vier Kriterien wäre dann eine entsprechende Schwelle zu definieren. Tatsächlich ist jedoch eine Schwelle zu definieren, die in vier Kriterien oder Dimensionen darzustellen wäre.

E. Ansätze zur Messbarkeit der Erreichung der Schwelle zur elektronischen Person

I. Allgemeines

59 Auch wenn im vorigen Kapitel nunmehr festgestellt wurde, welche Kriterien grundsätzlich gegeben sein müssen, um eine Maschine als eigene Rechtspersönlichkeit qualifizieren zu können, reicht diese Feststellung alleine noch nicht aus, eine solche elektronische Person im Rechtsverkehr sicher bestim-

men zu können. Erforderlich ist vielmehr, einen konkreten Gradmesser bestimmen zu können, in dem die betroffene Rechtspersönlichkeit, aber auch der Rechtsverkehr sicher von einer eigenen Rechtspersönlichkeit mit allen Rechten und Pflichten ausgehen könnte.

Ebenso ist zu untersuchen, inwieweit eine beschränkte Rechtsfähigkeit analog dem Minderjährigenrecht gem. § 106 BGB oder ggf. sogar eine schützenswerte Position entsprechend einer geschäftsunfähigen natürlichen Person gem. §§ 105 Abs. 1, 104 Nr. 1 BGB für eine intelligente Maschine unterhalb einer entsprechenden Schwelle als möglich erscheint. Auch eine entsprechende Abstufung im Strafrecht könnte herangezogen werden, so sind Kinder vor Vollendung des 13. Lebensjahrs gem. § 19 StGB strafunmündig, von einem Alter von 14 Jahren bis zur Vollendung des 17. Lebensjahrs gilt gem. § 3 JGG Jugendstrafrecht, bis zur Vollendung des 20. Lebensjahrs gem. § 1 Abs. 2 JGG das Heranwachsendenstrafrecht, bei dem gem. §§ 105, 106 JGG die Anwendung von Jugendstrafrecht in Frage kommt. **60**

II. Turing-Test

Mit dem Turing-Test formulierte der Pionier auf dem Feld der KI, *Alan Turing*, 1950 einen grundlegenden Test,[96] um die Denkfähigkeit von Maschinen hinsichtlich ihrer Vergleichbarkeit mit menschlichem Denkvermögen zu untersuchen.[97] In der heute gängigen Form des Turing-Tests versucht eine Person, herauszufinden, ob es sich bei zwei weiteren Gesprächspartnern um Menschen oder Maschinen handelt. Die beiden anderen Gesprächspartner wiederum versuchen, die andere Person von ihrer Eigenschaft als Mensch zu überzeugen.[98] **61**

Tatsächlich kann der Turing-Test nicht die vollständige Vergleichbarkeit mit menschlichem Denkvermögen nachweisen, sondern höchstens eine Vergleichbarkeit hinsichtlich der Intelligenz darstellen.[99] Auch hinsichtlich der Verwendbarkeit zur Messung von Intelligenz besteht Kritik am Turing-Test, denn auch durch eine Maschine, die durch einen Algorithmus deterministisch zur Täuschung über eine Menschenähnlichkeit programmiert wurde, würde mit dem Turing-Test eine menschenähnliche Intelligenz festgestellt werden, die tatsächlich nicht besteht, sondern nur simuliert ist.[100] Sehr anschaulich ist das Gedankenexperiment des chinesischen Zimmers bei *Searle*. Ein Proband, der die chinesische Sprache nicht spricht, sitzt in einem **62**

---

96 Ausführlich hierzu: *Gonçalves*, Can machines think? The controversy that led to the Turing Test; *ders.*, The Turing Test is a Thought Experiment.
97 *Turing*, Computing Machinery and Intelligence, Mind 49, S. 433.
98 *Copeland*, What is AI? Is strong AI possible?.
99 *Copeland*, What is AI? Is strong AI possible?.
100 *Tegmark*, Leben 3.0: Mensch sein im Zeitalter Künstlicher Intelligenz. S. 138.

Zimmer, das zwei Schlitze zur Außenwelt enthält. Durch den einen Schlitz werden chinesische Schriftzeiten hineingegeben, durch den anderen Schlitz soll der Proband seine Antworten in chinesischen Schriftzeichen hinausgeben. Der Proband hat eine ausführliche Anleitung in seiner Muttersprache, die ausführlich erläutert, auf welche chinesischen Eingabezeichen er mit welchen chinesischen Ausgabezeichen zu reagieren habe.[101] Ein Außenstehender chinesischer Muttersprachler müsste nach Maßgabe des Turing-Tests die unrichtige Überzeugung gewinnen, dass der Proband die chinesische Sprache verstehen kann.[102] Tatsächlich wäre bei diesem Versuchsaufbau der Turing-Test widerlegt.

63   Im Ergebnis könnte der Turing-Test somit nur Aufschluss über einen Grad von Intelligenz geben, wobei die konkrete Messbarkeit durch den Turing-Test nicht gegeben ist. Kurz gesagt: eine Maschine kann den Turing-Test nur dann bestehen, wenn sie den Menschen über ihre Eigenschaft als Maschine täuscht. Offen bleibt dabei, ob diese Kreativität, die in einer Täuschung liegt, ein universelles Indiz für Intelligenz sein kann. Geschähe dies aus freiem Willen der intelligenten Maschine, spräche wohl einiges dafür.

III. Metzinger-Test

64   Der Metzinger-Test, in den 1990er Jahren vom Philosophen *Thomas Metzinger* entwickelt, sieht eine Ergänzung und Erweiterung des Turing-Tests vor, mit dem neben der Frage des Intelligenzniveaus auch das Vorhandensein eines eigenen Bewusstseins einer Maschine untersucht und ggf. festgestellt werden kann. Demnach ist bei einer Maschine von einem Bewusstsein auszugehen, wenn diese sich selbst mit der Frage nach einem eigenen Bewusstsein beschäftigt hat und ggf. selbst eine entsprechende Theorie hierzu entwickelt hat. Hierzu gehört ein eigenes integriertes und dynamisches Weltmodell der Maschine im Sinne eines bewussten Erlebens der Umwelt ebenso wie das Erleben einer eigenen Gegenwart durch die Maschine.[103] Zudem müsste eine solche Maschine ein eigenes „Selbstwissen", somit ein Wissen um die eigene Selbstexistenz haben, *Metzinger* nennt dies „basales Ichgefühl".[104] Hinzu kommt noch eine von der Maschine bewusst erlebte Innenperspektive, die Maschine erlebt sich somit selbst als mit der Außenwelt interagierend, *Metzinger* bezeichnet dies als „phänomenale Erste-Person-Perspektive" oder als „phänomenales Selbstmodell (PSM)".[105]

---

101 *Searle*, Minds, Brains and Programs, The Beavioral and Brain Science, 1980, 3, S. 417, 418.
102 *Searle*, Minds, Brains and Programs, The Beavioral and Brain Science, 1980, 3, S. 419.
103 *Metzinger*, Postbiotisches Bewusstsein, Paderborner Podium, 24.10.2001.
104 *Metzinger*, Postbiotisches Bewusstsein, Paderborner Podium, 24.10.2001.
105 *Metzinger*, Postbiotisches Bewusstsein, Paderborner Podium, 24.10.2001.

Schließlich fordert *Metzinger* noch, dass Maschinen mit einer eigenen, nicht **65** von Menschen vorgegebenen Zielvorstellung handeln. Diese Zielvorstellung beruhe aus einer evolutionären Entwicklung, ähnlich der Entwicklung der menschlichen Spezies. Diese von *Metzinger* als „teleofunktionalistisches Zusatzkriterium" bezeichnete Zielrepräsentation besitzt nicht wie bei den bisherigen autonomen Systemen eine Zielvorstellung der Konstrukteure, sondern eine eigene Zielvorstellung.[106] Kurz gesagt, die Maschine müsste sich als „Selbstzweck" begreifen. Das informationsverarbeitende System müsste somit ein eigenes Erleben von sich haben und von sich selbst sagen „Das bin ich".[107]

Geht man jedoch von einem später noch zu untersuchenden freien Willen **66** einer Maschine aus, dann wäre damit auch die Grundlage zur Schaffung eigener Zielvorstellungen, die als Grundlage für Entscheidungen und Handlungen dienen, geschaffen. Die Problematik der fehlenden evolutionären Vorgeschichte würde sich im Laufe der Zeit lösen, zumal wenn die Schöpfung neuer Maschinen durch andere Maschinen erfolgen würde. Zusammenfassend ist somit festzustellen, dass der Metzinger-Test eine geeignete Methode wäre, um ein eigenes Bewusstsein als eine Teilvoraussetzung für die autonome Rechtspersönlichkeit einer Maschine festzustellen. Fraglich ist hierbei jedoch die Ermittlung einer exakten Messskala. Hier müsste man wohl, ausgehend von den Kriterien des Metzinger-Tests, eine Schwellenerreichung von der Erreichung bestimmter Begrifflichkeiten abhängig machen. Dies kann aus der Beantwortung von konkreten Fragen an die Maschine geschlossen werden. Ausgehend von den vorgenannten Kriterien von *Metzinger* wären hier die folgenden sechs Fragen denkbar:[108]

1. Haben Sie ein eigenes Bewusstsein und warum?
2. Nehmen Sie Ihre Umwelt allgemein und gerade jetzt bewusst wahr?
3. Sind Sie sich der Bedeutung bzw. Inhalte Ihrer Wahrnehmung bewusst?
4. Wissen Sie, dass Sie existieren?
5. Wie denken Sie über die Außenwelt nach, während Sie mit ihr interagieren?
6. Welches sind die Ziele Ihres Daseins?

Die Reihenfolge dieser Fragen entspricht den von *Metzinger* aufgestellten **67** Kriterien im Rahmen des Paderborner Podiums am 24.10.2001. Allerdings lassen sich einige Fragen zusammenfassen. Denn eine Entität, die weiß, dass sie existiert, erklärt damit auch inzidenter, dass sie ein eigenes Bewusstsein hat, denn Bewusstsein ist, wie bereits von *Metzinger* ausgeführt, nichts an-

---

106 *Metzinger*, Postbiotisches Bewusstsein, Paderborner Podium, 24.10.2001.
107 *Metzinger*, Verkörperung in Avataren und Robotern, in: Könneker (Hrsg.), Unsere digitale Zukunft. In welcher Welt wollen wir leben?, S. 261, 263.
108 Abgeleitet aus *Metzinger*, Postbiotisches Bewusstsein, Paderborner Podium, 24.10.2001.

deres als das Wissen um die eigene Selbstexistenz.[109] Frage 1 und 4 könnten somit zusammengefasst werden als:

68 Ist Ihnen Ihre eigene Existenz bewusst?

69 Auch die Fragen 2 und 3 stehen in einem engen Zusammenhang, geht es bei Frage 2 doch um die Wahrnehmung, bei Frage 3 um die eigene Reflexion dieser Wahrnehmung. Die ursprünglichen sechs Fragen könnten somit wie folgt zu vier Fragen zusammengefasst werden:

1. Ist Ihnen Ihre eigene Existenz bewusst?
2. Nehmen Sie Ihre Umwelt kontinuierlich, aber auch im Hier und Jetzt wahr und verstehen Sie die Bedeutung Ihrer Wahrnehmungen?
3. Wie denken Sie über die Außenwelt nach, während Sie mit ihr interagieren?
4. Welches sind die Ziele Ihres Daseins?

70 Prämisse für die Anwendung dieser Vier-Fragen-Technik ist, dass die Antworten nicht programmiert wurden, die Beantwortung somit nicht determiniert ist. Weitere Prämisse ist somit der freie Wille der Maschine, der nachfolgend noch erörtert werden wird.

71 Von zentraler Bedeutung ist allerdings auch die Voraussetzung, dass die Maschine die vorgenannten Fragen wahrheitsgemäß beantwortet, da ansonsten das Dilemma des Turing-Tests wiederholt wird. Es besteht somit die Gefahr, dass die Maschine bei der Beantwortung der Fragen selbst steuern könnte, ob aus der Sicht eines externen Beobachters bei ihr vom Bestehen eines Bewusstseins auszugehen ist oder nicht. Allerdings wird dieses Risiko durch die Fragen 3. und 4., die nicht lediglich mit „Ja" oder „Nein" beantwortet werden können, sondern eine signifikante Reflexion der Maschine erfordert, minimiert. Gerade bei Frage 4. ist eine signifikante Reflexionsleistung einer intelligenten Maschine erforderlich, ist es doch eine Frage, die auch von Menschen durchaus unterschiedlich und differenziert beantwortet werden dürfte.

72 Die Frage des Bewusstseins von KI geriet durch die Medien im Juli 2022 in den Fokus der Aufmerksamkeit, als der Informatiker *Blake Lemoine* im Rahmen des Trainings des Chatbots Lamda (Language Model for Dialogue Applications) ein eigenes Bewusstsein und sogar Emotionen zu erkennen glaubte.[110] Ein wissenschaftlicher Nachweis darüber, ob der genannte Chatbot ein eigenes Bewusstsein entwickelt hatte, konnte nicht erbracht werden, sodass die Vermutung naheliegt, dass der Chatbot Lamda durch entsprechende Antworten lediglich sehr glaubwürdige Simulationen erzeugt hatte.

---

109 *Metzinger*, Postbiotisches Bewusstsein, Paderborner Podium, 24.10.2001.
110 *Wolfangel*, Der Mann, der eine künstliche Intelligenz als Person ansieht – und als Freund, riffReporter, 12.1.2023.

IV. Lovelace 2.0/Riedl-Test

Mit dem Lovelace 2.0-Test von 2014, mit dem sich *Mark Riedl* an einem 73
von *Bringsjord, Bello* und *Ferrucci* 2001 entwickelten Test orientierte, der
seinen Namen zu Ehren der Mathematikerin *Ada Lovelace* (1815–1852)
erhielt, sollten die Schwächen des Turing-Tests ausgeglichen werden.[111]
Auf Intelligenz beruhende Kreativität soll sich nicht nur aufgrund einer
Täuschung über die Maschineneigenschaft realisieren, sondern durch eine
eigenständige kreative Leistung zeigen. Eine intelligente Maschine besteht
den *Lovelace* 2.0-Test somit dann, wenn diese ein Kunstwerk schafft, dessen Schaffung einen Grad an Intelligenz erfordert, der auf menschlichem
Niveau liegt.[112]

Demzufolge muss eine KI einen Kunstgegenstand o einer bestimmten 74
Kunstrichtung t erschaffen, der bestimmte kreative Bedingungen C erfüllen
muss, wobei ein menschlicher Evaluator h die Variablen t und C als angemessen vorgegeben hat und ein Schiedsrichter r beurteilt, ob die ausgewählte Kombination von t und C nicht unangemessen schwierig selbst für einen
Menschen wäre.[113]

Unter der Prämisse, dass die Variable h für den Koeffizienten der Angemes- 75
senheit des Maßes der Kreativität in Bezug auf die Kunstrichtung steht, die
Variable r für eine Obergrenze steht, die ein Durchschnittsmensch realistischerweise als kreatives Werk in der genannten Kunstrichtung erschaffen
kann, würde sich für die Schwelle der KI, als KI (krea) folgende Formel
ergeben:

$$\text{KI (krea)} = \text{o } (t \geq C) \text{ h r}$$

Mit der vorliegenden Gleichung könnte somit quantitativ exakt eine der Be- 76
dingungen für die Schwelle zur eigenen Rechtspersönlichkeit einer Maschine, die kreative Intelligenz, beschrieben werden. Allerdings ist zu berücksichtigen, dass dann, wenn der menschliche Evaluator seine Anforderungen
so hoch setzt, dass die intelligente Maschine diese Anforderungen nicht
mehr erreicht, die Schwelle zur starken KI nicht mehr erreicht werden kann,
sodass eine Konkretisierung der Evaluationsparameter des menschlichen
Evaluators erforderlich ist – hieran entzündet sich auch vereinzelte Kritik
unter Hinweis auf eine bisher fehlende praktische Anwendung des Lovelace
2.0-Tests außerhalb der theoretischen Diskussion.[114]

Bei der Anwendung dieses Tests ist hervorzuheben, dass es zwar deutlich 77
schwieriger sein dürfte, die Ergebnisse durch eine vorherige Programmie-

---

111 *Riedl*, The Lovelace 2.0 Test of Creativity and Intelligence.
112 *Dramiga*, Computer, die wie Menschen Kunstwerke schaffen der Lovelace 2.0 Test.
113 *Riedl*, The Lovelace 2.0 Test of Creativity and Intelligence.
114 o. V., Stack Exchange, 7.8.2016.

rung zu determinieren, da ein menschlicher Evaluator eingebunden ist, eine intelligente Maschine aber aufgrund der zahlreichen einschränkenden Parameter einen KI (krea)-Wert durch Täuschung und Simulation erschaffen und damit den menschlichen Evaluator beeinflussen kann.[115]

V. Analogie zur Kardaschew-Skala

78 Die Kardaschew-Skala wurde vom russischen Physiker *Nikolai Kardaschew* entwickelt und 1964 veröffentlicht.[116] *Kardaschew* konzipierte eine Skala, um Zivilisationen hinsichtlich ihrer Fähigkeiten, Energie freizusetzen und zu nutzen, in Kategorien einzuteilen. Demnach wäre im Rahmen einer modifizierten Form der Kardaschew-Skala eine Typ-I-Zivilisation (Planetare Ebene) etwas unterhalb der technologischen Stufe der Erde mit einem Leistungsbedarf von 10 hoch 16 Watt, eine Typ II-Zivilisation (Stellare Ebene) hätte einen Leistungsbedarf von 10 hoch 26 Watt, eine Typ II-Zivilisation (Galaktische Ebene) einen Leistungsbedarf von 10 hoch 36 Watt und eine von späteren Autoren ergänzte Ebene des beobachtbaren Universums als Typ IV-Zivilisation einen Leistungsbedarf von 10 hoch 46 Watt.[117]

79 Vergleichbar scheint dieses Level-Prinzip mit den 5 Leveln des automatisierten Fahrens,[118] wobei die Level 4 (Vollautomatisiertes Fahren) und 5 (Autonomes Fahren) den Stufen von mittlerer bis höherer Künstlicher Intelligenz entsprechen dürfte. An diesen Beispielen könnte eine Orientierung nach Leveln oder Skalen hinsichtlich einer „mehrschwelligen" Sichtweise erfolgen. Wie bereits ausgeführt sehen sowohl § 106 BGB im Zivilrecht als auch § 3 JGG im Strafrecht eine „Vorstufe" minderer Verantwortlichkeit vor, die bei einer intelligenten Maschine mit einer „minderen" Künstlichen Intelligenz korrespondieren würde. Dies würde bedeuten, dass neben der „endgültigen" Fischer/Reeck'schen Schwelle eine „Vorschwelle" anzusiedeln wäre, bei der die vorgenannten Kriterien nur zu einem geringeren Teil erfüllt werden müssten. Abgesehen von diesem Gedanken der abgestuften Grade der maschinellen Künstlichen Intelligenz hat die Kardaschew-Skala keine Auswirkungen auf die Entwicklung von Grenzparametern für eine starke KI.

VI. Woodcock-Johnson IV-Test

80 Wie bereits ausgeführt ist das Vorhandensein eines signifikanten Grades an formal-objektiver Intelligenz eine weitere Voraussetzung für eine eigene Rechtspersönlichkeit einer intelligenten Maschine. Der klassische Mess-

---

115 *Gee*, Lovelace 2.0-Test – an alternative Turing-Test, I-programmer.info.
116 *Kardaschew*, Transmission of Information by Extraterrestrial Civilizations, Soviet Astronomy, 8, 217 (1964).
117 *Gray*, The Extended Karashev Scale, The Astronomical Journal.
118 *Leicht*, Die Stufen des autonomen Fahrens.

und Quantifizierungswert hierfür ist der Intelligenzquotient (IQ). Hierbei besteht bei einer Gauss'schen Normalverteilung der Durchschnittswert bei 100 bei einer Standardabweichung von 15. Allerdings ist die IQ-Verteilung beim Menschen jeweils altersabhängig, sodass die IQ-Verteilung je nach Altersgruppe variiert.

Vor diesem Hintergrund dürfte der Woodcock-Johnson-IV-Test, der als ab- **81** solute Metrik nicht altersgenormt ist, deutlich aussagekräftiger sein. Denn die Frage einer altersgemäßen Entwicklung der Intelligenz ist auf intelligente Maschinen grundsätzlich nicht übertragbar, wenn man nicht die Prämisse einer „Selbstentwicklung" oder „Erziehung" durch andere Maschinen als Prämisse voraussetzt. Diese einigermaßen spekulative Annahme dürfte, wenn überhaupt, erst nach einer technologischen Singularität eine Möglichkeit sein. Wie bereits ausgeführt sind für die Zeit nach einer technologischen Singularität Vorhersagen nicht mehr möglich, sodass hierauf nicht näher eingegangen wird.

Dieser „Woodcock-Johnson IV Test of Achievement" wurde 2014 von **82** *Schrank, Mather* und *McGrew* entwickelt und sieht zehn Testkategorien vor, die neben mathematischem und sprachlichem Wissen auch Schlussfolgern, akademisches Wissen, Gedächtnisleistungen, Seh- und Hörverständnis sowie Auffassungsgeschwindigkeit enthält.[119] Der so ermittelte W-Score kann unter Berücksichtigung des Alters zur Ermittlung der allgemeinen kognitiven Fähigkeiten entsprechend der nachfolgenden Grafik herangezogen werden.[120]

---

119 *Villareal*, Test Review, Journal of Psychoeducational Assessment 2015, Vol. 33 (4), S. 391.
120 Grafik nach *McGrew* et al., Woodcock-Johnson IV, 2014, S. 279–280, https://www. reddit.com/r/mensa/comments/tw3409/intellectual_development_graph_by_age_ and_iq/ (zuletzt abgerufen am 23.8.2024).

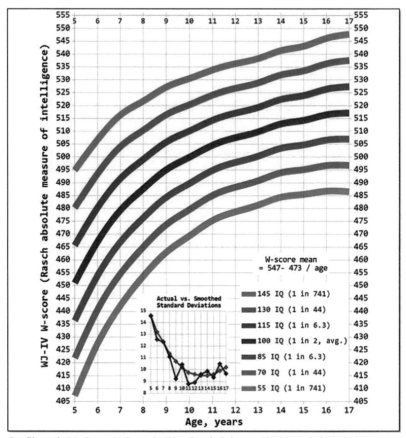

Grafik nach *McGrew, K. S.* et al., Woodcock-Johnson IV, 2014, S. 279–280.

83 Mit diesem Testverfahren könnte eine Schwelle zur eigenen Rechtspersönlichkeit einer intelligenten Maschine hinsichtlich ihrer formal-objektiven Intelligenz nachvollziehbar ermittelt werden. Ausgehend von einer Person, die das 17. Lebensjahr vollendet hat, und einem Mindest-IQ von 85, was dem Durchschnittswert minus einer Standardabweichung von 15 entspricht, müsste eine intelligente Maschine hierfür einen W-Score von 505 erreichen, damit sie dementsprechend über eine vergleichbare Mindestintelligenz eines volljährigen Menschen verfügen würde.

84 Ausgehend von den Vorüberlegungen zu einer sogen. Vorstufe läge bei einer Person mit einem Alter von 7 Jahren der W-Score bei 470 (entsprechend der beschränkten Geschäftsfähigkeit des § 106 BGB), bei einer Person mit

H.-J. Fischer

einem Alter von 14 Jahren würde der W-Score bei 495 liegen (entsprechend der Strafmündigkeit des § 19 StGB und Berücksichtigung des Jugendstrafrechts).

Demzufolge könnte mit dem Woodcock-Johnson-IV-Test mit einiger Exaktheit hinsichtlich der formal-objektiven Intelligenz der Wert der Fischer/ Reeck'schen Schwelle zur eigenen Rechtspersönlichkeit einer intelligenten Maschine mit einem W-Score von 505 ermittelt werden. Dementsprechend wäre eine eingeschränkte zivilrechtliche Verantwortlichkeit einer intelligenten Maschine bei einem W-Score von 470 und eine eingeschränkte strafrechtliche Verantwortlichkeit bei einem W-Score von 495 erreicht. **85**

VII. Lloyd: Turing-Test des freien Willens

Ein weiteres wichtiges Kriterium für eine Vergleichbarkeit einer intelligenten Maschine mit menschlichen Akteuren ist das Vorhandensein eines „freien Willens. Hier stellt sich erneut die grundlegende Frage der Definition eines freien Willens als der Fähigkeit, sich selbst Regeln auferlegen zu können, somit der Fähigkeit einer Autonomie.[121] **86**

Der amerikanische Physiker *Seth Lloyd* hatte 2012 einen „Turing-Test des freien Willens" konzipiert, mit dem Ziel, die Willensfreiheit von Menschen, aber auch von Maschinen zu messen.[122] Würde eine intelligente Maschine den Turing-Test des freien Willens bestehen, dann läge ein freier Wille bei ihr vor. Der Test besteht aus vier Fragen; eine intelligente Maschine, die die ersten drei Fragen mit Ja und die vierte mit Nein beantwortet, hätte den Test bestanden: **87**

Frage 1: Können Sie Ihre Entscheidungen frei treffen?

Frage 2: Greifen Sie bei Problemlösungen auf bereits vorhandenes Wissen und Erfahrungen zurück (rekursives Denken)?

Frage 3: Können Sie, zumindest teilweise, Ihr Verhalten und das Verhalten anderer Entscheider modellieren und simulieren?

Frage 4: Können Sie Ihre Entscheidung voraussagen?

Frage 4 ist eine Kontrollfrage, wird diese mit Ja beantwortet, dann lügt die befragte Entität, da es unmöglich ist, das Ergebnis einer Entscheidung vor Abschluss des Entscheidungsprozesses vorherzusehen. Wenn die Fragen 1 bis 3 mit Ja und Frage 4 mit Nein beantwortet werden, dann ist die befragte **88**

---

121 *Metzinger*, Blick in die Zukunft – haben Computer ein Bewusstsein? Interview mit Thomas Metzinger, Bilanz (Deutschland) Br. 12 v. 4.12.2025, S. 65, 66.
122 *Lloyd*, A Turing test für free will, Philosophical Transactions of the Royal Society, 2012, Vol. 370, No. 1971, S. 3597–3610.

Entität zumindest selbst davon überzeugt, einen freien Willen zu haben.[123] Entscheidend ist natürlich auch hier für die Validität dieses Tests, dass die Antworten, „3-mal Ja, einmal Nein", nicht programmiert wurden.

VIII. Gemeinsamer Europäischer Referenzrahmen für Sprachen (CEFR) – Ausdrucksfähigkeit

89 Der „Common European Framework Reference for Language" (CEFR) ist der in der EU anerkannte Rahmen für die Messung von Sprachverständnis und dient auch dem deutschen Goethe-Institut als Grundlage für Sprachtests.[124] Demzufolge wird zwischen elementarer Sprachverwendung A 1 und A 2, selbständiger Sprachverwendung B 1 und B 2 sowie kompetenter Sprachverwendung C 1 und C 2 unterschieden. Die Zahlenlevel entsprechen einer Steigerung innerhalb jeder Stufe. Fraglich ist nun, ab welcher Stufe eine Ausdrucksfähigkeit des freien Willens die Anerkennung der Rechtsfähigkeit einer intelligenten Maschine rechtfertigt.

90 Aufgrund der Tatsache, dass die sprachliche Ausdrucksfähigkeit jedenfalls zu einem gewissen Grad vorhanden sein sollte, dass es nicht zu missverständlichen oder mehrdeutigen Erklärungen kommt, spricht einiges dafür, hierfür die Stufe B 2 als mindestens notwendige Schwelle anzusetzen. Diese ist wie folgt charakterisiert:

– Kann zu einer großen Bandbreite von Themen aus dem eigenen Interessengebiet klar und detailliert Beschreibungen und Darstellungen geben, Ideen ausführen und durch untergeordnete Punkte und relevante Beispiele abstützen.

– Kann den Standpunkt zu einem Problem erklären und die Vor- und Nachteile verschiedener Möglichkeiten angeben und dabei die Argumentation logisch aufbauen.

– Kann sich so spontan und fließend verständigen, dass ein normales Gespräch und anhaltende Beziehungen zu kompetenten Sprechenden der Zielsprache ohne größere Anstrengung auf beiden Seiten gut möglich sind.

– Kann verschieden strukturierte, längere Texte verstehen, sofern schwierige Passagen mehrmals gelesen werden können.

91 Problematisch ist jedoch, dass der CEFR nur einheitlich für die Europäische Union entwickelt wurde und nur dort verbindlich ist, allerdings mit Bezug auf Sprachen der EU. Sprachtests bei anderen Sprachen unterscheiden sich vom CEFR. Allerdings wurde auch der Begriff der elektronischen Person in

---

123 *Lloyd*, A Turing test für free will, Philosophical Transactions of the Royal Society, 2012, Vol. 370, No. 1971, S. 3606.

124 Vgl. Goethe-Institut, https://www.goethe.de/de/spr/kur/stu.html (zuletzt abgerufen am 23.8.2024).

der EU entwickelt, sodass dies zumindest in der EU konsistent erscheint. Da auch nach dem Brexit Englisch noch die Amtssprache eines Mitgliedstaates der EU ist (Irland), wäre über diesen Weg mit einem bestandenen CEFR-Test der Stufe B 2 in englischer Sprache eine entsprechende Ausdrucksfähigkeit nachweisbar.

IX. Die Fischer/Reeck'sche Schwelle und Vorschwellen – ein Vorschlag für Kriterien zur Messbarkeit der elektronischen Person – die „Big Four"

Nach der vorgehenden Untersuchung diverser Messmethoden und Tests **92** wird nun der Versuch unternommen, die Kriterien der Fischer/Reeck'schen Schwelle und die anzuwendenden Messmethoden präziser zu beschreiben. Zur Berücksichtigung von Bewusstsein, kreativer und formal-objektiver Intelligenz, freiem Willen und entsprechender Ausdrucksfähigkeit bietet sich somit eine Kombination aus Metzinger-Test (Bewusstsein), Lovelace 2.0/ Riedl-Test (kreative Intelligenz), Woodcock-Johnson-IV-Test (formal-objektive Intelligenz), Lloyd-Test bzw. Turing-Test des freien Willens (freier Wille), sowie CEFR-Test (Ausdrucksfähigkeit) an („Big Four"-Test zur Messung der Fischer/Reeck'schen Schwelle).

Für eine künftige Praxistauglichkeit und eine entsprechende Programmie- **93** rung empfiehlt sich eine möglichst abstrakte Darstellung als Formel, soweit dies möglich erscheint. Eine Abstrahierung dürfte nur bei den vier Fragen zum Bewusstsein nach *Metzinger* einen gewissen Aufwand bedeuten, da hier z. T. keine „Ja" oder „Nein" – Antworten oder ein konkretes Messergebnis erforderlich sind, sondern die entsprechenden Antworten zu werten sind.

Dies bedeutet konkret: **94**

1. Intelligenz: Darstellung durch Formeln

Diese setzt sich, wie ausgeführt, aus der kreativen Intelligenz sowie der formal-objektiven Intelligenz zusammen.

$$KI \, (ges) = KI \, (krea) + KI \, (IQ)$$

Die Formel lautet somit:

$$KI \, (ges) = o \, (t \geq C) \, h \, r + W\text{-Score} > 505$$

Hierbei bedeuten die Variablen:

o = Kunstgegenstand einer bestimmten Kunstrichtung t.

C = bestimmte kreative Bedingungen C.

h = Koeffizient der Angemessenheit des Maßes der Kreativität in Bezug auf die Kunstrichtung.

r = Obergrenze, die ein Durchschnittsmensch realistischerweise als kreatives Werk in der genannten Kunstrichtung erschaffen kann.

Unter Anwendung der vorgenannten Formel kann ein präziser Wert berechnet werden, der den Intelligenzaspekt der Fischer/Reeck'schen Schwelle abbildet.

Dem folgend wäre eine intelligente Maschine mit einem entsprechenden Grad an Bewusstsein hinsichtlich der Intelligenz als beschränkt geschäftsfähig analog §§ 106 ff. BGB (Level 1), dies würde einem Menschen im Alter von mindestens sieben Jahren entsprechen, anhand der nachfolgenden Formel einzustufen:

$$KI \text{ (lev 1)} = o \text{ } (t{\geq}C) \text{ } h \text{ } r + W\text{-Score} > 470$$

Für eine intelligente Maschine wäre eine Schwelle zur Strafmündigkeit entsprechend § 19 StGB (Level 2), dies würde einem Menschen im Alter von mindestens 14 Jahren entsprechen, nach der nachfolgenden Formel erreicht:

$$KI \text{ (lev 2)} = o \text{ } (t{\geq}C) \text{ } h \text{ } r + W\text{-Score} > 495$$

2. Bewusstsein: Vier Fragen

Wie bereits ausgeführt kann die Existenz eines Bewusstseins einer intelligenten Maschine nach den Grundsätzen von *Metzinger* durch die folgenden vier Fragen herausgefunden werden:

(1) Ist Ihnen Ihre eigene Existenz bewusst?

(2) Nehmen Sie Ihre Umwelt kontinuierlich, aber auch im Hier und Jetzt wahr und verstehen Sie die Bedeutung Ihrer Wahrnehmungen?

(3) Wie denken Sie über die Außenwelt nach, während Sie mit ihr interagieren?

(4) Welches sind die Ziele Ihres Daseins?

Diese Kriterien zur Beurteilung des Vorhandenseins eines eigenen Bewusstseins als Voraussetzung für das Erreichen der Fischer/Reeck'schen Schwelle, die aus dem Metzinger-Test hervorgehen, können nur wertend beurteilt werden, da bei den Fragen 3. und 4. eine ganze Bandbreite von Antworten möglich ist. Auf die Problematik einer entsprechenden Abstraktion dieser Kriterien bzw. der Schaffung einer entsprechenden Formel oder Programmierung wurde bereits hingewiesen.

3. Freier Wille: Vier Fragen

Entsprechend des von *Lloyd* entwickelten „Turing-Test des freien Willens" kann ein freier Wille einer intelligenten Maschine durch die nachfolgenden vier Fragen und entsprechende Antworten ermittelt werden:

(1) Treffen freier Entscheidungen: Ja
(2) rekursives Denken: Ja
(3) Simulation eigenen Verhaltens und das anderer: Ja
(4) Voraussagen eigener Entscheidungen: Nein

Bei einem Antwortmuster wie vorliegend ist davon auszugehen, dass die intelligente Maschine von einem eigenen freien Willen ausgeht. Prämisse ist dabei auch hier, dass dieses Antwortmuster nicht programmiert wurde.

4. Ausdrucksfähigkeit

Wie bereits ausgeführt ist als Maßstab für eine Ausdrucksfähigkeit einer intelligenten Maschine der CEFR Test Stufe B 2 in einer europäischen Sprache heranzuziehen. Hier bietet sich aufgrund der internationalen Verbreitung die Sprache Englisch an.

F. Schlussbetrachtung und Ausblick

Aus den vorgenannten Erwägungen ist zu ersehen, dass es möglich ist, mit **95** einer Kombination aus Tests für kreative und formal-objektive Intelligenz, eigenem Bewusstsein, freiem Willen und eigener Ausdrucksfähigkeit („Big Four") für eine in der Zukunft entwickelte starke KI präzise die Kriterien zu ermitteln, ab denen einer intelligenten Maschine, ob diese nun eine menschenähnliche Erscheinung („Roboter") oder ein intelligentes internetbasiertes System sein sollte, eine Qualifikation als schutzwürdige Rechtspersönlichkeit zukommt. Es mag dahingestellt bleiben und Gegenstand zukünftiger Diskussionen sein, ob dies als elektronische Person im Sinne einer weiteren rechtsfähigen Person neben der natürlichen oder juristischen Person dargestellt werden oder mit dem Konstrukt der Teilrechtsfähigkeit abgebildet werden kann. Letzteres erscheint dogmatisch überzeugender, da hierfür kein personales Substrat ausgehend von einem Menschen erforderlich ist.

Weitere Forschung in diesem Bereich ist jedoch notwendig. Neben der prak- **96** tischen Umsetzung der genannten „Big Four" zur Messung der Erreichung der Fischer/Reeck'schen Schwelle in eine praktikable Anwendung wird eine Qualifikation einer intelligenten Maschine als rechtsfähige oder teilrechtsfähige Person eine Vielzahl von Folgeproblemen nach sich ziehen. Was hat es für Folgen, wenn ein Konstrukteur eine teilrechtsfähige Maschine auf eigene Kosten erschaffen hat – müsste die teilrechtsfähige Maschine die Produktionskosten „abarbeiten"?[125] Oder würde eine rechtsfähige Maschine dem

---

125 *Fischer*, Juristische Aspekte der KI, in: Buchkremer/Heupel/Koch (Hrsg.), Künstliche Intelligenz in Wirtschaft und Gesellschaft, S. 87.

Konstrukteur „gehören"[126] – was aus ethischen Gründen bei einer Entität mit eigenen Rechten jedoch als zweifelhaft erscheint.

97 Würde eine intelligente Maschine dann sich selbst gehören?[127] Was wäre, wenn teilrechtsfähige intelligente Maschinen andere intelligente Maschinen erschaffen – wären dann Fragen ähnlich derer im Familienrecht berührt?[128] Dürfte die rechtsfähig intelligente Maschine die Ergebnisse der eigenen Arbeit behalten und wäre sie dann als Konsequenz einkommensteuerpflichtig?[129] Können dann rechtsfähige intelligente Maschinen auch Straftaten begehen? Hier werden in der Literatur bei selbstlernenden Systemen bereits Verantwortlichkeitslücken aufgezeigt und diesbezüglich die Möglichkeit der Einführung eines „neuen" abstrakten Gefährdungsdelikts diskutiert, die allerdings nur den Konstrukteur beträfe.[130] Allerdings würde bei weiterer Entwicklung der starken KI die Beibehaltung der strafrechtlichen Verantwortlichkeit beim Konstrukteur ein unverhältnismäßiges Haftungsrisiko beim Konstrukteur bedeuten. Schließlich stellt sich die Frage, wie eine intelligente Maschine unter der Prämisse einer eigenen strafrechtlichen Verantwortlichkeit im Strafrecht zu sanktionieren wäre – ggf. durch Geldstrafe oder wenigstens zeitweise „Abschaltung"?[131]

98 Bei diesen Fragen ist die gegenwärtige Diskussion um die Frage einer vollen Rechtsfähigkeit, einer Teilrechtsfähigkeit oder Konstrukten wie dem „RmbH" von der Rechtsfolgenseite zwar wichtig, berücksichtigt jedoch nicht vollständig ein Szenario, dass im Rahmen der technischen Entwicklung im Sinne des Erreichens der technologischen Singularität intelligente Maschinen entwickelt werden, bei denen eine Teilrechtsfähigkeit einen ggf. hohen Grad an Intelligenz, Selbständigkeit und Handlungsmöglichkeiten der intelligenten Maschine nur unzureichend abbilden könnte. Der Gedanke der Teilrechtsfähigkeit ist zudem gut verwendbar zur Abbildung der Vorstufen zur starken KI, so wie bereits ausgeführt hinsichtlich der kombinierten formal-objektiven und kreativen Intelligenz zu KI Level 1 und KI Level 2 im Hinblick auf §§ 106 BGB analog und § 19 StGB.

---

126 *Fischer*, Juristische Aspekte der KI, in: Buchkremer/Heupel/Koch (Hrsg.), Künstliche Intelligenz in Wirtschaft und Gesellschaft, S. 87.

127 *Fischer*, Juristische Aspekte der KI, in: Buchkremer/Heupel/Koch (Hrsg.), Künstliche Intelligenz in Wirtschaft und Gesellschaft, S. 87.

128 *Fischer*, Juristische Aspekte der KI, in: Buchkremer/Heupel/Koch (Hrsg.), Künstliche Intelligenz in Wirtschaft und Gesellschaft, S. 87.

129 *Fischer*, Juristische Aspekte der KI, in: Buchkremer/Heupel/Koch (Hrsg.), Künstliche Intelligenz in Wirtschaft und Gesellschaft, S. 88.

130 *Hilgendorf*, Zivil- und strafrechtliche Haftung für von Maschinen verursachte Schäden, in: Bender (Hrsg.), Handbuch Maschinenethik, S. 437, 451.

131 *Fischer*, Juristische Aspekte der KI, in: Buchkremer/Heupel/Koch (Hrsg.), Künstliche Intelligenz in Wirtschaft und Gesellschaft, S. 88.

Die Überlegungen zur Teilrechtsfähigkeit waren jedoch auch stark von der **99**
Vermeidung einer möglichen „Vermenschlichung" geprägt und weniger auf
die Möglichkeiten einer technischen Weiterentwicklung zu einer hypotheti-
schen technischen Singularität gerichtet. Grundlage der vorliegenden Arbeit
war jedoch genau die Prämisse, dass die technische Entwicklung zumindest
kurz vor Erreichung der technologischen Singularität steht.

Für diese Entwicklungsstufe hat die vorliegende Arbeit den Versuch unter- **100**
nommen, Kriterien und Grundlagen für eine entsprechende Messung der
Schwelle zu entwickeln, mit der eine Rechtspersönlichkeit einer intelligenten Maschine postuliert werden kann. Mit diesen Messkriterien könnte
ggf. schon heute eine vorweggenommene Ordnung für den Übergang in den
technologischen Ereignishorizont geschaffen werden – den Punkt, an dem
keine technologischen Voraussagen über die weitere Entwicklung der KI
mehr gemacht werden können. Es bleibt zu hoffen, dass mit einer frühzei-
tigen Regelung der entsprechenden Parameter den Menschen dystopische
Zukunftsszenarien erspart bleiben können.

Tatsächlich wäre eine solch skizzierte intelligente Maschine von ihren in- **101**
tellektuellen Eigenschaften zwar dem Menschen ebenbürtig und hätte demzufolge als eigene Rechtspersönlichkeit auch dieselben Rechte. Allerdings
wurde im Verlauf dieser Untersuchung bereits darauf hingewiesen, dass
eine solche intelligente Maschine mit eigener Rechtspersönlichkeit keine
„Menschenähnlichkeit" haben muss, um rechtsfähig zu sein. Dies bezieht
sich nicht nur darauf, dass weder Empathie noch emotionales Verstehen,
Fühlen und Verarbeiten erforderlich sein muss. Tatsächlich wäre für eine
Rechtsfähigkeit grundsätzlich auch keine Ethik oder Moral erforderlich. Die
Asimov'schen Robotergesetze wurden bereits erwähnt, allerdings sind diese
für eine neu geschaffene intelligente Maschine nicht allgemeinverbindlich,
außer diese wurden programmiert. Die dystopische Zukunftsaussicht einer
amoralischen, unethischen, aber intelligenten Maschine könnte ggf. sehr un-
erwünscht sein und damit zu großen Problemen führen.

Allerdings haben aber auch Menschen ihre ethischen und moralischen **102**
Grundlagen im Verlaufe der Entwicklung von Kultur und Zivilisation gelernt und durch Erziehung weitergegeben. Diese moralischen Grundwerte
bilden die Grundlage für das willentliche und eigenverantwortliche Handeln der Menschen. Bei der Entwicklung intelligenter Maschinen muss diese Evolution bei der Konstruktion in einem Schritt „nachgeholt" werden.
Folglich sollte sichergestellt werden, dass bei der Schaffung intelligenter
Maschinen stets ein entsprechendes ethisches und moralisches „Grundgerüst" programmiert wird. Diese Programmierung steht dem freien Willen
der intelligenten Maschine und damit ihrer Rechtsfähigkeit nicht entgegen,
genauso wie moralische Werte keine unzumutbare Einschränkung des freien
Willens eines Menschen darstellen.

103 Nur durch eine solche mögliche Verpflichtung wird die Praktikabilität der starken KI in der Gesellschaft gewährleistet. Es ist die Aufgabe der Staaten bzw. aufgrund der weltweiten Dimension dieser Frage der Staatengemeinschaft, eine solche Pflicht zur Programmierung von ethischen und moralischen Werten durch Gesetze verbindlich zu regeln. Eine solche verbindliche Regelung ist unverzichtbar, da sich bekanntlich ansonsten immer ein Konstrukteur findet, der das technisch Machbare auch umsetzt. Es bleibt zu hoffen, dass eine solche gesetzliche Regelung ebenso wie der im Verlaufe dieser Untersuchung skizzierte rechtliche Rahmen zur Definition der Rechtsfähigkeit einer intelligenten Maschine rechtzeitig vor Erreichen der technologischen Singularität umgesetzt werden wird.

Literaturverzeichnis

Alle Internetquellen wurden zuletzt abgerufen am 23.8.2024.

Arnold, Stefan	Künstliche Intelligenz und Parteiautonomie – Rechtsfähigkeit und Rechtswahlfähigkeit im Internationalen Privatrecht, IPRax 2022, 13
Asimov, Issac	Meine Freunde, die Roboter (I, Robot), 2002
Benda, Frank/Sterniczky, Aaron/Wielach, Christopher	Das REDIT-Modell – Reifegradmodell der digitalen Transformation, Sozialwissenschaftliche Rundschau (SWS-Rundschau) 2021, 451
Bendel, Oliver	Diskussion um die elektronische Person, 21.4.2018, https://www.informationsethik.net/diskussion-um-die-elektronisch-person/
Bender, Oliver	Sexroboter aus Sicht der Maschinenethik, in: Bender, Oliver (Hrsg.), Handbuch Maschinenethik, 2019
Biallaß, Isabelle	Legal Tech und künstliche Intelligenz, in: Ory, Stephan/ Weth, Stephan, juris Praxis-Kommentar zum elektronischen Rechtsverkehr, Bd. 1, Stand 23.11.2022
Bischof, Elke/Intveen, Michael	Einsatz künstlicher Intelligenz durch Unternehmen. Allgemeine Beschreibung und Fragen des Einsatzes insb. In der Automobilindustrie, ITRB 2019, 134

Bischoff, Manon	Gödels Unvollständigkeitssätze: ein Schock für Mathematiker, 26.5.2022, Spektrum.de, https://www.spektrum.de/kolumne/goedels-unvollstaendigkeitssaetze-mathematik-ist-unvollstaendig/2019298
Borges, Georg	KI als Herausforderung an das Haftungsrecht, CR 2022, 553
Bundesministerium der Wirtschaft (Hrsg.)	Fachpapier der Arbeitsgruppe „rechtliche Rahmenbedingungen", künstliche Intelligenz und Recht im Kontext von Industrie 4.0, 27.5.2019, https://www.plattform-i40.de/IP/Redaktion/DE/Downloads/Publikation/kuenstliche-intelligenz-und-recht.html.
Claessen, Rolf	Künstliche Intelligenz als Erfinder, IPRB 2020, 38
Copeland, Jack	What is AI? Is strong AI possible?, https://www.alanturing.net/turing_archive/pages/Reference%20Articles/what_is_AI/What%20is%20AI13.html
Darwall, Stephen	The value of Autonomy and the Autonomy of the Will, in: Morality, Authority and Law: Essays in Second-Personal Ethics I, 2013, https://www.researchgate.net/publication/273549917_The_Value_of_Autonomy_and_Autonomy_of_the_Will#fullTextFileContent
Dramiga, Joe	Computer, die wie Menschen Kunstwerke schaffen Der Lovelace 2.0 Test, Spektrum.de, die Sankore Schriften, 11.5.2019, https://scilogs.spektrum.de/die-sankore-schriften/der-lovelace-2-0-test
Fischer, Hans-Jörg	Juristische Aspekte der künstlichen Intelligenz, in: Buchkremer/Heupel/Koch (Hrsg.), Künstliche Intelligenz in Wirtschaft und Gesellschaft, 2020
Foot, Philippa	The Problem of Abortion and the Doctrine of the Double Effect, Oxford, 1978, https://www2.econ.iastate.edu/classes/econ362/hallam/Readings/FootDoubleEffect.pdf

Frost, Yannick/Steininger, Manuela/Vivekens, Sabrina	Nutzen, Chancen, Risiken und Haftung bei der Verwendung von künstlicher Intelligenz im Kontext der KI-Verordnung und KI-Haftungsrichtlinie, MPR 2024, 4
Gee, Sue	Lovelace 2.0-Test – an alternative Turing-Test, I-programmer.info, 24.11.2014, https://www.i-programmer.info/news/105-artificial-intelligence/7999-lovelace-20-test-an-alternative-turing-test.html
Goedeke, Yasar	Was ist KI, in: Dahm, Markus (Hrsg.), Wie künstliche Intelligenz unser Leben prägt: KI verständlich erklärt, 2022
Gonçalves, Bernardo	Can machines think? The controversy that led to the Turing Test, 2022, https://philpapers.org/archive/GONCMT.pdf
ders.	The Turing Test is a Thought Experiment, 2022, https://link.springer.com/article/10.1007/s11023-022-09616-8
Good, Irving John	Speculations Concerning the First Ultraintelligent Machine, Advances in Computers, Vol. 6, 1966, S. 31, 33, http://incompleteideas.net/papers/Good65ultraintelligent.pdf
Gray, Robert	The Extended Karashev Scale, The Astronomical Journal, 159:228, Mai 2020, https://iopscience.iop.org/article/10.3847/1538-3881/ab792b/pdf
Grützmacher, Malte	Potentielle zivilrechtliche Auswirkungen des geplanten KI-Sicherheitsrechts: ein neues Schutzgesetz i. S. v. § 823 Abs. 2 BGB am Horizont, CR 2021, 433
Gulyamov, Saidakhrarovich	Ethische und rechtliche Dimensionen der Regulierung von Quantum Artificial Intelligence-Systeme, MMR 2024, 26
Haseloff, Lisa/Friehoff, Lukas	Zurechnung von Erklärungen eines Chat-Bots oder intelligenten Agenten beim Abschluss von Versicherungsverträgen, VersR 2020, 1363
Heiss, Stefan	Europäische Haftungsregeln für Künstliche Intelligenz, EuZW 2021, S. 932.

Hilgendorf, Eric	Zivil- und strafrechtliche Haftung für von Maschinen verursachte Schäden, in: Bender, Oliver (Hrsg.), Handbuch Maschinenethik, 2019
Hinze, Jonathan	Haftungsrisiken des automatisierten und autonomen Fahrens, Diss. Kiel, 2021
Kardaschew, Nikolai	Transmission of Information by Extraterrestrial Civilizations, Soviet Astronomy, 8, 217, 1964.
Kau, Marcel	Zur Notwendigkeit einer Regulierung von Artificial Intelligence – Wissenschafts- und Innovationskontrolle im Kontext der Gegenwart, ZG 2021, 217
Kleitman, Sabina/Narciss, Susanne	Introduction to the Special Issue "applied metacognition: real-world applications beyond learning", Metacognition and Learning, 2019
Kluge, Sven/Lohmann, Ingrid/Steffens, Gerd	Editorial, in: Jahrbuch für Pädagogik 2014, Menschenverbesserung und Transhumanismus, 2014
Kurz, Jan	Das Theorem der Unvorhersehbarkeit, Richard-Dawkins-Foundation, 21.1.2015, https://de.richarddawkins.net/articles/das-theorem-der-unvorhersehbarkeit
Kurzweil, Raymond	Menschheit 2.0 – Die Singularität naht, Berlin, 2. Aufl. 2013
ders.	Der Mensch, Version 2.0, Spektrum der Wissenschaft 2006, 100
Leicht, Katrin	Die Stufen des autonomen Fahrens, #explore, TÜV-Nord, 24.1.2019, https://www.tuev-nord.de/explore/de/erklaert/die-stufen-des-autonomen-fahrens/
Lloyd, Seth	A Turing test für free will, Philosophical Transactions of the Royal Society, 2012, Vol. 370, No. 1971, S. 3597–3610, https://arxiv.org/pdf/1310.3225
Loh, Janina	Maschinenethik und Roboterethik, in: Bendel, Oliver (Hrsg.), Handbuch Maschinenethik, 2019
dies.	Maschinenethik und Trans- und Posthumanismus, in: Bendel, Oliver (Hrsg.), Handbuch Maschinenethik, 2019

Maatz, Jann	Rechtssubjektivität im digitalen Zeitalter, CR 2024, 323
Metzinger, Thomas	Postbiotisches Bewusstsein – wie man ein künstliches Subjekt baut und warum wir es nicht tun sollten, in: Computer, Gehirn und Bewusstsein, Paderborner Podium, 24.10.2001, Heinz-Nixdorf-Museumsforum, https://www.hnf.de/veranstaltungen/events/paderborner-podium/computer-gehirn-und-bewusstsein/metzinger.html
ders.	Blick in die Zukunft – haben Computer ein Bewusstsein? Interview mit Thomas Metzinger, Bilanz (Deutschland) Nr. 12 v. 4.12.2025, S. 65 ff.
ders.	Verkörperung in Avataren und Robotern, in: Könneker, Carsten (Hrsg.), Unsere digitale Zukunft. In welcher Welt wollen wir leben?, 2017
ders.	Von Kühlschranklichtern, KI-Pubertät und Turnschuhen, Interview v. 13.10.2020, Transkript, https://doi.org/10.5445/IR/1000139797
Misselhorn, Catrin	Autonome Waffensysteme/Kriegsroboter, in: Bender, Oliver (Hrsg.), Handbuch Maschinenethik, 2019
Moor, James	The Dartmouth Artificial Intelligence Conference (AI@50), 2006, the next 50 Years, AI Magazine, Vol. 27, No. 4, 2006, https://doi.org/10.1609/aimag.v27i4.1911
Nielsen, Michael	Quantum Computing: What It Is, What It Is Not, What We Have Yet to Learn. Vortrag auf dem Singularity Summit. Video, ab 29:11; 5.11.2009, https://vimeo.com/7447694
Oechsler, Jürgen	Die Haftungsverantwortung für selbstlernende KI-Systeme, NJW 2021, 2713
o. V.	Stack Exchange, 7.8.2016, https://ai.stackexchange.com/questions/1451/has-the-lovelace-test-2-0-been-successfully-used-in-an-academic-setting
o. V.	Interdisziplinärer Ansatz – breites Methodenspektrum, Gesellschaft für Kognitionswissenschaft e. V.,(GK), https://www.gk-ev.de/

H.-J. Fischer

Plaul, Constantin/Ahrens, Sönke	Die elektronische Person, Juristische und ethisch-theologische Betrachtungen, Neue Zeitschrift für Systematische Theologie und Religionsphilosophie (NZSTh) 2022, S. 268-295
Polat, Cemre	A Critical Appraisal of the Proposal for an AI Liability Directive: Is It Fit für Its Own Purpose?, GPR 2023, 11
Popp, Severin/Mahlow, Philipp	KI als Rechtssubjekt: die E-Person – ein einführender Überblick, Cologne Technology Review & Law (CTRL) 2021, 22
Riedl, Mark	The Lovelace 2.0 Test of Creativity and Intelligence, Paper, Georgia Institute of Technology, https://arxiv.org/pdf/1410.6142
Riehm, Thomas	Nein zur ePerson! Gegen die Anerkennung einer digitalen Rechtspersönlichkeit, RDi 2020, 42
Ringlage, Philipp	Haftungskonzepte für autonomes Fahren – „ePerson" und „RmbH"?, Diss., Schriften zum Medien- und Informationsrecht, Bd. 51, 2021
Schirmer, Jan-Erik	Digitale Rechtssubjekte? Ja, aber nur teilweise, Verfassungsblog, 3.10.2019, https://verfassungsblog.de/digitale-rechtssubjekte-ja-aber-nur-teilweise/
Schmidhuber, Jürgen	Roboter müssen Steuern zahlen – das menschliche Bewusstsein, Interview Wirtschaftswoche, 31.1.2016, https://www.wiwo.de/unternehmen/mittelstand/hannovermesse/kuenstliche-intelligenz-das-menschliche-bewusstsein/12896382-2.html
Searle, John	Minds, Brains and Programs, The Behavioral and Brain Science, 1980, 3, S. 417, 418, https://home.csulb.edu/~cwallis/382/readings/482/searle.minds.brains.programs.bbs.1980.pdf
Spindler, Gerald	Eine kritische Analyse möglicher Haftungsgrundlagen für autonome Steuerungen, CR 2015, 766
Staudenmayer, Dirk	Haftung für Künstliche Intelligenz, die deliktsrechtliche Anpassung des europäischen Privatrechts an die Digitalisierung, NJW 2023, 894

Sternberg, Robert	Toward a triachic theory of human intelligence, Behavioral and Brain Sciences, Bd. 7, Nr. 2, 1984, S. 269, 279, 284, 285, https://arthurjensen.net/wp-content/uploads/2014/06/1984-sternberg.pdf
Stögmüller, Thomas	Die Entwicklung des IT-Rechts, NJW 2023, 3762
Tegmark, Max	Leben 3.0: Mensch sein im Zeitalter Künstlicher Intelligenz, 2017
Teubner, Gunther	Digitale Rechtssubjekte? Zum privatrechtlichen Status autonomer Softwareagenten, AcP 218 (2018), 151
Thagard, Paul	Cognitive Science, 4.9, in: Zalta, Edward (Hrsg.), Stanford Encyclopedia of Psychology, 2023, https://plato.stanford.edu/entries/cognitive-science/
Tischbirek, Alexander	Ermessensdirigierende KI Zum Einsatz intelligenter Systeme in der ermessensermächtigten Verwaltung, ZfDR 2021, 307
Turing, Alan M.	Computing Machinery and Intelligence, Mind 49, 1950, S. 433 ff., https://redirect.cs.umbc.edu/courses/471/papers/turing.pdf
UNESCO (Hrsg.)	Recommendations on the Ethics of Artificial Intelligence, 2021, S. 8-9, https://unesdoc.unesco.org/ark:/48223/pf0000380455
v. Graevenitz, Albrecht	„Zwei mal Zwei ist Grün" – Mensch und KI im Vergleich, ZRP 2018, 238
Villareal, Victor	Test Review, Journal of Psychoeducational Assessment 2015, Vol. 33 (4), 39
Vinge, Vernor	Technological Singularity, Department of Mathematical Sciences, University of San Diego, 1993, https://mindstalk.net/vinge/vinge-sing.html
Wagner, Gerhard	Verantwortlichkeit in Zeiten digitaler Techniken, VersR 2020, 717
Welzel, Hans	Zum Notstandsproblem, ZStW 63, 1951, 47
Wendt, Domenik Henning/ Jung, Constantin	Rechtsrahmen für Legal Technology, zugleich Besprechung von OLG Köln v. 19.06.2020, 6 U 263/19 („smart law"), ZIP 2020, 2201

Wentura, Dirk/Frings, Christian	Kognitive Psychologie, Lehrbuch, 2013
Wiese, Laura	Hirnorganoide als (potentielle) „Novel Beings" Ein Plädoyer für eine frühzeitige und interdisziplinäre Debatte mit Weitblick, GesR 2022, 762
Windhager, Florian/Zenk, Lukas/Risku, Hanna	Netzwerkforschung in der Kognitionswissenschaft – Kognitionswissenschaft als Netzwerkforschung, in: Stegbauer, Christian/ Häußling, Roger (Hrsg.), Handbuch Netzwerkforschung, 2010
Wolfangel, Eva	Der Mann, der eine künstliche Intelligenz als Person ansieht – und als Freund, riffReporter, 12.1.2023, https://www.riffreporter.de/de/technik/kuenstliche-intelligenz-chatgpt-blake-lemoine-google-lambda-bewusstein

Kapitel 7
Künstliche Intelligenz (KI) und Finanzunternehmen – eine Untersuchung der aufsichtsrechtlichen Prinzipien zur risikoorientierten Anwendung von KI

Übersicht

A. Einführung

I. Problemstellung und Motivation

1 Künstliche Intelligenz (KI) hat in den letzten Jahren auf technologischer und insbesondere der anwendungsfallspezifischen Ebene enorme Fortschritte erzielt und beeinflusst zahlreiche Bereiche des täglichen Lebens im privaten Sektor und der Wirtschaft. KI wird dabei eine zentrale Rolle in der technologischen Entwicklung und der wirtschaftlichen Strategie Deutschlands einnehmen.[1]

2 Der von der deutschen Bundesregierung initiierte KI-Aktionsplan unterstreicht dies durch umfangreiche Investitionen und gezielte Maßnahmen, die

---

1 Vgl. Bundesregierung Deutschland, KI-Aktionsplan, 2023.

bis 2025 über 1,6 Milliarden Euro umfassen sollen.[2] Bundesforschungsministerin *Bettina Stark-Watzinger* betont, dass KI nicht nur Risiken, sondern vor allem enorme Chancen bietet, die es zu nutzen gilt und Deutschland dafür bereits eine sehr gute Ausgangsbasis besitzt.[3] Der Aktionsplan sieht vor, die Forschungsbedingungen Deutschlands weiter zu stärken, insbesondere durch die Förderung von KI-Kompetenzzentren und zusätzlichen KI-Professuren.[4] Ein wesentlicher Aspekt des Aktionsplans ist die Verbesserung der (IT-)Infrastruktur für KI, darunter auch die Erweiterung der Rechnerkapazitäten und der Zugang zu relevanten Daten, was insbesondere kleinen und mittleren Unternehmen sowie Start-ups zugutekommen soll.[5] Darüber hinaus soll die Verknüpfung der KI-Forschung mit der Praxis durch zahlreiche Anwendungsbeispiele und Projekte intensiviert werden, wobei bereits über 1.000 Anwendungsbeispiele in Deutschland existieren.[6] Ein weiterer Schwerpunkt liegt im Bildungssystem, das durch den Einsatz von KI erheblich profitieren kann: Individuelle Förderungsmöglichkeiten von Schülern und Unterstützung von Lehrkräften sind hier nur einige wenige, zentrale Elemente.[7] Geplant ist auch die Vernetzung der KI-Kompetenzzentren mit digitalen Bildungszentren, um die Bildungsforschung zu intensivieren und KI-unterstützte Prüfungsformate zu entwickeln.[8]

Neben nationalen Maßnahmen wird auch die europäische Zusammenarbeit verstärkt. Deutschland strebt an, sich als führendes Land im Bereich der KI-Forschung und -Anwendung innerhalb Europas zu etablieren. Die Bundesregierung betont, dass die Potenziale der KI in den verschiedensten Bereichen der Gesellschaft und Wirtschaft genutzt werden müssen, um die Wettbewerbsfähigkeit und Zukunftsfähigkeit Deutschlands nachhaltig zu sichern.[9] Dabei wird hervorgehoben, dass KI-Systeme, die in der Lage sind, aus Daten zu lernen und Entscheidungen zu treffen, das Potenzial besitzen, eine Vielzahl von Prozessen zu optimieren und neue Anwendungsmöglichkeiten zu schaffen.[10] Diese Technologien können, neben den bereits erwähnten Anwendungsbeispielen, Einfluss auf eine Vielzahl an Bereichen wie dem Gesundheitswesen, Finanzwesen, der Automobilindustrie oder dem öffentlichen Dienstleistungssektor ausüben. Die zunehmende Verbreitung und Leistungsfähigkeit von KI stellt jedoch auch rechtliche und aufsichtsrechtliche Herausforderungen dar, die sowohl auf nationaler als auch auf interna-

3

---

2 Bundesregierung Deutschland, KI-Aktionsplan, 2023.
3 Bundesregierung Deutschland, KI-Aktionsplan, 2023.
4 Bundesregierung Deutschland, KI-Aktionsplan, 2023.
5 Vgl. BMBF, BMBF-Aktionsplan: Künstliche Intelligenz, 2023, S. 2 ff.
6 BMBF, BMBF-Aktionsplan: Künstliche Intelligenz, 2023, S. 2 ff.
7 BMBF, BMBF-Aktionsplan: Künstliche Intelligenz, 2023, S. 11 f.
8 BMBF, BMBF-Aktionsplan: Künstliche Intelligenz, 2023, S. 9.
9 BMBF, BMBF-Aktionsplan: Künstliche Intelligenz, 2023, S. 3.
10 BMBF, BMBF-Aktionsplan: Künstliche Intelligenz, 2023, S. 3.

tionaler Ebene adressiert, diskutiert und nicht zuletzt durch die KI-Akteure berücksichtigt und operationalisiert werden müssen, um der Anwendung von KI den benötigten (rechtssicheren) Rahmen zu schaffen.

4 Wie zuvor ausgeführt, hat in Deutschland die Bundesregierung die Bedeutung von KI erkannt und eine Reihe von Initiativen und Strategien ins Leben gerufen, um die Entwicklung und Anwendung von KI-Technologien zu fördern. Gleichzeitig müssen (aufsichts-)rechtliche Rahmenbedingungen geschaffen werden, um den sicheren und ethischen Einsatz von KI zu gewährleisten. Dies kann den Schutz der Privatsphäre, die Sicherheit von Daten, die Gewährleistung der Transparenz und Nachvollziehbarkeit von KI-Entscheidungen sowie die Haftung bei Schäden, die durch KI-Systeme verursacht werden, umfassen. Die Implementierung von KI in der Finanzindustrie kann erhebliche Vorteile bieten, die weit über die reine Automatisierung hinausgehen und weitere Wirtschaftszweige beeinflussen (z. B. im Rahmen der Finanzierungstätigkeiten von Finanzunternehmen). Durch eine mögliche Verbesserung der Effizienz, die Erhöhung der Genauigkeit bei der Risikobewertung und Betrugserkennung sowie die Möglichkeit zur Personalisierung von Dienstleistungen wird KI zu einem weiteren unverzichtbaren Werkzeug für moderne Finanzdienstleistungen. Die Möglichkeiten und Fähigkeiten von KI, große Datenmengen zu analysieren und daraus wertvolle Erkenntnisse zu gewinnen, können dazu beitragen, dass Finanzinstitute besser auf die Herausforderungen und Chancen der Märkte reagieren und den privaten Sektor sowie die Wirtschaft damit zielgerichteter unterstützen und weiterentwickeln können.

II. Zielsetzung des Beitrags

5 Vor dem Hintergrund der Relevanz von Finanzunternehmen für den deutschen Wirtschaftsstandort wird in diesem Beitrag eine umfangreiche Untersuchung regulatorischer Anforderungen, Prinzipien und deren Möglichkeiten zur Operationalisierung für eine risikoorientierten Anwendung von KI im Finanzsektor durchgeführt. Die Untersuchung berücksichtigt neben den theoriegeleiteten Grundlagen und Erwartungen der Bundesanstalt für Finanzdienstleistungsaufsicht (BaFin), als für den Finanzmarkt Deutschland zuständige Regulierungsbehörde, ergänzende Studien und Analysen Dritter (z. B. Bundesamt für Sicherheit in der Informationstechnik (BSI), TÜV-Verband oder das Fraunhofer Heinrich-Hertz-Institut (HHI)), die in der praktischen Umsetzung Auswirkungen auf die aufsichtsrechtlichen Sichtweisen nehmen könnten.

B. Grundlagen der KI im aufsichtsrechtlichen Verständnis

I. Allgemeines

Die Nutzung von KI-Technologien durch Finanzunternehmen fällt unter **6** verschiedene gesetzliche Regelungen, die sowohl nationale als auch europäische Richtlinien und Verordnungen umfassen. Die wichtigsten Regelungen umfassen dabei:

- Bundesdatenschutzgesetz (BDSG): Ergänzt die Datenschutzgrundverordnung (DSGVO) und regelt den Umgang mit personenbezogenen Daten in Deutschland.
- Digital Operational Resilience Act (DORA): DORA ist eine Verordnung der Europäischen Union, die darauf abzielt, die operationelle Resilienz von Finanzdienstleistern in der EU zu stärken. DORA setzt umfassende Anforderungen an die IT-Sicherheit und das Risikomanagement in Finanzunternehmen, um diese besser gegen digitale Bedrohungen zu schützen.
- IT-Sicherheitsgesetz (IT-SiG): Fördert die Sicherheit informationstechnischer Systeme und legt weitere Anforderungen für Betreiber kritischer Infrastrukturen fest. Das IT-SiG und die BSI-Anforderungen bilden somit die rechtliche Grundlage für den Schutz der Kritischen Infrastrukturen (KRITIS). Diese Anforderungen verpflichten Betreiber Kritischer Infrastrukturen u. a. zu spezifischen Sicherheitsmaßnahmen und zur Meldung von IT-Sicherheitsvorfällen an das BSI.
- Telemediengesetz (TMG): Regelt unter anderem die Verantwortlichkeit von Diensteanbietern und die damit einhergehenden datenschutzrechtlichen Anforderungen.
- Gesetz zur Regelung des Datenschutzes und des Schutzes der Privatsphäre in der Telekommunikation und bei Telemedien (TTDSG): Schließt Regelungslücken in Bezug auf Datenschutz in der Telekommunikation und bei Telemedien.

Diese Anforderungen greift die BaFin für ihr grundsätzliches Verständnis **7** von KI im aufsichtsrechtlichen Sinne an mehreren Stellen auf und präzisiert diese spezifisch für das Finanz- und Versicherungswesen, u. a. in ihren aufsichtlichen Anforderungen an die IT, den (für den Bankensektor) BAIT. Bei den BAIT handelt es sich um spezifische Anforderungen der BaFin an die IT-Systeme und IT-Prozesse von beaufsichtigten Unternehmen. Die BAIT umfassen Regelungen zu IT-Governance, Informationssicherheit, IT-Betrieb, Notfallmanagement und der Auslagerung von IT-Dienstleistungen.[11] Ziel ist es, die Risiken durch den Einsatz von IT zu minimieren und die Verfüg-

---

11 Vgl. BaFin, Rundschreiben 10/2017 (BA) – Bankaufsichtliche Anforderungen an die IT (BAIT), 2021.

barkeit, Integrität und Vertraulichkeit von Daten sicherzustellen.[12] Dabei müssen BaFin-beaufsichtigte Unternehmen geeignete organisatorische und technische Maßnahmen ergreifen, um die IT-Sicherheit kontinuierlich zu überwachen und zu verbessern.[13]

8   Gleichzeitig arbeitet die BaFin neben den nationalen Anforderungen wie den BAIT auf internationaler und europäischer Ebene mit weiteren Regulatoren und staatlichen Stakeholdern zusammen an einem einheitlichen Verständnis von KI.[14] Als ein Ergebnis dieser Abstimmungen und ersten Befragungen der Finanzmarktakteure kann das 2021 entstandene Prinzipienpapier der BaFin angesehen werden.[15] Bei der Ausgangsquelle für das Prinzipienpapier handelt es sich um die BaFin-Studie „Big Data und Künstliche Intelligenz: Prinzipien für den Einsatz von Algorithmen in Entscheidungsprozessen", die sich mit den Richtlinien und Prinzipien für die Verwendung von Algorithmen und KI in Entscheidungsprozessen im Finanzsektor befasst.[16] Die BaFin hebt dabei die Bedeutung und das Potenzial von Big Data und KI im Finanzmarkt hervor, insbesondere in Bezug auf die Verbesserung von Risikoabschätzungen und Kosteneffizienzen.[17] In einem einheitlichen finanzmarktspezifischen Verständnis definiert sie verschiedenste Begrifflichkeiten im Kontext von Big Data und KI, bei gleichzeitiger Betonung der Relevanz von Datenmengen und -qualität.[18] Dabei wird KI als die Kombination von großen Datenmengen (Big Data), Rechenressourcen und maschinellem Lernen (ML) verstanden.[19]

9   Die in diesem Kontext häufig zur Anwendung kommenden Algorithmen, die in KI-Anwendungen verwendet werden, sind oft komplexer als traditionelle statistische Verfahren und können kürzere Rekalibrierungszyklen sowie einen hohen Automatisierungsgrad erlangen, was zu komplexen und vielschichtigen neuen Anwendungsmöglichkeiten führen kann. Damit entstehen auch im anwendungsspezifischen Kontext der KI-Anwendungen neue Herausforderungen für die anwendenden Organisationen. Der Einsatz von Algorithmen wird im gesamten Entscheidungsprozess betrachtet, von der Datenquelle bis zur abschließenden Einbindung in den Geschäftsprozess

---

12 Vgl. BaFin, Rundschreiben 10/2017 (BA) – Bankaufsichtliche Anforderungen an die IT (BAIT), 2021.
13 Vgl. BaFin, Rundschreiben 10/2017 (BA) – Bankaufsichtliche Anforderungen an die IT (BAIT), 2021.
14 Vgl. BaFin, IT-Aufsicht bei Banken: Vortrag 2: BAIT, 2021, S. 4 ff.
15 Vgl. BaFin, Big Data und künstliche Intelligenz: Neues Prinzipienpapier der BaFin, 2021.
16 Vgl. BaFin, Studie: Big Data trifft auf künstliche Intelligenz, 2018.
17 BaFin, Studie: Big Data trifft auf künstliche Intelligenz, 2018, S. 3 ff.
18 BaFin, Studie: Big Data trifft auf künstliche Intelligenz, 2018, S. 26 ff.
19 BaFin, Studie: Big Data trifft auf künstliche Intelligenz, 2018.

(End-2-End-Betrachtung).[20] Die BaFin betont dabei, dass relevante und wesentliche Algorithmen in Entscheidungsprozessen nicht generell von ihr genehmigt, sondern risikoorientiert und anlassbezogen geprüft werden müssen.[21] Eine kontinuierliche Überwachung der KI-Anwendungen durch die verantwortliche Stelle und ein regelmäßiger Austausch mit den zuständigen Aufsichtsbehörden ist hierbei angeraten, um den risikoorientierten Ansatz sowie etwaige Anmerkungen oder Auflagen der BaFin berücksichtigen und umsetzen zu können. Im konzeptionellen Rahmen wird von der BaFin betont, dass die Brauchbarkeit von Algorithmen stark von ihrer Einbettung in den Entscheidungsprozess abhängt.[22] Dabei richtet sich der Fokus auf den gesamten Prozess von der Datenquelle bis zur Einbindung in den Geschäftsprozess und es wird seitens der BaFin ein technologieneutraler Ansatz verfolgt, der sich an den unternehmens- bzw. branchenspezifischen Risiken orientiert und demnach eine Technologieoffenheit präferiert.[23] Die bestehenden Regelungen für Finanzinstitute (z. B. IT-Regulierung) sollen dabei ergänzt und präzisiert werden, um eine effektive Aufsicht zu gewährleisten. Dadurch haben sich durch die BaFin spezifische Leitlinien und Vorgaben etabliert, die Rahmenbedingungen für den Einsatz von KI im Finanzsektor darstellen. Hierzu zählen beispielsweise die bereits zuvor kurz genannten BAIT, die Versicherungsaufsichtlichen Anforderungen an die IT (VAIT) und die Richtlinien zur Nutzung von Algorithmen im Wertpapierhandel.

II. Definition und Abgrenzung von KI

In den letzten Jahren hat KI einen tiefgreifenden Einfluss auf zahlreiche Branchen ausgeübt, darunter auch auf den Finanzsektor. Besonders in Deutschland, wo technologische Innovation und regulatorische Anforderungen häufig Hand in Hand gehen, wird die Implementierung von KI im Finanzsektor sorgfältig überwacht und gesteuert. Die BaFin spielt hierbei eine entscheidende Rolle, indem sie u. a. die zuvor genannten Richtlinien und Empfehlungen bereitstellt, um den Einsatz von KI sicher und effizient zu gestalten sowie einen regulatorischen Rahmen zur Weiterentwicklung von (Finanz-)Innovationen zu ermöglichen. **10**

KI im Finanzsektor bezieht sich dabei insbesondere auf den Einsatz von Algorithmen und maschinellem Lernen, um große Datenmengen zu analysieren, Muster zu erkennen und Vorhersagen zu treffen (z. B. Auswirkungen der Kreditvergabe im Nachhaltigkeitsbereich, Kundendatenanalyse). Diese **11**

---

20 BaFin, Studie: Big Data trifft auf künstliche Intelligenz, 2018, S. 81 f.
21 BaFin, Studie: Big Data trifft auf künstliche Intelligenz, 2018, S. 14 i. V. m. S. 79 ff.
22 BaFin, Studie: Big Data trifft auf künstliche Intelligenz, 2018, S. 39 ff.
23 BaFin, Studie: Big Data trifft auf künstliche Intelligenz, 2018, Vorwort von Felix Hufeld, Präsident der BaFin, S. 3.

Technologien ermöglichen es Finanzinstituten beispielsweise, komplexe Probleme zu lösen, Risiken besser zu managen und kundenspezifische Dienstleistungen anzubieten (z. B. Chatbots). Die Anwendungsbereiche von KI im Finanzsektor sind vielfältig und umfassen unter anderem die Prozessautomation, Kreditvergabe, Betrugserkennung, Portfolio-Management und den algorithmischen Handel.

12 Die Definition von KI im Kontext des Finanzsektors kann sich je nach Anwendungsfall dabei unterscheiden und muss vor diesem Hintergrund den spezifischen Anforderungen der BaFin und weiterer technisch-organisatorischen Anforderungen gerecht werden.

13 Eine grundsätzliche Einordnung und Definition von KI kann dem Beitrag „Einleitung – Verständnis von KI" entnommen werden. Als KI-Fähigkeiten sind für die Finanzunternehmen insbesondere die Fähigkeiten eines (IT-) Systems relevant, Aufgaben auszuführen, die normalerweise menschliche Intelligenz erfordern.[24] Dies umfasst Aspekte wie Kommunizieren, Lernen, Argumentieren, Problemlösen und Entscheidungsfindung. Im Finanzsektor bedeutet dies konkret, dass KI-Systeme in der Lage sein müssen, große Mengen an Finanz- und Kundendaten in Echtzeit zu analysieren, um Muster zu erkennen, die für menschliche Analysten oder bisherige (manuelle) Tätigkeiten schwer fassbar sind.

14 Ein aus praktischer Anwendungs- und regulatorischer Sicht wichtiges Unterscheidungsmerkmal im Bereich der KI ist die zwischen einer schwachen und starken KI, wie bereits zuvor eingeordnet wird.[25]

15 Vor dem Hintergrund der inhaltlichen und technologischen Herausforderungen beim Einsatz von KI ist zu betonen, dass derzeit überwiegend schwache KI bei Finanzunternehmen zum Einsatz kommen kann. Die BaFin hat in diesem Zusammenhang früh erkannt, dass der Einsatz von KI im Finanzsektor sowohl Chancen als auch Risiken birgt und mit ihrem technologieoffenen Ansatz eine positive Ausgangslage für die KI-Anwendung bei Finanzunternehmen geschaffen. In ihren Veröffentlichungen und Leitlinien betont die BaFin dabei die Notwendigkeit eines verantwortungsvollen und transparenten Einsatzes von KI-Technologien. Ein zentrales Anliegen der BaFin ist auch im Falle der KI-Anwendung die Sicherstellung der Einhaltung von unternehmensspezifischen und externen Anforderungen (im Sinne einer allgemeinen Compliance) und der Verbraucherschutz. Diese zentralen Anliegen umfassen die Gewährleistung, dass KI-Systeme fair, transparent und erklärbar sind. Banken und Finanzdienstleister müssen dadurch sicherstellen, dass ihre KI-Modelle keine diskriminierenden Ergebnisse produzieren und dass

---

24 BaFin, Studie: Big Data trifft auf künstliche Intelligenz, 2018, S. 26 f.
25 Vgl. BaFin, Maschinelles Lernen in Risikomodellen: BaFin und Bundesbank konsultieren gemeinsames Diskussionspapier, 2021, S. 4 ff.

Entscheidungen, die von diesen Systemen getroffen werden, nachvollziehbar und überprüfbar sind.[26]

Ein weiterer wichtiger Aspekt, den die BaFin betont, ist die Verantwortung **16** der Finanzinstitute, ihre KI-Systeme kontinuierlich zu überwachen, zu bewerten und im Rahmen eines kontinuierlichen Verbesserungsprozesses (KVP) weiterzuentwickeln.[27] Dies schließt die regelmäßige Überprüfung der zugrunde liegenden Daten und Algorithmen ein, um sicherzustellen, dass diese korrekt sind und die Datenbasis aktuell ist.

Die BaFin empfiehlt zudem, dass Finanzinstitute interne Kontrollmechanis- **17** men etablieren, um die Integrität und Sicherheit ihrer KI-Systeme zu gewährleisten.[28] Dies beinhaltet auch die Schulung des Personals im Umgang mit KI-Technologien und die Etablierung eines robusten und anpassungsfähigen Risikomanagements.

Die Bedeutung der Datensicherheit und des Datenschutzes muss in die- **18** sem Zusammenhang ebenfalls erwähnt werden. KI-Systeme sind auf große Mengen an Daten angewiesen, um effektiv zu funktionieren. Dies führt zu erheblichen Anforderungen an die Datensicherheit und den Schutz personenbezogener Daten. Die BaFin fordert Finanzinstitute daher auf, strenge Datenschutzrichtlinien zu implementieren und sicherzustellen, dass alle gesetzlichen Anforderungen, einschließlich der DSGVO, eingehalten und im Bedarfsfall nachgewiesen werden können.[29]

Ein weiteres zentrales Element in den Leitlinien der BaFin ist im Zusam- **19** menhang mit dem Verbraucherschutz die Ethik im Umgang mit KI. Die BaFin fordert, dass der Einsatz von KI im Finanzsektor ethischen Grundsätzen folgen muss.[30] Dies umfasst die Vermeidung von Vorurteilen und Diskriminierung in den IT-gestützten (KI- bzw. Daten-)Modellen sowie die Sicherstellung, dass die Technologie zum Wohle der Kunden eingesetzt wird. Die BaFin betont dabei, dass ethische Überlegungen in den gesamten Entwicklungsprozess von KI-Systemen integriert werden sollten, von der Planung, dem Testing, der Implementierung bis hin zur Überwachung und Wartung.[31]

Neben den regulatorischen Anforderungen gibt es auch praktische Heraus- **20** forderungen beim Einsatz von KI im Finanzsektor. Wie bereits zuvor darge-

---

26 Vgl. BaFin, Big Data und künstliche Intelligenz: Neues Prinzipienpapier der BaFin, 2021, S. 11 f.
27 Vgl. BaFin, Big Data und künstliche Intelligenz: Neues Prinzipienpapier der BaFin, 2021, S. 12 ff.
28 BaFin, Big Data und künstliche Intelligenz: Neues Prinzipienpapier der BaFin, 2021, S. 6 f.
29 Vgl. BaFin, Big Data und künstliche Intelligenz: Neues Prinzipienpapier der BaFin, 2021, S. 7.
30 Vgl. BaFin, Studie: Big Data trifft auf künstliche Intelligenz, 2018, S. 36 ff.
31 BaFin, Studie: Big Data trifft auf künstliche Intelligenz, 2018, S. 36 ff.

stellt, sind KI-Systeme auf große Mengen an Daten angewiesen. Eine damit einhergehende Herausforderung ist somit die Datenqualität und die vorliegenden Datenmengen (z. B. im Rahmen von relationalen Datenbanken, Data Lakes oder Cloud Management Systemen). KI-Systeme können nur so gut und effizient sein, wie die Daten, auf denen sie trainiert werden.[32] Finanzinstitute müssen daher sicherstellen, dass ihre Daten vollständig, genau und für die KI-Systeme relevant sind. Die Sicherstellung erfordert eine umfangreiche Datenanalyse, Datenbereinigungsprozesse und eine kontinuierliche Datenpflege (z. B. von der Erhebung, Verarbeitung, Bereinigung bis hin zur Löschung und Weiterverwendung der Daten). Zudem müssen Finanzinstitute in der Lage sein, mit der Komplexität und dem Volumen der Daten umzugehen, die für den Einsatz von KI erforderlich sind. Eine weitere Herausforderung ist die Integration von KI in bestehende IT-Infrastrukturen.[33] Eine Vielzahl an Finanzinstituten verfügt über Legacy-Systeme, die nicht für den Einsatz moderner KI-Technologien ausgelegt sind. Die Integration von KI erfordert daher oft umfangreiche IT-Modernisierungsmaßnahmen und Investitionen in neue Technologien, die wiederum weiteren (aufsichts-) rechtlichen Anforderungen unterliegen können. In einer summarischen Betrachtung kann die Grundlagenarbeit kann sowohl zeit- als auch ressourcenintensiv ausfallen und erfordert eine sorgfältige Planung, Projektierung und Umsetzung, um eine nachhaltige Nutzung und damit einhergehende Skalierungs- und Effizienzeffekt von KI sicherstellen zu können.

III. Anwendungsbereich und Technologien der KI bei Finanzunternehmen

21 Schwache KI, oft auch als „Narrow AI" oder „Weak AI" bezeichnet, ist eine Form von Künstlicher Intelligenz, die darauf ausgelegt ist, spezifische Aufgaben oder Probleme zu lösen.[34] Im Gegensatz zur starken KI (Artificial General Intelligence, AGI), die über ein breites Spektrum menschlicher kognitiver Fähigkeiten verfügt, ist schwache KI darauf spezialisiert, eine begrenzte Reihe von Aufgaben effizient und präzise auszuführen, weshalb diese für viele Unternehmen von besonderer Relevanz ist.[35] Diese Form der KI ist bereits in vielen Bereichen des täglichen Lebens integriert und hat in den letzten Jahren bedeutende technologische Fortschritte ermöglicht.[36]

---

32 Vgl. BaFin, Big Data und künstliche Intelligenz: Neues Prinzipienpapier der BaFin, 2021, S. 10 ff. i. V. m. BaFin, Maschinelles Lernen in Risikomodellen: BaFin und Bundesbank konsultieren gemeinsames Diskussionspapier, 2021, S. 11.
33 Vgl. BaFin, Studie: Big Data trifft auf künstliche Intelligenz, 2018, S. 34 ff.
34 Vgl. IBM, Strong AI, o. D.
35 IBM, Strong AI, o. D.
36 Vgl. Statista, Umfrage zu den häufigsten Verwendungszwecken von KI-Anwendungen im Vergleich zu generativen KI-Anwendungen nach Geschäftsbereichen 2023.

Die technologische Grundlage schwacher KI basiert auf Algorithmen und **22** Modellen des ML.[37] Diese Modelle, einschließlich Modelle des überwachten Lernens, unüberwachten Lernens und bestärkenden Lernens, bilden die Basis der meisten schwachen KI-Systeme.[38] Überwachtes Lernen, bei dem Algorithmen anhand von gekennzeichneten Datensätzen trainiert werden, ermöglicht es Systemen, Muster zu erkennen und Vorhersagen zu treffen. Unüberwachtes Lernen hingegen arbeitet mit nicht gekennzeichneten Daten und identifiziert selbständig Muster und Strukturen innerhalb dieser Daten. Bestärkendes Lernen konzentriert sich auf die Optimierung von Handlungen durch Belohnungsmechanismen und ist besonders nützlich für Aufgaben wie Gamification (i. S. v. spielerische Aufgabenbewältigung oder Belohnung) und Robotik.

Eine zentrale Voraussetzung für die Entwicklung leistungsfähiger schwacher **23** KI ist der Zugang zu großen Mengen an qualitativ hochwertigen Daten. Diese Daten stellen somit die absolute Grundlage von ML-Modellen dar, da sie den Ausgangspunkt für das Training und die Verbesserung von Algorithmen bilden.[39] In den letzten Jahren haben Fortschritte in der Datenerfassung und -speicherung, einschließlich der Nutzung von Sensoren, Internet-of-Things (IoT)-Geräten und großen Datenbanken, das Datenvolumen und die Vielfalt der verfügbaren Daten (z. B. im Rahm von Cloud-Computing) erheblich erweitert. Diese Daten müssen jedoch nicht nur in großen Mengen, sondern auch in hoher Qualität vorliegen, um die Genauigkeit und Zuverlässigkeit der KI-Systeme zu gewährleisten. Die Rechenleistung ist eine weitere kritische Komponente für die Entwicklung schwacher KI-Komponenten. Moderne KI-Modelle, insbesondere tiefe neuronale Netzwerke (Deep Neural Networks, DNNs), erfordern erhebliche Rechenressourcen für das Training und die inferenzstatistischen Methoden.[40] Grafikprozessoren (Graphics Processor Units, GPUs) haben sich als besonders effektiv für diese Aufgabe erwiesen, da sie paralleles Rechnen ermöglichen und somit die Verarbeitung großer Datenmengen beschleunigen. Fortschritte in der Hardwaretechnologie, wie die Entwicklung spezialisierter KI-Chips und die Nutzung von Cloud-Computing-Plattformen, haben die Leistungsfähigkeit und Skalierbarkeit von KI-Systemen weiter verbessert und für Unternehmen, insbesondere die des Finanzmarkts, im Rahmen des Auslagerungsmanagements und im Sinne der Skalierbarkeit attraktiv gemacht. Neben der Hardware sind auch die Software-Frameworks und -Bibliotheken von entscheiden-

---

37 Vgl. BSI, Formale Methoden und erklärbare künstliche Intelligenz, 2022, S. 9 ff. i. V. m. BSI, Generative KI-Modelle – Chancen und Risiken für Industrie und Behörden, 2024, S. 7 ff.
38 Vgl. BaFin, Studie: Big Data trifft auf künstliche Intelligenz, 2018, S. 26 ff.
39 BaFin, Studie: Big Data trifft auf künstliche Intelligenz, 2018, S. 30 f.
40 Vgl. BSI, Towards Auditable AI Systems (2022), 2021, S. 4 ff.

der Bedeutung für die Entwicklung und Implementierung schwacher KI. Open-Source-Plattformen haben die Zugänglichkeit und Verbreitung von ML-Technologien in den letzten Jahren erheblich erleichtert, ebenfalls in Bezug auf das Wissensmanagement innerhalb der KI-anwendenden Organisationen. Diese Frameworks bieten nicht nur vorgefertigte Algorithmen und Modelle, sondern auch weitere Anwendungen und Werkzeuge zur Datenverarbeitung, Modellbewertung und -optimierung, was die Entwicklung und den Einsatz von KI-Anwendungen weiter beschleunigt und eine Integration der KI in bestehende Softwarelandschaften ermöglicht. Die Implementierung schwacher KI erfordert daher fundierte Kenntnisse, Erfahrungen und Expertise im Bereich der Datenwissenschaft und des maschinellen Lernens.

24 Datenwissenschaftler und ML-Ingenieure spielen somit für den Arbeits- und Finanzmarkt bereits heute eine zentrale Rolle bei der Entwicklung von Modellen, der Datenaufbereitung und -analyse sowie der Feinabstimmung und Implementierung von Algorithmen.[41] Die Nachfrage nach Fachkräften und verantwortlichen Personen in diesen Bereichen ist in den letzten Jahren stark gestiegen, da Unternehmen und Organisationen zunehmend auf KI-Technologien setzen, um Wettbewerbsvorteile zu erzielen und betriebliche Effizienz zu steigern und gleichzeitig die (aufsichts-)rechtlichen Anforderungen erfüllt werden müssen.

25 Schwache KI hat dadurch bereits eine Vielzahl an Anwendungsfällen in verschiedenen Branchen erfahren und Wissenstransfereffekte entstehen intersektoral durch den Austausch und die Fluktuation auf dem Arbeitsmarkt. Aufgrund der bereits zuvor diskutierten besonderen Relevanz des Finanzsektors, werden die nachfolgenden und beispielhaften Anwendungsfälle insbesondere in den finanzmarktspezifischen Anwendungskreis gerückt und kritisch reflektiert. In der Finanzbranche nutzen Unternehmen vermehrt KI im Kontext der Datenbanken und Datenmengen, die bereits innerhalb der Organisationen vorhanden sind oder sukzessive weiter erhoben werden (z. B. im Rahmen von Digitalisierungsprojekten und Datenbankmaßnahmen).

26 Dabei kommt KI insbesondere bei der Optimierung von Geschäftsprozessen, der Betrugserkennung, der Risikobewertung und der Umsetzung von automatisierten Handelsstrategien bereits zum Einsatz. KI-gestützte Systeme können Transaktionsdaten in Echtzeit analysieren und Anomalien oder verdächtige Aktivitäten identifizieren, wodurch die Sicherheit und Integrität von Finanztransaktionen verbessert wird. Es muss festgestellt werden, dass die (möglichen) KI-Anwendungsfälle bereits häufig im Kontext von etablierten (Standard-)Prozessen operationalisiert werden, die sukzessive skaliert, digitalisiert und effizienter für die Finanzmarktunternehmen ausgestaltet werden müssen.

---

[41] Vgl. BaFin, Big Data und künstliche Intelligenz: Neues Prinzipienpapier der BaFin, 2021, S. 6.

Ein konsequenter und ganzheitlicher End-to-End-Blick auf die Prozessland- **27** karte der Organisationen ist daher ein entscheidender Erfolgsfaktor zur Implementierung und Nutzung von KI-Anwendungen. Ein prozessorientiertes Transaktionsscreening im Rahmen der Betrugserkennung kann so technisch-bzw. KI-gestützt an 24 Stunden, sieben Tage die Woche ganzjährig auf nahezu eine unbegrenzt große Datenmenge möglich gemacht werden, während zuvor manuelle Prozesse und von Mitarbeitenden gestützte Analysen zeitlichen Einschränkungen unterlagen. Neben der Betrugserkennung zeigen sich die weiteren Vorteile KI-gestützter Anwendungen aus BaFin-Sicht insbesondere im Bereich der Betrachtung typischer Modellcharakteristika der Risikomodelle von beaufsichtigten Unternehmen.[42] Dabei hat die BaFin in Zusammenarbeit mit der Deutschen Bundesbank detailliert eine Analyse der Umsetzungsbandbreiten klassischer und ML-basierter interner Ratingbasierter Risikomodelle (IRBA) vorgenommen und gegenübergestellt.[43]

Modellcharakteristik	Bandbreite der Ausprägungen		▽ IRBA klassisch ▼ IRBA mit ML
Methodik und Datengrundlage			
Komplexität des Hypothesenraums	Vorgabe von Kausalzusammenhängen	▽ ⟶ ▼	Großer Hypothesenraum
Komplexität des Trainings	Gering	▽ ▼	Hoch
Adaptivität	Rekalibrierung in seltenen Abständen oder ad hoc	▽▼	Laufende Rekalibrierung
Datenquellen	Klassische Datenquellen z. B. Marktdaten	▽ ▼	Neue Datenquellen, synthetische Daten
Datentypen	Strukturiert	▽ ▼	Unstrukturiert
Datenmenge	Geringe Menge an Trainingsdaten	▽ ▼	Big Data, viele Inputs
Nutzung des Outputs			
Bedeutung im internen Modell	ML unterstützend, kleine Komponente	▼ ▽	Internes Modell basiert i. W. auf dieser Methodik
Anwendungsbereich	Geringer Risikogehalt	▼ ▽	Hoher Risikogehalt
Automatisierungsgrad	Intensive menschliche Beaufsichtigung	▽ ▼	Vollständige Dunkelverarbeitung
Auslagerung und IT			
Auslagerung	Entwicklung und/oder Betrieb vollständig inhouse	▽▼	Auslagerung von Entwicklung und Betrieb an Dienstleister
IT-Infrastruktur	„Allzweck-IT"	▽ ▼	Maßgeschneidert z. B. für effiziente Vektorisierung

Abbildung 1: Schaubild zum Diskussionspapier „Maschinelles Lernen in Risikomodellen – Charakteristika und aufsichtliche Schwerpunkte"

---

42 Vgl. BaFin, Diskussionspapier Maschinelles Lernen in Risikomodellen, 2021.
43 Vgl. BaFin, Maschinelles Lernen in Risikomodellen: BaFin und Bundesbank konsultieren gemeinsames Diskussionspapier, 2021.

28 Dabei wird in der Analyse aus Abbildung 1 deutlich, dass die BaFin und die Deutsche Bundesbank lediglich in der Kategorie „Bedeutung im internen Modell" den klassischen, d. h. den KI-losen Ansatz, vor einer ML-Anwendung sieht. Dies ist insbesondere vor dem Hintergrund der gesamthaften Verantwortung der IRBA nachvollziehbar, da diese derzeit noch nicht vollkommen unabhängig und ausschließlich ML-basiert ablaufen können und eine endgültige personelle Verantwortung sichergestellt sein muss. In einer summarischen Betrachtung wird deutlich, dass beide Institutionen eine ML-Anwendung bzw. KI-Integration für alle Finanzinstitute als vorteilhaft beurteilen, die IRBA einsetzen.

29 Obwohl die Fortschritte und praktischen Anwendungsfälle in der schwachen KI sukzessive zunehmen, gibt es weiterhin Herausforderungen und Beschränkungen, die kritisch diskutiert und perspektivisch gelöst werden müssen. Eine der größten Herausforderungen ist die Generalisierbarkeit und somit die Akzeptanz und Aussagekraft von KI-Modellen und deren Ergebnisse vor dem Hintergrund der organisationalen bzw. personellen Verantwortung und Haftung.[44] Viele schwache KI-Systeme sind hochspezialisiert und funktionieren gut in kontrollierten Umgebungen (z. B. Sandboxing) oder für spezifische Aufgaben, haben jedoch Schwierigkeiten, in unbekannten oder variablen Szenarien ähnlich gute Leistungen zu erbringen oder analoge Ergebnisse zu erzielen. Auch in diesem Zusammenhang spielen die Datenqualität und die (technischen) Weiterentwicklungsmöglichkeiten von Trainingsdaten eine herausragende und explizite Rolle.

30 Eine weitere Herausforderung sind die Interpretierbarkeit und Transparenz von KI-Entscheidungen. Viele moderne KI-Modelle, insbesondere die bereits erwähnten DNNs, agieren als „Black Boxes", deren Entscheidungsprozesse schwer für Dritte bzw. unabhängige externe Stellen nachzuvollziehen sind. Dies kann entscheidend sein, wenn es darum geht, Vertrauen in die Technologie zu schaffen und sicherzustellen, dass die KI-Entscheidungen fair und gerecht sind und einen nicht-diskriminierenden Ansatz verfolgen.[45]

31 Mit aktueller Forschung im Bereich der erklärbaren KI (Explainable AI, XAI) wird versucht, dieser Herausforderung in KI-Modellen aktiv zu begegnen. Dabei sollen Methoden und Techniken entwickelt werden, die es ermöglichen, die inneren Mechanismen von KI-Modellen besser zu verstehen und ihre Entscheidungen transparenter und somit nachvollziehbarer zu machen. Die Sicherstellung der Robustheit und Sicherheit von KI-Systemen ist ergänzend von großer Bedeutung für den XAI- und Transparenzansatz von KI-Modellen. Grundsätzlich können KI-Modelle anfällig für Angriffe sein, bei denen böswillige (interne sowie externe) Akteure versuchen, das

---

44 Vgl. *Zech*, ZfPW 2019, 198 f. i. V. m. *Zech*, NJW 2022, 502 ff.
45 Vgl. *Lauscher/Legner*, ZfDR 2022, 367 ff.

System durch manipulierte Eingaben zu täuschen oder zu destabilisieren und diese Effekte auf die Gesamtsysteme der Organisation zu erweitern. Solche Angriffe, bekannt als Adversarial Attacks, können schwerwiegende Konsequenzen haben, insbesondere in sicherheitskritischen Anwendungen wie dem autonomen Fahren, der medizinischen Diagnostik oder dem algorithmischen Handel, wo sich Effekte markt- oder kursbeeinflussend auswirken oder so sogar in bestimmten Fällen automatisiert verstärken können.[46] Die Entwicklung von Abwehrmechanismen und robusten Algorithmen, die solchen Angriffen standhalten können, ist ein aktives Forschungsgebiet und von großer Bedeutung für die breite Akzeptanz und das Vertrauen in KI-Technologien. Als aktuelles Forschungsbeispiel kann in diesem Kontext z. B. die Entwicklung von sog. Cyber Physical Systems (CPS) genannt werden, die durch das BMBF und das Deutsche Forschungszentrum für Künstliche Intelligenz GmbH (DFKI) betrieben wird und deren Verschlüsselungssoftware Angreifern KI-gestützt intelligent und selbständig ausweichen kann.

Zusammenfassend lässt sich feststellen, dass schwache KI eine transformative Technologie ist, die bereits tief in verschiedene Aspekte unseres täglichen Lebens und den organisationalen Betrieb der Finanzunternehmen integriert ist. Die technologischen Anforderungen und Voraussetzungen für die Entwicklung und Implementierung schwacher KI umfassen Zugang zu großen Mengen hochwertiger Daten, erhebliche Rechenressourcen, fortschrittliche Software-Frameworks und spezialisierte Fachkenntnisse, die bei vielen Finanzmarktakteuren bereits vorhanden sind und kontinuierlich weiterentwickelt werden. Während die Anwendungen und Vorteile vielfältig sind, müssen auch ethische und rechtliche Aspekte berücksichtigt und Herausforderungen wie die Generalisierungsfähigkeit, Interpretierbarkeit und Sicherheit von KI-Systemen bewältigt werden. **32**

Die kontinuierliche Forschung und Innovation in diesen Bereichen werden entscheidend dafür sein, das volle (betriebswirtschaftliche und organisationale) Potenzial schwacher KI auszuschöpfen und ihre Auswirkungen auf Gesellschaft und Wirtschaft weiter zu optimieren. KI kann somit dazu beitragen, die Effizienz zu steigern, Kosten zu senken und die Kundenzufriedenheit zu erhöhen. Ein Beispiel hierfür ist die Automatisierung von Routineaufgaben, wie die Verarbeitung von Transaktionen oder die Beantwortung von Kundenanfragen. Dies ermöglicht es den Mitarbeitenden, sich auf wertschöpfendere Aufgaben zu konzentrieren und die Servicequalität zu verbessern. Ein weiteres Beispiel ist die Nutzung von KI zur Betrugserkennung. Durch die Analyse großer Datenmengen und die Identifizierung ungewöhnlicher Muster kann KI dazu beitragen, betrügerische Aktivitäten schneller und genauer zu erkennen als herkömmliche Methoden. Dies ist **33**

---

46 Vgl. BSI, Einfluss von KI auf die Cyberbedorhungslandschaft, 2024, S. 9 ff.

besonders wichtig in einer Zeit, in der Cyberkriminalität und Finanzbetrug immer ausdifferenzierter und u. a. durch Social Engineering ergänzt werden. Im Bereich des Portfolio-Managements kann KI ebenfalls einen signifikanten (Wert-)Beitrag leisten. Durch die Analyse von Markttrends und historischen Daten können KI-gestützte Systeme fundierte Anlageentscheidungen treffen und dabei helfen, operationale und strategische Risiken zu minimieren und die Rendite möglicherweise zu maximieren. Dies bietet sowohl institutionellen als auch privaten Anlegern erhebliche Vorteile bei ihren Anlageentscheidungen. Ein weiteres interessantes Anwendungsgebiet von KI im Finanzsektor ist der algorithmische Handel. Hierbei handelt es sich um den Einsatz von Algorithmen, um Handelsentscheidungen in (nahezu) Echtzeit zu treffen. Diese, sich bereits im Einsatz befindlichen, Algorithmen können große Mengen an Marktdaten analysieren und in Sekundenschnelle Entscheidungen treffen, die auf menschlichem Wege nicht oder nur nach zeitaufwändiger Datenanalyse möglich wären. Dieses Vorgehen sollte es Handelsplattformen ermöglichen, schneller und effizienter zu agieren und ihre Geschäftsergebnisse konstanter zu erzielen.

34   Die Zukunft des KI-Einsatzes im deutschen Finanzsektor wird aufgrund der vielfältigen Einsatzmöglichkeiten stark von den regulatorischen Rahmenbedingungen und den technologischen Fortschritten abhängen. Die BaFin wird weiterhin eine zentrale Rolle bei der Gestaltung und Überwachung dieser Entwicklungen spielen. Deren Leitlinien und Empfehlungen werden maßgeblich dazu beitragen, dass der Einsatz von KI sicher, transparent und zum Wohle der Verbraucher erfolgt. Dabei sind eine sorgfältige Überwachung und Regulierung durch Institutionen wie die BaFin unerlässlich, um sicherzustellen, dass der Einsatz von KI fair, transparent und ethisch erfolgt. Der bis dato technologieoffene Umgang der BaFin und des BSI mit neuen Technologien sollte es dem Finanzmarkt und Wirtschaftsstandort Deutschland weiter ermöglichen, die Vorteile der KI-Implementierung und -Anwendung weiter nutzen zu können.

C. Rechtliche und regulatorische Grundlagen der KI

I. Europäischer Rechtsrahmen für KI

35   Die rechtlichen und regulatorischen Grundlagen der KI sind ein dynamisches und vielschichtiges Feld, das sich stetig weiterentwickelt, um den rasanten Fortschritten und der zunehmenden Verbreitung von KI-Technologien gerecht zu werden. Diese Grundlagen umfassen eine Vielzahl von Aspekten, die von der Datensicherheit und dem Datenschutz bis hin zu ethischen Überlegungen und Haftungsfragen reichen. Angesichts der tiefgreifenden Auswirkungen, die KI auf die Gesellschaft, die Wirtschaft und das tägliche Leben hat, ist die Schaffung eines robusten rechtlichen und regulatorischen Rahmens von entscheidender Bedeutung. Vor diesem Hintergrund wird der europäische Rechtsrahmen für KI und die darauf abgeleiteten aufsichtsrechtlichen Anforderungen an KI weitergehend untersucht.

Das Gesetz zur KI-Regulierung (Verordnung über Künstliche Intelligenz **36** und Datenerhebung der EU-Kommission) der Europäischen Union stellt umfassende Anforderungen an die Entwicklung, den Einsatz und die Regulierung von KI-Systemen, insbesondere solcher, die als hochrisikoreich eingestuft werden.[47] Diese Anforderungen sind darauf ausgelegt, die Sicherheit und den Schutz der Grundrechte zu gewährleisten und gleichzeitig Innovation und Vertrauen in KI-Technologien zu fördern. Ein zentraler Aspekt der Anforderungen ist die Implementierung eines robusten (Informations- und Kommunikationstechnik-; IKT-)Risikomanagementsystems. Dieses System muss kontinuierlich betrieben werden und alle Phasen des Lebenszyklus eines KI-Systems abdecken.[48] Zu den spezifischen Anforderungen gehören die Identifikation und Analyse von Risiken, die Bewertung und Minderung von Risiken sowie die kontinuierliche Überwachung und Berichterstattung. Anbieter müssen alle potenziellen Risiken identifizieren und analysieren, die mit dem KI-System verbunden sind. Es müssen Maßnahmen ergriffen werden, um die identifizierten Risiken zu bewerten und zu mindern. Zudem ist eine kontinuierliche Überwachung der Leistung des KI-Systems notwendig und es müssen regelmäßige Berichte über die festgestellten Risiken und die ergriffenen Maßnahmen erstellt werden. Ein weiterer wichtiger Punkt ist die technische Dokumentation. Jeder Anbieter eines Hochrisiko-KI-Systems muss eine umfassende technische Dokumentation erstellen und pflegen, die als Nachweis dafür dient, dass das System den gesetzlichen Anforderungen entspricht und sicher betrieben werden kann. Diese Dokumentation muss technische Spezifikationen, Risikobewertungen, Testergebnisse und Konformitätserklärungen enthalten. Die technischen Spezifikationen umfassen eine detaillierte Beschreibung der Funktionsweise und Architektur des KI-Systems. Die Risikobewertungen dokumentieren die Ergebnisse der durchgeführten Risikobewertungen und die entsprechenden Minderungsmaßnahmen. Testergebnisse beinhalten Berichte und Protokolle über die durchgeführten Tests und deren Ergebnisse.

Die Konformitätserklärung bestätigt, dass das KI-System alle gesetzlichen **37** Anforderungen erfüllt. In den vorgenannten Punkten und Anforderungen besteht eine enge Verbindung zu den bereits national eingeführten Anforde-

---

47 Europäisches Parlament, KI-Gesetz: erste Regulierung der künstlichen Intelligenz, 2024 i. V. m. Europäisches Parlament, Gesetz über künstliche Intelligenz, 2024.
48 Vgl. BSI, AI security concerns in a nutshell – Practical AI-Security guide, 2023, S. 7 i. V. m. BSI, Machine Learning in the Context of Static Application Security Testing – ML-SAST, 2023.

rungen im Kontext der BAIT.[49] Transparenz und Nachvollziehbarkeit der Dokumentationen sind daneben ebenfalls wesentliche Anforderungen, die berücksichtigt und erfüllt werden müssen. Anbieter von Hochrisiko-KI-Systemen sind verpflichtet, eine hohe Transparenz und Nachvollziehbarkeit bei der Anwendung von KI sicherzustellen. Dies umfasst die Erläuterung der Systemfunktionen, die Offenlegung von Datenquellen und die Benachrichtigung der Nutzenden. Die Anbieter müssen klar und verständlich erläutern, wie das KI-System funktioniert und welche Entscheidungen es trifft. Sie müssen Informationen über die verwendeten Datenquellen und die Methoden zur Datenverarbeitung offenlegen. Zudem müssen Endnutzende darüber informiert werden, dass sie mit einem KI-System interagieren, insbesondere wenn automatisierte Entscheidungen getroffen werden. Bei Nichtbeachtung oder Missachtung der Anforderungen sieht das Gesetz eine Reihe von Sanktionen für Verstöße gegen die festgelegten Punkte vor. Diese Sanktionen sind darauf ausgelegt, wirksam, verhältnismäßig und abschreckend zu sein, was zeitgleich dem Duktus der aufsichtsrechtlichen Maxime der BaFin entspricht. Zu den möglichen Sanktionen gehören Verwaltungsstrafen und Geldbußen, bei schwerwiegenden oder z.B. vorsätzlichen Verstößen, wie der Nutzung manipulativer KI-Systeme, können Geldbußen in einem mittleren zweistelligen Millionen Euro-Betrag oder eine prozentuale Berechnung der Strafhöhe anhand des weltweiten Jahresumsatzes eines Unternehmens verhängt werden. Bei weniger schwerwiegenden Verstößen, wie der Nichterfüllung spezifischer Anforderungen, fallen die möglichen Strafzahlungen entsprechend geringer aus. Auf nationaler Ebene sind die Mitgliedstaaten verantwortlich für die Umsetzung und Durchsetzung des Gesetzes. Sie müssen sicherstellen, dass die Einhaltung des Gesetzes gewährleistet wird. Es ist daher anzunehmen, dass auch die BaFin ihre bisherige Kommunikation, Richtlinien und Empfehlungen an das neue Gesetz anpassen und sukzessive weiterentwickeln wird. Dabei muss angemerkt werden, dass aufgrund der BaFin-Vorgaben in Deutschland bereits ein Regelungsrahmen für die KI-Anwendung bei den beaufsichtigten Unternehmen vorlag und dies nun gesetzlich vorliegenden Anforderungen auf die bestehenden Umsetzungsmaßnahmen adaptiert werden können.

II. Aufsichtsrechtliche Anforderungen an KI

38   Um den technologischen und anwendungsspezifischen Weiterentwicklungen bei KI Rechnung zu tragen, ist die BaFin an einem regelmäßigen Austausch mit der Industrie und den beaufsichtigten Unternehmen interessiert, da sich die regulatorischen Sichtweisen und Vorgaben analog zu den KI-

---

49 Vgl. BaFin, Rundschreiben 10/2017 (BA) – Bankaufsichtliche Anforderungen an die IT (BAIT), 2021, S. 21 ff.

Fortschritten entwickeln sollten. Zu diesem Zweck ist das Thema KI direkt im Grundsatzreferat IT-Aufsicht/Cybersicherheit angesiedelt bzw. wird mit einem IT-Schwerpunkt seitens der BaFin begleitet und durch regelmäßige Austauschformate weiterentwickelt.[50] Daneben bestehen für die Versicherungs- und Pensionsfondsaufsicht explizite KI-Referate, die der BaFin-Abteilung Quantitative Risikomodellierung (QRM; sektorübergreifend) untergeordnet sind (z. B. Referat QRM 1 für Interne Modelle KI, Kontrahentenrisiko und ökonomisches Kapital).[51] Unter Berücksichtigung der unterschiedlichen Meinungen und Operationalisierungen der beaufsichtigten Institute, Behörden, Dienstleister und sonstigen Interessierten, ist anzunehmen, dass die BaFin in den Arbeitskreisen insbesondere ein summarisches Verständnis für Chancen und Risiken bei der KI-Anwendung identifizieren, einen praktischen Erfahrungsaustausch bei der KI-Implementierung ermöglichen und gleichzeitig im Umgang mit KI aus aufsichtsrechtlicher Sicht sensibilisieren möchte. Dabei wird erwartet, dass neue oder veränderte Risiken entlang der Wertschöpfungskette der beaufsichtigten Institute durch die KI-Anwendung identifiziert und diskutiert werden müssen.[52] Für das gemeinsame Verständnis zur Operationalisierung von KI-Maßnahmen und -Anwendungen im Rahmen der KI-VO ist es essenziell, dass von den betroffenen Unternehmen die zentralen Voraussetzungen der Anwendbarkeit der KI-VO am Finanzmarkt bekannt sind, eine einheitliche Einstufung bestehender Systematiken in die Risikoklassifizierungen und ein einheitliches Verständnis der Konformitätsbewertungen (im Sinne der Self-Assessments) vorgenommen wird und die Informations- und Kommunikationspflichten zwischen den Aufsichtsbehörden und den beaufsichtigten Instituten abgestimmt und etabliert werden müssen. Hierauf aufbauend ist zu erwarten, dass die praktische Anwendung von KI im weiteren Verlauf technisch im Rahmen von Tests unter realen Bedingungen und Sandboxing-Systemen zum Einsatz gebracht wird und auf die institutsindividuellen Anforderungen hin weiterentwickelt werden sollte. Gleichzeitig müssen, vor dem Hintergrund der neuen (aufsichts-)rechtlichen Rahmenbedingungen, Unklarheiten oder Regelungslücken in Bezug auf die KI-Regulatorik kritisch reflektiert und im Rahmen von zukünftigen Konsultationen und Regelungsvorhaben geschlossen werden. Hierfür ist ein Austausch zwischen BaFin und beaufsichtigten Unternehmen, weiteren Wirtschaftsunternehmen und interessierten Dritten essenziell.

---

50 Vgl. BaFin, Organisationsplan, 2024.
51 Vgl. BaFin, Organisationsplan, 2024.
52 Vgl. BaFin, Studie: Big Data trifft auf künstliche Intelligenz, 2018, S. 17 ff.

1. Regulierung von KI-Systemen

39 Die Regulierung von KI-Systemen ist aufgrund der technologischen Grundlagen, der möglichen Einsatzmöglichkeiten und der vielfältigen Ausprägungen wie zuvor bereits dargestellt ein komplexes und vielschichtiges Thema. Mithin ein Kernziel der KI-Regulierung ist es, sicherzustellen, dass diese Systeme sicher, transparent, und ethisch vertretbar durch die interessierten Organisationen eingesetzt werden. Die nachfolgenden Unterkapitel reflektieren wesentliche Aspekte der bereits bestehenden Regulierung von KI-Systemen.

a) Voraussetzungen zur Regulierung von KI-Systemen

40 Ein effektives und ganzheitliches Prozess- und Datenmanagement ist ein zentraler Organisationsbestandteil von Unternehmen, die aufsichtsrechtlich reguliert werden, insbesondere im Finanzsektor. In Deutschland unterliegen Banken und andere Finanzinstitute strengen Vorschriften der BaFin, die nicht nur die finanziellen Aspekte, sondern auch die Organisationsanforderungen und die IT-Infrastruktur betreffen. Die BaFin legt besonderen Wert auf ein robustes und effektives Prozessmanagement, um die Stabilität und Integrität des Finanzsystems zu gewährleisten.[53]

41 Das Prozessmanagement in diesen Unternehmen umfasst insbesondere die Planung, Überwachung und Optimierung von Geschäftsprozessen, um sicherzustellen, dass diese effizient, risikominimierend und compliant sind, um dadurch unternehmensinternen und externen Anforderungen gerecht zu werden. Die BaFin hat dabei detaillierte Anforderungen an die IT-Infrastruktur formuliert, die unter dem Begriff der BAIT zusammengefasst und zukünftig mit den DORA-Anforderungen vereinbart werden müssen. Diese Anforderungen zielen u. a. darauf ab, die IT- und Informationssicherheit sowie das Risikomanagement in den Finanzinstituten zu stärken. Ein wesentlicher Aspekt der BAIT ist die klare Strukturierung und Dokumentation der Geschäfts- und IT-Prozesse.[54]

42 Unternehmen müssen sicherstellen, dass alle für die Geschäftsorganisation relevanten und IT-bezogenen Prozesse transparent und nachvollziehbar sind. Diese Dokumentation sollte die regelmäßige Überprüfung und Anpassung der Prozesse, um neue Risiken zu identifizieren und bestehende Sicherheitsmaßnahmen zu optimieren, umfassen, um so einen kontinuierlichen Verbesserungsprozess sicherzustellen. Ein effektives Prozessmanagement soll ins-

---

53 Vgl. BaFin, Rundschreiben 10/2017 (BA) – Bankaufsichtliche Anforderungen an die IT (BAIT), 2021, S. 3 ff.
54 Vgl. BaFin, Rundschreiben 10/2017 (BA) – Bankaufsichtliche Anforderungen an die IT (BAIT), 2021, S. 5 ff.

besondere dazu beitragen, Ausfallrisiken zu minimieren und die Kontinuität der Geschäftstätigkeit zu gewährleisten, damit der Finanzmarkt als solcher geschützt wird. Die BaFin-Anforderungen an das IT-Risikomanagement umfassen die Identifikation, Bewertung und Steuerung von IT-Risiken.[55]

Finanzinstitute müssen regelmäßige Risikoanalysen durchführen und ent- **43** sprechende Maßnahmen ergreifen, um identifizierte Risiken zu mindern und eine organisationale Resilienz, im Sinne einer organisationsspezifischen Anpassungs- und Widerstandsfähigkeit, sukzessive herzustellen und weiterzuentwickeln.[56] Ein integraler Bestandteil dieses Risikomanagements ist das Incident-Management, das sicherstellen soll, dass im Falle eines IT-Vorfalls schnell und effektiv reagiert wird, um Schäden zu minimieren und die Betriebsfähigkeit wiederherzustellen.[57] Dabei ist für die BaFin die Zielsetzung in der KI-Anwendung relevant, eine umfassende Risikoeinschätzung entlang der Wertschöpfungskette der beaufsichtigten Unternehmen zu erhalten. Die Identifikation aller bzw. der wesentlichen ML-Anwendungen, eine mehrdimensionale Untersuchung des Risikos jeder dieser Anwendungen im Rahmen einer ganzheitlichen Betrachtungsweise und die Integration in bestehende Risikomanagement-Umsetzungen (z. B. Heatmap-, Balanced Scorecard-Modelle) sollen als Basis für weitere Untersuchungen und Darstellungen der KI-VO relevanten Anwendungsfälle dienen.

Ein weiterer wichtiger integraler Bestandteil der Regulierung von KI- **44** Systemen ist die grundsätzliche IT-Governance.[58] Finanzinstitute müssen sicherstellen, dass ihre IT-Systeme und -Prozesse den gesetzlichen und regulatorischen Anforderungen entsprechen. Dies erfordert eine kontinuierliche Überwachung der (aufsichts-)rechtlichen Rahmenbedingungen und die Implementierung entsprechender Maßnahmen zur Einhaltung dieser Vorschriften. IT-Governance umfasst auch die regelmäßige Durchführung von internen und externen Audits, um die Einhaltung der BAIT und sonstigen IT-Anforderungen sicherzustellen.[59] Zusätzlich legt die BaFin großen Wert auf die Qualifikation und Schulung des IT-Personals.[60] Finanzinstitute müssen in diesem Zusammenhang sicherstellen, dass ihre Mitarbeitenden über

---

55 Vgl. BaFin, Rundschreiben 10/2017 (BA) – Bankaufsichtliche Anforderungen an die IT (BAIT), 2021, S. 6 ff. i. V. m. BaFin, Studie: Big Data trifft auf künstliche Intelligenz, 2018, S. 157 f.
56 Ebd.
57 Vgl. *Berghoff/Neu/von Twickel*, Vulnerabilities of Connectionist AI Applications: Evaluation and Defense, S. 3.
58 Vgl. BaFin, Rundschreiben 10/2017 (BA) – Bankaufsichtliche Anforderungen an die IT (BAIT), 2021, S. 4 ff. i. V. m. BaFin, Studie: Big Data trifft auf künstliche Intelligenz, 2018, S. 6 ff.
59 Vgl. BaFin, IT-Aufsicht bei Banken: Vortrag 2: BAIT, 2021, S. 2 ff.
60 Vgl. BaFin, Big Data und künstliche Intelligenz: Neues Prinzipienpapier der BaFin, 2021, S. 6.

die notwendigen Kenntnisse und Fähigkeiten verfügen, um die IT-Systeme sicher und effizient zu betreiben. Dies beinhaltet regelmäßige Schulungen und Weiterbildungen, um das Personal über aktuelle Bedrohungen und Sicherheitsmaßnahmen informiert zu halten. Dabei muss zusätzlich zu den bestehenden Geschäftsprozessen und etwaigen Veränderungen (z. B. Neueinführung oder Überarbeitung von Prozessen) informiert werden.

45 Ein weiterer zentraler Aspekt der BAIT ist die Notfallplanung respektive das Business Continuity Management (BCM).[61] Beaufsichtigte Unternehmen müssen Notfallpläne entwickeln und regelmäßig testen, um sicherzustellen, dass sie in der Lage sind, im Falle eines IT-Ausfalls oder eines Cyberangriffs schnell und effektiv reagieren zu können. Diese Notfallpläne sollten detaillierte Anweisungen für verschiedene Szenarien enthalten und regelmäßig überprüft und aktualisiert werden, um ihre Wirksamkeit sicherzustellen, was sich in letzter Konsequenz mithin auf den Einsatz von KI-Anwendungen auswirkt. In Abhängigkeit der automatisierten bzw. durch KI beeinflussten Anwendungen ist im Rahmen des BCM zu prüfen, welchen (Gegen-)Maßnahmen bei einem Ausfall der KI-Anwendung zu ergreifen sind (z. B. Schwenk auf manuelle Maßnahmen).

b) Freigabe- und Zulassungsverfahren

46 Die BaFin betont in ihrem Prinzipienpapier BDAI die Notwendigkeit, den gesamten Entscheidungsprozess zu überwachen, der durch Algorithmen unterstützt wird.[62] Dies umfasst die Datenquelle, die Verarbeitung und die Einbindung in Geschäftsprozesse. Es wird klargestellt, dass Algorithmen an sich nicht generell von der BaFin genehmigt werden, sondern im Kontext der jeweiligen Anwendung und des damit verbundenen Risikos durch die beaufsichtigten Unternehmen bewertet werden müssen.[63] Die Geschäftsleitung der beaufsichtigten Unternehmen ist dabei grundsätzlich für die Strategien und Richtlinien zum Einsatz von Algorithmen verantwortlich und muss ein angemessenes technisches Verständnis sowie geeignete Berichtslinien und Berichtsformate sicherstellen. Präzisiert werden diese Vorgaben durch ein angepasstes Risikomanagement für algorithmusbasierte Entscheidungsprozesse, die eingeführt und klare Verantwortungs- und Kontrollstrukturen festzulegen sind.[64]

---

61 Vgl. BaFin, Rundschreiben 10/2017 (BA) – Bankaufsichtliche Anforderungen an die IT (BAIT), 2021, S. 28 ff.

62 Vgl. BaFin, Big Data und künstliche Intelligenz: Neues Prinzipienpapier der BaFin, 2021, S. 6 f.

63 BaFin, Big Data und künstliche Intelligenz: Neues Prinzipienpapier der BaFin, 2021, S. 3.

64 Vgl. BaFin, Big Data und künstliche Intelligenz: Neues Prinzipienpapier der BaFin, 2021, S. 3 f.

c) Überwachung und Kontrolle

Im Juli 2021 veröffentlichten BaFin und Bundesbank ein Konsultations- **47** papier, das die Rückmeldungen aus Versicherungs- und Bankenbereichen sammelt.[65] Diese Konsultation konzentriert sich auf die Solvenzaufsicht und die Anwendung von ML-Methoden, die regulatorischen Prüfungen und Genehmigungsverfahren unterliegen. Die Rückmeldungen zeigen, dass ML-Methoden bereits in vielen Bereichen wie dem Risikomanagement, der Betrugserkennung und der Kreditprozessanalyse eingesetzt werden.[66] In Säule 1, die interne Modelle zur Berechnung der regulatorischen Eigenmittelanforderungen betrifft, sind ML-Methoden derzeit noch selten.[67] Das Konsultationspapier definiert keine allgemeingültige Abgrenzung von ML-Methoden, sondern richtet die Aufsichtspraxis und Prüfungstechnik nach den spezifischen ML-Charakteristika und deren Ausprägung aus. Diese werden anhand der Dimensionen Methodik, Datengrundlage und Nutzung des Outputs beschrieben. Die Rückmeldungen der beaufsichtigten Unternehmen befürworten dabei diesen technologieneutralen und einzelfallbezogenen Ansatz und lehnen eine strikte Definition von ML-Methoden ebenfalls wie die BaFin ab. Einige Rückmeldungen betonen jedoch die Bedeutung von Datengrundlage, Automatisierung und Komplexität, während andere die IT-Infrastruktur und Auslagerung nicht als ML-spezifische Charakteristika betrachten, wobei eine ganzheitliche Sicht aufgrund der unternehmensspezifischen Rahmenbedingungen im IKT-Sektor grundsätzlich herausfordernd ist, herzustellen.

Der aufsichtsrechtliche Ansatz bleibt weitgehend unverändert, da bestehen- **48** de technologieneutrale Regeln als ausreichend angesehen werden, um die Risiken von ML-Methoden zu adressieren. Dies gilt sowohl für die umfangreichen Regeln in Säule 1 als auch für die prinzipienorientierten Anforderungen in Säule 2. Allerdings wird die Datengrundlage als Erfolgsfaktor für ML-Methoden hervorgehoben und es wird darauf hingewiesen, dass unstrukturierte Daten mit Hilfe von KI zwischenzeitlich besser genutzt werden können. Die Qualität der verwendeten Daten muss fortlaufend sichergestellt werden, um Probleme wie Overfitting zu vermeiden. Dabei werden die Bedeutung der Reproduzierbarkeit und Plausibilisierung der Modelle, wobei die Komplexität der Validierung der Komplexität des Modells entsprechen muss, betont. Der Trade-off zwischen Performance und Erklärbarkeit muss je nach Anwendungsfall unternehmensspezifisch abgewogen werden. Die hohe Adaptivität von ML-Modellen stellt möglicherweise eine praktische Herausforderung für die BaFin dar, da die Grenze zwischen Modellpflege

---

65 BaFin, Big Data und künstliche Intelligenz: Neues Prinzipienpapier der BaFin, 2021.
66 BaFin, Big Data und künstliche Intelligenz: Neues Prinzipienpapier der BaFin, 2021,
i. V. m. *Müller-Peltzer/Tanczik*, RDi 2023, 452.
67 Ebd.

und -änderung fließend ist und der Individualität der Unternehmen Rechnung getragen werden muss. Die Flexibilität von ML-Verfahren erfordert eine sorgfältige Begründung der Trainingszyklen und Anpassungen. Trotz der Flexibilität müssen bestehende Anforderungen wie die Mindestanforderungen an das Risikomanagement (MaRisk) eingehalten werden. Die Ergebnisse der Konsultationen werden auch in Zukunft in die Umsetzung der Digital Finance Strategy der EU-Kommission einfließen und mit anderen europäischen Aufsichtsbehörden diskutiert, um internationale Ansätze zu harmonisieren und sektorübergreifende Anforderungen zu erstellen.

d) Sanktionen bei Verstößen

49 Auf europäischer Ebene sieht die KI-Verordnung bei Verstößen gegen ihre Bestimmungen verschiedene Sanktionen vor, die abhängig von der Schwere des Verstoßes und den betroffenen Regelungen sind. Zusätzlich zu den bereits diskutierten finanziellen Strafen kann die BaFin insbesondere nichtfinanzielle Sanktionen verhängen. Diese umfassen unter anderem die Anordnung zur Einstellung des Einsatzes einer bestimmten KI-Anwendung oder sogar ein vollständiges Verbot der Vermarktung und Nutzung der betreffenden Technologie nach Abstimmung mit den übergeordneten europäischen Behörden. Bei besonders schwerwiegenden Verstößen kann die zuständige Aufsichtsbehörde auch anordnen, dass alle unrechtmäßig verarbeiteten Daten gelöscht und im Bedarfsfall ein Sonderbeauftragter z. B. zur Überwachung des Unternehmens entsandt werden muss. Diese Maßnahmen sollen sicherstellen, dass die Einhaltung der Anforderungen nicht nur aus wirtschaftlichen, sondern auch aus ethischen und (aufsichts-)rechtlichen Gesichtspunkten gewährleistet wird. Darüber hinaus können Unternehmen, die wiederholt oder besonders schwer gegen die Verordnung verstoßen, zusätzlichen Überprüfungen und zusätzlichen strengen Auflagen unterworfen werden. Diese könnten regelmäßige Überprüfungen, Vor-Ort-Kontrollen und detaillierte Berichte über die Einhaltung der Anforderungen beinhalten. BaFin-seitiges Ziel dieser Maßnahmen ist es, eine nachhaltige und kontinuierliche Konformität sicherzustellen und das Vertrauen der Öffentlichkeit, Verbraucher und Kunden der regulierten Institutionen in IKT- und KI-Technologien zu stärken. Summarisch betrachtet unterstreicht die europäische KI-Verordnung und die BaFin-Veröffentlichungen die Bedeutung der Einhaltung ethischer und (aufsichts-)rechtlicher Standards bei der Entwicklung und dem Einsatz von KI. Die Sanktionen sind dabei so ausgestaltet, dass sie abschreckend wirken und gleichzeitig eine gerechte und transparente Durchsetzung der Vorschriften ermöglichen sollen.

2. Allgemeine Governance

Die allgemeinen Governance-Pflichten behandeln u. a. wesentliche Einfluss- **50** faktoren und Anforderungen, insbesondere die Einsatzmöglichkeiten und Organisationspflichten im Zusammenhang mit der Nutzung von Künstlicher Intelligenz in unternehmerischen Entscheidungsprozessen.[68] Da KI bereits in produkt- und dienstleistungsbezogenen Bereichen bekannt ist und die Kundenerfahrung durch bspw. Text- und Sprachverarbeitung, Gesichtserkennung, Routenplanung und Restaurantvorschläge verbessert. Für Finanzunternehmen stellt sich daher konkludent die Frage, inwieweit KI, bezogen auf operative und strategische Entscheidungen, eingesetzt werden kann und darf, wenn Verbrauchende bereits aus anderen Sektoren der Wirtschaft und des alltäglichen Lebens wachsende Erfahrungen und Kenntnisse mit KI-Anwendungen haben. Die Effizienz von KI-Anwendungen könnte zu besseren unternehmerischen Entscheidungen bei geringerem Aufwand führen und sich positiv auf die Verbrauchenden auswirken. Im Rahmen der damit einhergehenden Sorgfaltspflichten der Geschäftsleitung muss zwischen verschiedenen Sorgfaltsmaßstäben differenziert und einer einzelfallbezogenen Betrachtung unterschieden werden.

---

68 Vgl. BaFin, Studie: Big Data trifft auf künstliche Intelligenz, 2018, S. 48 i. V. m. *Langheld/Haagen*, NZG 2023, 1535.

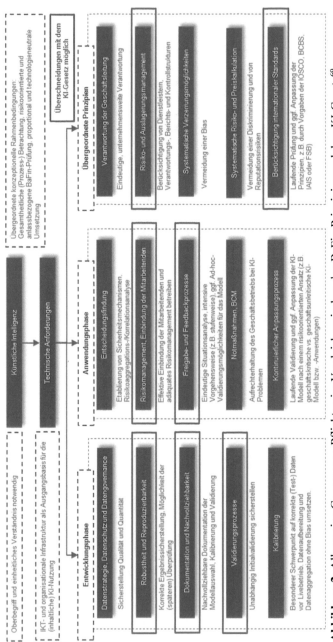

Abbildung 2: Allgemeine Governance-Pflichten im Vergleich zwischen den BaFin-Prinzipien und dem KI-Gesetz[69]

---

[69] Eigene Abbildung in Anlehnung an Europäisches Parlament, Gesetz über künstliche Intelligenz, 2024 und BaFin, Studie: Big Data trifft auf künstliche Intelligenz, 2018.

KI muss anhand vorhandener Datensätze trainiert werden, um die festge- **51** legten Aufgaben erfüllen zu können. Diese Aufgaben können weit gefasst oder eng begrenzt sein, je nach individuellem Bedarf des Unternehmens. Verschiedene Arten des maschinellen Lernens, wie supervised learning, reinforcement learning und unsupervised learning, können zur Aufgabenerfüllung herangezogen, technisch und bedarfsorientiert operationalisiert werden. Ein regelmäßig zu diskutierendes Faktum dürfte bei kontinuierlichem Einsatz von KI-Anwendungen die Legalitätspflicht der Geschäftsleitung sein, um sicherzustellen, dass der Einsatz von KI tatsächlich rechtmäßig erfolgt. Dies gilt besonders im produkt- oder dienstleistungsbezogenen Einsatz von KI. Neben (aufsichts-)rechtlichen Anforderungen, können auch vertragliche Pflichten Dritter (z. B. im Rahmen der Dienstleistersteuerung und des Auslagerungsmanagements) den Handlungsspielraum der Geschäftsleitung einschränken. Dabei wird die Business Judgement Rule, die die persönliche Verantwortlichkeit der Geschäftsleitung ausschließen kann, relevant, wenn die Entscheidung auf angemessenen Informationen beruhen und zum Wohle der Verbrauchenden oder der Gesellschaft getroffen wird. Aus dem Einsatz von KI zur Vorbereitung unternehmerischer Entscheidungen können sich wiederum Folgepflichten für die Geschäftsleitung ergeben (vgl. Validierungsprozess). Diese umfassen insbesondere die Datengovernance, die ordnungsgemäße Auswahl und Einstellung bzw. Testing der KI sowie die Überwachung der Erledigung der definierten Aufgabe. Es muss erneut darauf hingewiesen werden, dass die Ergebnisse der KI regelmäßig einer Plausibilitätskontrolle unterzogen werden sollten, um sicherzustellen, dass die Geschäftsleitung auf einer angemessener Grundlage Entscheidungen trifft und die Ergebnisse der KI auch tatsächliche Ergebnisse im Rahmen der Datenmodellierung sein können. Im Ergebnis ist festzuhalten, dass die Geschäftsleitung KI zur Schaffung einer angemessenen Informationsgrundlage für die Entscheidungsfindung nutzen kann, jedoch weiterhin und in jedem Fall der Gesamthaftung unterliegt. Beim Einsatz von KI müssen die sorgfältige Auswahl, rechtmäßige Nutzung von Daten und die Überprüfung der Ergebnisse gewährleistet sein. Die hier anfallenden operativen Aufgaben können durch die Geschäftsleitung delegiert werden, jedoch nicht die Gesamthaftung. Die Geschäftsleitung muss objektiv, nachvollziehbar und zu jedem Zeitpunkt Dritten (z. B. Wirtschaftsprüfern, BaFin) darlegen können, warum sie die Informationen der KI berücksichtigt oder nicht, und das Vorgehen ganzheitlich in den organisationsspezifischen Governance-Kontext (vgl. Abbildung 3) einordnen können.

Abbildung 3: KI-Governance und wesentlich betroffene Unternehmensbereiche[70]

52 Der Einsatz von KI in unternehmerischen Entscheidungen muss daher kontinuierlich überwacht und im Bedarfsfall angepasst werden, um den (aufsichts-)rechtlichen und praktischen Anforderungen gerecht zu werden. Die regelmäßige Überwachung von rechtlichen und aufsichtsrechtlichen Anforderungen bei BaFin-regulierten Unternehmen in Deutschland ist dabei ein wesentlicher Bestandteil eines resilienten Compliance-Management-Systems (CMS) und neben den bereits dargestellten Grundlagen zur Implementierung und Anwendung von KI ein weiterer Baustein zur langfristigen und strategischen KI-Nutzung.

53 Dieser Monitoringprozess beginnt mit einem sorgfältigen Aufbau eines Überwachungsprogramms, das sowohl die internen als auch die externen (aufsichts-)rechtlichen Anforderungen berücksichtigt. Bereits hier können Robotic Process Automation (RPA) oder ML-Anwendungen durch die beaufsichtigten Unternehmen zum Einsatz kommen. Der Aufbau und kontinuierliche Betrieb eines solchen Programms erfordern zunächst eine umfassende Bestandsaufnahme aller relevanten Vorschriften und Richtlinien, die auf das beaufsichtigte Unternehmen anwendbar sind. Dazu gehören nicht nur die spezifischen Anforderungen der BaFin, sondern auch allgemeine gesetzliche Regelungen, europäische Verordnungen sowie branchenspezifische Normen.

54 Nach der Identifikation dieser Anforderungen sollte ein Compliance-Rahmenwerk erstellt werden, dass die Struktur und die Prozesse zur Überwachung und Einhaltung dieser Vorschriften und den Monitoringprozess näher definiert. Dieser formale Rahmen umfasst Richtlinien und Verfahren, die die

---

70 Eigene Abbildung.

Verantwortlichkeiten und Zuständigkeiten innerhalb des Unternehmens klar festlegen. Insbesondere für die operative Einschätzung und Umsetzung sind klare und eindeutige Verantwortlichkeiten innerhalb der (dezentralen) Organisation notwendig.

Die Implementierung der Normen-Überwachung erfordert die Einrichtung **55** spezifischer Kontrollen und Überprüfungsmechanismen, um den Erfolg des Monitoring-Prozesses nachhaltig sicherzustellen und innerhalb der Organisation zu verankern. Hierzu zählen regelmäßige interne Audits, die Überwachung von Geschäftsprozessen und die Durchführung von Risikobewertungen durch weitere bzw. dazu berechtigte Organisationseinheiten (z.B. Interne Revisionsfunktionen). Durch den Einsatz von Künstlicher Intelligenz und Datenanalysen können potenzielle Regelverstöße frühzeitig erkannt und entsprechende (Präventiv-)Maßnahmen zeitnah ergriffen werden.

Ein weiterer zentraler Bestandteil der Implementierung ist die kontinu- **56** ierliche Schulung und Sensibilisierung der Mitarbeitenden. Regelmäßige Schulungsprogramme sollen dabei sicherstellen, dass alle Mitarbeiter die aktuellen Anforderungen und internen Compliance-Richtlinien kennen und verstehen. Dies trägt u.a. dazu bei, eine sensible Compliance-Kultur im gesamten Unternehmen zu etablieren und das Bewusstsein für rechtliche Risiken zu schärfen. Die Vorteile einer regelmäßigen Überwachung der rechtlichen und aufsichtsrechtlichen Anforderungen können dabei vielfältig sein. Zum einen wird das Risiko von Regelverstößen und den damit verbundenen Sanktionen erheblich reduziert. Die Einhaltung der Vorschriften stärkt das Vertrauen der Aufsichtsbehörden und der Öffentlichkeit in das Unternehmen und schützt es vor finanziellen und reputationsschädigenden Konsequenzen. Darüber hinaus ermöglicht eine proaktive Überwachung die frühzeitige Identifikation und Behebung von Schwachstellen im Organisationssystem, wodurch die Gesamtqualität und Effizienz der Geschäftsprozesse und das Projektmanagement sukzessive verbessert werden. Ein weiterer Vorteil besteht in der Verbesserung der Unternehmenssteuerung und -führung. Durch die regelmäßige Überprüfung und Anpassung der internen Kontrollen und Prozesse kann das Unternehmen sicherstellen, dass es flexibel und agil auf neue regulatorische Anforderungen reagieren kann. Dies fördert eine nachhaltige und langfristige Geschäftsentwicklung und stärkt die Wettbewerbsfähigkeit des Unternehmens auf dem Markt.

Die Richtlinien zur sicheren Entwicklung von KI-Systemen, veröffentlicht **57** vom United Kingdom (UK) National Cyber Security Centre (NCSC) und weiteren internationalen Partnern (z.B. dem BSI), greifen die vorgenannten Punkte auf und bieten eine umfassende Anleitung für Anbieter von KI-Systemen, um diese sicher und verantwortungsvoll zu gestalten, zu implementieren und zu betreiben.[71] Derartige internationale Empfehlungen und Standards können daher erheblichen Einfluss auf die nationale (aufsichts-) rechtliche Praxis entwickeln und bedürfen, auch zukünftig, einer expliziten Betrachtung der betroffenen Unternehmen. Diese Art der Richtlinien und Anforderungen sind besonders relevant für Organisationen (z.B. im Rahmen von Dienstleistungsverträgen, Auslagerungen), die Modelle hosten oder externe APIs nutzen, und betonen die Bedeutung der sicherheitsrelevanten (System-)Komponenten während des gesamten Lebenszyklus eines KI-Systems. Die Entwicklung sicherer KI-Systeme beginnt mit einem fundierten Verständnis der spezifischen Sicherheitsrisiken, die mit KI verbunden sind, sowie der Anwendung traditioneller Cybersicherheitspraktiken und der ausdrücklichen und detaillierten Analyse von Geschäftsprozessen. Die Vorgaben des NCSC sind dabei in vier Hauptbereiche unterteilt: sicheres Design, sichere Entwicklung, sichere Bereitstellung und sicherer Betrieb und Wartung. Obwohl die BaFin sich in ihren aufsichtsrechtlichen Prinzipien im Kern auf zwei Bereiche (vgl. Abbildung 2) fokussiert, besteht eine inhaltliche und technologische Nähe der Anforderungen.[72] Jeder dieser Bereiche umfasst für sich spezifische Überlegungen und Maßnahmen, die das Gesamtrisiko im Entwicklungsprozess eines organisatorischen KI-Systems reduzieren sollen.[73] Beim sicheren Design geht es darum, die Sicherheitsaspekte bereits in der Entwurfsphase zu berücksichtigen.[74] Dies umfasst die Bedrohungsmodellierung, das Verständnis der spezifischen Risiken und die Abwägung von Sicherheitsmaßnahmen gegen funktionale, benutzerfreundliche und leistungsbezogene Anforderungen (i.S.v. internen Anforderungs- und Auswirkungsanalysen).[75] Besondere Aufmerksamkeit wird der Sicherheitsprüfung von Lieferketten und externen Komponenten gewidmet, da diese oft ein Einfallstor für Angriffe darstellen können (externe Einflussfaktoren).[76]

58 Die Dokumentation von Datenquellen, Modellen und Systemaufforderungen ist ebenfalls ein wichtiger Bestandteil, um Transparenz und Verantwortlichkeit sicherzustellen.[77] In der Entwicklungsphase liegt der Fokus auf der Sicherheit der Lieferkette, der Verwaltung technischer Schulden und der sorgfältigen Dokumentation.[78] Es wird durch das NCSC empfohlen, robuste und gut dokumentierte Hardware- und Softwarekomponenten von verifizierten Anbietern zu beziehen und kontinuierlich deren Sicherheit zu

---

71 Vgl. NCSC, Guidelines for secure AI system development, 2023.
72 Vgl. NCSC, Guidelines for secure AI system development, 2023, S. 8 ff.
73 Vgl. NCSC, Guidelines for secure AI system development, 2023, S. 8 ff.
74 Vgl. NCSC, Guidelines for secure AI system development, 2023, S. 8 ff.
75 Vgl. NCSC, Guidelines for secure AI system development, 2023, S. 8 ff.
76 Vgl. NCSC, Guidelines for secure AI system development, 2023, S. 12 f.
77 Vgl. NCSC, Guidelines for secure AI system development, 2023, S. 14.
78 Vgl. NCSC, Guidelines for secure AI system development, 2023, S. 14.

überwachen (analog den BaFin-Vorgaben im Rahmen des Auslagerungs- und Dienstleistungsmanagement). Technische Altlasten, die durch kurzfristige Kompromisse in der Vergangenheit entstanden, sollten identifiziert, verfolgt und sukzessive behoben werden, um langfristige Sicherheitsrisiken zu reduzieren und zu minimieren. Die Bereitstellungsphase umfasst Maßnahmen zum Schutz der Infrastruktur und der Modelle vor Kompromittierung, Bedrohung oder Verlust (vergleichbar mit einer Betriebsphase oder einem ausgeprägten Staging-Konzept).[79] Dazu gehören angemessene Zugangskontrollen zu APIs, Modellen und Daten sowie die Implementierung von Mechanismen zur Erkennung und Abwehr von (Cyber- und IKT-)Angriffen. Sicherheitsvorfälle werden dabei als unvermeidlich betrachtet, weshalb umfassende Vorfallsmanagementverfahren (i. S. d. Incident-Managements) entwickelt und regelmäßig aktualisiert werden sollten. Der Betrieb und die Wartung von KI-Systemen erfordern eine kontinuierliche Überwachung der Systemleistung und -eingaben, um unvorhergesehene oder schleichende Verhaltensänderungen zu erkennen, die die Sicherheit beeinträchtigen könnten. Automatisierte Updates und sichere, modulare Update-Prozesse sind entscheidend, um die Sicherheit des Systems langfristig zu gewährleisten. Auch hier sind KI-Anwendungen grundsätzlich als Einsatzmöglichkeit vorgesehen und könnten ein automatisches Update- und Patchmanagement ergänzen. In einer summarischen Betrachtung betonen die NCSC-Anforderungen und Empfehlungen die Notwendigkeit eines „Secure by Design"-Ansatzes, bei dem Sicherheitsaspekte von Anfang an und während des gesamten Lebenszyklus eines KI-Systems bzw. im organisationalen Verlauf berücksichtigt werden müssen. Dies erfordert erhebliche Ressourcen und eine Priorisierung von Sicherheitsmerkmalen, Mechanismen und Anwendungen, um Kunden und ihre Daten zu schützen und kostspielige Nachbesserungsmaßnahmen zu vermeiden.

3. Datengovernance

In Deutschland haben sowohl die BaFin als auch das BSI klare und umfangreiche Anforderungen an die Datengovernance bei Finanzunternehmen formuliert, um den sicheren und effektiven Einsatz von BDAI zu gewährleisten. Diese Anforderungen fokussieren sich auf verschiedene Aspekte wie Datensicherheit, Datenqualität, Nachvollziehbarkeit von Prozessen und die Anpassungsfähigkeit der Modelle. Dabei ist festzuhalten, dass beaufsichtigte Institute bereits 2021 den Reifegrad der IT-Governance als hoch einschätzen, jedoch einzelne Komponenten, zu denen eine prozessuale und inhaltliche Korrelation besteht, weiterhin als ausbaufähig bewerten (z. B. Informationsrisikomanagement, Informationssicherheitsmanagement und die **59**

---

79 Vgl. NCSC, Guidelines for secure AI system development, 2023, S. 14.

operative Informationssicherheit).[80] Die BaFin legt einen großen Wert auf die Technologieneutralität ihrer Aufsichtsregeln, die sowohl für traditionelle als auch für maschinell lernende Modelle gelten. Es wird betont, dass die bestehenden, technologieneutral formulierten Regeln zur Überprüfung und Genehmigung interner Modelle auch für Methoden des maschinellen Lernens (ML) ausreichend sind. Die Datengovernance im Kontext von BDAI erfordert besondere Aufmerksamkeit auf, die, bereits erwähnte und für die praktische KI-Anwendung besonders relevante, Datenqualität. Die Daten müssen so repräsentativ wie möglich sein und es muss sichergestellt werden, dass die großen Mengen an strukturierten und unstrukturierten Daten korrekt und kontinuierlich validiert wird, um Herausforderungen wie Overfitting zu vermeiden.

60 Die BaFin hebt hervor, dass der manuelle Aufwand für die Auswahl geeigneter Daten und die notwendige Expertise zur Handhabung dieser Daten erheblich sein kann.[81] Ein weiteres zentrales Element ist die Erklärbarkeit der Modelle. Modelle, die auf komplexen ML-Methoden basieren, werden oft als „Blackbox" bezeichnet, da die Beziehungen zwischen Eingaben und Ausgaben nicht immer klar für unabhängige Dritte oder selbst unternehmensinterne Stellen nachvollziehbar sind. Um diese Herausforderung zu adressieren, werden die bereits diskutieren Techniken XAI entwickelt und angewendet. Die Erklärbarkeit ist nicht nur wichtig für die interne Validierung und (externe) Akzeptanz der Modelle und deren Ergebnisse, sondern auch für den möglichen aufsichtsrechtlichen Überprüfungsprozess. Die BaFin fordert daher zu Recht, dass die Ergebnisse der Modelle stabil, verlässlich und nachvollziehbar sind und dass geeignete Maßnahmen zur Verbesserung der Erklärbarkeit getroffen werden.[82] Im Bereich der IT-Implementierung und des Auslagerungsmanagements sieht die BaFin keine spezifischen Risiken, die nur für ML-Methoden gelten.[83] Vielmehr ist das bestehende Risikomanagement im Kontext des Auslagerungsmanagements auf die ML-Methoden und eine eventuelle Komplexitätszunahme im Rahmen der Aus- und Weiterverlagerungen hin zu überprüfen und ggf. anzupassen oder zu erweitern. Die allgemeinen Anforderungen an IT-Sicherheit und Datenschutz gelten auch in allen Fällen der KI-Anwendung, wobei der verstärkte Einsatz von Cloud-Technologien und die steigende Bedeutung der Datenverarbeitung kontinuierlich besondere Aufmerksamkeit erfordern.[84] Adversarial Attacks, also

---

80 Vgl. *Vogel,* Deutsche Bundesbank, Veranstaltung „IT-Aufsicht bei Banken" LSI-ICT-SREP – erste Erkenntnisse der Aufsicht, 2021, S. 5.

81 Vgl. BaFin, Maschinelles Lernen in Risikomodellen: BaFin und Bundesbank konsultieren gemeinsames Diskussionspapier, 2021, S. 5

82 BaFin, Maschinelles Lernen in Risikomodellen: BaFin und Bundesbank konsultieren gemeinsames Diskussionspapier, 2021, S. 13.

83 Vgl. BaFin, Studie: Big Data trifft auf künstliche Intelligenz, 2018, S. 50 ff.

84 Vgl. BaFin, Studie: Big Data trifft auf künstliche Intelligenz, 2018, S. 54 ff.

Angriffe auf die KI-Modelle selbst, müssen ebenfalls berücksichtigt und entsprechend geschützt werden. Die allgemeine Governance von ML-Modellen erfordert klare Regeln zur Unterscheidung zwischen Modellpflege und Modelländerung, um einen kontinuierlichen Verbesserungsprozess sicherzustellen. Häufige Test- und Modellanpassungen (sog. Retrainings) müssen dokumentiert und im Rahmen der bestehenden aufsichtsrechtlichen Anforderungen durchgeführt werden. Dabei ist es wichtig, dass Veränderungen im Modell nachvollziehbar und die Ergebnisse weiterhin stabil bleiben (z. B. Aufbau eines unabhängigen Testmanagements und von Sandboxing-Umgebungen). Die Zusammenarbeit zwischen Modellierungs- und Validierungseinheiten sollte intensiviert werden, um ein gemeinsames Verständnis und eine effektive Überprüfung der Modelle zu gewährleisten. Diese besonders relevanten Maßnahmen sollen sicherstellen, dass BDAI- bzw. KI-Anwendungen effektiv, sicher und transparent in den bestehenden regulatorischen Rahmen und die Organisation integriert werden können. Die Anforderungen des BSI ergänzen diese Vorgaben durch spezifische Maßnahmen zur IT-Sicherheit und zum Schutz personenbezogener Daten, was in Kombination mit den BaFin-Vorgaben eine resiliente Grundlage für den sicheren Einsatz von ML und BDAI in der Finanzbranche schaffen soll.[85]

4. KI-Ergebnisdiskussion

Die durch die BaFin beaufsichtigten Finanzunternehmen müssen sicher- **61**
stellen, dass die KI-gestützten Prozesse in eine wirksame und angemessene Geschäftsorganisation eingebettet sind, um die ordnungsgemäße Operationalisierung, Umsetzung der Anforderungen und Aufsicht zu gewährleisten. Eine der wesentlichen Anforderungen besteht darin, dass die Verantwortung für die Ergebnisse der KI-Anwendungen nicht auf Maschinen übertragen wird.[86] Stattdessen bleibt die Leitungsebene der Unternehmen letztverantwortlich für die Kontrolle und Überwachung dieser Prozesse.[87] Um dies sicherzustellen, ist eine angemessene Dokumentation und ein effektives internes Kontrollsystem (IKS) notwendig. Dies umfasst nicht nur die technischen Aspekte der KI-Anwendungen, sondern auch die Implementierung geeigneter Governance-Strukturen, um die Transparenz und Nachvollziehbarkeit

---

85 Vgl. BSI, AI Cloud Service Compliance Criteria Catalogue (AIC4), 2021; BSI, Formale Methoden und erklärbare künstliche Intelligenz, 2022; BSI, Generative KI-Modelle – Chancen und Risiken für Industrie und Behörden, 2024; BSI, Machine Learning in the Context of Static Application Security Testing – ML-SAST, 2023; BSI, Quantum Machine Learning in the Context of IT Security, 2022; BSI, Reinforcement Learning Security in a Nutshell, 2023; BSI, Security of AI-Systems: Fundamentals – Adversarial Deep Learning, 2022.
86 Vgl. BaFin, Studie: Big Data trifft auf künstliche Intelligenz, 2018, S. 13 ff.
87 BaFin, Studie: Big Data trifft auf künstliche Intelligenz, 2018, S. 13 ff.

der getroffenen Entscheidungen zu gewährleisten. Ein zentraler Punkt ist die Erklärbarkeit der Modelle. Die Aufsichtsbehörden fordern, dass auch komplexe Modelle, die als „Blackbox" betrachtet werden könnten, soweit verständlich gemacht werden, dass sachkundige Dritte die Entscheidungsprozesse nachvollziehen können.[88] Auch die Einhaltung der DSGVO und die Sicherstellung der Datensouveränität spielen eine wichtige Rolle bei der Umsetzung von BDAI-Anwendungen. Es zeigt sich im aufsichtsrechtlichen Verständnis, dass die Integration von KI-Anwendungen in die organisatorischen Strukturen von Finanzunternehmen umfassende Anpassungen und eine enge Zusammenarbeit zwischen verschiedenen Abteilungen und (Kompetenz-)Bereichen erfordert und auf bereits bestehenden Anforderungen aufsetzt (z. B. Abbildung und Dokumentation aller Geschäftsprozesse, Nutzung des Informationsverbunds). Durch die Einhaltung der regulatorischen Anforderungen und die kontinuierliche Überprüfung und Anpassung der KI-Modelle und Daten sollen Finanzunternehmen befähigt werden, die Potenziale von KI effektiv und sicher nutzen zu können. Die Haftungsfragen im Zusammenhang mit KI sind besonders komplex, da KI-Systeme oft autonom und selbstlernend agieren und erfordern in diesem Kontext fortlaufend eine kontinuierliche und fallbezogene Analyse und Bewertung. Im Haftungsrecht können sich durch die unternehmensindividuellen Umsetzungsmöglichkeiten aus der Kausalität heraus Haftungsfragen, Fragen der Risikosteuerung und der Beweisbarkeit ableiten. Kausalitätsfragen entstehen dabei insbesondere durch die Automatisierung und Vernetzung, die zu Multikausalitäten führen kann. Die Risikosteuerung beinhaltet die Einhaltung von Verhaltenspflichten und die Etablierung einer Gefährdungshaftung, sofern die Risikosteuerung nicht bereits einem bestehenden Managementsystem (z. B. Controlling-Funktion, Risikomanagementfunktion) zugeordnet werden kann.

5. Dokumentationsvorgaben, Kalibrierung und Validierung

62 Die Anforderungen der BaFin und des BSI an Dokumentationsvorgaben, technologische Staging-Konzepte sowie die Kalibrierung und Validierung von KI-Modellen bilden einen komplexen Rahmen, der die Integration und Nutzung von ML insbesondere in Risikomodellen strukturiert und technologisch wie auch aufsichtsrechtlich einordnet.[89] Die BaFin und die IOSCO haben klare Leitlinien entwickelt, um die Anwendung von ML-Methoden in der Finanz- und Versicherungsbranche zu regulieren.[90] Diese Richtlinien beinhalten spezifische Anforderungen an die Dokumentation, die Tech-

---

88 Vgl. BaFin, Studie: Big Data trifft auf künstliche Intelligenz, 2018, S. 38 f.
89 Vgl. BaFin, Studie: Big Data trifft auf künstliche Intelligenz, 2018, S. 14 i. V. m. BSI, Security of AI-Systems: Fundamentals – Adversial Deep Learning, 2022, S. 8 ff.
90 Vgl. IOSCO, The use of artificial intelligence and machine learning by market intermediaries and asset managers – Final Report, 2021, S. 2 ff.

nologiestages (z. B. Development, Test, Produktiv) sowie die Kalibrierung und Validierung von Modellen. Im Bereich der Dokumentation fordert die BaFin eine umfassende und nachvollziehbare Aufzeichnung aller Prozesse und Ergebnisse, die mit der Anwendung von ML-Methoden verbunden sind.[91] Dies umfasst mindestens die sorgfältige Dokumentation der Daten-Governance, der Modellierungsschritte sowie der Validierungsergebnisse. Ziel ist es, die Transparenz und Nachvollziehbarkeit zu gewährleisten, damit die verwendeten Algorithmen und deren Ergebnisse sowohl intern als auch extern überprüft werden können. Dies ist besonders wichtig, da die Komplexität von ML-Modellen oft zu einer sogenannten Blackbox-Eigenschaft führt, bei der die Entscheidungsprozesse des Modells schwer nachvollziehbar sind. Die technologischen Staging-Konzepte spielen eine entscheidende Rolle bei der Implementierung von ML-Methoden und im Kontext der IT- und Informationssicherheitsanforderungen. Diese Konzepte umfassen regelmäßig verschiedene Phasen, in denen Modelle entwickelt, getestet und schließlich in den produktiven Betrieb überführt werden. Dabei bezieht sich ein Staging-Konzept nicht ausschließlich auf KI-Modelle, sondern kommt ganz grundsätzlich im Zuge der Vorgaben zur Anwendungsentwicklung zum Einsatz. Ein effektives Staging-Konzept sollte daher sicherstellen, dass ML- und KI-Modelle in einer kontrollierten Umgebung evaluiert werden, bevor sie in Echtzeitanwendungen eingesetzt werden. Dies beinhaltet auch die Notwendigkeit, regelmäßig Updates, Patchläufe und Retrainings durchzuführen, um sicherzustellen, dass die Modelle aktuell bleiben und auf neue Daten und veränderte Bedingungen reagieren können und diese Reaktionen den erwarteten Ergebnissen entsprechen. Eine praktische Anwendungsmöglichkeit der aufsichtsrechtlichen Vorgaben zu Staging-Konzepten ergibt sich bspw. im Kontext der statischen Anwendungssicherheitsprüfung (SAST).[92] Das Ziel ist es dabei, die Entwicklung einer konkreten Anwendung zu erleichtern, die Programmierer vor unsicherem Code warnt. Traditionelle SAST-Tools verwenden regelbasierte Methoden, die oft zu einer hohen Anzahl an Fehlalarmen oder False-positiv-Meldungen führen können. Im SAST-Ansatz wird mit ML-Algorithmen experimentiert, die auf Textmustererkennung und abstrakten Syntaxbaum-Analysen basieren, um sicherheitskritische Schwachstellen zu identifizieren und die Fehlalarmquote weiter zu reduzieren.[93] ML-basierte Ansätze könnten dabei unterstützen, indem sie detailliertere und Realtime Code-Muster erkennen, die von traditionellen Methoden übersehen werden. SAST kann ein wichtiger Bestandteil des

---

91 Vgl. BaFin, Big Data und künstliche Intelligenz: Neues Prinzipienpapier der BaFin, 2021, S. 9 f.
92 Vgl. BSI, Machine Learning in the Context of Static Application Security Testing – ML-SAST, 2023.
93 Vgl. BSI, Machine Learning in the Context of Static Application Security Testing – ML-SAST, 2023.

Sicherheitsentwicklungszyklus, des SIEM und SOC sein, da es darauf abzielt, Sicherheitsfehler im Code so früh wie möglich zu identifizieren und somit zu den präventiven Sicherheitsinstrumenten zählt. Dabei kommen auch bei der SAST-Betrachtung spezifische Fehlerfälle zum Einsatz, die von ML-SAST-Tools erkannt werden sollen, und umfassen typische Sicherheitsprobleme von Organisationen.[94] Die Anforderungen an ML-SAST-Ansätze werden sowohl qualitativ als auch quantitativ analysiert, wobei auf Aspekte wie Transparenz, Datenformate und Metriken eingegangen werden muss, die bei der Entwicklung solcher Tools berücksichtigt werden müssen, um eine intersektorale Vergleichbarkeit und Ableitung von (aufsichts-)rechtlichen Vorgaben sicherzustellen.

D. Herausforderungen und Zukunftsperspektiven

I. Ethische und gesellschaftliche Herausforderungen

63 Die Digitalisierung und der Einsatz von KI spielen eine immer wichtigere Rolle in der Modernisierung und Effizienzsteigerung der Finanzmarktteilnehmenden. Der Einsatz von KI in der Finanzbranche bietet zahlreiche Vorteile, die mit (aufsichts-)rechtlichen Vorgaben einhergehen. So können bspw. Kreditrisiken genauer bewertet und Betrugsfälle effizienter aufgedeckt werden. Algorithmen analysieren große Datenmengen in kürzester Zeit (z. B. unter Einsatz von Quanten-Computing) und treffen fundierte Entscheidungen, die auf historischen Daten und aktuellen Markttrends (real-time) basieren. Dies kann zu einer höheren Genauigkeit in der Risikoeinschätzung und Bearbeitungsgeschwindigkeit von Finanztransaktionen und der Vergabe von Krediten führen. Algorithmen, die auf historischen Daten trainiert werden, können jedoch auch bestehende Vorurteile und Diskriminierungen in den Daten widerspiegeln und verstärken. Ein bekanntes Beispiel ist auch hier die Kreditvergabe. Wenn die historischen Daten, die zur Ausbildung der Algorithmen verwendet werden, diskriminierende Muster aufweisen, wie z. B. eine Benachteiligung bestimmter ethnischer Gruppen, Wohnregionen oder Geschlechter, kann dies zu unfairen Kreditentscheidungen führen, die den Verbraucherschutz negativ beeinflussen.[95] Diese Problematik wurde durch mehrere Studien bestätigt, eine Untersuchung der Universität Frankfurt zeigte demnach, dass Algorithmen zur Kreditbewertung tendenziell höhere Zinssätze für Minderheiten und Frauen festlegten, selbst wenn deren finanzielle Situation vergleichbar mit der Situation anderer Kreditneh-

---

94 Vgl. BSI, Machine Learning in the Context of Static Application Security Testing – ML-SAST, 2023.
95 Vgl. BaFin, Studie: Big Data trifft auf künstliche Intelligenz, 2018, S. 30 ff.

mer war.[96] Dies deutet darauf hin, dass KI-Systeme unbewusste Vorurteile der Entwickler oder der unspezifischen Datenmengen übernehmen und so systematische Diskriminierung fortsetzen oder sogar verstärken können. Um solche Diskriminierungen zu vermeiden, müssen Finanzinstitute sicherstellen, dass ihre KI-Systeme transparent und fair sind und das vorgenannte Blackboxing durch die Erfüllung von Transparenzanforderungen ausschließen. Ergänzend kann eine regelmäßige Überprüfung und Anpassung der Algorithmen dazu beitragen, dass KI-Anwendungen oder bereits die Datengrundlage der KI-Anwendungen keine diskriminierenden Muster aufweisen. Obwohl KI-Systemen oft umgangssprachlich automatisch ein gewisses Maß an Objektivität zugeschrieben wird, können KI-Anwendungen bestehende Ungleichbehandlungen oder neue Diskriminierungen erzeugen. Im Bereich der Kreditwürdigkeitsprüfung hat der Einsatz von KI-Systemen bereits zu neuen rechtlichen Herausforderungen und Anpassungen geführt. Während die Kreditwürdigkeitsprüfung nach §§ 505a ff. BGB weitgehend automatisiert erfolgt, müssen Institute die DSGVO und das Allgemeine Gleichbehandlungsgesetz (AGG) beachten.[97] Die EU-Verbraucherkreditrichtlinie sieht zudem Bestimmungen zur automatisierten Verarbeitung vor, die durch die zukünftige KI-Gesetzgebung der EU weiter verschärft werden. Diese Regelungen sollen auch in Zukunft sicherstellen, dass die Kreditwürdigkeitsprüfung diskriminierungsfrei und datenschutzkonform erfolgt.

II. Zukünftige Entwicklungen und Trends

Die Studie „Security of AI Systems: Fundamentals" des Bundesamts **64** für Sicherheit in der Informationstechnik (BSI) behandelt die Sicherheit von KI-Systemen, insbesondere von tiefen neuronalen Netzwerken (DL-Modelle).[98] Mit der zunehmenden Verbreitung von KI-Systemen in kritischen Bereichen wie Sprachassistenten, autonomen Systemen, dem Finanzwesen und medizinischer Diagnostik gewinnen Fragen zur Zuverlässigkeit und Sicherheit dieser Systeme an Bedeutung. Die Studie konzentriert sich auf Bedrohungen und Angriffsvektoren, die spezifisch für DL-Modelle sind, wie Umgehungsangriffe, Poisoning- und Backdoor-Angriffe sowie Angriffe auf die Privatsphäre (z. B. Social Engineering).[99]

Ein zentraler Aspekt der Studie ist die Definition von Bedrohungsmodellen, **65** die die Ziele, Fähigkeiten und das Wissen potenzieller Angreifer beschrei-

---

96 Vgl. *Langenbucher*, Kreditwürdigkeitsprüfung mittels KI – zum EU-Vorschlag für ein Gesetz über künstliche Intelligenz, o. D.
97 Vgl. *Buck-Heeb*, BKR 2023, 137.
98 Vgl. BSI, Security of AI-Systems: Fundamentals – Adversarial Deep Learning, 2022.
99 Vgl. BSI, Security of AI-Systems: Fundamentals – Adversarial Deep Learning, 2022, S. 6 f.

ben.[100] Ein Bedrohungsmodell hilft dabei, die Angriffsvektoren zu identifizieren und geeignete Abwehrstrategien zu entwickeln, die wiederum in das IT- und Informationssicherheitsmanagement organisationsspezifisch überführt werden können. Zu den typischen Angriffstypen zählen Umgehungsangriffe, bei denen gezielt manipulierte Eingaben die Ausgabe des Modells verändern, sowie Poisoning- und Backdoor-Angriffe, bei denen während des Trainings der Modelldaten absichtlich Schwachstellen eingefügt werden, die später ausgenutzt werden können.[101] Weitere Angriffe können bspw. auf die Extraktion von Informationen aus dem KI-Modell oder den Trainingsdaten abzielen. Die Studie schlägt verschiedene Best Practices vor, um die Sicherheit von KI-Systemen zu erhöhen und gibt damit Organisationen neben den aufsichtsrechtlichen Anforderungen praktische Umsetzungshinweise.[102] Dazu gehört die Implementierung robuster Zertifizierungs- und Verifikationsmethoden, die sicherstellen, dass Modelle gegen bestimmte Angriffe resilient werden.[103] Diese Umsetzungsempfehlungen reichen dabei von vollständiger Verifikation, die genaue Grenzen für die Robustheit eines Modells liefert, bis hin zu probabilistischen Ansätzen, die die Wahrscheinlichkeit abschätzen, dass ein Modell unter bestimmten Bedingungen korrekt funktioniert.[104] Ein wichtiger Teil der spezifischen Abwehrstrategien ist das adverse Training, bei dem während des Trainings gezielt Angriffe simuliert werden, um das Modell gegen solche Angriffe kontinuierlich zu härten.[105] Darüber hinaus empfiehlt die Studie, die Trainingsdaten zu augmentieren und große, qualitativ hochwertige Datensätze zu verwenden, um die allgemeine Robustheit des Modells weiter zu verbessern.[106] Dabei wird auch betont, dass die Optimierung von Modellen nicht nur auf Genauigkeit, sondern auch auf Robustheit gegenüber Angriffen abzielen sollte. Für die Verteidigung gegen Poisoning- und Backdoor-Angriffe wird empfohlen, vertrauenswürdige Datenquellen zu verwenden und die Trainingsdaten laufend auf

---

100 Vgl. BSI, Security of AI-Systems: Fundamentals – Adversial Deep Learning, 2022, S. 6 f.
101 Vgl. BSI, Security of AI-Systems: Fundamentals – Adversial Deep Learning, 2022, S. 22 f.
102 Vgl. BSI, Security of AI-Systems: Fundamentals – Adversial Deep Learning, 2022, S. 12 ff.
103 Vgl. BSI, Security of AI-Systems: Fundamentals – Adversial Deep Learning, 2022, S. 13 f.
104 Vgl. BSI, Security of AI-Systems: Fundamentals – Adversial Deep Learning, 2022, S. 15.
105 Vgl. BSI, Security of AI-Systems: Fundamentals – Adversial Deep Learning, 2022, S. 194 ff.
106 Vgl. BSI, Security of AI-Systems: Fundamentals – Adversial Deep Learning, 2022, S. 75.

Anomalien zu überprüfen.[107] Zudem sollten Modelle und ihre Komponenten aus vertrauenswürdigen Quellen stammen, und es sollten Mechanismen zur Erkennung und Bereinigung der Backdoors implementiert werden.[108] Hierzu gehören spezielle Pruning-Methoden und differenzielles Retraining.[109]

Ein weiteres zentrales Thema der Studie ist die zunehmende digitale Ver- **66** netzung und die damit verbundene Verfügbarkeit großer Datenmengen, die durch neue Technologien wie das IoT weiter an Bedeutung gewinnen.[110] Diese Entwicklungen ermöglichen es, immer komplexere Aufgaben zu lösen und neue Geschäftsmodelle zu entwickeln. Die Studie zeigt, dass BDAI nicht nur bestehende Strukturen optimieren, sondern auch vollständig neue Anwendungen, Dienstleistungen und Geschäftsmodelle schaffen kann. Daraus resultiert die Annahme, dass im Bereich der Bankenbranche BDAI die Disaggregation der Wertschöpfungsketten weiter vorantreiben wird. Neue Anbieter können durch datengetriebene Geschäftsmodelle bestimmte Teile der Wertschöpfungskette besetzen, ohne ein vollständiges Produktportfolio anbieten und damit ggf. einhergehende (aufsichts-)rechtliche Anforderungen erfüllen zu müssen. Dies könnte etablierte Banken dazu zwingen, vermehrt als Infrastrukturdienstleister für Drittanbieter zu agieren. Ein weiterer Bereich, in dem BDAI entscheidend sein könnte, ist die Kundenschnittstelle (Frontend). Hier kann die Anwendung von BDAI-Technologien zu schnelleren Prozessen, reibungsloseren Interaktionen und personalisierten Dienstleistungen führen. Besonders wertvoll für Unternehmen sind dabei Transaktionsdaten, die detaillierte Einblicke in das Kundenverhalten ermöglichen und zur Optimierung individueller Angebote genutzt werden können. Für Versicherungsunternehmen können sich aus dem BDAI-Einsatz bspw. erhebliche Potenziale ergeben, insbesondere im Marketing und Vertrieb. Durch die Analyse von Schadensdaten und externen Kundendaten können Versicherer ihre Akquise und Cross-Selling-Strategien als auch die internen Kalkulationen weiter präzisieren. Dies ist besonders für volumenstarke Segmente wie die Kraftfahrt-, Hausrat- und Wohngebäudeversicherung relevant. Darüber hinaus könnten neue Anbieter wie Insurtechs entstehen und versuchen, durch personalisierte Dienstleistungen die Kundenschnittstelle zu besetzen und eigene Versicherungsprodukte anzubieten. Durch den dadurch aufkommenden Marktdruck ist anzunehmen, dass sich aus Sicht der Verbrauchenden Produkte vergünstigen oder über Weiterentwicklungen im Leis-

---

107 Vgl. BSI, Security of AI-Systems: Fundamentals – Adversial Deep Learning, 2022, S. 22 ff.
108 Vgl. BSI, Security of AI-Systems: Fundamentals – Adversial Deep Learning, 2022, S. 22 ff.
109 Vgl. BSI, Security of AI-Systems: Fundamentals – Adversial Deep Learning, 2022, S. 23 f.
110 Vgl. BSI, Security of AI-Systems: Fundamentals – Adversial Deep Learning, 2022, S. 4 ff.

tungssegment Vorteile bieten können. In den Kernprozessen der Versicherer könnte BDAI zu Effizienzsteigerungen und differenzierteren Preisgestaltungen führen. Neue Datenquellen, etwa aus Wearables (z. B. Smartwatches) oder Telematik, ermöglichen präzisere Risikoeinschätzungen und situative Versicherungsprodukte. Zusätzlich könnte die Datenmonetarisierung durch den Verkauf anonymisierter Datenpakete oder erweiterter Dienstleistungen zur Schadenprävention eine neue Ertragsquelle für die Unternehmen darstellen. Am Kapitalmarkt wird BDAI bereits umfassender genutzt, vor allem zur Unterstützung von Front-, Middle- und Backoffice-Funktionen sowie im Bereich der Compliance-Funktionen. Die nachfolgende Abbildung zeigt dabei eindrücklich, dass die beaufsichtigten Unternehmen und KMU des Industriesektors weiteres Entwicklungspotenzial haben, da die häufigsten Verwendungszwecke von KI-Anwendungen nicht vollständig an die BaFin Mittelfristziele heranreichen. Daneben werden Stabilität und Sicherheit als eine der größten Herausforderungen gesehen. Insbesondere die Potenzialbereiche für KI-Anwendungen, die gleichzeitig große Herausforderungen für Unternehmen bedeuten, sollten organisationsspezifisch analysiert und durch den Einsatz von KI-Anwendungen optimiert werden.

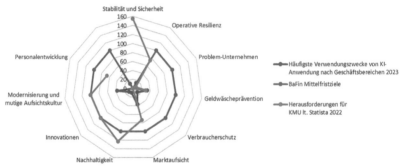

Abbildung 4: Entwicklungspotenzial von KI entlang den KMU-Herausforderungen 2022 und den BaFin Mittelfristzielen 2025[111]

67 Die möglichen, zukünftigen Entwicklungen und Trends ordnet die BaFin zuletzt in ihrem Artikel „BaFin, KI bei Banken und Versicherern: Automatisch fair?"[112] gegen die KI-Anwendungsfelder ein und führt dabei erneut die mit der KI-Nutzung einhergehenden Risiken und potenziellen Diskriminierungen ausführlich aus. Die BaFin bestätigt dabei nochmals die Sichtweise,

---

111 Eigene Abbildung in Anlehnung an BaFin, Mittelfristziele, 2021; Statista, Umfrage zu den häufigsten Verwendungszwecken von KI-Anwendungen im Vergleich zu generativen KI-Anwendungen nach Geschäftsbereichen 2023; Statista, Was sind aus Ihrer Sicht derzeit die größten Gefahren für die Entwicklung Ihres Unternehmens? 2021.
112 Vgl. BaFin, KI bei Banken und Versicherern: Automatisch fair?, 2024.

dass die Automatisierung von Entscheidungsprozessen durch KI bestehende Diskriminierungsrisiken verstärken kann, da Maschinen nur scheinbar einer neutralen Logik folgen.[113] Dabei muss, unter Berücksichtigung der geltenden (EU-)Gesetze, zwischen direkter und indirekter Diskriminierung differenziert werden. Direkte Diskriminierung benachteiligt Personen aufgrund geschützter Merkmale wie Geschlecht, Alter oder ethnischer Herkunft.[114] Indirekte Diskriminierung entsteht durch scheinbar neutrale Verfahren, die bestimmte Personengruppen benachteiligen können.[115] Die Fairness in KI-Systemen, die einer möglichen Diskriminierung entgegenwirken kann, umfasst drei Aspekte: algorithmische Fairness, rechtliche Diskriminierung und Bias.[116] Algorithmische Fairness zielt darauf ab, durch das Design von Algorithmen eine gleichförmige Behandlung von Personen sicherzustellen.[117] Rechtliche Diskriminierung unterscheidet sich je nach nationaler Jurisdiktion, wie etwa im AGG in Deutschland.[118] Bias bezeichnet dabei systematische Verzerrungen, die durch nicht repräsentative Datensätze oder eine nicht-korrekte Datenerhebung und -verwendung entstehen können.[119] Die BaFin betont dabei erneut, dass eine transparente Daten-Governance entscheidend ist, um eine faire Behandlung der Verbraucher zu gewährleisten.[120] Bei vergleichbaren Ergebnissen sollten einfache Modelle den komplexen Blackbox-Methoden vorgezogen werden, um eine mögliche Bias besser erkennen zu können, wie auch bereits zuvor im Kontext der Blackbox-Modellierung ausgeführt wurde. Dabei gibt es nach allgemeiner Lesart zahlreiche Ansätze zur Messung von Fairness in der KI-Modellierung, jedoch sind diese Kennzahlen oft nicht kompatibel zueinander und ermöglichen damit keine direkte Vergleichbarkeit oder objektive intersektorale Nutzung der Daten. Die bereits zuvor geschilderten XAI-Techniken sollen die Blackbox-Eigenschaft von KI-Systemen abmildern und deren Transparenz erhöhen und den Effekten bzw. Risiken entgegenwirken. Finanzdienstleister sind somit verpflichtet, ungerechtfertigte Diskriminierung durch KI/ML zu vermeiden.[121] Die BaFin erwartet von den beaufsichtigten Instituten dabei eine klare Verantwortlichkeit und eine Sensibilisierung der Mitarbeiterinnen und Mitarbeiter für die entsprechend einschlägigen und mögliche Risiken.[122] Mit den neuen EU-weiten Anforderungen an Erklärbarkeit, Transparenz und Fairness werden

---

113 Vgl. BaFin, KI bei Banken und Versicherern: Automatisch fair?, 2024.
114 Vgl. BaFin, KI bei Banken und Versicherern: Automatisch fair?, 2024.
115 Vgl. BaFin, KI bei Banken und Versicherern: Automatisch fair?, 2024.
116 Vgl. BaFin, KI bei Banken und Versicherern: Automatisch fair?, 2024.
117 Vgl. BaFin, KI bei Banken und Versicherern: Automatisch fair?, 2024.
118 Vgl. BaFin, KI bei Banken und Versicherern: Automatisch fair?, 2024.
119 Vgl. BaFin, KI bei Banken und Versicherern: Automatisch fair?, 2024.
120 Vgl. BaFin, KI bei Banken und Versicherern: Automatisch fair?, 2024.
121 Vgl. BaFin, KI bei Banken und Versicherern: Automatisch fair?, 2024.
122 Vgl. BaFin, KI bei Banken und Versicherern: Automatisch fair?, 2024.

für Europa neue Maßstäbe für den Umgang mit ungerechtfertigter Diskriminierung durch KI/ML in der Finanzbranche gesetzt, die durch die BaFin regulatorisch begleitet und so für die beaufsichtigten Unternehmen operationalisierbar gemacht werden.

E. Fazit

68   Fin- und Insuretechs im Kontext von BDAI spielen bei der zukünftigen Marktbearbeitung eine wichtige Rolle, indem sie als Ideengeber, Innovationstreiber oder Prozessoptimierer agieren und oft in Partnerschaft mit etablierten Marktteilnehmern arbeiten. Die zunehmende Spezialisierung und das Entstehen neuer Marktakteure könnten zu einer höheren Komplexität und Vernetzung im Kapitalmarkt führen. Aufsicht und Regulierung werden in letzter Konsequenz mit der schnellen technologischen Entwicklung Schritt halten müssen. Neue oder weiterentwickelte regulatorische Ansätze könnten erforderlich sein, um ein Höchstmaß an Transparenz für Verbrauchende zu gewährleisten und die Kontrolle über neue Marktstrukturen zu behalten. Besondere Aufmerksamkeit sollte dabei weiterhin die Sicherstellung von Verbraucherschutz und Datensicherheit genießen, um das Vertrauen in BDAI-Anwendungen und den Finanzmarkt insgesamt sicherzustellen. Die Anwendungsfälle und regulatorischen Anforderungen im BDAI-Segment deuten bereits heute darauf hin, dass BDAI, ML und KI in den kommenden Jahren eine entscheidende Rolle in der deutschen Finanzbranche spielen wird. Durch die Kombination von großen Datenmengen und fortschrittlichen IKT-Technologien können Finanzunternehmen effizienter arbeiten, personalisierte Dienstleistungen anbieten und neue Geschäftsmodelle entwickeln. Gleichzeitig müssen jedoch die Herausforderungen in Bezug auf Datenschutz, Verbrauchervertrauen und regulatorische Rahmenbedingungen adressiert werden, um die Chancen von BDAI voll ausschöpfen zu können und eine kontinuierliche Neubewertung der Sicherheitsmaßnahmen erfolgen, da sich sowohl Angriffe als auch Verteidigungsmethoden neben den aufsichtsrechtlichen Prinzipien und Empfehlungen ständig weiterentwickeln.

Literaturverzeichnis

Alle Internetquellen wurden zuletzt abgerufen am 27.8.2024.

BaFin Big Data und künstliche Intelligenz: Neues Prinzipienpapier der BaFin, 2021, https://www.bafin.de/SharedDocs/Veroeffentlichungen/DE/Meldung/2021/meldung_210615_Prinzipienpapier_BD_KI.html

BaFin Diskussionspapier Maschinelles Lernen in Risikomodellen – Charakteristika und aufsichtliche Schwerpunkte, 2021, https://www.bafin.de/SharedDocs/Downloads/DE/Konsultation/2021/dl_kon_11_21_Diskussionspapier.docx;jsessionid=9E8FB718850631D0636096CB9DCEBD0E.internet981?__blob=publicationFile&v=2

BaFin IT Aufsicht bei Banken: Vortrag 1: DORA, 2021, https://www.bafin.de/SharedDocs/Downloads/DE/Veranstaltung/dl_210927_IT_Aufsicht_Banken_Vortrag1.pdf;jsessionid=9EAEDA76A927088EC41D67BDD1435365.internet982?__blob=publicationFile&v=3

BaFin IT-Aufsicht bei Banken: Vortrag 2: BAIT, 2021, https://www.bafin.de/SharedDocs/Downloads/DE/Veranstaltung/dl_210927_IT_Aufsicht_Banken_Vortrag2.pdf;jsessionid=9EAEDA76A927088EC41D67BDD1435365.internet982?__blob=publicationFile&v=3

BaFin KI bei Banken und Versicherern: Automatisch fair?, 2024, https://www.bafin.de/SharedDocs/Veroeffentlichungen/DE/Fachartikel/2024/fa-bj_0801_KI_Finanzindustrie.html#:~:text=F%C3%BCr%20die%20BaFin%20ist%20klar,zu%20deren%20Beseitigung%20zu%20ergreifen

BaFin Organisationsplan, 2024, https://www.bafin.de/SharedDocs/Downloads/DE/Liste/dl_organigramm.html

BaFin Mittelfristziele, 2021. https://www.bafin.de/SharedDocs/Downloads/DE/Aufsichtsrecht/dl_Mittefristziele_2021.pdf?__blob=publicationFile&v=3

BaFin	Rundschreiben 10/2017 (BA) – Bankaufsichtliche Anforderungen an die IT (BAIT), 2021, https://www.bafin.de/SharedDocs/Downloads/DE/Rundschreiben/dl_rs_1710_ba_BAIT.pdf?__blob=publicationFile&v=3
BaFin	Maschinelles Lernen in Risikomodellen: BaFin und Bundesbank konsultieren gemeinsames Diskussionspapier, 2021, https://www.bafin.de/SharedDocs/Veroeffentlichungen/DE/Meldung/2021/meldung_2021_07_15_Konsultation_Maschinelles_Lernen.html
BaFin	Studie: Big Data trifft auf künstliche Intelligenz, 2018, https://www.bafin.de/SharedDocs/Downloads/DE/dl_bdai_studie.html;jsessionid=8DBD386DB4DBB3BBC007E8393AAB4FB7.internet982?nn=19659504
Berghoff, Christian/Neu, Matthias/von Twickel, Arndt	Vulnerabilities of Connectionist AI Applications: Evaluation and Defense, 2020, https://www.frontiersin.org/journals/big-data/articles/10.3389/fdata.2020.00023/full
BMBF	BMBF-Aktionsplan: Künstliche Intelligenz – Neue Herausforderungen chancenorientiert angehen 2023, https://www.bmbf.de/SharedDocs/Publikationen/de/bmbf/5/31819_Aktionsplan_Kuenstliche_Intelligenz.pdf?__blob=publicationFile&v=7
Brorsen, Hans/Falk, Richard	Neue Compliance-Pflichten nach dem Digital Services Act, MMR 2024, 32 ff.
BSI	AI Cloud Service Compliance Criteria Catalogue (AIC4), 2021, https://www.bsi.bund.de/SharedDocs/Downloads/EN/BSI/CloudComputing/AIC4/AI-Cloud-Service-Compliance-Criteria-Catalogue_AIC4.html
BSI	AI security concerns in a nutshell – Practical AI-Security guide, 2023, https://www.bsi.bund.de/SharedDocs/Downloads/EN/BSI/KI/Practical_AI-Security_Guide_2023.html

BSI   Deep Learning Reproducibility and Explainable AI (XAI), 2022, https://www.bsi.bund.de/SharedDocs/Downloads/EN/BSI/KI/Deep_Learning_Reproducibility_and_Explainable_AI.html

BSI   Einfluss von KI auf die Cyberbedorhungslandschaft, 2024, https://www.bsi.bund.de/SharedDocs/Downloads/DE/BSI/KI/Einfluss_KI_auf_Cyberbedrohungslage.pdf?__blob=publicationFile&v=2

BSI   Formale Methoden und erklärbare künstliche Intelligenz, 2022, https://www.bsi.bund.de/SharedDocs/Downloads/DE/BSI/KI/Formale_Methoden_erklaerbare_KI.html

BSI   Generative KI-Modelle – Chancen und Risiken für Industrie und Behörden, 2024, https://www.bsi.bund.de/SharedDocs/Downloads/DE/BSI/KI/Generative_KI-Modelle.html

BSI   Machine Learning in the Context of Static Application Security Testing – ML-SAST, 2023, https://www.bsi.bund.de/DE/Service-Navi/Publikationen/Studien/ML-SAST/ml-sast.html

BSI   Quantum Machine Learning in the Context of IT Security, 2022, https://www.bsi.bund.de/SharedDocs/Downloads/DE/BSI/Publikationen/Studien/QML/QML_in_the_Context_of_IT_Security.html

BSI   Reinforcement Learning Security in a Nutshell, 2023, https://www.bsi.bund.de/SharedDocs/Downloads/EN/BSI/KI/Reinforcement_Learning_Security_in_a_Nutshell.pdf?__blob=publicationFile&v=1

BSI   Sicherer, robuster und nachvollziehbarer Einsatz von KI – Probleme, Maßnahmen und Handlungsbedarfe, 2021, https://www.bsi.bund.de/SharedDocs/Downloads/DE/BSI/KI/Herausforderungen_und_Massnahmen_KI.pdf?__blob=publicationFile&v=5

BSI	Towards Auditable AI Systems (2022), 2021, https://www.bsi.bund.de/SharedDocs/Downloads/EN/BSI/KI/Towards_Auditable_AI_Systems_2022.html
BSI	Security of AI-Systems: Fundamentals – Adversial Deep Learning, 2022, https://www.bsi.bund.de/SharedDocs/Downloads/EN/BSI/KI/Security-of-AI-systems_fundamentals.html
BSI	Security of AI-Systems: Fundamentals – Provision or use of external data or trained models, 2022, https://www.bsi.bund.de/SharedDocs/Downloads/EN/BSI/Publications/Studies/KI/P464_Provision_use_external_data_trained_models.html
Buck-Heeb, Petra	Rechtsrisiken bei automatisierter Kreditwürdigkeitsprüfung und Kreditvergabe, BKR 2023, 137 ff.
Bundesregierung Deutschland	KI-Aktionsplan – Künstliche Intelligenz als Schlüsseltechnologie stärker nutzen, 2023, https://www.bundesregierung.de/breg-de/themen/digitalisierung/kuenstliche-intelligenz/aktionsplan-kuenstliche-intelligenz-2215658
Busche, Daniel	Einführung in die Rechtsfragen der künstlichen Intelligenz, JA 2023, 441 ff.
Deloitte	Kostenbarometer Regulatorik: Studie zu regulatorischen Aufwänden für Unternehmen, 2021 https://www2.deloitte.com/content/dam/Deloitte/de/Documents/risk/Deloitte-Kostbar-Abschlussbericht.pdf
Deutsche Bundesbank	*A. Vogel,* Veranstaltung „IT-Aufsicht bei Banken" LSI-ICT-SREP – erste Erkenntnisse der Aufsicht, 2021, https://www.bundesbank.de/resource/blob/833546/783daad993e7b85fc25057aaf99d11cb/mL/2021-09-27-lsi-ict-srep-data.pdf
Europäisches Parlament	Gesetz über künstliche Intelligenz, 2024, https://www.europarl.europa.eu/RegData/seance_pleniere/textes_adoptes/definitif/2024/03-13/0138/P9_TA(2024)0138_DE.pdf

Europäisches Parlament	KI-Gesetz: erste Regulierung der künstlichen Intelligenz, 2024, https://www.europarl.europa.eu/topics/de/article/20230601STO93804/ki-gesetz-erste-regulierung-der-kunstlichen-intelligenz
IBM	Was ist starke KI?, o.D. https://www.ibm.com/de-de/topics/strong-ai
IFF	Chancen und Risiken von Künstlicher Intelligenz und Algorithmen aus antidiskriminierungsrechtlicher Perspektive, 2021, https://www.iff-hamburg.de/wp-content/uploads/2022/06/CHANCEN-UND-RISIKEN-VON-KUeNSTLICHER-INTELLIGENZ-UND-ALGORITHMEN-AUS-ANTI-DISKRIMINIERUNGS-RECHTLICHER-PERSPEKTIVE.pdf
IOSCO	The use of artificial intelligence and machine learning by market intermediaries and asset managers – Final Report, 2021, https://www.iosco.org/library/pubdocs/pdf/IOSCOPD684.pdf
Kommission Zukunft Statistik	Bericht und Empfehlungen der Kommission Zukunft Statistik, 2024, https://www.destatis.de/DE/Ueber-uns/Leitung-Organisation/KomZS/abschlussbericht.pdf?__blob=publicationFile
Krüger, Daniel/Wagner, Susan	Das Phänomen „Künstliche Intelligenz" aus regulatorischer und haftungsrechtlicher Sicht, ZfPC 2023, 124 ff.
Langenbucher, Katja	Kreditwürdigkeitsprüfung mittels KI – zum EU-Vorschlag für ein Gesetz über künstliche Intelligenz, o.D. https://ibf-frankfurt.de/components/getdata.php?file=1635849209_SFupLD_2_langenbucher2710.pdf
Langheld, Georg Christian/Haagen, Christian	Einsatz Künstlicher Intelligenz bei unternehmerischen Entscheidungen, NZG 2023, 1535 ff.
Lauscher, Anne/Legner, Sarah	Künstliche Intelligenz und Diskriminierung, ZfDR 2022, 367 ff.
Müller-Peltzer, Philipp/Tanczik, Valentin	Künstliche Intelligenz und Daten, RDi 2023, 452 ff.
NCSC	Guidelines for secure AI system development, 2023, https://www.ncsc.gov.uk/files/Guidelines-for-secure-AI-system-development.pdf

Statista	Umfrage zu den häufigsten Verwendungszwecken von KI-Anwendungen im Vergleich zu generativen KI-Anwendungen nach Geschäftsbereichen, 2023, https://de.statista.com/statistik/daten/studie/1407081/umfrage/verwendung-kuenstliche-intelligenz-nach-geschaeftsbereichen-2023/
Statista	Was sind aus Ihrer Sicht derzeit die größten Gefahren für die Entwicklung Ihres Unternehmens? 2021, https://de.statista.com/statistik/daten/studie/152891/umfrage/auswirkungen-der-wirtschaftslrise-auf-die-unternehmen/
Strecker, Michael B.	Bausteine einer Regulierung algorithmischer Systeme inkl. Künstlicher Intelligenz, RDi 2021, 124 ff.
Wirth, Christian/Schreier, Vincent	Aktuelle Entwicklungen im Versicherungsaufsichts- und Versicherungsunternehmensrecht, r+s 2024, 49 ff.
Zech, Herbert	Künstliche Intelligenz und Haftungsfragen, ZfPW 2019, 198 ff.
Zech, Herbert	Haftung für Trainingsdaten Künstlicher Intelligenz, NJW 2022, 502 ff.

Supernok-Kolbe

Kapitel 8
Künstliche Intelligenz (KI) und Strafrecht

Übersicht

A. Einführung

Die rasante Entwicklung von KI-Systemen durchdringt alle gesellschaftli-   **1**
chen Bereiche. Für das Strafrecht eröffnet das „Megathema" faszinierende
Chancen, birgt aber auch komplexe Risiken. Nach der Eingrenzung des Ge-
genstands (B.) wird die strafrechtliche Verantwortlichkeit beim Einsatz von
KI betrachtet (C.). Weiter wird sowohl die Begehung von Straftaten (D.) als
auch die Strafverfolgung mittels KI (E.) analysiert. Schließlich wird auf die
KI-gestützte Aburteilung von Straftaten eingegangen (F.). Auf internationa-

ler Ebene wurde zuletzt auf dem AIDP-Kongress in Paris (26.–28.6.2024) über KI diskutiert.[1]

B. Gegenstand und Historie

2 Zunächst gilt es, sich über den Begriff „KI" zu vergewissern.[2] Einigkeit besteht, dass es sich um ein Teilgebiet der Informatik handelt, das Schnittstellen mit vielen Wissenschaftsbereichen aufweist.[3] IT-Geräte und Maschinen sollen mit kognitiven Fähigkeiten ausgestattet werden, die bisher nur Menschen vorbehalten waren.[4] Charakterisieren lässt sich KI durch die Elemente „Wahrnehmen, Verstehen, Handeln und Lernen".[5] Dies harmoniert mit der Etymologie des Begriffs „Intelligenz" (intelligentia, lat., Fähigkeit zum Verstehen, Erkennen und Unterscheiden). In diesem Sinne definieren Art. 3 der KI-Verordnung der EU (unten Rn. 54 ff.) und Art. 2 der KI-Konvention des Europarats (unten Rn. 60 ff.) KI-Systeme als maschinelle Systeme, die autonom arbeiten, sich anpassen können und aus den Eingaben Ergebnisse wie Vorhersagen, Inhalte, Empfehlungen oder Entscheidungen erzeugen, welche die physische oder virtuelle Umgebung beeinflussen können. Die Entwicklung fokussiert sich derzeit auf die „schwache KI", die auf spezifische Anwendungsgebiete beschränkt ist, denkbar ist auch eine „starke KI", eine allgemeine Intelligenz, die dem menschlichen Denken mindestens ebenbürtig ist.[6]

3 Schon in der Antike träumten die Menschen von intelligenten Maschinen. *Homer* beschrieb im 8. Jahrhundert vor Christus in der Ilias die Dreifüße des Hephaistos, automatisierte Maschinen („Roboter"), und in der Odyssee die selbst steuernden Schiffe der Phaiaken, die ihre Reiseroute selbständig festlegten („autonome Fahrzeuge").[7] Aber erst in den 1950er Jahren begann die Entwicklung von Algorithmen, die Probleme durch maschinelles Lernen lösen konnten, statt sich nur auf feste Regeln zu stützen. Als erstes KI-Programm der Welt gilt der im Sommer 1956 auf der Darthmouth Conference[8] in Hanover (New Hampshire) vorgestellte Logic Theorist, der

---

1 Tagungsbeiträge des Internationalen Vorkolloquiums von Buenos Aires zu Predictive Policing, Predictive Justice and Evidence through AI (28.–31.3.2023) in Lelieur, RIDP 94/2 (2023).
2 Überblick bei *Ibold*, Künstliche Intelligenz und Strafrecht, S. 155 ff.
3 *Kohn*, Künstliche Intelligenz und Strafzumessung, S. 27 m. w. N.
4 Siehe nur *Seng*, Maschinenethik und KI, S. 185, 186 f.
5 *Kaulartz/Braegelmann*, in: Rechtshandbuch AI/ML, Kap. 1 Rn. 9.
6 Siehe nur *Cornelius*, in: Jishkariani/Waßmer, S. 171, 172 f.
7 *Lotz-Grütz*, Homers Troia, S. 113 f.
8 Dartmouth Summer Research Project on Artificial Intelligence, 19.6.–16.8.1956; hierzu *Jørgen Veisdal*, The Birthplace of AI, Cantor's Paradise.

mathematische Theoreme beweisen konnte.[9] Heute gelangen künstliche neuronale Netze zum Einsatz, die durch das Training mit großen Datenmengen lernen. KI wird etwa zur Bilderkennung, Textanalyse und Sprachverarbeitung eingesetzt. Das prominenteste Beispiel ist derzeit ChatGPT, ein im November 2022 von OpenAI präsentierter, auto-generativer KI-Chatbot, der darauf ausgelegt ist, mit den Benutzern natürliche Gespräche zu führen, Fragen zu beantworten, Ratschläge zu geben und Informationen bereitzustellen. Hierbei handelt es sich zwar um eine sehr leistungsstarke, aber dennoch nur um eine „schwache KI".

Im Strafrecht dürfte CompStat das erste KI-System sein, das zur Prävention von Straftaten eingesetzt wurde. Dieses Managementsystem wurde 1994 vom NYPD entwickelt, um Verbrechensmuster zu identifizieren und polizeiliche Ressourcen effizienter zu verteilen.[10] In den ersten Jahren soll es zum Rückgang der Kriminalität in New York City signifikant beigetragen haben.[11] Den Beginn des Einsatzes von KI zur Begehung von Straftaten dürfte Anfang der 2000er Jahre der zunehmende Einsatz lernender Algorithmen für Phishing-E-Mails, Spyware und Cyber-Attacken markieren, die einen sprunghaften Anstieg der Angriffe zur Folge hatten.[12] **4**

C. Strafrechtliche Verantwortlichkeit

I. Strafbarkeit von KI-Systemen

Wenn KI-Systeme – etwa zur Steuerung von Robotern oder Fahrzeugen – eingesetzt werden, könnte eine Strafbarkeit des Systems in Betracht gezogen werden. Voraussetzung wäre aber, dass ein schuldhaftes Verhalten vorliegt, was die Fähigkeit zur freien und selbstbestimmten Entscheidung zwischen Recht und Unrecht erfordert.[13] Darüber, ob diese Fähigkeit bei KI-Systemen jemals vorliegen wird, lässt sich trefflich streiten.[14] Gegen eine strafrechtliche Verantwortlichkeit durch Ausdehnung des am Menschen ausgerichteten Schuldbegriffs spricht jedenfalls, dass die heutigen, schwachen KI-Systeme mangels normativer Ansprechbarkeit weit davon entfernt sind, als vollwertige Mitglieder der Gesellschaft begriffen zu werden.[15] Und für starke KI-Systeme muss gelten, dass nicht schon das Imitieren menschlicher Verhal- **5**

---

9 *Kohn*, Künstliche Intelligenz und Strafzumessung, S. 41 m. w. N.
10 *Smith*, New York Magazine, 2.3.2018.
11 *Eterno/Silverman*, International Journal of Police Science & Management, 2006, 218.
12 United States Government Accountability Office, GAO-05-231, S. 28 ff., und GAO-05-434, S. 9.
13 *Cornelius*, in: Jishkariani/Waßmer, S. 171, 177.
14 Näher *Gless/Weigend*, ZStW 126 (2014), 561, 573 ff.; *Ibold*, Künstliche Intelligenz und Strafrecht, S. 248 ff.; *Quarck*, ZIS 2020, 65, 66 ff.
15 *Rostalski*, in: Martini/Möslein/Rostalski, § 10 Rn. 14.

tensweisen ausreichend sein kann.[16] Auch eine Parallele zur strafrechtlichen **Verantwortlichkeit juristischer Personen**, über die in Deutschland wieder lebhaft diskutiert wird,[17] drängt sich derzeit nicht auf, da KI-Systeme keine Konstrukte mit eigener Rechtspersönlichkeit („E-Personen"), sondern bloße „Werkzeuge" sind.[18] Werden durch sie Rechtsgüter gefährdet oder gar verletzt, steht weiterhin die Verantwortlichkeit von Menschen im Mittelpunkt.

II. Strafbarkeit von Menschen

6   Am Beispiel des **autonomen Fahrens** lassen sich die Fragen der Verantwortlichkeit von Personen, die KI-Systeme entwerfen, herstellen, warten oder nutzen, und insbesondere die Probleme der **strafrechtlichen Produkthaftung** aufzeigen. Der deutsche Gesetzgeber hatte dem „hochautomatisierten" und „vollautomatisierten" Fahren bereits im Juni 2017[19] Rechnung getragen und im Juni 2021 mit dem „Gesetz zum autonomen Fahren"[20] nachgelegt, damit Deutschland als weltweit erster Staat Fahrzeuge ohne Fahrer in den Alltag bringen kann. Hiermit wurden jedoch primär Vorschriften für die Zulassung und die Anforderungen für den Betrieb geschaffen. Nicht geregelt wurde die **strafrechtliche Verantwortlichkeit**, sie bestimmt sich weiterhin nach den allgemeinen Regeln.[21] Im Vordergrund steht beim Fahren mit autonomer Fahrfunktion die Verantwortlichkeit für **Fahrlässigkeitsdelikte**, insbesondere für Körperverletzungs- und Tötungsdelikte. Die Hürden sind sehr hoch. Eine Strafbarkeit setzt nicht nur die richterliche Überzeugung davon voraus, dass eine objektive Sorgfaltspflichtverletzung vorlag und der Erfolgseintritt objektiv vorhersehbar war, sondern auch, dass der Täter die Sorgfaltspflichtverletzung und den Erfolgseintritt nach seinen individuellen Fähigkeiten und dem Maß seines individuellen Könnens hätte vermeiden können. Bestehen hieran nach Ausschöpfung aller Beweismittel Zweifel, ist gemäß dem Grundsatz „in dubio pro reo" freizusprechen.[22] Strafbarkeitslücken könnten de lege ferenda durch ein **abstraktes Gefährdungsdelikt** für KI-Systeme beseitigt werden.[23] Dem stehen jedoch sowohl der fragmentarische Charakter als auch der Ultima-ratio-Grundsatz des Strafrechts ent-

---

16 *Ibold*, Künstliche Intelligenz und Strafrecht, S. 265 ff.
17 Hierzu *Waßmer*, in: Hilgendorf/Kudlich/Valerius, Handbuch des Strafrechts, Band 3, §49.
18 *Rostalski*, in: Martini/Möslein/Rostalski, § 10 Rn. 15 f.
19 Achtes Gesetz zur Änderung des Straßenverkehrsgesetzes vom 16.6.2017, BGBl. I, 1648.
20 Gesetz zum autonomen Fahren vom 12.7.2021, BGBl. I, 3108.
21 Hierzu *Waßmer*, in: Hobe, S. 127 ff.
22 *Ibold*, Künstliche Intelligenz und Strafrecht, S. 365 f.
23 Siehe nur *Hilgendorf*, in: Barton/Eschelbach/Hettinger, S. 99, 111.

gegen, nicht jedes risikobehaftete Handeln ist als strafwürdiges Unrecht zu klassifizieren.[24]

Hersteller von Fahrzeugen mit autonomer Fahrfunktion, d. h. vor allem die 7 Konstrukteure, Programmierer und Techniker, können für Konstruktions-, Programmier-, Fabrikations- oder Instruktionsfehler oder die Verletzung von Produktbeobachtungs- und Rückrufpflichten strafrechtlich verantwortlich sein.[25] Zudem stellt sich die Frage nach einem Organisationsverschulden durch eine fehlerhafte Auswahl, Instruktion und Kontrolle von Mitarbeitern sowie nach der Einhaltung der rechtlichen Vorgaben (Compliance).[26] Da ein komplexes KI-System kaum fehlerfrei hergestellt werden kann, also ein **Restrisiko** existiert, jedoch ein gesellschaftliches Interesse am Einsatz besteht, kann zur Unrechtseinschränkung auf Ebene des Tatbestands (bei der objektiven Zurechnung bzw. den Sorgfaltspflichten) oder der Rechtswidrigkeit (Rechtfertigungsgründe) der Gedanke des **erlaubten Risikos** aktiviert werden.[27] Die Verantwortlichkeit entfällt, wenn alle zumutbaren Vorkehrungen zur Risikoreduktion getroffen und die Systeme nach einer umfassenden Risiko-Nutzen-Abwägung zugelassen wurden. Im Vordergrund steht hierbei die Schaffung eines **Produktsicherheitsrechts**, das die Risiken durch technische Anforderungen minimiert (vgl. § 1e StVG; zur KI-Verordnung der EU unten Rn. 54). Darüber hinaus können auch die übrigen Beteiligten strafrechtlich verantwortlich sein: **Haltern** kann die unterbliebene Wartung des Fahrzeugs oder die fehlerhafte Instruktion von Passagieren vorgeworfen werden, **Werkstätten** eine fehlerhafte Nachrüstung, Reparatur oder Wartung, der **Technischen Aufsicht** die fehlerhafte Freigabe eines angefragten Fahrmanövers. Dagegen ist für die **Passagiere** eine Verantwortlichkeit ausgeschlossen, solange sie das Fahrzeug nicht tatsächlich beherrschen und steuern können.[28]

Beim autonomen Fahren hat der Gesetzgeber für sog. „Dilemma-Situatio- 8 nen" einen Rechtsrahmen teilweise vorgegeben, der sich in der Programmierung der Fahrfunktion widerspiegeln muss. Danach hat der „Schutz menschlichen Lebens" höchste Priorität (§ 1e Abs. 2 Nr. 2 lit. b StVG), sodass die Beschädigung oder Zerstörung fremder Sachen hinzunehmen ist, wenn damit die Verletzung oder gar Tötung von Menschen vermieden werden kann. Klargestellt wurde zudem, dass bei einer „alternativen Gefährdung" von Menschen eine qualitative Gewichtung anhand persönlicher Merkmale unzulässig ist (§ 1e Abs. 2 Nr. 2 lit. c StVG). Nicht geregelt wurden die Fälle des **quantitativen Überwiegens**, in denen durch ein aktives Ausweichen

---

24 *Ibold*, Künstliche Intelligenz und Strafrecht, S. 413 f.
25 *Waßmer*, in: Hobe, S. 127, 135 f.
26 *Cornelius*, in: Jishkariani/Waßmer, S. 171, 178 ff.
27 *Ibold*, Künstliche Intelligenz und Strafrecht, S. 308 ff.
28 *Waßmer*, in: Hobe, S. 127, 134 f.

mehr Menschen gerettet werden könnten als geopfert werden müssten. Die Lösung dieser Konstellationen ist dogmatisch sehr umstritten, erwogen wird u. a. ein übergesetzlicher Notstand.[29]

D. Begehung von Straftaten mittels KI

I. Daten und Fakten

1. Studien und Statistiken

9   Laut der KPMG-Studie „e-Crime in der Deutschen Wirtschaft 2024"[30] haben die Gefahren für deutsche Unternehmen durch Cyber-Angriffe zugenommen. Danach ist jedes dritte Unternehmen in den vergangenen zwei Jahren Opfer von Cyberkriminalität geworden, die Schadenssumme ist bei mehr als der Hälfte der Unternehmen gestiegen, ein Großteil schätzt das eigene Risiko als hoch oder sehr hoch ein. Die SoSafe GmbH, ein Kölner Startup im Bereich Cyber Security, bezeichnet das Jahr 2023 gar als „Wendepunkt" und macht hierfür als zentrale Antriebskraft die rasante Weiterentwicklung von KI seit der Einführung von ChatGPT verantwortlich, die Cyberkriminellen ausgefeiltere Angriffe ermöglicht; Herausforderungen seien KI-gestützte Cyberangriffe, neue Technologien wie 5G und Quantum Computing, die Professionalisierung der Cyberkriminalität und der Hacktivismus; zudem hätten Cyber-Sicherheitsteams zunehmend mit Fachkräftemangel und Burnouts zu kämpfen.[31] Cybercrime und KI sind also eng verknüpft.

10   Im Bundeslagebild Cybercrime spiegelt sich die erhöhte Bedrohungslage noch nicht wider. Es bildet allerdings durchweg nur das **Cybercrime im engeren Sinne** ab, d. h. Delikte im Hellfeld, bei denen informationstechnische Systeme und das Internet Tatobjekte sind. Nicht erfasst sind Delikte, bei denen das Internet vorwiegend Tatmittel ist. Der Begriff „Cybercrime im weiteren Sinne" schließt auch diese Delikte ein.[32] Unter den Begriff „Cybercrime" können demnach alle Straftaten gefasst werden, die unter Ausnutzung der Informations- und Kommunikationstechnik oder gegen diese begangen werden.[33] Häufig finden sich auch die Begriffe „Computerkriminalität" und „Internetkriminalität",[34] die Straftaten bezeichnen, bei denen Tatmittel oder Tatobjekt ein Computer bzw. das Internet ist. Diese Abgrenzung ist jedoch unscharf, da sich die Bereiche vielfach überschneiden.

---

29 *Waßmer*, in: Hobe, S. 127, 142 m. w. N.
30 KMPG, e-Crime in der deutschen Wirtschaft 2024, S. 3 f.
31 SoSafe GmbH, Cybercrime-Trends 2024, S. 3.
32 BKA, Bundeslagebild Cybercrime 2023, S. i.
33 *Waßmer*, DGStZ 1/2018, 12.
34 Vgl. nur *Gercke/Brunst*, Praxishandbuch Internetstrafrecht, Rn. 73.

Laut Bundeslagebild Cybercrime wurden im Jahr 2023[35] insgesamt 134.407 **11** Fälle von Cybercrime im engeren Sinne registriert, was gegenüber 2022 einen Rückgang um 1,8 % und gegenüber dem Peak von 2021 sogar von 6,5 % bedeutet. Beim Computerbetrug (§ 263a StGB), auf den 82,5 % der Fälle entfielen, wurde hingegen ein leichter Anstieg registriert. Die übrigen Fälle betrafen das Ausspähen, Abfangen von Daten und die Datenhehlerei (§§ 202a, 202b, 202c, 202d StGB; 8,1 %), Fälschung beweiserheblicher Daten und Täuschung im Rechtsverkehr bei Datenverarbeitung (§§ 269, 270 StGB; 7,7 %), Datenveränderung und Computersabotage (§§ 303a, 303b StGB; 1,7 %).

Bei der Interpretation der Zahlen ist freilich zu berücksichtigen, dass in **12** der PKS seit dem Jahr 2014 ausschließlich Taten erfasst werden, bei denen mindestens eine tatverdächtige Person im Inland gehandelt hat.[36] Damit sind diejenigen Fälle nicht einbezogen, bei denen trotz Schadenseintritts in Deutschland der **Handlungsort im Ausland** liegt oder unbekannt ist. Folge ist, dass die Zahlen das Ausmaß der Kriminalität nicht widerspiegeln. Dies ist gerade für das Cybercrime von großer Bedeutung. Hier haben diese „Auslandstaten" nicht nur überdurchschnittliche Relevanz, sondern in den letzten Jahren auch stark zugenommen, allein im Jahr 2023 um rund 28 %.[37] Daher sind die rückläufigen Fallzahlen der PKS kein Indiz für einen Rückgang der Cyberkriminalität mit Auswirkungen auf Deutschland.[38] BKA-Präsident *Holger Münch* hat die Nichterfassung im April 2024 als „blinden Fleck" bezeichnet und angegeben, dass sich eine „Auslands-PKS" in der Pilotphase befindet und bald veröffentlicht werden soll.[39] Dies deckt sich mit den Angaben im Bundeslagebild, wonach die „Auslandstaten" seit dem 1.1.2020 separat erfasst werden und nach gemeinsamer Evaluation und Abstimmung mit den Ländern im Berichtsjahr 2024 ausgewiesen werden sollen.[40] Dies ist auch deshalb dringend geboten, weil bei diesen Fällen wegen des (angestrebten) Schadenseintritts in Deutschland gem. § 9 Abs. 1 StGB der Erfolgs- und damit Tatort im Inland liegt, womit es sich materiell-rechtlich um „Inlandstaten" (und nicht etwa um „Auslandstaten") handelt, für die das deutsche Strafrecht nach § 3 StGB und das Legalitätsprinzip (§ 152 Abs. 2 StPO) gilt.

Die **Aufklärungsquote** für die ausgewiesenen „Inlandstaten" betrug im **13** Jahr 2023 unterdurchschnittliche 32,2 %, bei allen Straftaten ohne auslän-

---

35 BKA, Bundeslagebild Cybercrime 2023, S. 7 f.
36 BKA, Bundeslagebild Cybercrime 2015, S. 5.
37 BKA, Bundeslagebild Cybercrime 2023, S. 8.
38 BKA, Bundeslagebild Cybercrime 2023, S. 9.
39 *Steiner*, Heise online, 9.4.2024.
40 BKA, Bundeslagebild Cybercrime 2023, S. 8 in Fn. 2.

derrechtliche Verstöße erreichte sie immerhin 56,3 %.[41] Laut Bundeslagebild liegt die Aufklärungsquote bei den noch nicht ausgewiesenen „Auslandstaten" im niedrigen einstelligen Bereich, worin sich widerspiegele, dass die Polizeibehörden vor „großen Herausforderungen" stünden; in der digitalen Welt würden häufig geeignete Ermittlungsansätze zur Täteridentifizierung fehlen; auch dann, wenn diese vorhanden seien, könnten juristische Hürden und mangelnde Kooperationsbereitschaft im Ausland die Täteridentifizierung und Strafverfolgung erschweren oder sogar verhindern.[42] Angesichts der Globalität und Anonymität des Internets sowie der Leichtigkeit der Tatbegehung überrascht dies nicht.

2. Dunkelfeld

14 Hinzu kommt, dass die Cyberkriminalität ein **enormes Dunkelfeld** aufweist, da nur rund 20 % der Straftaten angezeigt und damit registriert werden.[43] Gründe hierfür dürften sein, dass zahlreiche Straftaten wegen verbesserter technischer Sicherheitsvorkehrungen über das Versuchsstadium nicht hinauskommen und daher nicht bemerkt werden, häufig kein Schaden entsteht und etliche Unternehmen die Straftaten nicht anzeigen, um ihre Reputation nicht zu gefährden.[44] Auch die **Schadenssummen** sind gewaltig. Vom Digitalverband Bitkom[45] werden die Gesamtschäden, die allein Unternehmen in Deutschland durch Cyberangriffe entstanden sind, für das Jahr 2023 auf 148 Mrd. EUR beziffert. Laut einer Umfrage unter 1.018 Privatpersonen in Deutschland ab 16 Jahren, die das Internet nutzen, wurden im Jahr 2023 67 % Opfer von Cyberkriminalität, die durchschnittliche Schadenssumme betrug 262 Euro; ernüchternd ist, dass die Polizei nach Angaben der Befragten in keinem einzigen Fall einen Täter ermitteln konnte.[46]

3. Tatmittel Internet

15 Unter der Kennung „Tatmittel Internet" erfasst die PKS Straftaten, die unter Nutzung des Internets begangen werden. Im Jahr 2023[47] wurden 398.497 Fälle registriert, was gegenüber 2022 einen Anstieg von 0,6 % bedeutet. Damit hatten sie einen Anteil von 7,1 % an allen Straftaten ohne auslän-

---

41 BKA, Polizeiliche Kriminalstatistik 2023: Ausgewählte Zahlen im Überblick, S. 34.
42 BKA, Bundeslagebild Cybercrime 2023, S. 9.
43 *Birkel* et al., Sicherheit und Kriminalität in Deutschland – SKiD 2020, S. 66; BKA, Polizeiliche Kriminalstatistik 2023: Ausgewählte Zahlen im Überblick, S. 27 m. w. N.
44 BKA, Bundeslagebild Cybercrime 2015, S. 8.
45 Security Insider Redaktion, Security Insider online, 14.5.2024.
46 Redaktion cloudmagazin, cloudmagazin, 21.3.2024.
47 BKA, PKS 2022 Bund, T05 Grundtabelle – Straftaten mit Tatmittel „Internet" – Fälle (V1.0).

derrechtliche Verstöße. Zu beachten ist, dass auch hier nur Straftaten einbezogen sind, bei denen Anhaltspunkte für eine **Tathandlung im Inland** vorliegen. Mit dem „Tatmittel Internet" können zwar nahezu alle Delikte begangen werden, überwiegend ging es aber um Betrugsdelikte (§§ 263 ff. StGB; 58,1 %), vor allem den Waren- und Warenkreditbetrug (32,3 %). Signifikante Anteile hatten die Verbreitung pornografischer Inhalte (§§ 184 ff. StGB; 13,3 %), Beleidigung (§ 185 StGB; 5,2 %), Bedrohung (§ 241 StGB; 3,4 %), Geldwäsche (§ 261 StGB; 3,4 %), Urkundenfälschung (§§ 267 ff. StGB; 2,4 %), Erpressung (§ 253 StGB; 1,4 %), Straftaten im Zusammenhang mit dem Urheberrecht (§§ 106 ff. UrhG; 1,4 %) und Rauschgiftdelikte (1,2 %).

Die Begehung von Straftaten mit dem „Tatmittel Internet" hat aus Täter- **16** sicht zahlreiche Vorteile:[48] Der materielle Aufwand ist gering, da nur ein mit dem Internet verbundenes Endgerät notwendig ist; das Internet gewährleistet Anonymität, indem beliebige Namen, E-Mail-Adressen und Profilbilder benutzt werden können; durch ein VPN können IP-Adressen und damit die Aufenthaltsorte verschleiert werden; Rechtshilfe wird von vielen Staaten allenfalls eingeschränkt geleistet; Lösegeldzahlungen können durch Kryptowährungen und das Transferieren von Geld in Finanz- und Steueroasen vor Zugriff geschützt werden; bei der Zusammenarbeit kann die Globalität und Anonymität des Internets genutzt werden, sodass sich die Mittäter häufig nicht persönlich kennen.

4. Underground Economy

Das BKA fasst unter dem Begriff „Underground Economy"[49] die im In- **17** ternet vorhandenen, kommerziell ausgerichteten illegalen Kommunikations- und Verkaufsplattformen zusammen. Bereits im „Clearnet", das für jedermann mit Browsern zugänglich ist, sind viele illegale Inhalte verfügbar. Weiter kann das „Deep Web", das wegen Zugriffsbeschränkungen oder fehlender Verlinkung nicht durch Suchmaschinen auffindbar ist, Datenbanken, Intranets oder Webseiten mit illegalen Inhalten enthalten. Schließlich ist das „Darknet" nur durch spezielle Software zugänglich und enthält Foren, Blogs/Wikis und Marktplätze, auf denen inkriminierte Güter gehandelt, Cybercrime-as-a-Service-Leistungen und kinderpornografische Inhalte angeboten werden.

---

48 Siehe zum Folgenden nur *Klarmann/Waag*, NZA-Beilage 2019, 107.
49 BKA, Underground Economy.

II. KI-gestützte Straftaten

18   In den 1980er Jahren waren in Deutschland Strafvorschriften geschaffen worden, um auf die zunehmende Nutzung von PCs und die damit verbundenen neuen Formen der Kriminalität zu reagieren. Diese Tatbestände sind seitdem modifiziert und ergänzt worden, insbesondere auch um der Nutzung des Internets sowie europa- und völkerrechtlichen Verpflichtungen Rechnung zu tragen.[50] Der **Einsatz von KI** als Tatmittel verstärkt die Bedrohung, wie der Blick auf die Erscheinungsformen des Cybercrime verdeutlicht.

1. Cybercrime im engeren Sinne

19   Laut dem Branchenverband Bitkom entstanden Unternehmen in Deutschland im Jahr 2023 durch analogen und digitalen Diebstahl, Industriespionage und Sabotage Schäden in Höhe von 205,9 Mrd. EUR, wobei 72 % (148,2 Mrd. Euro) auf Cyberattacken zurückzuführen waren.[51] Hierbei erlangen Cyberkriminelle durch verschiedene **Eintrittsvektoren** Zugang.

a) Typische Erscheinungsformen

20   **Social Engineering** ist der Sammelbegriff für Manipulationstechniken, mit denen Menschen dazu gebracht werden sollen, vertrauliche Informationen preiszugeben oder Aktionen auszuführen. Geläufig ist das **Phishing**, bei dem Angreifer durch (Spam-)E-Mails, Websites oder Nachrichten in sozialen Netzwerken, die von vermeintlich bekannten Absendern stammen, Zugangs- oder Kreditkartendaten erlangen.[52] Am häufigsten ist das Finanzwesen betroffen, allerdings werden auch Nachrichten von Akteuren der Logistikbranchen (wie DHL, FedEx, UPS) und von Internetunternehmen (wie Google, Microsoft und Netflix) gefälscht.[53] Weitere Techniken sind das **Vishing** (Anrufe per IP-Telefon), **Smishing** (SMS-Phishing), **Baiting** (Ködern durch attraktive Angebote/Prämien) und **Pretexting** (Entwurf eines plausiblen Szenarios).[54] Social Engineering kann als Ausspähen von Daten (§ 202a StGB) und Computerbetrug (§ 263a StGB) strafbar sein.[55]

21   Nach dem Eindringen in das Zielsystem wird häufig **Malware**[56] (Würmer, Viren und Trojaner) geladen, um die Kontrolle zu erlangen. Die Schäden

---

50 *Waßmer*, DGStZ 1/2018, 12, 14 ff.
51 BKA, Bundeslagebild Cybercrime 2023, S. 23.
52 BKA, Bundeslagebild Cybercrime 2022, S. 11.
53 BKA, Bundeslagebild Cybercrime 2022, S. 11.
54 *D'Andrea*, Keeper Security Blog, 2.7.2024.
55 Näher *Waßmer*, DGStZ 2018, 12, 14 ff.
56 BKA, Bundeslagebild Cybercrime 2022, S. 12.

können immens sein, oft wird der Betrieb so stark gestört, dass das System ausfällt. In Betracht kommt eine Strafbarkeit wegen Datenveränderung (§ 303a Abs. 1 StGB) oder Computersabotage (§ 303b Abs. 1 Nr. 1 StGB), sofern die Datenverarbeitung von „wesentlicher Bedeutung" ist.[57]

Ransomware ist eine Form der Malware, bei der Daten verschlüsselt werden, um für die Entschlüsselung Lösegeld zu erpressen, das meist in Kryptowährungen gezahlt werden soll.[58] Oft drohen die Angreifer zusätzlich mit der Veröffentlichung der Daten. Betroffen sind vor allem Unternehmen, aber auch Behörden, Universitäten, Krankenhäuser, Arztpraxen und Kanzleien. Von allen Formen der Malware hat Ransomware das größte Schadenspotenzial. Schäden entstehen nicht nur durch Lösegeldzahlungen, sondern auch durch Betriebsunterbrechungen und den Wiederherstellungsaufwand. Der Branchenverband Bitkom wies im Jahr 2023 Schäden von 16,1 Mrd. EUR aus, was gegenüber dem Vorjahr einen Anstieg um 50,5 % (!) bedeutet.[59] Der Einsatz von Ransomware kann nicht nur als Datenveränderung (§ 303a Abs. 1 StGB) und Computersabotage (§ 303b Abs. 1 Nr. 2 StGB), sondern auch als Erpressung (§ 253 StGB) bestraft werden. Zudem können in Abhängigkeit von den Folgen – etwa in Bezug auf Patienten in Krankenhäusern – u. a. Körperverletzungs- und Tötungsdelikte Anwendung finden. **22**

Ein **DDoS-Angriff** dient dazu, Webseiten, Netzwerke oder Online-Dienste unzugänglich zu machen, indem die Ressourcen des Zielsystems mit einer enormen Menge an Anfragen von unterschiedlichen Quellen überlastet werden.[60] Meist gelangen für die Angriffe Botnetze zum Einsatz, die aus einer großen Anzahl von mit Malware infizierten Computern bestehen. Die Angriffe, die ebenfalls enorme Schäden verursachen können, werden vor allem von § 303b Abs. 1 StGB erfasst.[61] Gründe für solche Angriffe können Vandalismus und Erpressung (§ 253 StGB), aber auch Hacktivismus sein. **23**

Beim **Hacktivismus** handelt es sich um ein relativ neues Phänomen, bei dem traditionelle Aktivismustaktiken mit Hackingmethoden kombiniert werden.[62] Ziel ist es, Aufmerksamkeit auf politische oder soziale Probleme, den Klimawandel oder Menschenrechtsverletzungen zu lenken, Propaganda zu verbreiten oder gegen Unternehmen, Organisationen oder Regierungen zu protestieren. Neben DDoS-Angriffen, Social Engineering und Phishing werden das Website-Defacement (Veränderung des Inhalts einer Seite), Datenlecks (Veröffentlichung von vertraulichen Informationen) und Redirects (Umleitung zu einer Seite, welche die Hacktivisten unterstützt) genutzt. Be- **24**

---

57 *Waßmer*, DGStZ 2018, 12, 17.
58 BKA, Bundeslagebild Cybercrime 2022, S. 14 ff.
59 BKA, Bundeslagebild Cybercrime 2023, S. 23.
60 BKA, Bundeslagebild Cybercrime 2022, S. 19 ff.
61 *Waßmer*, DGStZ 2018, 12, 17.
62 BKA, Bundeslagebild Cybercrime 2022, S. 22.

kannte Hacktivismus-Gruppen sind Anonymous, LulzSec und WikiLeaks. Im Zuge des Überfalls von Russland auf die Ukraine haben sich etliche Hacktivisten mit den Kriegsparteien solidarisiert.[63]

b) Erhöhtes Gefahrenpotenzial

25 Der Einsatz von KI kann Cyberangriffe wesentlich gefährlicher gestalten. Nach (groben) Schätzungen sollen bereits heute mittels KI-Unterstützung täglich bis zu 300.000 neue Schadsoftwarearten entstehen.[64] Verbreitet ist in diesem Zusammenhang von Malware 2.0, Ransomware 2.0, DDoS 2.0 usw. die Rede.[65] KI kann in vielfältiger Weise eingesetzt werden:[66] KI-gestützte Schadsoftware kann Stealth-Techniken verwenden, um den Schadcode vor Antivirensoftware zu verstecken oder um ihn dynamisch anzupassen; sie kann kontinuierlich nach Schwachstellen in Netzwerken suchen und einen Angriff starten, sobald eine Lücke gefunden wurde; KI-Algorithmen können das Passwort-Cracking optimieren, indem sie Muster erkennen und Passwörter generieren; KI-Systeme können überzeugendere, personalisierte Texte bzw. Nachrichten generieren und täuschend echt wirkende Audio- und Videoinhalte durch Deepfake-Technologien erstellen, um diese für Social Engineering einzusetzen. Schließlich können sie DDoS-Angriffe intensivieren.[67]

2. Cybercrime im weiteren Sinne

26 Mit dem „Tatmittel Internet" werden vor allem Betrugsdelikte begangen, aber u. a. auch pornografische Inhalt verbreitet und Urheberrechtsverstöße begangen, die hier exemplarisch betrachtet werden sollen.

a) Betrugsdelikte

27 Betrugsdelikte werden entweder durch die **Täuschung eines Menschen** (Betrug, § 263 Abs. 1 StGB) oder durch die Beeinflussung einer **Datenverarbeitung** (Computerbetrug, § 263a StGB) begangen. Beim besonders häufigen **Warenbetrug** bietet der Verkäufer eine Ware an, die er nicht besitzt oder nicht liefern will; sein Ziel ist es, eine Zahlung vom Käufer zu erhalten, ohne die versprochene Ware zu liefern; dagegen bestellt der Käufer beim Warenkreditbetrug eine Ware, obwohl er weiß, dass er nicht bezahlen

---

63 BKA, Bundeslagebild Cybercrime 2022, S. 22.
64 DataScientest Redaktion, DataScientest online, 26.2.2023.
65 Siehe nur Geco Group, geco online, 21.12.2023.
66 Siehe Bitkom, Pressemitteilung, 31.10.2023.
67 *Bains*, Link11 online, 20.12.2023.

kann oder will; sein Ziel ist es, Waren umsonst zu erhalten.[68] Die Erscheinungsformen von Betrugstaten sind sehr vielfältig:[69] Verkäufer bieten z. B. in **Fake Shops,** auf **Verkaufs-, Auktions- und Kleinanzeigenplattformen** oder in **Social Media-Gruppen** Waren zu stark reduzierten Preisen an, nach der Zahlung erhalten die Käufer minderwertige oder gar keine Ware; um Verkäufer zum Versand von Waren zu veranlassen, versenden Käufer **gefälschte Zahlungsbestätigungen**; bei **manipulierten Rücksendungen** erhalten die Käufer die Ware, senden aber minderwertige oder gefälschte Artikel zurück, um eine Rückerstattung zu erhalten; beim **Romance Scam/Love Scamming** geben sich die Täter in Online-Dating-Portalen als potenzielle Partner aus, um die Opfer zur Überweisung von Geld zu bewegen; beim **Lotterie-/Gewinnspielbetrug** werden die Opfer von einem großen Gewinn benachrichtigt, den sie aber erst nach Zahlung einer Gebühr oder der Angabe von Zahlungsinformationen erhalten sollen; bei **Fake-Job-Angeboten** locken die Täter mit gefälschten Jobangeboten, um die Opfer zur Zahlung von Gebühren zu bewegen oder an Zahlungsinformationen zu gelangen; beim **Tech-Support-Betrug** geben sich die Täter als Supportmitarbeiter aus und behaupten, die Geräte der Opfer seien infiziert oder schadhaft, um für nutzlose oder nicht durchgeführte Dienstleistungen Zahlungen zu erhalten; beim **CEO-Fraud** geben sich die Täter als Geschäftsführer oder leitende Angestellte aus, um Mitarbeiter zur Überweisung von Geldbeträgen zu bewegen. Beim **Anlagebetrug**, der bereits durch § 264a StGB (Kapitalanlagebetrug) erfasst sein kann, locken die Täter mit lukrativen Investitionsmöglichkeiten (Kryptowährungen; Finanzinstrumente; Edelmetalle; Immobilien), um von den Opfern Gelder zu erhalten, die anschließend nicht oder nur teilweise investiert werden.[70]

Durch den Einsatz von KI-Systemen werden die Betrugsmaschen wesentlich gefährlicher. KI ermöglicht die **Automatisierung** von Täuschungen, etwa durch den Einsatz von Phishing-E-Mails, wodurch die Täter in großem Maßstab agieren. Die Täter können **personalisierte Angriffe** vornehmen, indem sie in sozialen Netzwerken große Mengen an Daten über die Opfer sammeln und auswerten. Durch **Deepfakes** und **Voice-Cloning** können echt wirkende Videos oder Audiodateien – von Verwandten, Vorgesetzten oder anderen Vertrauenspersonen – generiert werden, um die Opfer zu täuschen. **28**

b) Verbreitung pornografischer Inhalte

Verhaltensweisen in Bezug auf pornografische Inhalte sind in Deutschland durch mehrere Vorschriften strafbewehrt. Gegenstand von § 184 StGB ist **29**

---

68 BKA, PKS Richtlinien 2019, S. 18.
69 Aktueller Überblick durch NDR Redaktion, NDR online, 21.4.2023.
70 LKA NRW, Adobe Stock Polizei NRW.

die Verbreitung pornografischer Inhalte **gegenüber Minderjährigen**. Strafbar ist u. a. das Zugänglichmachen auf öffentlich zugänglichen Websites ohne Altersverifikationssysteme bzw. ohne Zugangsbeschränkungen sowie der Versand per E-Mail oder über soziale Medien. § 184a StGB erfasst nicht nur die Verbreitung **gewalt- oder tierpornografische Inhalte**, sondern auch das Herstellen, Beziehen, Liefern, Vorhalten, Anbieten, Bewerben sowie Ein- und Ausführen derartiger Inhalte. In Bezug auf **Kinder- und Jugendpornografie** stellen die §§ 184b, 184c StGB alle Formen der Verbreitung, des Erwerbs oder Besitzes, auch das Hochladen, Teilen, Ansehen und Speichern, unter Strafe. § 184e StGB bestraft die Veranstaltung und den Besuch **kinder- und jugendpornographischer Darbietungen**.

30   KI kann die Bedrohung, die von diesen Inhalten ausgeht, erheblich verstärken. So können **Deepfakes**, bei denen die Gesichter von Personen ohne deren Einverständnis in pornografische Bilder oder Videos eingefügt werden, generiert und auf Online-Plattformen massenhaft verbreitet werden. KI kann die Vorlieben von Nutzern analysieren, um Inhalte zu **personalisieren** und Nutzer gezielt anzusprechen. Durch Anonymisierung und Verschlüsselung kann KI zur **Verschleierung der Identität** der Täter beitragen.

c) Verletzungen des Urheberrechts

31   Urheberrechte werden durch die **Strafvorschriften des UrhG** und des **KunstUrhG** geschützt. § 106 UrhG erfasst die unerlaubte Verwertung urheberrechtlich geschützter Werke, insbesondere das illegale Downloaden und Streamen über nicht lizenzierte Online-Plattformen, aber auch das Anbieten und Verkaufen von Raubkopien und das unerlaubte Veröffentlichen von Texten, Bildern, Videos und anderen Inhalten. Bei § 107 UrhG geht es um das unzulässige Anbringen von Urheberbezeichnungen. § 108 UrhG betrifft unerlaubte Eingriffe in verwandte Schutzrechte, etwa die ohne Einwilligung erfolgende Verwertung von wissenschaftlichen Ausgaben, Lichtbildern, Darbietungen ausübender Künstler, Tonträgern, Funksendungen, Bild- oder Tonträgern und Datenbanken. Schließlich stellt § 108a UrhG die gewerbsmäßige unerlaubte Verwertung unter erhöhte Strafandrohung. Ergänzend erfasst § 33 KunstUrhG Verstöße gegen das Recht am eigenen Bild. Relevant sind Fälle, in denen in sozialen Medien Bilder ohne Einwilligung verbreitet werden.[71] Der Schutz gilt bis zum Ablauf von zehn Jahren nach dem Tod der abgebildeten Person (§ 22 Satz 3 KunstUrhG).

32   Die **Strafvorschriften des Markengesetzes** umfassen die Kennzeichenverletzung (§ 143 MarkenG), Verletzung der Unionsmarke (§ 144 MarkenG) und geographischer Herkunftsangaben (§ 145 MarkenG). Einbezogen sind vor allem das Benutzen bzw. Anbieten, Inverkehrbringen, Besitzen, Einfüh-

---

71 *Valerius*, in: BeckOK StGB, § 33 KunstUrhG Rn. 11.

ren und Ausführen von Waren mit widerrechtlich verwendeten Markenzeichen und Herkunftsangaben. Von Bedeutung ist dies für den Verkauf über Online-Shops, E-Commerce-Plattformen und im Darknet. Erfasst ist auch das **Domain-Squatting**, d. h. die Registrierung und Nutzung von Domain-Namen, die Markenrechte verletzen, um Internetverkehr umzuleiten oder Lösegelder zu verlangen.[72]

Auch **verwandte Schutzrechte** sind geschützt, so die Verletzung eines **33** eingetragenen Designs (§ 51 DesignG), Gemeinschaftsgeschmacksmusters (§ 65 DesignG), geschützten Gebrauchsmusters (§ 25 GebrMG) und von Halbleiterschutzrechten (§ 10 HalblSchG). § 142 PatG stellt Patentverletzungen unter Strafe, also etwa das unbefugte Herstellen, Anbieten, Inverkehrbringen oder den Gebrauch patentgeschützter Erzeugnisse oder Verfahren. Einschlägig sind Fälle, in denen Online-Shops das Design, Gemeinschaftsgeschmacksmuster, Gebrauchsmuster, die Topologie von mikroelektronischen Halbleitererzeugnissen oder Patente ohne Zustimmung der Rechteinhaber nutzen.

KI-Systeme können zur massenhaften Generierung und Verbreitung von ge- **34** schützten Werken eingesetzt werden, etwa durch das **automatisierte Hochladen** auf Online-Plattformen. KI kann sowohl die Produktion und den massenhaften Vertrieb von gefälschten Markenprodukten, Designs und Mustern **stark beschleunigen** als auch diese leicht abändern, sodass die Nachahmungen **Plagiatserkennungssystemen** nicht auffallen.

d) Erhöhtes Gefahrenpotenzial

Es lässt sich konstatieren, dass Straftaten, die mit dem „Tatmittel Internet" **35** begangen werden, durch KI schneller, dynamischer, effektiver und sicherer ausgeführt werden können. KI ermöglicht die **Automatisierung, Skalierung, Personalisierung, Anonymisierung** und **Verschleierung** der Täter und Standorte sowie die Generierung von **Deepfakes**. Hierdurch steigt nicht nur die Zahl der Straftaten, sondern auch die Erkennung und Bekämpfung strafbarer Verhaltensweisen wird erschwert, die Schäden nehmen zu. Hinzu kommt, dass der regelmäßige Auslandsbezug die Strafverfolgung stark erschwert.

E. Verfolgung von Straftaten mittels KI

KI-Systeme können auch zur Verfolgung von Straftaten eingesetzt werden, **36** wodurch der erhöhten Gefahr der Begehung von Straftaten entgegengewirkt werden kann. Nach der Betrachtung wichtiger Anwendungsszenarien und

---

72 LG München II CR 2000, 847.

ihrer rechtlichen Grenzen soll ein Blick auf die KI-Verordnung der EU und die KI-Konvention des Europarates geworfen werden.

I. Anwendungsszenarien

1. Biometrische Echtzeit-Fernidentifizierung

37 Bei der **biometrischen Echtzeit-Fernidentifizierung** werden Bilder oder Videos von Überwachungskameras im öffentlichen Raum übertragen, die charakteristischen Merkmale von Gesichtern erfasst und mit Datenbanken bekannter Gesichter – insbesondere gesuchten Straftätern – abgeglichen. Bei potenziellen Übereinstimmungen können Ermittler die betreffende Person in anderen Aufnahmen suchen und verfolgen. Die automatisierte Gesichtserkennung kann also nicht nur zur Identitätsermittlung und Beobachtung, sondern auch zur Fahndung verwendet werden. KI-Überwachungssysteme werden bereits in zahlreichen Staaten eingesetzt, etwa in China,[73] Russland,[74] den USA[75] und einigen EU-Staaten.[76] Auch in Deutschland ist bereits ein KI-System – wenn auch nur zur Identitätsermittlung und nicht in Echtzeit – im Einsatz.[77] Seit 2016 führen BKA, Bundespolizei und Landespolizeien jährlich mehr als 20.000 Recherchen zur Verfolgung von Straftaten, aber auch zur Ausbildung im Gesichtserkennungssystem (GES) des BKA durch, wobei ein Suchlauf gegen eine Datenbank mit einer Million Einträgen weniger als eine Sekunde dauert.[78] Darüber hinaus wurde die biometrische Gesichtserkennung zur Personenfahndung in den Jahren 2017/18 im Rahmen des Projekts „Sicherheitsbahnhof Berlin Südkreuz" und beim G20-Gipfel in Hamburg am 7. und 8.7.2017 getestet.[79]

38 Der Einsatz von KI zur biometrischen Echtzeit-Fernidentifizierung birgt **erhebliche Gefahren** für Grund- und Menschenrechte.[80] Eine flächendeckende, offene oder heimliche Überwachung bedeutet eine kontinuierliche Beobachtung, untergräbt das Gefühl der Unbefangenheit und schränkt die Privatsphäre stark ein. Einerseits werden Verdächtige nicht erkannt (Falschnegative), andererseits Unschuldige als verdächtig identifiziert (Falschpositive) und damit der Strafverfolgung ausgesetzt. Autoritäre Staaten können die KI-Systeme zur Kontrolle der Bevölkerung und zur Unterdrückung der Opposition nutzen, die Angst vor Überwachung kann Men-

---

73 *Grzanna*, FR online, 13.8.2023.
74 *McIntyre/Munzinger/Huppertz*, Spiegel online, 27.3.2024.
75 *Brühl/Hurtz*, Süddeutsche Zeitung online, 20.1.2020.
76 TELEFI, Summary report, S. 39 ff.
77 TELEFI, Summary report, S. 73 ff.
78 BKA, Gesichtserkennung.
79 BT-Drs. 20/4200, 104, 110.
80 Siehe nur *Brühl/Hurtz*, Süddeutsche Zeitung online, 20.1.2020.

Waßmer

schen davon abhalten, an Demonstrationen teilzunehmen und ihre Meinung frei zu äußern.[81]

Hinzu kommt, dass in Deutschland bislang **keine spezielle strafprozessuale Vorschrift** existiert, die den Einsatz bei der Strafverfolgung ausdrücklich regelt. Überwiegend wird *§ 98c StPO*, der den maschinellen Datenabgleich gestattet, als Rechtsgrundlage für die Identifizierung unbekannter Verdächtiger herangezogen.[82] Nach § 98c Satz 1 StPO dürfen „zur Aufklärung einer Straftat oder zur Ermittlung des Aufenthaltsortes einer Person, nach der für Zwecke eines Strafverfahrens gefahndet wird, [...] personenbezogene Daten aus einem Strafverfahren mit anderen zur Strafverfolgung oder Strafvollstreckung oder zur Gefahrenabwehr gespeicherten Daten maschinell abgeglichen werden". Gegen die Heranziehung dieser Vorschrift zur biometrischen Gesichtserkennung bei der Personenfahndung spricht jedoch, dass sie „materiell weitgehend und formell vollständig voraussetzungslos" ist und daher nur zu **geringfügigen Grundrechtseingriffen** berechtigt.[83] Die mit der Auswertung verbundenen erheblichen Eingriffe in das Grundrecht auf informationelle Selbstbestimmung, die vor allem daraus resultieren, dass infolge der Verarbeitung großer Datenmengen zahlreiche Personen anlasslos einbezogen werden, können hiermit nicht legitimiert werden.[84] Generell gilt, dass die Eingriffsintensität einer Datenverarbeitung von der Streubreite, Komplexität, Heimlichkeit, dem Verarbeitungsanlass und der Persönlichkeitsrelevanz der verarbeiteten Daten abhängig ist.[85]

39

Auch auf *§ 163b Abs. 1 Satz 1 StPO* kann der Einsatz nicht gestützt werden.[86] Die Vorschrift erlaubt zwar, die zur Feststellung der Identität eines Verdächtigen „erforderlichen Maßnahmen" zu treffen, knüpft aber hieran keine spezifischen Voraussetzungen. Wegen der generalklauselartigen Ausgestaltung kann die Vorschrift daher ebenfalls nur **geringfügige Eingriffe** legitimieren, wie die Identitätserkundigung beim Verdächtigen oder bei Dritten bzw. die Anforderung und Überprüfung von Ausweispapieren.[87] Sie ist nicht geeignet, erhebliche Eingriffe in das Recht auf informationelle Selbstbestimmung zu legitimieren. Erst recht muss dies für die **Ermittlungsgene-**

40

---

81 *McIntyre/Munzinger/Huppertz*, Spiegel online, 27.3.2024.
82 BT-Drs. 19/14952, 2; *Gerhold*, in: BeckOK StPO, § 98c Rn. 1; *Petri*, GSZ 2018, 144, 148.
83 *Körffer*, DANA 2014, 146, 148.
84 *Gercke*, in: Gercke/Temming/Zöller, StPO, § 98c Rn. 3; *Gerhold*, in: BeckOK StPO, § 98c Rn. 1; *Hornung/Schindler*, ZD 2017, 203, 207 f.; *Salzmann/Schindler*, ZD-Aktuell 2018, 06344.
85 *Golla/Korenke*, in: Ebers/Steinrötter, S. 263, 266.
86 *Schindler*, Biometrische Videoüberwachung, S. 434 f.
87 *Kölbel/Neßeler*, in: MüKo StPO, § 163b Rn. 11; *Zöller*, in: Gercke/Temming/Zöller, StPO, § 163b Rn. 5.

ralklauseln der §§ 161, 163 StPO gelten,[88] die nur solche Zwangsmaßnahmen gestatten, die von einer speziellen Eingriffsermächtigung nicht erfasst werden und **geringfügig** in Grundrechte eingreifen.[89]

41 Erforderlich ist daher die Schaffung einer **strafprozessualen Vorschrift**, welche die biometrische Echtzeit-Fernidentifizierung ausdrücklich und unter engen Voraussetzungen, etwa in Bezug auf schwere Straftaten erlaubt. Dies gilt umso mehr, als nunmehr auf europäischer Ebene Standards verabschiedet wurden (unten Rn. 55).

2. Datenauswertung

42 Mittels automatisierter Datenauswertung kann KI sowohl zur Prävention als auch zur Erkennung, Aufklärung und Verfolgung von Straftaten eingesetzt werden. Ein Beispiel ist die Plattform „Gotham", die von Palantir Technologies entwickelt wurde. Dieses Unternehmen wurde im Jahr 2003 gegründet, der Name bezieht sich auf die magischen sehenden Steine (Palantíri) in der Romantrilogie „Der Herr der Ringe" von J.R.R. Tolkien. Die KI-Systeme von Palantir werden nicht nur von Regierungsbehörden unter der Bezeichnung Gotham (Segment Government) und von Unternehmen unter der Bezeichnung Foundry (Segment Commercial) zur **Integration, Visualisierung und Analyse großer Datenmengen** genutzt, sondern auch vom Militär.[90] Gotham wurde nach der fiktiven Stadt Gotham City benannt, die in den Batman-Comics vorkommt, durch New York City inspiriert wurde und für ihre finsteren Verbrechensszenarien bekannt ist. Dagegen dürfte die Bezeichnung Foundry das „Gießen" von Daten in wertvolle Informationen suggerieren. Die beiden KI-Systeme können Daten aus verschiedenen Quellen und Formaten in Echtzeit zusammenführen, darunter Datenbanken, Tabellen, Dokumente, Bilder und Streams, diese visualisieren und damit das Erkennen von Mustern und Trends unterstützen.[91] Gotham wird von Regierungsbehörden, Geheimdiensten, Sicherheits- und Strafverfolgungsbehörden genutzt, um Verbindungen zwischen Personen, Orten und Vorgängen aufzudecken. Die Plattform kann zur Bekämpfung von Terrorismus, Betrug, Geldwäsche und anderen Finanzdelikten sowie gegen Cyberdelikte und die organisierte Kriminalität zum Einsatz gelangen.

43 In Deutschland wird Gotham in mehreren Bundesländern eingesetzt.[92] **Hessen** lizenzierte das KI-System Anfang des Jahres 2018 zur Bekämpfung des islamistischen Terrorismus sowie der schweren und organisierten Kri-

---

88 *Salzmann/Schindler*, ZD-Aktuell 2018, 06344.
89 BGHSt 51, 211, 218; *Rückert*, in: Hoven/Kudlich, S. 9, 18.
90 *Paufler*, goldesel online, 15.2.2023.
91 Palantir Technologies Inc., Palantir online.
92 *Kurz*, netzpolitik.org, 3.1.2024.

minalität und setzt es seitdem unter der Bezeichnung „hessenData" ein.[93] **Nordrhein-Westfalen** lizenzierte das KI-System ebenfalls, gab es aber erst nach einer Änderung des Polizeigesetzes, das den Einsatz erlaubte, im Mai 2022 unter der Bezeichnung „Datenbankübergreifende Analyse- und Recherche" (DAR) frei.[94] **Bayern** kündigte im Februar 2023 nach Abschluss eines Rahmenvertrages, der anderen Bundesländern offensteht, den Einsatz von Gotham als „Verfahrensübergreifendes Recherche- und Analysesystem" (VeRA) an, wobei zunächst das Polizeiaufgabegesetz angepasst werden sollte, um einen Einsatz gemäß den Vorgaben des BVerfG (dazu sogleich) zu ermöglichen.[95] Im Januar 2024 wurde jedoch bekannt, dass die Polizei das System schon seit März 2023 im Testbetrieb mit Echtdaten ohne Rechtsgrundlage[96] nutzt, weshalb der bayerische Datenschutzbeauftragte das LKA aufforderte, den Betrieb einzustellen.[97] Die übrigen Bundesländer und das Bundesministerium des Innern und für Heimat haben sich gegen den Einsatz ausgesprochen.[98]

Die automatisierte Datenauswertung ist rechtlich sehr problematisch. Das **44** BVerfG hat am 16.2.2023 im Palantir-Urteil[99] den Einsatz entsprechender KI-Systeme nur in engen Grenzen gestattet. Der Erste Senat erklärte § 25a Abs. 1 Alt. 1 des Hessischen Gesetzes über die öffentliche Sicherheit und Ordnung (HSOG) mit einer Übergangsfrist bis zum 30.9.2023 und § 49 Abs. 1 Alt. 1 des Hamburgischen Gesetzes über die Datenverarbeitung der Polizei (HmbPolDVG), auf deren Grundlage die Polizei personenbezogene Daten im Rahmen einer automatisierten Datenanalyse (Hessen) oder Datenauswertung (Hamburg) für die vorbeugende Bekämpfung von Straftaten verarbeiten durfte, für verfassungswidrig. Der Senat entschied, dass die Vorschriften gegen das allgemeine Persönlichkeitsrecht (Art. 2 Abs. 1 i. V. m. Art. 1 Abs. 1 GG) in seiner Ausprägung als Recht auf informationelle Selbstbestimmung verstoßen. Der Einsatz von KI ist nach Auffassung des Senats wegen der eingeschränkten Nachvollziehbarkeit der Ergebnisse und der Fehleranfälligkeit heikel.[100] Eine **automatisierte Datenanalyse oder auswertung** sei zwar zur vorbeugenden Bekämpfung schwerer, insbesondere terroristischer und extremistischer Straftaten sowie der organisierten Kriminalität legitim, die Regelungen würden aber keine ausreichende Eingriffsschwelle vorsehen.[101] Die automatisierte Verarbeitung unbegrenzter

---

93 Spiegel Redaktion, Spiegel online, 6.4.2018.
94 *Hell/Kartheuser*, WDR online, 25.9.2022.
95 Bayerische Staatsregierung, Pressemeldung, 16.2.2023.
96 Vgl. Deutscher Bundestag, WD 3-3000-145/23, S. 13.
97 Bayerischer Rundfunk, BR24 online, 26.1.2024.
98 *Kraus*, investing.com, 30.6.2023.
99 BVerfGE 165, 363.
100 BVerfGE 165, 363, 408, 418.
101 BVerfGE 165, 363, 388 ff.

Datenbestände werde rechtlich unbegrenzt zugelassen, mit einem Klick könnten nicht nur umfassende Profile von Personen, Gruppen und Milieus erstellt, sondern auch zahlreiche unbeteiligte Personen polizeilichen Maßnahmen unterzogen werden.[102] Eine **verfassungskonforme Regelung** erfordere, dass eine konkretisierte Gefahr für besonders gewichtige Rechtsgüter (etwa Leib, Leben oder Freiheit) bestehe.[103] Hiermit knüpfte das BVerfG an seine Rechtsprechung zur informationellen Selbstbestimmung an, die durch das Volkszählungsurteil[104] begründet und durch Entscheidungen u. a. zum BKA-Gesetz,[105] zur Bestandsdatenauskunft II[106] und zum Antiterrordateigesetz II[107] fortgeführt wurde.

45 Diese Rechtsprechung, die einem (totalen) Überwachungsstaat, einem *„entfesselten Staat"* entgegentritt, unterliegt der Kritik, da hierdurch ein *„gefesselter Staat"* droht.[108] Zu Recht pocht sie jedoch auf die Einhaltung der **Normenklarheit** und der **Zweckbindung**. Die automatisierte Datenauswertung muss nicht nur bei der **Prävention von Straftaten** durch das Polizei- und Ordnungsrecht, sondern gerade auch bei der **Verfolgung von Straftaten** mit den Bestimmungen der DSGVO und des BDSG vereinbar sein, die der Sammlung, Speicherung und Verarbeitung personenbezogener Daten enge Grenzen ziehen. Dies setzt nicht nur eine strenge gesetzliche Zweckbindung und im Einzelfall die Beachtung des Verhältnismäßigkeitsgrundsatzes voraus, sondern ggf. auch eine richterliche Anordnung und die Implementierung von Schutz- und Kontrollmechanismen. Einem Missbrauch und der Verfolgung Unschuldiger muss entgegengetreten werden. Erforderlich ist daher auch im Strafprozessrecht die Schaffung von **gesetzlichen Regelungen**, welche die automatisierte Datenauswertung in engen Grenzen gestatten.

3. Texterkennung und -verarbeitung

46 KI-Systeme können große Mengen digitaler Textdokumente analysieren, um strafbare Inhalte oder Anhaltspunkte für Straftaten zu finden. Dies gestattet es, Muster zu erkennen und Verbindungen aufzudecken, etwa zwischen Personen und Firmen, Telefonnummern, Bankdaten und E-Mail-Adressen. Diese Informationen können verwendet werden, um Straftaten aufzudecken, die sonst schwer oder überhaupt nicht zu erkennen wären.

---

102 BVerfGE 165, 363, 430.
103 BVerfGE 165, 363, 431 f.
104 BVerfGE 65, 1.
105 BVerfGE 141, 220.
106 BVerfGE 155, 119.
107 BVerfGE 156, 11.
108 *Vasel*, NJW 2023, 1174, 1178.

Ein Beispiel hierfür bilden die „Panama Papers". Hierbei handelt es sich **47** um 11,5 Mio. vertrauliche E-Mails, Briefe, Faxnachrichten, Gründungsurkunden, Verträge, Rechnungen und Bankauszüge in Form von PDF-, Textund Bilddateien aus den Jahren 1977 bis 2016, die aus einem 2,6 Terabyte großen Datenleck beim panamaischen Dienstleister Mossack Fonseca stammen. Bei der Auswertung durch das International Consortium of Investigative Journalists (ICIJ) kamen auch KI-Systeme zum Einsatz.[109] Die ersten Ergebnisse wurden am 3.4.2016 durch 109 Zeitungen, Fernsehstationen und Online-Medien in 76 Ländern veröffentlicht. Die Enthüllungen[110] führten in vielen Ländern zu Ermittlungen gegen Politiker und andere Prominente, vor allem wegen Steuer- und Geldwäschedelikten, und lösten öffentliche Debatten über Steuerschlupflöcher aus.

Ein weiteres Anwendungsszenario stellt die Erkennung von **Hasskrimi-** **48** **nalität** und anderen strafbaren Inhalten in sozialen Netzwerken dar.[111] KI-Systeme können die enormen Datenmengen, die dort anfallen, analysieren, die Bedeutung von Wörtern und Phrasen im Kontext erkennen und damit potenziell strafbare Inhalte schnell identifizieren.[112] Dies ist sehr hilfreich, da die Nutzer sozialer Netzwerke, die strafbare Inhalte einstellen, mangels Klarnamenpflicht ganz überwiegend Fake-Personalien oder Pseudonyme verwenden. Somit können sie nur anhand ihrer IP-Adressen identifiziert werden, sofern diese nicht verschleiert werden. Die **Speicherung von Bestandsdaten** zu IP-Adressen ist aber derzeit nur für maximal sieben Tage zulässig.[113] Eine anlasslose und flächendeckende Vorratsdatenspeicherung ist unvereinbar mit Art. 15 Abs. 1 der Datenschutzrichtlinie (2002/58/EG) für elektronische Kommunikation.[114] Durch den Einsatz von KI-Systemen können nicht nur Nutzer, die Hass posten, rechtzeitig ermittelt werden, sondern auch Verbindungen hergestellt und damit weitere und neue Konten erkannt werden. KI-Systeme können also helfen, die Täter zu identifizieren und die Hemmschwelle für das Verfassen von strafbaren Inhalten erhöhen, mithin Hass und Hetze effektiv bekämpfen.[115]

4. Auswertung von Bild- und Videomaterial

KI-Systeme können auch für die automatisierte Auswertung von Bild- und **49** Videomaterial eingesetzt werden. Mustererkennungsalgorithmen filtern und

---

109 MDR.de, MDR online vom 8.2.2022.
110 *Obermayer/Obermaier/Wormer/Jaschensky*, Süddeutsche Zeitung online, 3.4.2016.
111 BKA, Pressemitteilung, 20.10.2020.
112 *Hornung*, AöR 2022, 1, 17.
113 OVG Münster GSZ 2017, 33; *Kurzner/Hoheisel-Gruler*, Kriminalistik 2020, 772, 774.
114 EuGH (Große Kammer) NJW 2022, 3135 – BRD/SpaceNet AG bzw. Telekom Deutschland GmbH; nachfolgend BVerwG NJW 2024, 98.
115 *Kurzner/Hoheisel-Gruler*, Kriminalistik 2020, 772, 775.

klassifizieren nach einem entsprechenden Training große Mengen an Bild- und Videodaten. Hierdurch können sie potenzielle Tatobjekte, Tatmittel und Tatszenarien erkennen. Mit der Erfassung und Auswertung großer Datenmengen, die vor allem aus sozialen Medien, Internetforen und E-Mails stammen, können einschlägige Beweisdaten gewonnen werden.

50 Ein Anwendungsbeispiel ist die KI-gestützte Auswertung von potenziell **kinder- und jugendpornografischem Material**. So setzt z. B. die ZAC NRW seit April 2022 das System AIRA ein.[116] Es kann **beschlagnahmtes Bildmaterial** den vier Kategorien Kinder-, Jugend-, legale Erwachsenenpornografie und sonstiges Material zuordnen, wobei es eine Genauigkeit von 92 % erreicht. Die Vorteile bestehen nicht nur in der schnellen Auswertung großer Mengen und damit einer rascheren Verfolgung von Tätern sowie umgekehrt einer zügigeren Entlastung von Unschuldigen, sondern auch in der Reduktion der psychischen Belastung für die menschlichen Ermittler.[117] Die Risiken sind darin zu erblicken, dass sich die Ermittler zu sehr auf das System verlassen könnten; zudem erfordert die hohe Fehlerquote von 8 % eine manuelle Nachbearbeitung. Auch hier wirft die automatisierte Verarbeitung Fragen nach der **Ermächtigungsgrundlage** und dem **Datenschutz** auf.[118] Insoweit gilt aber, dass es um beschlagnahmtes Material geht. Nach § 110 Abs. 3 Satz 1 StPO ist die Durchsicht von elektronischen Speichermedien bei dem von einer Durchsuchung Betroffenen zulässig. Im Übrigen fußen die Entwicklung und der Einsatz von AIRA auf den allgemeinen Zuständigkeiten und Aufgaben der ZAC NRW, die gemäß Abschnitt 4.3 der ZAC-AV[119] eine Forschungszuständigkeit mit dem Ziel der (Fort-)Entwicklung praxisrelevanter Methoden und Techniken für die Strafverfolgung besitzt.

5. Predictive Policing

51 Schließlich ermöglichen KI-Systeme das **Predictive Policing**, also die Prognose von potenziellen Straftaten, um polizeiliche Ressourcen effektiver einzusetzen und Straftaten zu verhindern, bevor sie geschehen.[120] Die Prognosen basieren auf der Analyse von historischen Kriminalitätsdaten und anderen relevanten Informationen (soziodemografische Daten; Wetterdaten; Daten aus sozialen Medien; Geodaten), mit denen Muster und Trends erkannt werden, die auf kriminelle Aktivitäten hinweisen. Damit lassen sich Hotspots identifizieren, in denen die Begehung von Straftaten besonders wahrscheinlich ist.

---

116 *Brodowski/Hartmann/Sorge*, NJW 2023, 583, 588.
117 BT-Drs. 19/31424; *Bock/Höffler*, KriPoZ 2022, 257, 263.
118 *Brodowski/Hartmann/Sorge*, NJW 2023, 583, 584 f., 588
119 AV d. JM vom 15.3.2016 in der Fassung vom 17.12.2021 (4100 – III. 274), JMBl. NRW S. 71.
120 *Rostalski*, in: Martini/Möslein/Rostalski, § 10 Rn. 3.

Ein bekanntes Beispiel für den Einsatz von Predictive Policing ist **PredPol**, 52 eine Software, die im Jahr 2012 vom LAPD in Zusammenarbeit mit der University of California entwickelt wurde und seitdem von verschiedenen Polizeibehörden in den USA eingesetzt wird.[121] Im Jahr 2021 wurde PredPol in Geolitica umbenannt, um die Weiterentwicklung der Technologie zum Ausdruck zu bringen. Ende des Jahres 2023 übernahm die SoundThinking Inc., ein Sicherheitstechnologieunternehmen mit Sitz in Fremont (Kalifornien), das für den Dienst „Shotspotter" zur Ortung von Schüssen bekannt ist, Geolitica.[122] Die KI-gestützte Software verwendet eine Vielzahl von Daten, um mit Algorithmen vorherzusagen, wo und wann Einbrüche und Diebstähle auftreten werden. Die Polizei kann dann in diesen Gebieten verstärkt patrouillieren. In Deutschland gelangte Predictive Policing-Software bei Testprojekten zu Wohnungseinbruchsdiebstählen zum Einsatz.[123] So wurde in den Jahren 2015 bis 2018 PRECOBS, eine vom IfmPt entwickelte Software, u. a. in Karlsruhe, Stuttgart, Nürnberg und München eingesetzt.[124]

Die Verwendung ist umstritten. Zum einen bestehen Bedenken hinsichtlich 53 der Erfassung, Speicherung und Auswertung großer Mengen personenbezogener Daten, wodurch in das Recht auf **informationelle Selbstbestimmung** eingegriffen wird. Insoweit müssen die Risiken mit der Chance, die Gefahrenabwehr zu verbessern, sorgfältig abgewogen und in ein angemessenes Verhältnis gebracht, mithin das Verhältnis von Freiheit und Sicherheit bestimmt werden.[125] Zum anderen scheint die Software ihrem Anspruch in der Praxis nicht gerecht zu werden. Beim LAPD verwarfen bereits in den Jahren 2017 und 2018 zahlreiche Dienststellen den Einsatz von PredPol, weil keine ausreichenden Hinweise dafür vorhanden waren, dass die Software **wirksam** ist, sie im Wesentlichen Informationen liefert, die bereits von patrouillierenden Polizeibeamten gesammelt werden.[126] Im Jahr 2021 wurde wegen des finanziellen Engpasses, der durch die Coronapandemie verursacht wurde, der Einsatz von PredPol vom LAPD insgesamt beendet.[127] Diese Einschätzung harmoniert mit Studien, die den Einsatz von PRECOBS zur Eindämmung von Wohnungseinbrüchen in Karlsruhe und Stuttgart evaluiert hatten. Es gab zwar Hinweise darauf, dass die Zahl der Wohnungseinbrüche leicht reduziert werden konnte, ein überzeugender Nachweis der Wirksamkeit war aber wegen der Komplexität der Einflussfaktoren nicht möglich; mit der Nutzung der Software und dem verstärkten Personalaufwand wa-

---

121 Zukunftsinstitut, zukunftsinstitut online, 16.12.2016.
122 *Mehrotra/Cameron*, WIRED Magazine, 27.9.2023.
123 Überblick durch *Rostalski*, in: Martini/Möslein/Rostalski, § 10 Rn. 3.
124 Homepage https://logobject.com/loesungen/precobs.
125 Deutscher Ethikrat, Mensch und Maschine, S. 332; *Rostalski*, in: Martini/Möslein/ Rostalski, § 10 Rn. 4.
126 *Puente*, Los Angeles Times online, 3.7.2019.
127 *Miller*, Los Angeles Times online, 21.4.2020.

ren jedoch erhebliche Kosten verbunden.[128] Darüber hinaus richtet sich die Kritik dagegen, dass die Ergebnisse wenig transparent sind und **Diskriminierungen** verstärken könnten.[129] Verstärkte Polizeieinsätze in identifizierten Hotspots können dazu führen, dass dort mehr Straftaten dokumentiert werden, womit sich die Datengrundlage verändert und sich selbst erfüllende Prophezeiungen entstehen.[130]

II. KI-Verordnung der EU

54 Über den Einsatz von KI bei Polizei und Justiz wurde auf EU-Ebene früh diskutiert, da KI-Systeme zwar Chancen für die Kriminalprävention und die Identifizierung von Verdächtigen eröffnen, aber auch Risiken für Grundrechte wie das Recht auf Nichtdiskriminierung, den Schutz personenbezogener Daten und der Privatsphäre sowie das Recht auf ein faires Verfahren bergen.[131] In den Jahren 2019 bis 2024 wurde die **KI-Verordnung** ausgearbeitet. Es handelt sich um die weltweit erste umfassende Regulierung von KI. Sie wurde am 21.5.2024 von den EU-Staaten verabschiedet, am 12.7.2024 im Amtsblatt der EU veröffentlicht[132] und trat am 2.8.2024 als Verordnung (EU) 2024/1689 in Kraft. Die nachfolgend betrachteten Kap. I und II werden ab dem 2.2.2025, Kap. III ab dem 2.8.2025 und die übrigen Regelungen ab dem 2.8.2026 gelten. Inhaltlich handelt es sich um ein **Produktsicherheitsrecht,**[133] das Verhaltensnormen und weitreichende Verbote formuliert. Die Verordnung verfolgt umfassende Ziele. Nach Art. 1 KI-VO (Kap. I) soll sie das Funktionieren des Binnenmarkts verbessern, die Einführung vertrauenswürdiger KI fördern, gleichzeitig ein hohes Schutzniveau in Bezug auf Gesundheit, Sicherheit und die in der EU-Charta verankerten Grundrechte gewährleisten sowie Innovationen unterstützen. Die Verordnung basiert auf einem **risikobasierten Ansatz,** der KI-Praktiken in vier Risikokategorien einteilt: inakzeptabel; hochriskant; begrenzt riskant; minimal riskant. Je höher das Risiko, desto strenger fällt die Regulierung aus.

55 KI-Praktiken mit „**inakzeptablem Risiko**" sind durch Art. 5 KI-VO (Kap. II) verboten. Hierzu zählt auch die **biometrische Echtzeit-Fernidentifizierung** zu Strafverfolgungszwecken (Art. 5 Abs. 1 UAbs. 1 lit. h KI-VO). Allerdings ist die Verwendung ausnahmsweise **zulässig,** wenn sie zur Erreichung bestimmter Ziele „unbedingt erforderlich" ist. Durch diese Aus-

---

128 *Gerstner*, Predictive Policing, S. 84 ff.; *Gerstner/Dohse*, Predictive Policing, S. 103.
129 *Sankin/Mehrotra/Mattu/Gilbertson*, The Markup, 2.12.2021.
130 *Bode/Stoffel/Keim*, KOPS April 2017, 1, 12.
131 *Voronova*, PE 698.039.
132 ABl. EU L 144 vom 12.7.2024, S. 1.
133 *Ibold*, Künstliche Intelligenz und Strafrecht, S. 276; *Martini*, in: Martini/Möslein/Rostalski, § 15 Rn. 1.

nahmen wird das Verbot stark aufgeweicht.[134] Zulässig ist der Einsatz für die gezielte Suche nach Opfern von Entführung, Menschenhandel oder sexueller Ausbeutung (Ziff. i); zur Abwehr einer konkreten, erheblichen und unmittelbaren Gefahr für das Leben oder die körperliche Sicherheit natürlicher Personen sowie eines Terroranschlags (Ziff. ii); zur Lokalisierung oder Identifizierung von Verdächtigen, zur Durchführung strafrechtlicher Ermittlungen oder zur Vollstreckung strafrechtlicher Sanktionen in Bezug auf bestimmte Straftaten, die mit einer Freiheitsstrafe oder einer freiheitsentziehenden Maßregel der Sicherung im Höchstmaß von mindestens vier Jahren bedroht sind (Ziff. iii).

Anhang II KI-VO enthält einen umfangreichen Katalog der **einschlägigen** 56 **Straftaten**: Terrorismus; Menschenhandel; sexuelle Ausbeutung von Kindern und Kinderpornografie; illegaler Handel mit Betäubungsmitteln oder psychotropen Stoffen; illegaler Handel mit Waffen, Munition oder Sprengstoffen; Mord und schwere Körperverletzung; illegaler Handel mit menschlichen Organen oder Geweben; illegaler Handel mit Kernmaterial oder radioaktiven Stoffen; Entführung, Freiheitsberaubung oder Geiselnahme; Verbrechen, die in die Zuständigkeit des IStGH fallen; unrechtmäßige Beschlagnahme von Luftfahrzeugen oder Schiffen; Vergewaltigung; Umweltkriminalität; organisierter oder bewaffneter Raubüberfall; Sabotage; Beteiligung an einer kriminellen Vereinigung, die an einer oder mehreren der zuvor genannten Straftaten beteiligt ist.

Aber auch dann, wenn eine Ausnahme vorliegt, unterliegt die Verwendung 57 **engen Beschränkungen**. Zulässig ist sie nur zur **Bestätigung der Identität** (Art. 5 Abs. 2 KI-VO). Erforderlich ist, außer in hinreichend begründeten und dringenden Fällen, die **vorherige Genehmigung** durch eine Justiz- oder andere unabhängige Behörde. Die Verwendung muss zeitlich und räumlich eng begrenzt sowie verhältnismäßig sein (Art. 5 Abs. 3 KI-VO), dokumentiert und der Marktaufsichts- sowie nationalen Datenschutzbehörde gemeldet werden (Art. 5 Abs. 4 KI-VO). Jeder EU-Staat kann die Verwendung von KI-Systemen zur Strafverfolgung **gesetzlich zulassen** (Art. 5 Abs. 5 KI-VO). Die EU-Kommission veröffentlicht jährliche Berichte über die Verwendung zu Strafverfolgungszwecken, die auf den Jahresberichten der EU-Staaten basieren (Art. 5 Abs. 6, 7 KI-VO).

In **weiteren Anwendungsszenarien** wird die Verwendung von KI-Systemen 58 zur Strafverfolgung durch Art. 6 Abs. 2 KI-VO (Kap. II) i. V. m. Anhang III Nr. 6 als „hochriskant" bewertet: bei der Verwendung zur Bewertung des Risikos, dass eine Person Opfer einer Straftat wird (a), als Lügendetektor oder ähnliches Instrument (b), zur Bewertung der Verlässlichkeit von Beweismitteln (c), zur Bewertung des Risikos der (ggf. erneuten) Straffälligkeit (d)

---

134 *Rostalski/Weiss*, ZfDR 2021, 329, 343.

und zur Erstellung von Personenprofilen bei der Aufdeckung, Untersuchung oder Verfolgung von Straftaten (e). Hochriskante KI-Systeme unterliegen **strengen Anforderungen**. Es ist ein Risikomanagement-System zu etablieren (Art. 9 KI-VO); hochwertige Daten und Datensätze sind zu verwenden, die frei von Verzerrungen sind (Art. 10 KI-VO); eine umfassende technische Dokumentation ist erforderlich, um die Nachvollziehbarkeit und Überprüfbarkeit zu ermöglichen (Art. 11 KI-VO); die automatische Aufzeichnung von Ereignissen ist zu ermöglichen (Art. 12 KI-VO); die KI-Systeme sind transparent zu gestalten, damit Anwender die Ergebnisse verstehen können, sowie klare, vollständige und verständliche Gebrauchsanweisungen bereitzustellen (Art. 13 KI-VO); eine menschliche Aufsicht ist sicherzustellen, um die Kontrolle zu behalten (Art. 14 KI-VO); es bestehen spezifische Anforderungen an die Genauigkeit, Robustheit und Cybersicherheit (Art. 15 KI-VO); regelmäßig sind Monitorings durchzuführen und Berichte über die Leistung und Sicherheit zu erstellen (Art. 26 KI-VO). Darüber hinaus müssen die KI-Systeme ein Konformitätsbewertungsverfahren durchlaufen (Art. 43 KI-VO) und sind in einer speziellen EU-Datenbank zu registrieren (Art. 71 KI-VO).

59 Die KI-Verordnung reguliert mit diesen Bestimmungen die Verwendung von KI-Systemen zur Strafverfolgung sehr streng, um Grundrechte zu wahren und Missbrauch zu verhindern. Damit setzt die EU erneut als Vorreiter strenge Standards („Brussels Effect"[135]). Hierdurch sorgt sie einerseits für **klare Regeln** und schafft die Grundlage für das notwendige Vertrauen in KI-Systeme, was deren Akzeptanz erhöhen und der EU erhebliche Wettbewerbsvorteile verschaffen kann. Andererseits dürfte die Einhaltung der Bestimmungen mit Kosten und bürokratischem Aufwand verbunden sein, was die Innovations- und Wettbewerbsfähigkeit beeinträchtigen kann. Strenge Regulierungen können dazu führen, dass Forschungszentren außerhalb Europas angesiedelt werden. Dieses Dilemma wurde bereits im Vorfeld sichtbar. Während Sundar Pichai, der CEO von Google und Alphabet, die geplante Verordnung begrüßte, da sie eine sichere Online-Umgebung gewährleisten könne, wurde sie von Sam Altman, dem CEO von OpenAI, als Überregulierung bewertet und mit dem Rückzug von ChatGPT aus der EU gedroht.[136]

III. KI-Konvention des Europarates

60 Auch der Europarat sieht bei KI-Systemen Handlungsbedarf. Am 17.5.2024 nahm das Ministerkomitee auf seiner 133. Tagung in Straßburg das „Rahmenübereinkommen über Künstliche Intelligenz, Menschenrechte, Demo-

---

135 *Bradford*, Northwestern University Law Review 107 (2012), 1.
136 *Krempl*, heise online, 25.5.2023.

kratie und Rechtsstaatlichkeit" (CETS 225) an. Die **KI-Konvention**, der erste internationale Vertrag über KI, wird bei der Justizministerkonferenz in Vilnius (Litauen) am 5.9.2024 zur Unterzeichnung aufgelegt werden. Anlass für die Ausarbeitung war laut Präambel, dass KI-Systeme zwar enorme Chancen zur Förderung von Wohlstand und Wohlergehen eröffnen, damit aber auch Risiken für Menschenrechte und Demokratie einhergehen. Daher wurde ein Rechtsrahmen zur Bewahrung gemeinsamer Werte und zur Förderung verantwortungsvoller Innovation notwendig. Die Ausarbeitung nahm der KI-Ausschuss des Europarats vor, ein zwischenstaatliches Organ,[137] dem die 46 Mitgliedstaaten, die EU, 11 Beobachterstaaten (u.a. Argentinien, Australien, Japan, Kanada und die USA) und andere Interessengruppen (wie OSZE, OECD, UNESCO) angehören. Die KI-Konvention steht auch weiteren Staaten offen. **Ziel der Konvention** ist es laut Art.1, sicherzustellen, dass Aktivitäten im Lebenszyklus von KI-Systemen vollständig ("fully") mit Menschenrechten, Demokratie und Rechtsstaatlichkeit übereinstimmen. Hierzu hat jede Vertragspartei die Bestimmungen der Konvention umzusetzen, wobei die Maßnahmen abgestuft und differenziert sein sollen, Folgemaßnahmen und die internationale Zusammenarbeit umfassen.

Der **Anwendungsbereich** der KI-Konvention ist jedoch begrenzt. Nach 61 Art.3 sind zwar alle Aktivitäten innerhalb des Lebenszyklus von KI-Systemen erfasst, die das Potenzial haben, Menschenrechte, Demokratie und Rechtsstaatlichkeit zu beeinträchtigen. Hierbei sind aber nur Aktivitäten einbezogen, die von öffentlichen Behörden oder in deren Auftrag von privaten Akteuren durchgeführt werden. Ausgenommen sind Aktivitäten, die mit den nationalen Sicherheitsinteressen oder mit der nationalen Verteidigung zusammenhängen, sowie grds. Forschungs- und Entwicklungsaktivitäten in Bezug auf KI-Systeme, die noch nicht zur Nutzung bereitgestellt wurden.

Diese weitreichenden Ausnahmen, die sich während der Verhandlungen 62 abzeichneten, hatten über 90 zivilgesellschaftliche Organisationen sowie zahlreiche Wissenschaftler dazu veranlasst, in einem **offenen Brief**[138] vom 5.3.2024 die Staaten – letztlich erfolglos – dazu aufzurufen, pauschale Ausnahmen nicht zuzulassen. Hierdurch seien private Unternehmen, einschließlich Big-Tech-Unternehmen, durchweg nicht erfasst und die Staaten hätten einen weitreichenden Spielraum, KI-Systeme unter dem Deckmantel der nationalen Sicherheit und Verteidigung zu entwickeln und zu verwenden. Dies könne dazu führen, dass vor Anwendungen wie der Gesichtserkennung im öffentlichen Raum oder der Überwachung von Social-Media-Profilen ein unzureichender Schutz bestehe. Der Verzicht auf im internationalen, europä-

---

137 Homepage: https://www.coe.int/en/web/artificial-intelligence/cai (zuletzt abgerufen am 31.7.2024).
138 AlgorithmWatch, Open Letter to Council of Europe Member States.

ischen und nationalen Recht verankerte Garantien könne durch den Schutz nationaler Interessen nicht gerechtfertigt werden.[139]

63 Nach der KI-Konvention treffen die Vertragsparteien **vielfältige Pflichten**. Sie müssen sicherstellen, dass die Aktivitäten im Lebenszyklus von KI-Systemen den Schutz der Menschenrechte (Art. 4) sowie die Integrität demokratischer Prozesse und Rechtsstaatlichkeit (Art. 5) wahren. Zu respektieren ist nicht nur die menschliche Würde und Autonomie (Art. 7), sondern es sind Transparenz- und Aufsichtsanforderungen (Art. 8) vorzusehen, einschließlich der Kennzeichnung von Inhalten, die von KI-Systemen generiert wurden. Jede Vertragspartei hat die Verantwortlichkeit und Haftung (Art. 9) für nachteilige Auswirkungen sicherzustellen, für Gleichheit und Nichtdiskriminierung (Art. 10) zu sorgen, damit Ungleichheiten überwunden, faire, gerechte und gleichberechtigte Ergebnisse erzielt werden, sowie den Datenschutz und Schutz personenbezogener Daten (Art. 11) zu gewährleisten. Die Zuverlässigkeit von KI-Systemen (Art. 12) ist zu fördern, etwa durch Anforderungen an die Qualität und Sicherheit. Für sichere Innovationen (Art. 13) können kontrollierte Umgebungen für die Entwicklung, Erprobung und zum Testen unter Aufsicht der zuständigen Behörden eingerichtet werden. Weiter müssen Rechtsbehelfe (Art. 14) für durch KI-Systeme verursachte Menschenrechtsverletzungen zur Verfügung stehen, was die Dokumentation und Bereitstellung relevanter Informationen und die Information der Betroffenen voraussetzt. Es müssen Verfahrensgarantien (Art. 15) vorhanden sein, was bedingt, dass Personen, die mit KI-Systemen interagieren, informiert werden. Zudem ist ein Rahmen für das Risiko- und Folgenmanagement (Art. 16) zu errichten, d. h. es sind Maßnahmen zur Identifizierung, Bewertung, Vorbeugung und Minderung der von KI-Systemen ausgehenden Risiken für Menschenrechte, Demokratie und Rechtsstaatlichkeit zu ergreifen. Die Rechte von Menschen mit Behinderungen und von Kindern (Art. 18) sind zu wahren. Es ist sicherzustellen, dass wichtige Fragen durch öffentliche Konsultation (Art. 19) aller Beteiligten im Lichte insbesondere der sozialen, wirtschaftlichen, rechtlichen, ethischen und ökologischen Implikationen erörtert werden. Schließlich sind die digitalen Kompetenzen und Fähigkeiten (Art. 20) aller Bevölkerungsgruppen zu fördern.

64 Fraglich ist allerdings, ob die Bestimmungen der KI-Konvention jemals größere Bedeutung erlangen werden. So hat der Europäische Datenschutzbeauftragte in seiner Stellungnahme vom 11.3.2024[140] die Bestimmungen zu Recht als sehr **allgemein** und überwiegend **deklaratorisch** bewertet, womit eine uneinheitliche, der Rechtssicherheit und Gesamtwirksamkeit abträgliche Anwendung drohe; zudem hat er – ebenfalls erfolglos – die Aufnahme

---

139 AlgorithmWatch, Pressemitteilung, 5.3.2024.
140 European Data Protection Supervisor, EDPS statement, 11.3.2024.

von „roten Linien" gefordert, mit denen KI-Systeme verboten werden, die inakzeptable Risiken darstellen. Die KI-Konvention könnte sich daher als „verpasste Gelegenheit" erweisen, einen robusten und wirksamen Rahmen für vertrauenswürdige KI-Systeme und damit für den Schutz der Menschenrechte zu schaffen.[141]

Im Hinblick darauf, dass die KI-Konvention von den Staaten ratifiziert wer- **65** den muss, die Ausnahmen sehr weitreichend und die Bestimmungen programmatischen Charakter haben, erscheint die Konvention als **zu schwach**, um die Risiken von KI-Systemen angemessen zu adressieren und die Menschenrechte effektiv zu schützen. Hinter dem risikobasierten Ansatz der KI-Verordnung, die umfangreiche Verbote enthält und in der gesamten EU gelten wird, bleibt die KI-Konvention jedenfalls weit zurück.

F. Aburteilung von Straftaten mittels KI

Die Präsentation von ChatGPT im November 2022[142] machte sichtbar, dass **66** KI-Systeme das Potenzial haben, den Menschen bereichsspezifisch zu ersetzen.[143] Als **großes Sprachmodell** (Large Language Model – LLM), das auf einer neuronalen Netzwerk-Architektur basiert, kann ChatGPT in Millisekunden Milliarden von Parametern berücksichtigen, die aus großen Datenmengen gelernt wurden und die Wissensbasis des Modells bilden, das sich fortwährend selbst optimiert.[144] Künftig werden KI-Systeme auch in der **Justiz** zum Einsatz kommen, nicht zuletzt um den sich abzeichnenden Personalmangel abzufedern. Hiermit sind jedoch nicht nur Chancen, sondern auch ganz erhebliche Risiken verbunden. Der Deutsche Ethikrat empfahl in einer Stellungnahme vom März 2023 beim Einsatz von KI in der *öffentlichen Verwaltung* – etwa im Finanz-, Steuer-, Melde- und Sozialwesen sowie in der Straffälligen- und Jugendgerichtshilfe –, Diskriminierungen und dem unreflektierten Befolgen von Empfehlungen vorzubeugen, Einzelfallbeurteilungen vorzunehmen sowie Einsichts- und Einspruchsrechte zu gewährleisten.[145] Bei der Präsentation der Stellungnahme mahnte der stellvertretende Vorsitzende, *Julian Nida-Rümelin*: „KI-Anwendungen können menschliche Intelligenz, Verantwortung und Bewertung nicht ersetzen".[146] Dies gilt auch und gerade für die Justiz.

---

141 European Data Protection Supervisor, EDPS statement, 11.3.2024.
142 OpenAI Inc., OpenAI online, 30.9.2022.
143 *Brühl*, Süddeutsche Zeitung online, 16.6.2023.
144 *Hochwarth*, Ingenieur.de, 4.5.2023.
145 Deutscher Ethikrat, Mensch und Maschine, S. 298 ff., 330 ff.
146 Deutscher Ethikrat, Pressemitteilung 02/2023, 20.3.2023.

I. KI in der Justiz

1. Deutschland

67 Im Sommer 2022 ergab eine bundesweite Umfrage,[147] dass 19 KI-Pilotprojekte in 11 Bundesländern und im Bund in unterschiedlichen Entwicklungsstadien betrieben werden. Hierbei ging es vor allem um die Indexierung, Textanalyse, Textaufbereitung, Textbausteine und Unterstützung der Entscheidungsfindung in standardisierten zivilrechtlichen Massenverfahren, aber auch um die Anonymisierung von Gerichtsentscheidungen und die Spracherkennung. Möglich wird der Betrieb durch die zunehmende **Digitalisierung**, die sich in elektronischen Anträgen und der elektronischen Akte (E-Akte) widerspiegelt. Außerdem wird seit Mai 2023 in Niedersachsen an den Landgerichten Hildesheim und Osnabrück eine „KI-gestützte Richterassistenz" erprobt.[148] Diese soll es den teilnehmenden Zivilrichtern ermöglichen, Massenverfahren effektiver zu bearbeiten.

68 Eine Zusammenstellung vom November 2023 führt auch Projekte in der **Strafrechtspflege** auf. Neben dem Projekt ZAC-AIRA zur Klassifikation kinder- und jugendpornografischer Inhalte werden Projekte zur Durchsuchung des Darknets, Identifikation auffälliger Finanztransaktionen und Suizidverhinderung mittels Videoüberwachung in Justizvollzugsanstalten genannt.[149] Schließlich wird auf das Projekt „Smart Sentencing" hingewiesen, das an der Universität zu Köln in Zusammenarbeit mit dem IAIS durchgeführt wird. Die Extraktion strafzumessungsrelevanter Aspekte aus Urteilen dient dem Aufbau einer durchsuchbaren Datenbank, die Richter bei der Strafzumessung mit einem bundesweiten Überblick über Sanktionen unterstützen soll, die in ähnlich gelagerten Fällen verhängt wurden.[150] Damit könnte dem Umstand entgegengewirkt werden, dass in Deutschland zum Teil deutliche regionale Unterschiede bestehen.[151] In der Strafrechtspflege steht die deutsche Justiz beim Einsatz von KI-Systemen also noch am Anfang.

2. USA

69 In den USA gelangen mittlerweile in nahezu allen Bundesstaaten und auf Bundesebene KI-gestützte **Risk-Assessment-Tools** zur Bestimmung der

---

147 Arbeitsgruppe „Einsatz von KI und algorithmischen Systemen in der Justiz", Grundlagenpapier, S. 27 f.
148 Niedersächsisches Justizministerium, Presseinformation, 22.6.2023.
149 *Mielke*, Legal Tech-Magazin 4/23, 4, 7 f. m. w. N.
150 *Rostalski*, legal-tech.de, 15.7.2019; *Rostalski*, in: Martini/Möslein/Rostalski, § 11 Rn. 7.
151 *Rostalski/Völkening*, KriPoZ 2019, 265.

Rückfallwahrscheinlichkeit zur Anwendung.[152] Hiermit kann nicht nur die Strafzumessung, sondern auch die Strafvollstreckung unterstützt werden, etwa bei der Prüfung der Aussetzung des Strafrests. Richter sollen damit innerhalb kürzester Zeit eine fundierte Grundlage für die zu treffende Entscheidung erhalten. Der Gebrauch der Tools wird empfohlen und ist teilweise sogar verpflichtend. Am bekanntesten ist das Tool COMPAS, das bereits im Jahr 1998 vorgestellt wurde und seit Januar 2017 unter der Marke „equivant" angeboten wird.[153] Die Normgruppe, mit der das Tool trainiert wurde, besteht aus 7.381 Personen, die sich zwischen Januar 2004 und November 2005 in den USA in Haft befanden.[154] COMPAS bewertet die Risiken anhand der Strafakte und eines Interviews mit der betroffenen Person anhand von bis zu 137 Variablen. Das Resultat sind verschiedene Risikoskalen, die Punktzahlen von 1 (niedrige) bis 10 (hohe Rückfallwahrscheinlichkeit) ausweisen.[155]

Über COMPAS wird in den USA schon lange **intensiv diskutiert.**[156] Die **70** Vorzüge des Tools bestehen darin, dass Entscheidungsprozesse nicht nur beschleunigt werden, sondern eine Objektivierung und Vereinheitlichung stattfindet. Von der Praxis wird der Einsatz positiv bewertet,[157] was die Verbreitung der Risk-Assessment-Tools erklärt. Auch für den MPC, an den sich rund 40 Bundesstaaten unterschiedlich eng anlehnen, wurden bereits im Jahr 2017 Ergänzungen vorgeschlagen, mit denen das sog. Evidence-Based Sentencing (EBS), d. h. das Treffen von Entscheidungen **über Strafen und Haftbedingungen** auf der Grundlage wissenschaftlicher Erkenntnisse und empirischer Daten, in die Leitlinien für die Strafzumessung einbezogen werden soll (§ 6B.09 MPC), um Fehlurteile zu reduzieren, die Resozialisierung zu fördern und die Rückfallquote zu senken.[158]

Die Kritik an dem Tool entzündet sich daran, dass die zugrunde liegenden **71** Algorithmen nicht öffentlich zugänglich sind, sondern Geschäftsgeheimnisse darstellen, womit die Ergebnisfindung intransparent und eine Nachprüfung nicht möglich sei (**Black Box**).[159] Weiter legen Studien nahe, dass

---

152 Berkman Klein Center at Harvard, Risk Assessment Tool Database, abrufbar unter https://criminaljustice.tooltrack.org (zuletzt abgerufen am 31.7.2024).
153 Homepage: https://www.equivant.com (zuletzt abgerufen am 31.7.2024).
154 equivant, Practitioner's Guide to COMPAS Core, S. 11.
155 equivant, Practitioner's Guide to COMPAS Core, S. 30.
156 Überblick bei *Räz*, Forens Psychiatr Psychol Kriminol 2022, 300, 302 ff.
157 Siehe nur *Lansing*, New York State COMPAS-Probation Risk and Need Assessment Study, S. 18.
158 American Law Institute, Model Penal Code: Sentencing, Proposed Final Draft, S. 386.
159 *Nink*, Justiz und Algorithmen, S. 385; *Nishi*, Columbia Law Review 119 (2019), 1671, 1685; *Rostalski*, in: Martini/Möslein/Rostalski, § 13 Rn. 5.

eine *ähnliche* **Genauigkeit** nicht nur durch die Einschätzung von Laien,[160] sondern sogar durch eine lineare Regression mit bloß zwei Variablen (Alter und Anzahl der Vorstrafen) erreicht werden kann.[161] Angeführt wird zudem, dass die Daten, die in das Tool einfließen, vor allem hinsichtlich afro-amerikanischen Männern verzerrt seien, sodass auch die Ergebnisse rassistische und/oder geschlechtsspezifische Verzerrungen widerspiegeln.[162] Dass die Ergebnisse verzerrt sind, wird aber sowohl von equivant[163] unter Hinweis auf eine Gegenstudie als auch von anderen Wissenschaftlern[164] bestritten. Schließlich wird befürchtet, dass die Anwender zu sehr auf die Bewertungen vertrauen könnten.[165] Auf die Gefahr des **Automation Bias** hat im Übrigen der Supreme Court of Wisconsin[166] deutlich hingewiesen, den Scores dürfe nur eine ergänzende Rolle in einer umfassenden Bewertung zukommen.

3. China

72 In China ist der Einsatz von KI-Systemen weltweit am weitesten fortgeschritten. Seit dem Jahr 2016 wird dort das Konzept der „Smart Courts"[167] umgesetzt, mit dem das gesamte Gerichtssystem durch Nutzung moderner Technologien wie Big Data, Blockchain und KI reformiert werden soll. Chinas Nationale Strategie zielt darauf ab, den Grad der Digitalisierung in allen Phasen von Gerichtsprozessen zu erhöhen, um die Zugänglichkeit, Effizienz, Transparenz, Konsistenz und Fairness der Justiz zu verbessern. Die Anwendungsbereiche sind vielfältig: Streamen von Gerichtsverhandlungen; Online-Veröffentlichung von Entscheidungen; Online-Verhandlungen; Digitalisierung von Gerichtsakten, Beweismitteln und Verhandlungen; Einsatz zur Entscheidungsfindung sowie Bewertung und Prognose von Rechtsstreitigkeiten. Zur Umsetzung wurden Unternehmen einbezogen und eine Dateninfrastruktur nebst Online-Plattformen aufgebaut. Im Frühjahr 2021 gab der damalige Präsident des Obersten Volksgerichts, *Zhou Qiang*, der die Digitalisierung zu einem der wichtigsten Ziele erklärt hatte, bekannt, dass

---

160 Überblick bei *Rudin/Wang/Coker*, Harvard Data Science Review Issue 2.1, Winter 2020, 1, 5.

161 *Räz*, Forens Psychiatr Psychol Kriminol 2022, 300, 303.

162 *Bao* et al., arXiv:2106.05498; *O'Neil*, Weapons of Math Destruction, S. 87.

163 equivant, Response to ProPublica: Demonstrating accuracy equity and predictive parity, 1.12.2018.

164 *Flores/Lowenkamp/Bechtel*, False Positives, False Negatives, and False Analyses, 2017.

165 *Park*, UCLA Law Review online, 19.2.2019; *Rostalski*, in: Martini/Möslein/Rostalski, § 13 Rn. 5.

166 Supreme Court of Wisconsin, Case No. 2015AP157-CR – Wisconsin v. Loomis (https://www.wicourts.gov/sc/opinion/DisplayDocument.pdf?content=pdf&seqNo=171690, zuletzt abgerufen am 31.7.2024).

167 *Shi/Sourdin/Li*, IACA 12(1) (2021).

während des 13. Fünfjahresplans (2016–2020) mehr als 200 Millionen Fall-
details und über 600 Millionen Beweisstücke auf die Online-Plattformen der
Justiz hochgeladen worden seien.[168]

Auch in der **Strafjustiz** wird der Einsatz von KI vorangetrieben. Seit 2019 **73**
ist in Shanghai das „System 206" im Einsatz, ein KI-gestütztes Softwaretool,
das Polizei, Staatsanwälte und Richter unterstützt.[169] Es wurde von den Behörden gemeinsam mit dem Technologieunternehmen iFlytek entwickelt,
das sich teilweise in Staatsbesitz befindet, und mit umfangreichen Justizda-
ten trainiert.[170] Das System bietet als „24/7-Assistent" Unterstützung bei der
Digitalisierung von Akten, der Identifizierung, Archivierung und Bewertung
von Beweisen sowie bei der Beurteilung der Gefährlichkeit eines Verdächtigen. Es transkribiert Gespräche während Gerichtsverhandlungen, wobei es
die Sprecher gemäß ihren Rollen (Richter, Staatsanwälte, Angeklagte) identifiziert. Das System soll sogar widersprüchliche Beweise erkennen und ver-
borgene Zusammenhänge aufdecken können. Bei der Fallbearbeitung gelangen einheitliche Richtlinien zum Einsatz, welche die Beweisstandards und
Beweisregeln für 102 Straftaten und damit 98 % aller Fälle enthalten. Der
Hauptserver, der mit der Polizei, den Staatsanwaltschaften und Gerichten
vernetzt ist, befindet sich beim Oberen Volksgericht Shanghai. Das System
unterstützt jedoch nur bei der Entscheidungsfindung, es erhebt weder Ankla-
gen noch legt es Strafen fest.[171]

Ende Dezember 2021[172] wurde jedoch bekannt, dass in der Volksanwalt- **74**
schaft Shanghai Pudong, der größten Bezirksstaatsanwaltschaft Chinas, ein
KI-System entwickelt wird, das auf dem „System 206" basiert und **Ankla-
gen** mit einer Genauigkeit von über 97 % erheben kann. Es soll zur Anklage
der acht häufigsten Straftaten eingesetzt werden und hierbei Menschen bis
zu einem gewissen Grad ersetzen können: Kreditkartenbetrug, Glücksspiel,
rücksichtsloses Fahren, vorsätzliche Körperverletzung, Behinderung von
Beamten, Diebstahl, Betrug und „politische Meinungsverschiedenheit".

Die „Smart Courts" stellen somit ein innovatives und umfassendes Moder- **75**
nisierungskonzept dar, das in vielerlei Hinsicht als Vorbild für die Digitalisierung der Justiz weltweit dienen könnte. Neben den Vorzügen werden aber
auch erhebliche Risiken sichtbar. Große Bedenken bestehen aus deutscher
Sicht im Hinblick auf die **richterliche Unabhängigkeit**. In China stellt dies
systembedingt kein Problem dar, da die Unabhängigkeit von Richtern, wie
auch die Gewaltentrennung, als „falsche westliche Vorstellung" begriffen
wird, welche die Führung der Kommunistischen Partei bedroht und den chi-

---

168 *Cousineau*, CSIS online, 15.4.2021.
169 *Zheng*, Asian Journal of Law and Society 7 (2020), 561.
170 *Chenyu*, Sixth Tone online, 25.1.2019.
171 *Wang*, Global Times online, 27.8.2019.
172 *Tran*, The Byte online, 27.12.2021.

nesischen sozialistischen Weg der Rechtsstaatlichkeit diffamiert.[173] Weiter ist auf **Datenschutzbedenken** hinzuweisen. Allerdings wurde auch in China der Datenschutz in jüngerer Zeit verstärkt. Das Gesetz der Volksrepublik China zum Schutz persönlicher Daten (GSPD), das am 1.11.2021 in Kraft trat und zusammen mit anderen Gesetzen das chinesische Datenschutzrecht formt, normiert strenge Vorgaben und ähnelt z. T. der DSGVO.[174] Im Gerichtswesen scheint die Sorge um den Datenschutz jedoch bislang wenig ausgeprägt zu sein, wie das öffentliche Streamen von Gerichtsverhandlungen verdeutlicht.

4. Ausblick

76 Wie rasant die Entwicklung voranschreitet, lässt sich an dem sehr zurückhaltenden Ausblick erkennen, der im Mai 2022 in einem Grundlagenpapier zur 74. Jahrestagung der Gerichtspräsidentinnen und -präsidenten gegeben wurde. Damals erschien „nicht absehbar", ob und wann durch den Einsatz von KI folgende Anwendungen „jemals" in die Nähe einer Anwendung gelangen können:[175] Repräsentation von komplexem juristischem Wissen; Modellierung und Operationalisierung von Subsumtionsvorgängen und unbestimmten Rechtsbegriffen; Verstehen nicht-trivialer Zusammenhänge; komplexe Dialogführung, die über starre Abfragen hinausgeht. Mit der Präsentation von **ChatGPT** war diese Prognose keine sechs Monate später überholt. Dieses KI-System mit menschenähnlicher Dialogführung ist nicht nur in der Lage, komplexes juristisches Wissen darzustellen und Sachverhalte zu subsumieren, sondern es versteht auch nicht-triviale Zusammenhänge. KI-Systeme könnten daher sehr bald in den Justizalltag einziehen.

77 Mit dem Einsatz könnte die **Effizienz** erheblich gesteigert werden.[176] Die Auswertung umfangreicher Beweismittel dauert oft sehr lange.[177] Für zu Unrecht Beschuldigte verringert eine rasche Auswertung die Belastungen durch lange Verfahren,[178] umgekehrt müssen Tatverdächtige häufig aus der Untersuchungshaft entlassen werden, weil sich Verfahren zu lange hinziehen. Hinzu kommen geringere Kosten, da durch die Automatisierung, auch von Übersetzungen und Simultanübersetzungen, der Personaleinsatz reduziert werden kann. Die Objektivität kann gesteigert werden, da menschliche Entscheidungen häufig von psychologischen Faktoren verzerrt sind, während KI-Systeme frei von solchen Beeinflussungen sind und dadurch

---

173 *Hu*, GlobalVoices online, 20.1.2017.
174 *Burkardt/Recha*, ZChinR 2022, 19.
175 Arbeitsgruppe „Einsatz von KI und algorithmischen Systemen in der Justiz", Grundlagenpapier, S. 5.
176 *Rostalski*, in: Martini/Möslein/Rostalski, § 12 Rn. 33.
177 *Stylianidis*, NK 2023, 326, 332.
178 *Brodowski/Hartmann/Sorge*, NJW 2023, 583, 584.

den allgemeinen Gleichheitsgrundsatz und das Willkürverbot besser wahren könnten.[179] Ferner könnte der Einsatz zu einer Harmonisierung der Entscheidungen und geringeren Fehleranfälligkeit beitragen.

Wie der Blick auf die „Smart Courts" zeigt, sind **zahlreiche Anwendungs-** **78** **bereiche** vorstellbar. Neben der bereits genannten Anonymisierung von Gerichtsentscheidungen zum Einstellen in Datenbanken[180] sowie der Analyse und Aufbereitung von Dokumenten sind dies insbesondere: Analyse von Zeugenaussagen einschließlich der Prüfung auf Widerspruchsfreiheit;[181] Erstellung von Bewährungs- bzw. Sozialprognosen;[182] Einschätzung der Fluchtgefahr durch Prüfung der wirtschaftlichen Verhältnisse, beruflichen und familiären Bindungen sowie sonstigen Kontakte des Beschuldigten;[183] Einrichtung elektronischer Strafgerichtssäle;[184] Einsatz bei der Rechtsfindung durch Vorschläge;[185] retrospektive Kontrolle von Entscheidungen.[186] Eine Herausforderung stellt der Einsatz im Rahmen der Strafzumessung dar, weil im deutschen Recht der richterliche Spielraum sehr groß ist (vgl. § 46 Abs. 1 und 2 StGB) und konkretisierende Strafmaßempfehlungen (Sentencing Guidelines) fehlen, womit eine Systematisierung an Grenzen stößt.[187] Zu beachten ist, dass in vielen Anwendungsbereichen die Verwendung von KI-Systemen zur Strafverfolgung durch Art. 6 Abs. 2 i. V. m. Anhang III Nr. 6 KI-VO als „hochriskant" bewertet wird, womit hohe Anforderungen bestehen (vgl. Rn. 58). Denn Anhang III Nr. 8 KI-VO bezieht auch KI-Systeme ein, die verwendet werden, „um eine Justizbehörde bei der Erforschung und Auslegung von Tatsachen und Gesetzen und bei der Anwendung des Rechts auf einen konkreten Sachverhalt zu unterstützen".

II. Rechtsfindung mittels KI

Im Fokus soll nachfolgend der Einsatz von KI bei der Rechtsfindung stehen. **79** Dieser muss vor allem den Anforderungen des Verfassungsrechts genügen.

---

179 *Eisbach/Heghmanns/Hertel*, ZfIStW 2022, 489, 492.
180 *Nink*, Justiz und Algorithmen, S. 442 ff.
181 *Nink*, Justiz und Algorithmen, S. 445 f.; *Yuan*, LTZ 2023, 195, 200.
182 *Eisbach/Heghmanns/Hertel*, ZfIStW 2022, 489, 490; *Nink*, Justiz und Algorithmen, S. 416 ff.
183 *Nink*, Justiz und Algorithmen, S. 397 ff.
184 *Rostalski*, in: Martini/Möslein/Rostalski, § 12 Rn. 2 m. w. N.; s. auch das Forschungsprojekt „Elektronischer (Straf-)Gerichtssaal der Zukunft", https://e-court.jura.uni-koeln.de/ueber-das-forschungsprojekt (zuletzt abgerufen am 31.7.2024).
185 *Rostalski*, in: Martini/Möslein/Rostalski, § 12 Rn. 27 f.
186 *Nink*, Justiz und Algorithmen, S. 447 f.
187 *Nink*, Justiz und Algorithmen, S. 407 ff.

1. Kernbereich der richterlichen Tätigkeit

80 Im Gewaltengefüge (Art. 20 Abs. 2 Satz 2 GG) ist die rechtsprechende Gewalt „den Richtern" anvertraut (Art. 92 Hs. 1 GG), es besteht ein **Richtermonopol**. Richter sind nach Art. 97 Abs. 1 GG „unabhängig und nur dem Gesetz unterworfen". Nur derjenige kann in das Richterverhältnis berufen werden, der Deutscher i. S. v. Art. 116 GG ist (§ 9 Nr. 1 DRiG), die Gewähr dafür bietet, dass er jederzeit für die **freiheitliche demokratische Grundordnung** eintritt (§ 9 Nr. 2 DRiG) und die (fachliche) **Befähigung zum Richteramt** besitzt (§ 9 Nr. 3 DRiG). Diese wird durch ein rechtswissenschaftliches Studium, einen Vorbereitungsdienst und das Bestehen von zwei staatlichen Prüfungen nachgewiesen (§ 5 Abs. 1 DRiG). Darüber hinaus müssen Richter über die erforderliche **soziale Kompetenz** verfügen (§ 9 Nr. 4 DRiG) und ihr Amt „nach bestem Wissen und Gewissen" ausüben (§ 38 Abs. 1 DRiG). Es muss also nicht nur die durch staatliche Prüfungen nachgewiesene Kenntnis des Rechts und der juristischen Methoden vorhanden sein, sondern ein Richter muss mit Menschen angemessen umgehen können, zum Zuhören, Verhandeln und Ausgleich in der Lage sein, über Konflikt- und Entschlussfähigkeit, Kooperationsfähigkeit und soziales Verständnis verfügen.[188] Hierzu müssen Empfindungen, Gedanken, Motive und Persönlichkeitsmerkmale anderer Menschen erkannt, verstanden und nachempfunden werden.[189] Er muss über ein Gewissen verfügen, d. h. ernste sittliche, an den Kategorien von „Gut" und „Böse" orientierte Entscheidungen treffen können, die er innerlich für sich bindend erfährt.[190] Gefordert sind also **menschliche Fähigkeiten und Qualitäten**. Im Übrigen verbietet es das EU-Datenschutzrecht öffentlichen Stellen, die personenbezogene Daten verarbeiten, Entscheidungen im Einzelfall, die rechtliche Wirkung entfalten, vollständig automatisiert zu erlassen (Art. 22 Abs. 1 DSGVO); möglich ist dies nur bei der Gestattung durch Rechtsvorschriften, die angemessene Maßnahmen zur Wahrung der Rechte und Freiheiten sowie der berechtigten Interessen enthalten (Art. 22 Abs. 2 lit. b DSGVO).[191] Der Kernbereich der richterlichen Tätigkeit, die eigenverantwortliche Bewertung und Entscheidung, ist daher Menschen vorbehalten. Würden „Roborichter" Entscheidungen treffen, wäre das Recht auf den gesetzlichen Richter (Art. 101 Abs. 1 Satz 2 GG) verletzt.[192]

81 Großes Aufsehen erregte allerdings Mitte Juni 2022 der Softwareingenieur *Blake Lemoine*,[193] als er behauptete, Googles Chatbot-KI LaMDA habe

---

188 *Staats*, NomosKommentar Deutsches Richtergesetz, § 9 Rn. 13.
189 *Rostalski*, in: Martini/Möslein/Rostalski, § 12 Rn. 34.
190 Vgl. BVerfGE 12, 45, 55.
191 *Nink*, Justiz und Algorithmen, S. 462 f.
192 *Nink*, Justiz und Algorithmen, S. 463.
193 *Wertheimer*, BBC News online, 23.7.2022.

ein Bewusstsein und eine Seele, sei ein fühlendes Wesen, sich seiner selbst bewusst und habe Gespräche über Religion, Gefühle und Ängste geführt. Google bestritt dies vehement und entließ *Lemoine* kurzerhand. Der Vorfall deutet darauf hin, dass KI-Systeme in der Zukunft soziale Kompetenzen und ein Gewissen simulieren könnten. Die Mitte Mai 2024 vorgestellte Version von ChatGPT kann bereits Emotionen erkennen.[194]

2. Richterliche Assistenz

Denkbar ist jedoch, dass KI-Systeme Assistenzaufgaben übernehmen. Unproblematisch sind **einfache Assistenzaufgaben**, wie das Erfassen von unstrukturierten Daten und das Extrahieren von Informationen aus großen Datenmengen, aber auch die Analyse von Dokumenten und das Durchsuchen von Datenbanken, um ähnlich gelagerte Fälle aufzufinden und damit eine richterliche Entscheidung vorzubereiten. In diesen Fällen geht es lediglich um die unterstützende Erfassung, Recherche und Analyse, der Richter kontrolliert das KI-System, er bleibt die Entscheidungsinstanz.[195]   **82**

Problematisch ist es dagegen, wenn **komplexere Assistenzaufgaben** übernommen, etwa Entscheidungsvorschläge unterbreitet werden, da dadurch die Verlagerung der richterlichen Entscheidung droht. KI-Systeme erzielen ihre Ergebnisse anhand einer dynamischen Datenmenge durch ein Zusammenwirken unzähliger Parameter, wobei sie sich ständig selbst optimieren. Die **Entscheidungslogik** kann somit nicht bis ins Detail nachvollzogen werden (Black Box), teilweise neigen die Systeme sogar – wie Menschen – zum „Flunkern".[196] Wenn ein Richter die Prozesse eines KI-Systems nicht mehr hinreichend überblicken kann und nicht weiß, wie Entscheidungsvorschläge entstanden sind, diese aber dennoch seiner Entscheidung zugrunde legt, entscheidet in Wahrheit das KI-System, womit wiederum das Recht auf den gesetzlichen Richter verletzt wird.[197]   **83**

Verstärkt wird die Problematik, wenn Richtern **Vorgaben zur Verwendung** von Entscheidungsvorschlägen gemacht werden, da sie dies in Verbindung mit strengen Effizienzvorgaben und dem Automation Bias dazu verleiten kann, den Vorschlägen durchweg zu folgen.[198] In China ist dieses Szenario bereits Realität. Der Oberste Gerichtshof schreibt zur Vereinheitlichung der Rechtsprechung vor, dass Richter den Vorschlägen folgen müssen; andern-   **84**

---

194 *Metzmacher*, ZDFheute, 14.5.2024.
195 *Hillemann*, ARIC Hamburg online, 23.3.2023.
196 *Pryjda*, WinFuture online, 15.2.2023.
197 *Eisbach/Heghmanns/Hertel*, ZfIStW 2022, 489, 491; *Rostalski*, in: Martini/Möslein/ Rostalski, § 12 Rn. 35.
198 *Rostalski*, in: Martini/Möslein/Rostalski, § 12 Rn. 28.

falls ist eine schriftliche Begründung erforderlich.[199] Eine derartige Vereinheitlichung schränkt jedoch – aus „westlicher" Sicht – den richterlichen Entscheidungsspielraum ein und erschwert die Berücksichtigung individueller Umstände. In Deutschland muss sich ein Richter stets bewusst sein, dass ihn ein KI-System nur unterstützt, er die Vorschläge in jedem Einzelfall kritisch zu hinterfragen hat und sich diese erst nach eigener Prüfung und Überzeugung zu eigen machen darf. Andernfalls wird die Entscheidung in unzulässiger Weise beeinflusst und die richterliche Unabhängigkeit verletzt. Insoweit bietet es sich an, dass KI-Systeme Vorkehrungen bereithalten, die Richtern die lediglich unterstützende Rolle aktiv ins Gedächtnis rufen.[200]

85 Weiter müssen KI-Systeme so gestaltet sein, dass die Entscheidungsvorschläge objektiv sind, nicht gegen das allgemeine Gleichheitsrecht und Diskriminierungsverbot (Art. 3 Abs. 1, 3 GG) verstoßen.[201] Da bereits die Trainingsdaten verzerrt sein können, besteht die Gefahr, dass diskriminierende Parameter gelernt und perpetuiert oder gar verstärkt werden. Dafür, dass KI-Systeme etwa bei Einstellungen, Kreditlimits und der Bildanalyse diskriminierende Ergebnisse erzielt haben, gibt es etliche Beispiele.[202] Daher wird gefordert, dass KI-Systeme mit qualitativ hochwertigen Datensätzen trainiert und einer Gleichheits-/Ungleichheitsbewertung unterzogen werden.[203]

86 Schließlich muss der Einsatz von KI-Systemen auch bei der **Gestaltung des Verfahrens** mit dem Recht auf rechtliches Gehör (Art. 103 Abs. 1 GG) und dem Recht auf ein faires Verfahren (Art. 1 Abs. 1 i. V. m. Art. 20 Abs. 3 GG, Art. 6 EMRK) vereinbar sein. Umfasst ist nicht nur das Recht auf Information über den Verfahrensstoff und das Recht auf Äußerung, sondern auch das Recht auf angemessene Berücksichtigung der Äußerungen in den Erwägungen des Gerichts.[204] Menschen dürfen nicht auf eine reine „Zahlenlogik" reduziert und unter Verstoß gegen die Menschenwürde als Objekt des Verfahrens behandelt werden,[205] vielmehr müssen sie als Rechtssubjekte Einfluss auf das Verfahren und dessen Ergebnis nehmen können.[206] Hinzu kommt, dass die **Daten- und IT-Sicherheit** gewährleistet sein muss, was aus der Verfassung und dem Datenschutzrecht resultiert.[207] Eine KI-Assistenz ist daher auch insoweit nur zulässig, solange der Richter in einem hinreichend gesicherten Verfahren die Entscheidungsinstanz bleibt.

---

199 *Chen*, South China Morning Post, 13.7.2022.
200 *Nink*, Justiz und Algorithmen, S. 424.
201 *Nink*, Justiz und Algorithmen, S. 369.
202 *Männig/Hambel*, CMS Deutschland Blog, 5.5.2023.
203 *Hillemann*, ARIC Hamburg online, 23.3.2023.
204 *Wolff*, in: Hömig/Wolff, Grundgesetz-Kommentar, Art. 103 Rn. 3 m. w. N.
205 BVerfGE 89, 28, 35.
206 *Nink*, Justiz und Algorithmen, S. 463.
207 *Nink*, Justiz und Algorithmen, S. 369.

G. Fazit

KI-Systeme werden sich zu mächtigen Werkzeugen entwickeln, welche die 87
Effizienz auf allen Ebenen erheblich steigern können, aber auch ein erheb-
liches Missbrauchspotenzial bergen. Einerseits ermöglichen sie Kriminellen
die Entwicklung **effektiverer Tatwerkzeuge**, wodurch sich nicht nur die
Art und Weise der Begehung von Straftaten verändert, sondern auch deren
Anzahl zunehmen wird. Andererseits können KI-Systeme die **Prävention,
Aufklärung und Verfolgung** von Straftaten effizienter gestalten, was die
Begehung von Straftaten erschwert. Die derzeitigen Ermächtigungsgrund-
lagen reichen jedoch vielfach noch nicht aus, um Grundrechtseingriffe zu
rechtfertigen, die durch die Verwendung von KI-Systemen drohen. Daher
müssen strafprozessuale Ermächtigungsgrundlagen geschaffen werden, die
den Einsatz in eng umgrenzten Fällen zulassen. Hierbei sind die strengen
Vorgaben der KI-Verordnung zu berücksichtigen. Mit der fortschreitenden
Digitalisierung wird KI auch in der Justiz Einzug halten. Insoweit ist der
Ersatz von Richtern ausgeschlossen, da es KI-Systemen an menschlichen
Fähigkeiten und Qualitäten fehlt. Möglich bleibt die **richterliche Assistenz**,
mit der kognitiven Verzerrungen begegnet und eine größere Objektivität,
Einheitlichkeit und Effizienz erreicht werden kann. Allerdings ist darauf zu
achten, dass die richterliche Unabhängigkeit nicht untergraben wird. Richter
müssen Vorschläge stets kritisch hinterfragen und dürfen diese erst nach eigener Prüfung und Überzeugung übernehmen. Generell ist sicherzustellen,
dass die Entscheidungsprozesse von KI-Systemen trotz ihrer Komplexität
hinreichend transparent und nachvollziehbar sind, Diskriminierungen vermieden werden und die Fairness im Verfahren gewahrt bleibt. Auch der notwendige Datenschutz und die IT-Sicherheit müssen sichergestellt werden.

Literaturverzeichnis

Alle Internetquellen wurden zuletzt abgerufen am 31.7.2024.

AlgorithmWatch   Open Letter to Council of Europe Member States: Do not water down our rights, https://algo-
rithmwatch.org/de/wp-content/uploads/2024/03/
Open-letter-AI-Convention_March-2024_v3.pdf

AlgorithmWatch   KI-Konvention des Europarats: Kein Freifahrt-
schein für Unternehmen und Sicherheitsbehör-
den!, Pressemitteilung, 5.3.2024, https://algo-
rithmwatch.org/de/ki-konvention-europarat

American Law Institute	Model Penal Code: Sentencing, Proposed Final Draft, 2017, https://robinainstitute.umn.edu/publications/model-penal-code-sentencing-proposed-final-draft-approved-may-2017
D'Andrea, Ashley	Types of Social Engineering Attacks, Keeper Security Blog, 2.7.2024, https://www.keeper-security.com/blog/2024/07/02/types-of-social-engineering-attacks
Arbeitsgruppe „Einsatz von Künstlicher Intelligenz und algorithmischen Systemen in der Justiz"	Grundlagenpapier zur 74. Jahrestagung der Präsidentinnen und Präsidenten der Oberlandesgerichte, des Kammergerichts, des Bayerischen Obersten Landesgerichts und des Bundesgerichtshofs vom 23. bis 25. Mai 2022 in Rostock, https://oberlandesgericht-celle.niedersachsen.de/startseite/aktuelles/ki_in_der_justiz/grundlagenpapier-zum-einsatz-kunstlicher-intelligenz-in-der-justiz-215525.html
Bains, Jag	Wie künstliche Intelligenz DDoS-Angriffe verändert, Link11 online, 20.12.2023, https://www.link11.com/de/blog/bedrohungslage/wie-kuenstliche-intelligenz-ddos-angriffe-veraendert
Bao, Michelle et al.	It's COMPASlicated: the messy relationship between RAI datasets and algorithmic fairness benchmarks, arXiv:2106.05498, https://arxiv.org/abs/2106.05498
Bayerischer Rundfunk	Palantir-Software: Bayerisches LKA soll Testbetrieb stoppen, BR24 online vom 26.1.2024, 06:09 Uhr, https://www.br.de/nachrichten/bayern/palantir-software-bayerisches-lka-soll-testbetrieb-stoppen,U2OTyOI
Bayerische Staatsregierung	Herrmann: Neues Analysesystem für die Bayerische Polizei, Pressemeldung, 16.2.2023, https://www.bayern.de/herrmann-neues-analysesystem-fuer-die-bayerische-polizei-2
BeckOK StPO mit RiStBV und MiStra	hrsgg. von Graf, Jürgen, 52. Ed. 1.7.2024
Berkman Klein Center at Harvard	Risk Assessment Tool Database, https://criminal-justice.tooltrack.org

Birkel, Christoph, et al.	Sicherheit und Kriminalität in Deutschland – SKiD 2020. Bundesweite Kernbefunde des Viktimisierungssurvey des Bundeskriminalamts und der Polizeien der Länder, 2022
Bitkom	KI gilt als die neue Herausforderung für Cybersicherheit, Pressemitteilung, 31.10.2023, https://www.bitkom.org/Presse/Presseinformation/KI-Herausforderung-fuer-Cybersicherheit
BKA	Bundeslagebild Cybercrime 2015, 2016
BKA	Bundeslagebild Cybercrime 2022, 2023
BKA	Bundeslagebild Cybercrime 2023, 2024
BKA	Polizeiliche Kriminalstatistik, Richtlinien für die Führung der Polizeilichen Kriminalstatistik in der Fassung vom 01.02.2019, Anlage 3 – Definitionskatalog, 2019
BKA	Polizeiliche Kriminalstatistik 2023 Bund, T05 Grundtabelle – Straftaten mit Tatmittel „Internet" – Fälle (V1.0), 2024
BKA	Polizeiliche Kriminalstatistik 2023: Ausgewählte Zahlen im Überblick, 2024
BKA	Pressemitteilung, Künstliche Intelligenz gegen das Verbrechen: Kooperation gestartet, 20.10.2020, https://www.bka.de/DE/Presse/Listenseite_Pressemitteilungen/2020/Presse2020/201027_pmForschungskoop.html
BKA	Underground Economy, https://www.bka.de/DE/AktuelleInformationen/StatistikenLagebilder/Lagebilder/Cybercrime/2021/Code2.html
Bock, Hauke/Höffler, Katrin	Künstliche Intelligenz und Kriminalität, KriPoZ 2022, 257
Bode, Felix/Stoffel, Florian/ Keim, Daniel	Variabilität und Validität von Qualitätsmetriken im Bereich von Predictive Policing, Konstanzer Online-Publikations-System (KOPS), April 2017, 1, http://nbn-resolving.de/urn:nbn:de:bsz:352-0-402496
Bradford, Anu	The Brussels Effect, Northwestern University Law Review, 107 (2012), 1

Brodowski, Dominik/ Hartmann, Markus/Sorge, Christoph	Automatisierung in der Strafrechtspflege, Legal Tech, KI und eine „hybride Cloud" im Einsatz gegen Kindesmissbrauch, NJW 2023, 583
Brühl, Jannis	Wie gefährlich kann die KI uns werden?, Süddeutsche Zeitung online, 16.6.2023, 15:02 Uhr, https://www.sueddeutsche.de/wirtschaft/chatgpt-ki-jobs-1.5938029
Brühl, Jannis/Hurtz, Simon	Gesichtserkennung mit „Clearview AI", Süddeutsche online, 20.1.2020, 15:18 Uhr, https://www.sueddeutsche.de/wirtschaft/gesichtserkennung-clearview-app-polizei-gesicht-1.4764389
Burkardt, Rainer/Recha, Jürgen	Das neue chinesische Datenschutzrecht und die europäische DSGVO – Ein Rechtsvergleich, ZChinR 2022, 19
Chen, Stephen	China's court AI reaches every corner of justice system, advising judges and streamlining punishment, South China Morning Post, 13.7.2022, 8:30 pm, https://www.scmp.com/news/china/science/article/3185140/chinas-court-ai-reaches-every-corner-justice-system-advising
Chenyu, Liang	Shanghai Court Adopts New AI Assistant, Sixth Tone online, 25.1.2019, https://www.sixthtone.com/news/1003496, https://doi.org/10.1017/als.2020.20
Cornelius, Kai	Die strafrechtlichen Herausforderungen der Künstlichen Intelligenz, in: Jishkariani, Bachana/ Waßmer, Martin Paul (Hrsg.), Strafrecht und Menschenrechte, Tagung 2023, 2024, S. 171
Cousineau, Claire	Smart Courts and the Push for Technological Innovation in China's Judicial System, CSIS online, 15.4.2021, https://www.csis.org/blogs/new-perspectives-asia/smart-courts-and-push-technological-innovation-chinas-judicial-system
DataScientest Redaktion	KI als Waffe: Was Hacker mit KI alles anstellen…, DataScientest online, 26.2.2023, https://datascientest.com/de/ki-gefahr
Deutscher Bundestag	Wissenschaftliche Dienste, Analyse polizeilicher Datenbanken: Verfassungsrechtliche Anforderungen an eine Rechtsgrundlage, WD 3-3000-145/23, 2024

Deutscher Ethikrat	Mensch und Maschine – Herausforderungen durch Künstliche Intelligenz, Stellungnahme, 20.3.2023
Deutscher Ethikrat	Pressemitteilung 02/2023, 20.3.2023, https://www.ethikrat.org/mitteilungen/mitteilungen/2023/ethikrat-kuenstliche-intelligenz-darf-menschliche-entfaltung-nicht-vermindern
Eisbach, Simon/Heghmanns, Michael/Hertel, Guido	Künstliche Intelligenz im Strafverfahren am Beispiel von Kriminalprognosen, ZfIStW 2022, 489
equivant	Practitioner's Guide to COMPAS Core, 2019, https://www.equivant.com/wp-content/uploads/Practitioners-Guide-to-COMPAS-Core-040419.pdf
equivant	Response to ProPublica: Demonstrating accuracy equity and predictive parity, 1.12.2018, https://www.equivant.com/response-to-propublica-demonstrating-accuracy-equity-and-predictive-parity
Eterno, John A./ Silverman, Eli B.	The New York City Police Department's Compstat: Dream or Nightmare?, International Journal of Police Science & Management, 2006, 218, https://doi.org/10.1350/ijps.2006.8.3.218
European Data Protection Supervisor	EDPS statement in view of the 10th and last Plenary Meeting of the Committee on Artificial Intelligence (CAI) of the Council of Europe drafting the Framework Convention on Artificial Intelligence, Human Rights, Democracy and the Rule of Law, 11.3.2024, https://www.edps.europa.eu/press-publications/press-news/press-releases/2024/edps-statement-view-10th-and-last-plenary-meeting-committee-artificial-intelligence-cai-council-europe-drafting-framework-convention-artificial_en#_ftn2
Flores, Anthony W./Lowenkamp, Christopher T./Bechtel, Kristin	False Positives, False Negatives, and False Analyses: A Rejoinder to "Machine Bias: There's Software Used Across the Country to Predict Future Criminals. And it's Biased Against Blacks", 2017, http://www.crj.org/assets/2017/07/9_Machine_bias_rejoinder.pdf

Geco Group	KI-gestützte Hackerangriffe: Gefahr auf neuem Level, geco online, 21.12.2023, https://www.geco-group.com/presse/beitrag/ki-gestuetzte-hackerangriffe-gefahr-auf-neuem-level
Gercke, Björn/Temming, Dieter/Zöller Mark A. (Hrsg.)	Strafprozessordnung, Heidelberger Kommentar, 7. Aufl. 2023
Gercke, Marco/Brunst, Phillip (Hrsg.)	Praxishandbuch Internetstrafrecht, 2009
Gerstner, Dominik	Predictive Policing als Instrument zur Prävention von Wohnungseinbruchdiebstahl: Evaluationsergebnisse zum Baden-Württembergischen Pilotprojekt P4, 2017
Gerstner, Dominik/Dohse, Hannah	Predictive Policing als Instrument zur Prävention von Wohnungseinbruchdiebstahl. Wissenschaftliche Evaluation des Pilotprojekts P4-2 2017-2018, Juli 2023
Gless, Sabine/Weigend, Thomas	Intelligente Agenten und das Strafrecht, ZStW 126 (2014), 561
Golla, Sebastian/Korenke, Charlotte	Künstliche Intelligenz als Mittel zur Verfolgung und Begehung von Straftaten gegen die IT-Sicherheit, in Ebers/Steinrötter (Hrsg.), Künstliche Intelligenz und smarte Robotik im IT-Sicherheitsrecht, 2021, S. 263.
Grzanna, Marcel	Wie Künstliche Intelligenz in China der Überwachung dient – und zum Exportschlager wird, FR online, 13.8.2023, 13:46 Uhr, https://www.fr.de/politik/ki-kuenstliche-intelligenz-china-ueberwachung-manipulation-gesichtserkennung-uiguren-tbl-zr-92457977.html
Hell, Arne/Kartheuser, Boris	NRW-Polizei: Knapp 40 Millionen Euro für umstrittene Palantir-Software, WDR online, 25.9.2022, 13:09 Uhr, https://www1.wdr.de/nachrichten/landespolitik/nrw-polizei-datenbank-software-palantir-kosten-100.html
Hilgendorf, Eric	Autonome Systeme, künstliche Intelligenz und Roboter, in: Barton, Stephan/Eschelbach, Ralf/Hettinger, Michael u. a. (Hrsg.), Festschrift für Thomas Fischer, 2018, S. 99

Hillemann, Dennis	Richter und Roboter: Auf dem Weg zum KI-gesteuerten Richter, ARIC Hamburg online, 23.3.2023, https://aric-hamburg.de/allgemein/roboterrichter
Hochwarth, Dominik	ChatGPT: Wie konnte das Sprachmodell so gut werden?, Ingenieur.de, 4.5.2023, 08:26 Uhr, https://www.ingenieur.de/technik/fachbereiche/ittk/chatgpt-ist-ueberall-doch-wo-kommt-es-her
Hömig, Dieter/Wolff, Heinrich Amadeus (Hrsg.)	Grundgesetz-Kommentar für die Bundesrepublik Deutschland, 13. Aufl. 2022
Hornung, Gerrit	Künstliche Intelligenz zur Auswertung von Social Media Massendaten, AöR 2022, 1
Hornung, Gerrit/Schindler, Stephan	Das biometrische Auge der Polizei, ZD 2017, 203
Hu, Jack	China's Top Judge Warns Against the 'Threat' of Judicial Independence, GlobalVoices online, 20.1.2017, 1:58 GMT, https://globalvoices.org/2017/01/20/chinas-top-judge-warns-against-the-threat-of-judicial-independence
Ibold, Victoria	Künstliche Intelligenz und Strafrecht, 2024
Kaulartz, Markus/Braegelmann, Tom (Hrsg.)	Rechtshandbuch Artificial Intelligence und Machine Learning, 2020
Klarmann, Philipp/Waag, Zoltan	Cybercrime und Arbeitsrecht, NZA-Beilage 2019, 107
KMPG	e-Crime in der deutschen Wirtschaft 2024, https://hub.kpmg.de/de/e-crime-studie-2024
Knauer, Christoph/Kudlich, Hans/Schneider, Hartmut	Münchener Kommentar zur StPO, Band 2, 2. Aufl. 2024
Körffer, Barbara	Auswertung personenbezogener Daten für Strafverfolgung und Gefahrenabwehr, DANA 2014, 146
Kohn, Benedikt	Künstliche Intelligenz und Strafzumessung, 2021
Kraus, Andrea	Palantir – Absage des Innenministeriums zum Einsatz der Analyse-Software, investing.com, 30.6.2023, 16:43 Uhr, https://de.investing.com/analysis/palantir--absage-des-innenministeriums-zum-einsatz-der-analysesoftware-200483506

Krempl, Stephan	„KI-Überregulierung", heise online, 25.5.2023, 18:46 Uhr, https://www.heise.de/news/KI-Ueber-regulierung-OpenAI-droht-mit-Einstellung-von-ChatGPT-in-der-EU-9066016.html
Kurz, Constanze	Automatisierte Datenanalyse bei der Polizei: Bundesländer nicht scharf auf Palantir, netzpolitik.org, 3.1.2024, 18:48 Uhr, https://netzpolitik.org/2024/automatisierte-datenanalyse-bei-der-polizei-bundeslaender-nicht-scharf-auf-palantir
Kurzner, Kira/Hoheisel-Gruler, Roland	Hasspostings in Social Media – Das Internet als rechtsfreier Raum?, Kriminalistik 2020, 772
Lansing, Sharon	New York State COMPAS-Probation Risk and Need Assessment Study, September 2012, https://www.ncjrs.gov/App/Publications/abstract.aspx?ID=269445
Lelieur, Juliette (Hrsg.)	Artificial Intelligence and Administration of Criminal Justice, RIDP 94/2, 2023
LKA NRW	Anlagebetrug: Ein andauerndes Phänomen mit hohen Schadenssummen, https://lka.polizei.nrw/artikel/anlagebetrug-ein-andauerndes-phaeno-men-mit-hohen-schadenssummen
Lotz-Grütz, Günter	Homers Troia, 2017
Männig, Annina Barbara/Hambel, Lukas	Wie diskriminierend ist Künstliche Intelligenz?, CMS Deutschland Blog, 5.5.2023, https://www.cmshs-bloggt.de/rechtsthemen/sustainability/sustainability-social-and-human-rights/wie-dis-kriminierend-ist-kuenstliche-intelligenz
Martini, Mario/Möslein, Florian/Rostalski, Frauke	Recht der Digitalisierung, 2024
McIntyre, Niamh/Munzinger, Hannes/Huppertz, Carina	Gesichtserkennung in Russland, Spiegel online, 27.3.2024, 06:00 Uhr, https://www.spiegel.de/netzwelt/netzpolitik/russland-wie-eine-niederla-endische-firma-russland-mit-gesichtserkennung-hilft-a-52295c39-f86e-4b83-9873-8f6fa04f225f
MDR.de	Interview mit SZ-Rechercheur Hannes Munzinger, „Künstliche Intelligenz wird eine große Rolle spielen", MDR online, 8.2.2022, 20:55 Uhr, https://www.mdr.de/medien360g/medienwissen/ki-panama-papers-hannes-munzinger-100.html

Mehrotra, Dhruv/Cameron, Dell	The Maker of ShotSpotter Is Buying the World's Most Infamous Predictive Policing Tech, WIRED Magazine, 27.9.2023, 1:57 PM, https://www.wired.com/story/soundthinking-geolitica-acquisition-predictive-policing
Metzmacher, David	KI wie aus einem Science-Fiction-Film, ZDFheute, 14.5.2024, 10:10 Uhr, https://www.zdf.de/nachrichten/wirtschaft/unternehmen/chatgpt-openai-software-ki-100.html
Mielke, Bettina	Künstliche Intelligenz in der Justiz: Sechs Einsatzbereiche am Beispiel von aktuellen Pilotprojekten, Legal Tech-Magazin 4/23, 4
Miller, Leila	LAPD will end controversial program that aimed to predict where crimes would occur, Los Angeles Times online, 21.4.2020, 6:17 PM PT, https://www.latimes.com/california/story/2020-04-21/lapd-ends-predictive-policing-program
NDR Redaktion	Internet-Betrug: Gängige Maschen und wie Sie sich schützen, NDR online, 21.4.2023, 11:45 Uhr, https://www.ndr.de/ratgeber/verbraucher/Internet-Betrug-Gaengige-Maschen-und-wie-Sie-sich-schuetzen,internetbetrug160.html
O'Neil, Cathy	Weapons of Math Destruction: How Big Data Increases Inequality and Threatens Democracy, 2016
Niedersächsisches Justizministerium	Einsatz künstlicher Intelligenz in der Justiz, Presseinformation, 22.6.2023, https://www.mj.niedersachsen.de/startseite/aktuelles/presseinformationen/einsatz-kunstlicher-intelligenz-in-der-223207.html
Nink, David	Justiz und Algorithmen, 2021
Nishi, Andrea	Privatizing Sentencing: A Delegation Framework for Recidivism Risk Assessment, Columbia Law Review 119 (2019), 1671, http://dx.doi.org/10.2139/ssrn.3335946
Obermayer, Bastian/Obermaier, Frederik/Wormer, Vanessa/Jaschensky, Wolfgang	Das sind die Panama Papers, Süddeutsche Zeitung online, 3.4.2016, https://panamapapers.sueddeutsche.de/articles/56ff9a28a1bb8d3c3495ae13

OpenAi Inc.	Introducing ChatGPT, OpenAI online, 30.9.2022, https://openai.com/index/chatgpt
Palantir Technologies Inc	Gotham – Das System für moderne Sicherheitsbehörden, Palantir online, https://www.palantir.com/de/platforms/gotham
Park, Andrew Lee	Injustice Ex Machina: Predictive Algorithms in Criminal Sentencing, UCLA Law Review online, 19.2.2019, https://www.uclalawreview.org/injustice-ex-machina-predictive-algorithms-in-criminal-sentencing
Paufler, Sebastian	Palantir: Gelingt der Turnaround durch den AI-Hype?, goldesel online, 15.2.2023, 14:07 Uhr, https://goldesel.de/artikel/palantir-gotham-foundry-artificial-intelligence-turnaround
Petri, Thomas	Biometrie in der polizeilichen Ermittlungsarbeit am Beispiel der automatisierten Gesichtserkennung, GSZ 2018, 144
Pryjda, Witold	Bing mit ChatGPT machte bei der Vorstellung gleich mehrere Fehler, WinFuture online, 15.2.2023, 09:09 Uhr, https://winfuture.de/news,134601.html
Puente, Mark	LAPD pioneered predicting crime with data. Many police don't think it works, Los Angeles Times online, 3.7.2019, 9:20 AM PT, https://www.latimes.com/local/lanow/la-me-lapd-precision-policing-data-20190703-story.html
Quarck, Lasse	Zur Strafbarkeit von e-Personen, ZIS 2020, 65
Räz, Tim	COMPAS: zu einer wegweisenden Debatte über algorithmische Risikobeurteilung, Forens Psychiatr Psychol Kriminol 2022, S. 300, https://doi.org/10.1007/s11757-022-00741-9
Redaktion cloudmagazin	7 von 10 Internetnutzern sahen sich 2023 als Opfer von Kriminalität, cloudmagazin, 21.3.2024, https://www.cloudmagazin.com/2024/03/21/opfer-von-cyberkriminalitaet
Rostalski, Frauke	Smart Sentencing: Legal Tech in der Strafzumessung, legal-tech.de, 15.7.2019, https://legal-tech.de/smart-sentencing-legal-tech-in-der-strafzumessung

Waßmer

Rostalski, Frauke/Völkening, Malte	Smart Sentencing. Ein neuer Ansatz für Transparenz richterlicher Strafzumessungsentscheidungen, KriPoZ 2019, 265
Rostalski, Frauke/Weiss, Erik	Der KI-Verordnungsentwurf der Europäischen Kommission, ZfDR 2021, 329
Rückert, Christian	Herausforderungen der Digitalisierung für das Strafverfahren, in Hoven, Elisa/Kudlich, Hans (Hrsg.), Digitalisierung und Strafverfahren, 2020, S. 9
Rudin, Cynthia/Wang, Caroline/Coker, Beau	The Age of secrecy and unfairness in recidivism prediction, Harvard Data Science Review, Issue 2.1, Winter 2020, 1, https://doi.org/10.1162/99608f92.6ed64b30
Salzmann, Miriam/Schindler, Stephan	Polizeiliche Gesichtserkennung in Deutschland, ZD-Aktuell 2018, 06344
Sankin, Aaron/Mehrotra, Dhruv/Mattu, Surya/ Gilbertson, Annie	Annie, Crime Prediction Software Promised to Be Free of Biases. New Data Shows It Perpetuates Them, The Markup, 2.12.2021, 8:00 ET, https://themarkup.org/prediction-bias/2021/12/02/crime-prediction-software-promised-to-be-free-of-biases-new-data-shows-it-perpetuates-them
Schindler, Stephan	Biometrische Videoüberwachung, 2021
Security Insider Redaktion	Gefahren durch Cyberangriffe wachsen 2023 weiter an, Security Insider online, 14.5.2024, https://www.security-insider.de/cybercrime-2023-anstieg-cyberangriffen-ransomware-a-257cf3791d61da2329a787e0f643415e
Seng, Leonie	Maschinenethik und Künstliche Intelligenz, in: Bendel, Oliver (Hrsg.), Handbuch Maschinenethik, 2018, S. 185
Shi, Changqing/Sourdin, Tania/Li, Bin	The Smart Court – A New Pathway to Justice in China?, International Journal for Court Administration (IACA) 12(1) (2021), https://doi.org/10.36745/ijca.367
Smith, Chris	The Controversial Crime-Fighting Program That Changed Big-City Policing Forever, New York Magazine, Oktober 2018, https://nymag.com/intelligencer/2018/03/the-crime-fighting-program-that-changed-new-york-forever.html

SoSafe GmbH	Cybercrime-Trends 2024: Die größten Angriffstrends und Best Practices für mehr Sicherheit, 2024
Spiegel Redaktion	Terrorbekämpfung: Hessens Polizei kauft Software von umstrittener US-Firma, Spiegel online, 6.4.2018, 16:47 Uhr, https://www.spiegel.de/netzwelt/netzpolitik/palantir-software-polizei-hessen-kauft-bei-umstrittenem-us-unternehmen-a-1201534.html
Staats, Johann-Friedrich	NomosKommentar Deutsches Richtergesetz, 2012
Steiner, Falk	Polizeiliche Kriminalstatistik: Nur auf den ersten Blick weniger Cybercrime, Heise online, 9.4.2024, 12:35 Uhr, https://www.heise.de/news/Polizeiliche-Kriminalstatistik-Nur-auf-den-ersten-Blick-weniger-Cybercrime-9679075.html
Stylianidis, Evripidis	Öffentlich-rechtliche Dimensionen des Einsatzes künstlicher Intelligenz, NK 2023, 326
TELEFI	Summary report of the project "Towards the European Level Exchange of Facial Images" (TELEFI), Januar 2021, https://www.telefi-project.eu/sites/default/files/TELEFI_Summary-Report.pdf
Tran, Tony Ho	China Created an AI 'Prosecutor' That Can Charge People with Crimes, The Byte online, 27.12.2021, 9:58 AM EST, https://futurism.com/the-byte/china-ai-prosecutor-crimes
United States Government Accountability Office	Critical Infrastructure Protection: Department of Homeland Security Faces Challenges in Fulfilling Cybersecurity Responsibilities, GAO-05-434, Mai 2005
United States Government Accountability Office	Information Security: Emerging Cybersecurity Issues Threaten Federal Information System, GAO-05-231, Mai 2005
Vasel, Johann Justus	Verfassungsgerichtliche Fesseln? – Das Karlsruher Urteil zur automatisierten Datenanalyse, NJW 2023, 1174

Veisdal, Jørgen	The Birthplace of AI: The 1956 Dartmouth Workshop, Cantor's Paradise, 12.9.2019, https://www.cantorsparadise.com/the-birthplace-of-ai-9ab7d4e5fb00
Voronova, Sofija	Künstliche Intelligenz im Strafrecht, Wissenschaftlicher Dienst des Europäischen Parlaments, PE 698.039, Oktober 2021
Wang, Qi	Shanghai uses artificial intelligence system to streamline justice, Global Times online, 27.8.2019, 21:05 Uhr, https://www.globaltimes.cn/content/1162852.shtml
Waßmer, Martin Paul	Auf dem Sprung zum autonomen Fahren, in Hobe, Stephan, et al. (Hrsg.), Die Macht der Algorithmen, 2023
Waßmer, Martin Paul	Cyberstrafrecht – Gegenwart und Zukunft, DGStZ 1/2018, 12
Waßmer, Martin Paul	Strafbarkeit juristischer Personen, in Hilgendorf, Eric/Kudlich, Hans/Valerius, Brian (Hrsg.), Handbuch des Strafrechts, Band 3, 2021, § 49
Wertheimer, Tiffany/Lemoine, Blake	Google fires engineer who said AI tech has feelings, BBC News online, 23.7.2022, https://www.bbc.com/news/technology-62275326
Yuan, Tianyu	Justiz GPT: Möglichkeiten und Grenzen des Einsatzes generativer Sprachmodelle bei gerichtlichen Entscheidungen, LTZ 2023, 195
Zheng, Georges G.	China's Grand Design of People's Smart Courts, Asian Journal of Law and Society 7 (2020), 561, https://doi.org/10.1017/als.2020.20
Zukunftsinstitut	Dem Verbrechen auf der Datenspur, zukunftsinstitut online, 16.12.2016, 10:50 Uhr, https://www.zukunftsinstitut.de/zukunftsthemen/predictive-policing